歷史的

凝視與回眸

西安帝都攝影文集

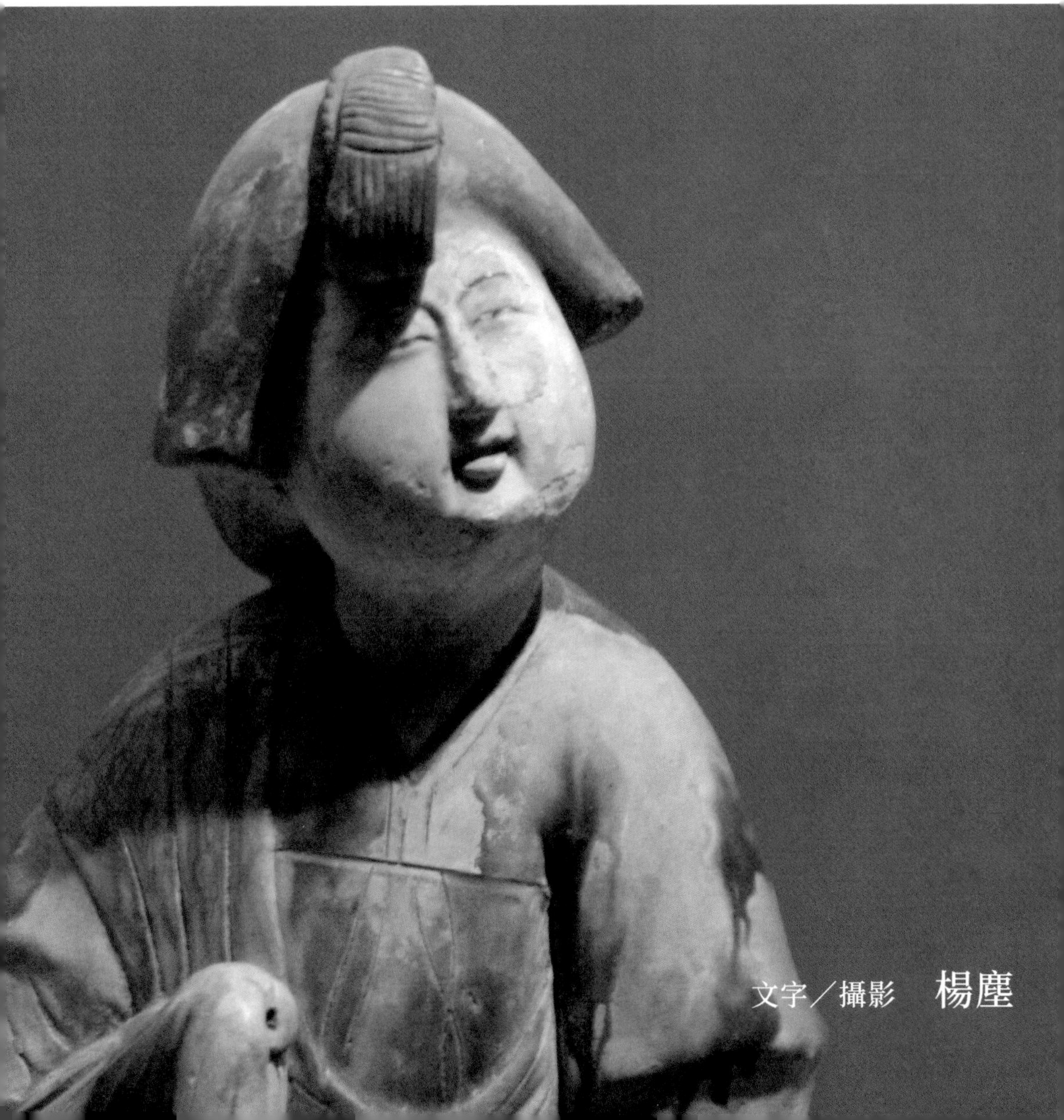

文字／攝影　楊塵

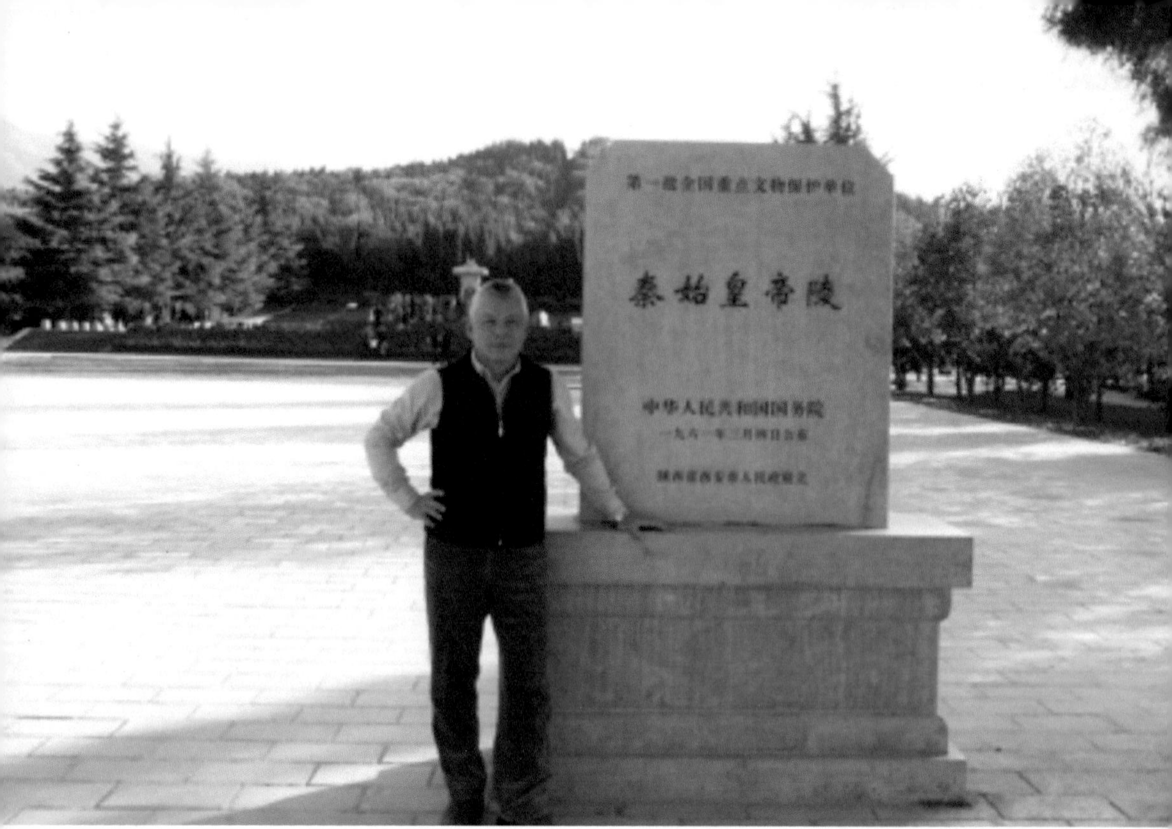

作者簡介

楊塵（本名楊文智，英文名Jack）

台灣科技大學電子工程系畢業，曾從事於台灣的半導體和液晶顯示器科技產業，先後任職聯華電子、茂矽電子、聯友光電、友達光電和群創光電等科技公司。

緣於青年時期對文學、歷史和攝影的熱情，離開科技職場之後曾自行創業，經營過月光流域葡萄酒坊和港式飲茶餐廳。現為自由作家，主要從事攝影、詩集、旅遊札記、生活美學、創意料理和美食評論等專題創作。

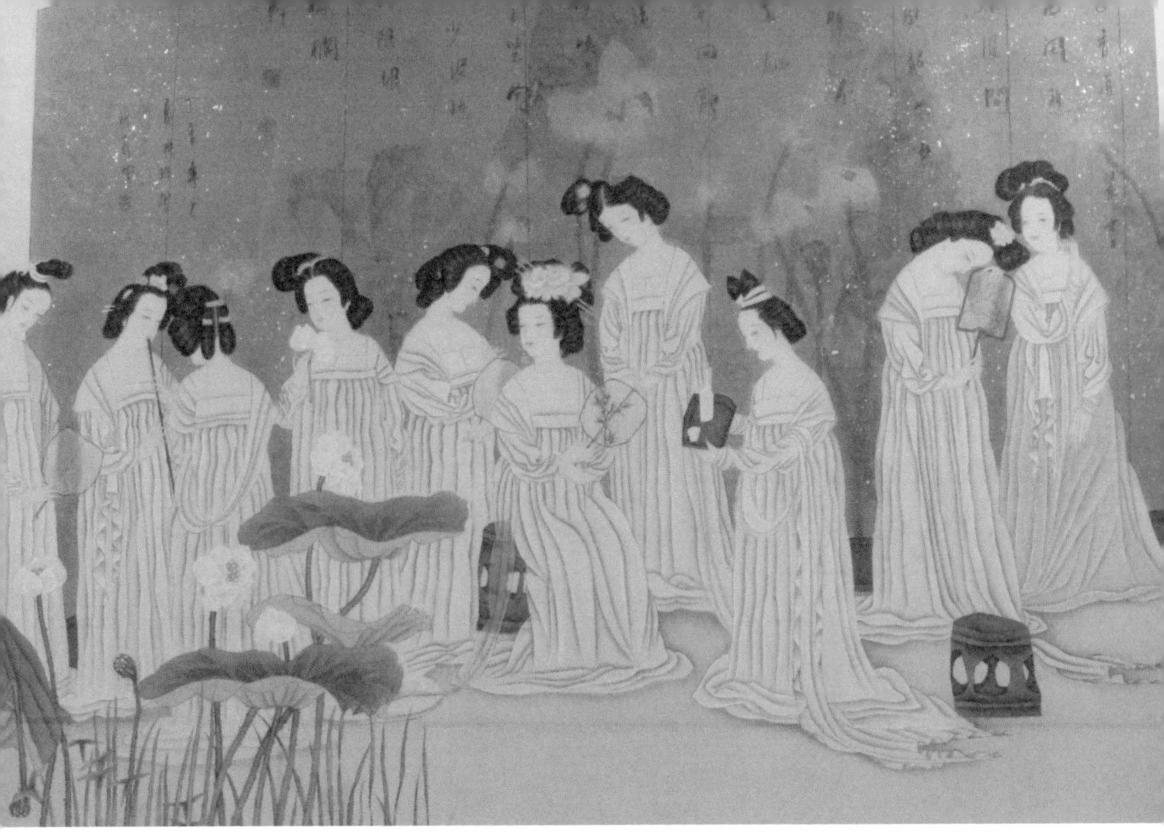

緣起

假若不是2009年我於科技產業職場退休，至今我都不確定是否能有機會到夢寐以求的千年古都一遊。西安積累的歷史人文太過厚重，以至於2009年初次到此旅訪，一時眼花繚亂，心中激動不已。當時我像一個饑餓的小孩狼吞虎嚥一樣，拿著一台簡單的數位相機到處去記錄名勝古蹟、歷史文化遺產、城市風貌和生活美食，在腦海裡重新溫習了一遍年輕時讀過的歷史並寫下每張照片背後的故事。

目錄

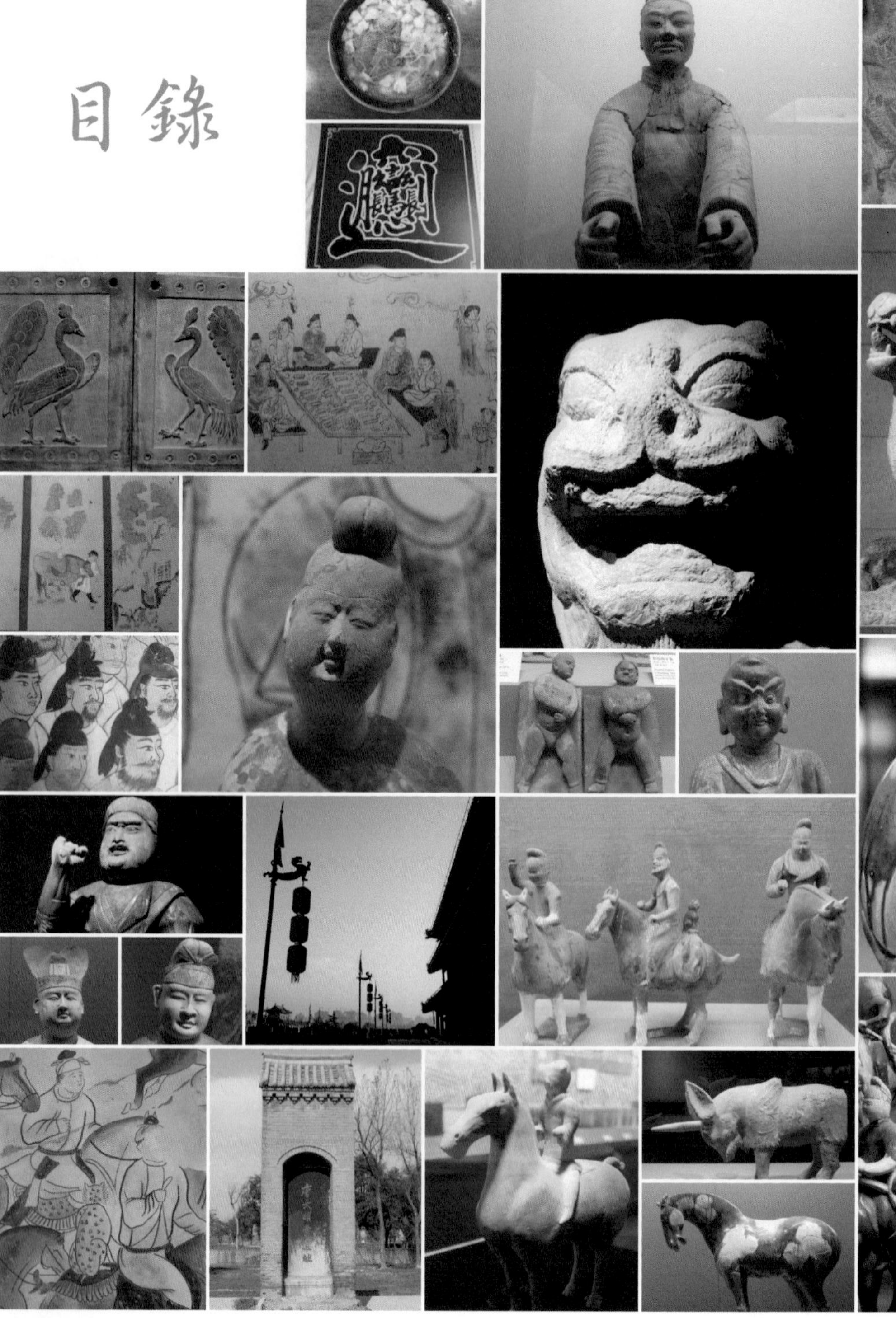

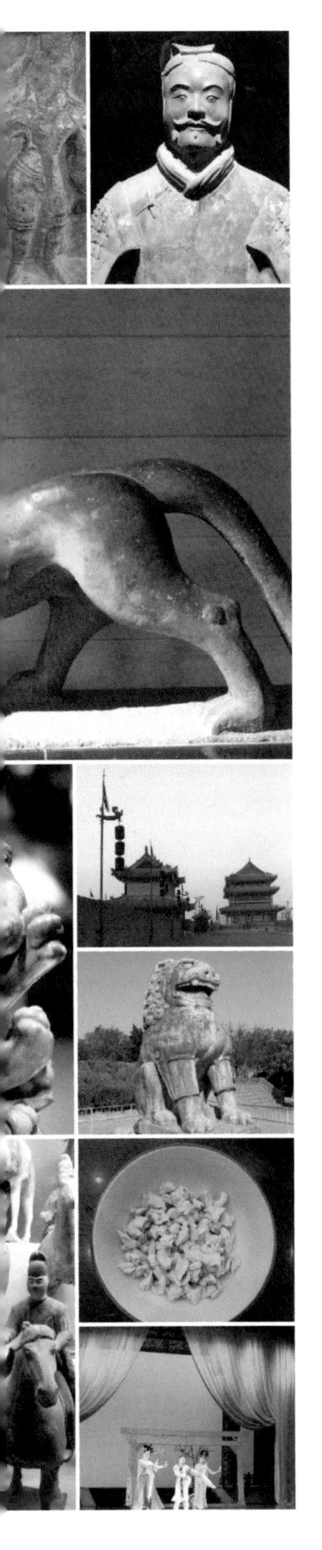

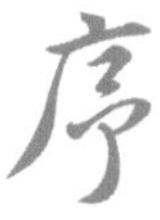

歷史曾經在此凝視它的輝煌盛世，
而回眸一瞥已是千年。

西安古稱長安，曾經是中國歷史上十三朝的國都所在，也是聞名國際的世界四大古都之一。秦始皇統一六國後以咸陽（今西安咸陽）為都，現在位於西安郊區的臨潼每天來自世界各地的訪客絡繹不絕，每人爭相目睹標誌著其豐功偉業的地下軍團－兵馬俑，而其附近的秦始皇陵更是埋藏著至今未解的千古之謎。西漢在此開創文景之治，漢武帝更是在此轉守為攻，衛青和霍去病雷厲風行，襲擊匈奴，用大漢盛世的武力震懾周邊國家，而唐太宗李世民成就的貞觀之治，更是把唐朝的國力推向歷史的巔峰，大明宮遺跡可以見證此一時代的風華。當時的長安城人口超過百萬，是世界人口最多，規模最大的繁華城市，世界各國透過絲綢之路在此進行各種商貿文化交流。今西安城東驪山北麓的華清池溫泉，當年唐玄宗和楊貴妃的淒美愛情故事，隨著李白的《清平調》和白居易的《長恨歌》至今流傳不絕。而乾陵為中國唯一的女皇帝武則天豎立的無字碑，背後又訴說著怎樣不為人知的深宮往事呢？　現在遊客在西安古城牆上騎自行車或徒步走路，遙聽鐘樓和鼓樓的暮鼓晨鐘，依然可以感受這座千年古城曾經的輝煌和氣派。離西安120公里的寶雞市扶風縣法門寺，因地宮出土釋迦牟尼佛的佛骨舍利而聲名大噪，而西安市區的大雁塔和小雁塔更是信佛者的朝聖之地，當年玄奘法師為保存從印度帶回的梵文佛經和佛像，主持修建了大雁塔，而附近的小雁塔也是佛教傳入中原的重要標誌。對於書法愛好者來說，西安碑林是絕對不能錯過，這裡收藏和陳列著各朝歷代碑刻，墓誌和石刻。其中虞世南、褚遂良、歐陽詢、柳公權、王羲之、顏真卿、懷素、張旭、黃庭堅、米芾等名家碑帖更是彌足珍貴。喜歡歷史文物的人，值得到位於市區的陝西歷史博物館一遊，這裡收藏的秦漢唐古物很多，秦兵馬俑、漢瓦當、北魏佛像、唐三彩、祕色瓷、耀州青瓷等等都是難得絕世寶物，由此可以一窺古人生活文化的風格和特色。熱愛健行爬山的一定得去西嶽華山，華山除了山勢險峻，綺麗雄奇，與其說它風景如畫，倒不如說它原本就是中國水墨畫的原型。此地還有許多歷史遺跡，唐朝大文豪韓愈曾登此山，卻被陡峭的山路嚇到兩腿發軟，嚎啕大哭，該處留有石刻記此事件。山頂更立著近代著名武俠小說家金庸手書的<華山論劍>鑄鐵碑文，膽子夠大者可以挑戰懸崖峭壁上的長空棧道，感受鷂鷹鳥瞰群山的凌雲之姿。美食愛好者到西安更是要一嚐陝西著名的美食，羊肉泡饃、涼皮、肉夾饃、油潑辣子麵、Biang Biang麵、岐山臊子麵、乾縣鍋盔、賈三灌湯包、臘牛羊肉、西安餃子宴、黃桂柿子餅等等，至於想喝兩杯的就來點西鳳酒或黃桂稠酒。

做為旅遊城市，西安承襲了歷朝各代的文化底蘊和人文風采，幾千年來有太多的名人逸士、英雄美人、帝王將相和詩人墨客在這個舞台上演繹過他們精彩絕倫的動人故事。歷史曾經在此凝視它的輝煌盛世，而我有幸一償夙願到，此一遊，用相機記錄這座魅力古都。秦皇漢武唐宗俱往，杜甫李白貴妃夢迴，漫步城樓秋陽向晚，回眸一瞥已是千年。

2020.11.6　楊塵于新竹

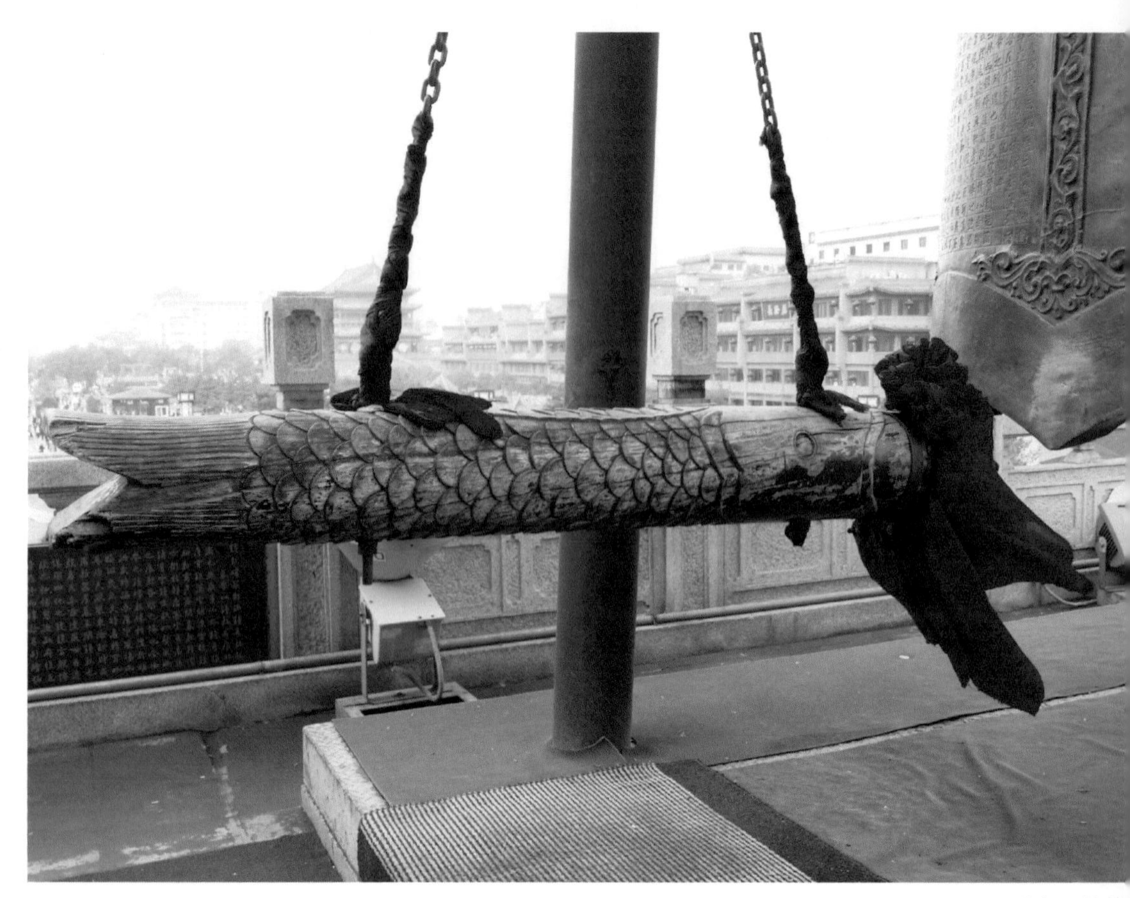

2010　西安　鐘樓

1 ▸ 初遊西安找美食

我的西安之旅第一站，就是從鐘樓開始的。站在鐘樓敲鐘，鐘鳴響音洪亮，向西安這座夢寐以求的歷史古都，大聲宣告，我來了。

位於西安市區的鐘樓前身始建于唐睿宗時期，後來安史之亂被焚毀。明太祖年間又重建，至今已有六百多年的歷史，是中國現存鐘樓形制最大，保存最完整的一座。

2010　西安　鐘樓

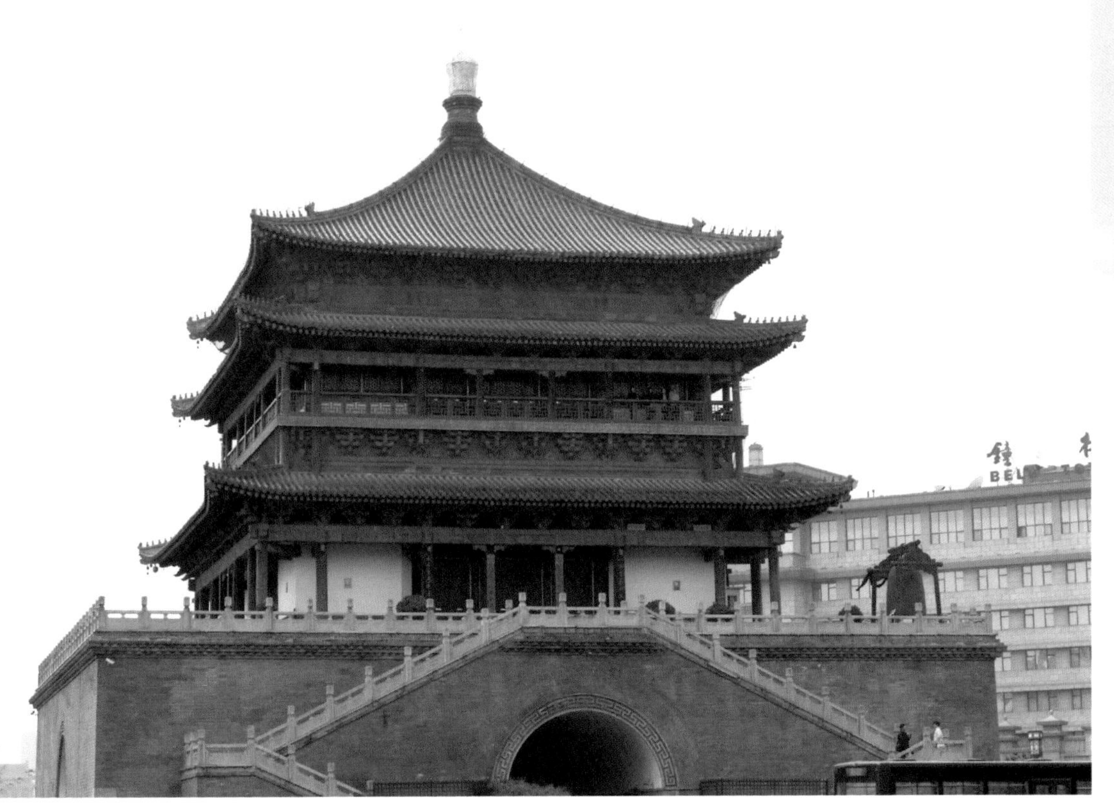

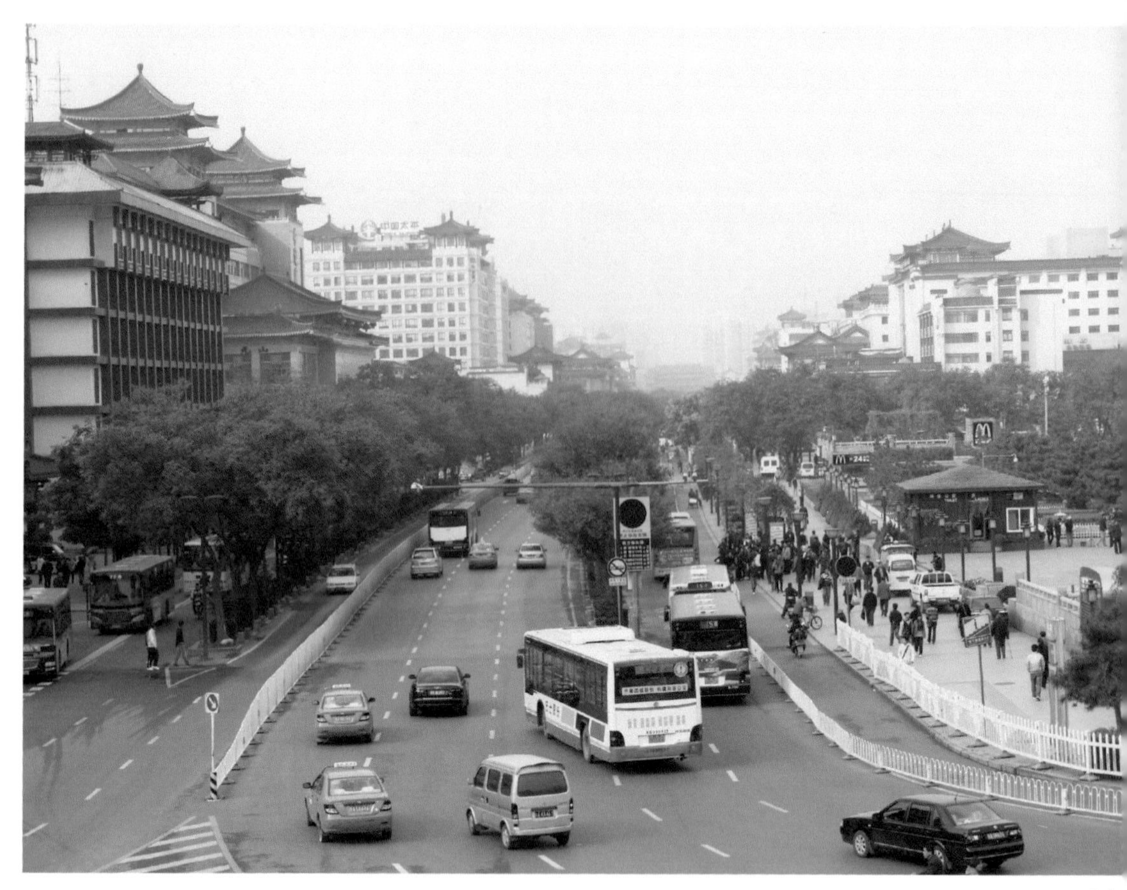

2010　西安

西安這座千年古都，歷經歲月變遷和現代文明的洗禮，依然保留了濃厚的歷史風貌。

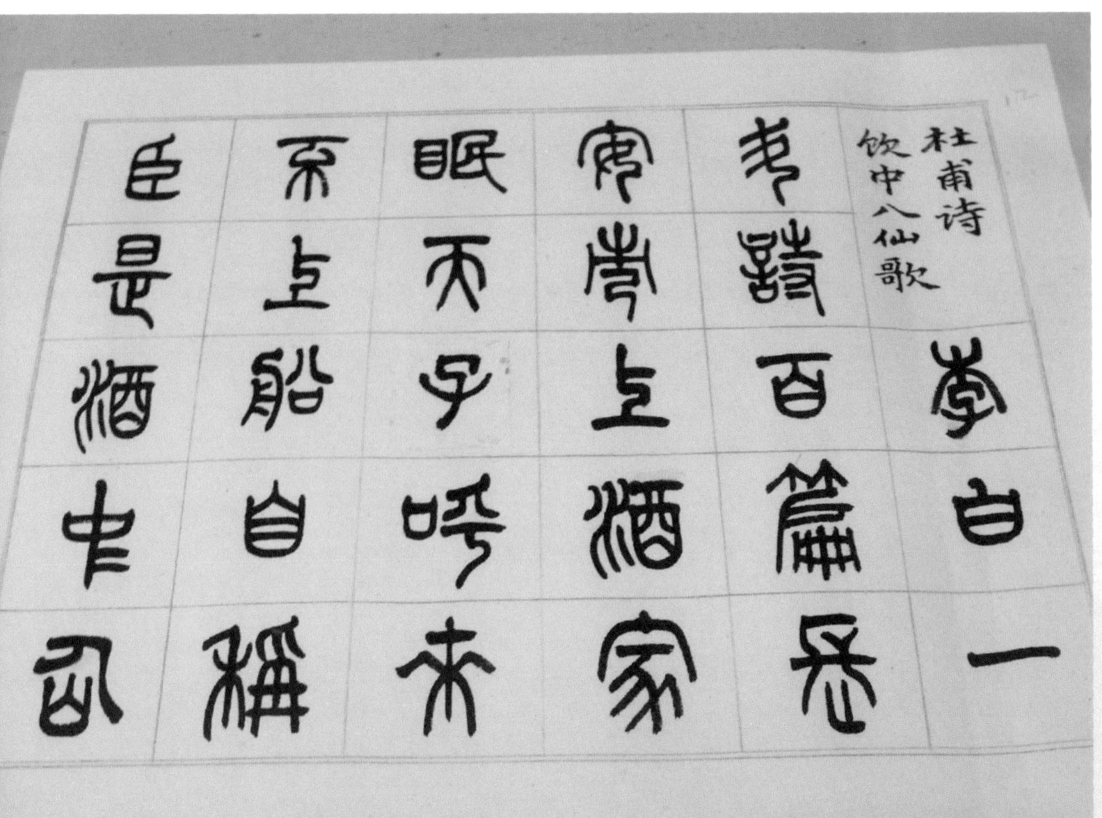

2010　西安　鐘樓

西安鐘樓裡面展示的書法。杜甫詩《飲中八仙歌》：「李白一斗詩百篇，長安市上酒家眠。天子呼來不上船，自稱臣是酒中仙。」

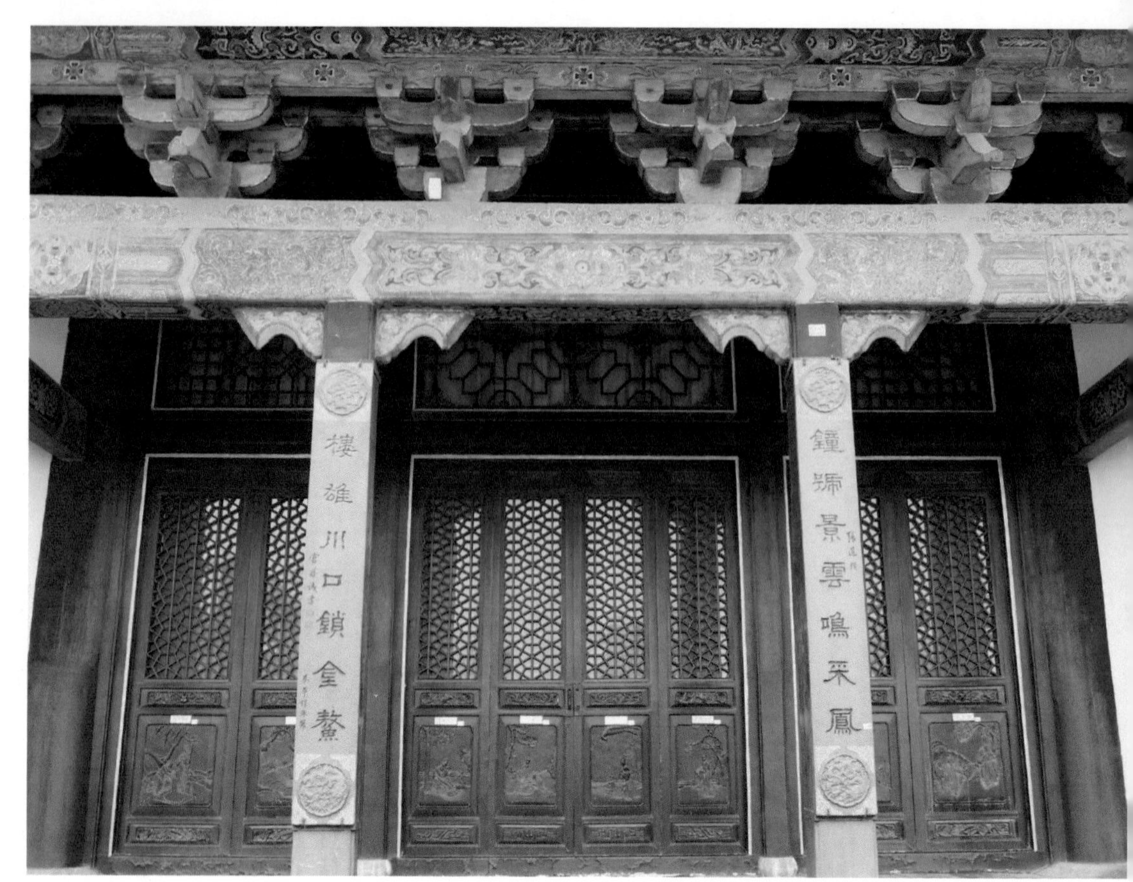

2010　西安　鐘樓

西安鐘樓裡面，樑柱上的對聯：「鐘號景雲鳴彩鳳，樓雄川口鎖金鰲」。最早鑄於唐睿宗景雲年間的一口大鐘，在明代重建鐘樓後就再也敲不響了，這景雲鐘現被保存於碑林博物館，現在鐘樓上的鐘，是現代重鑄的。

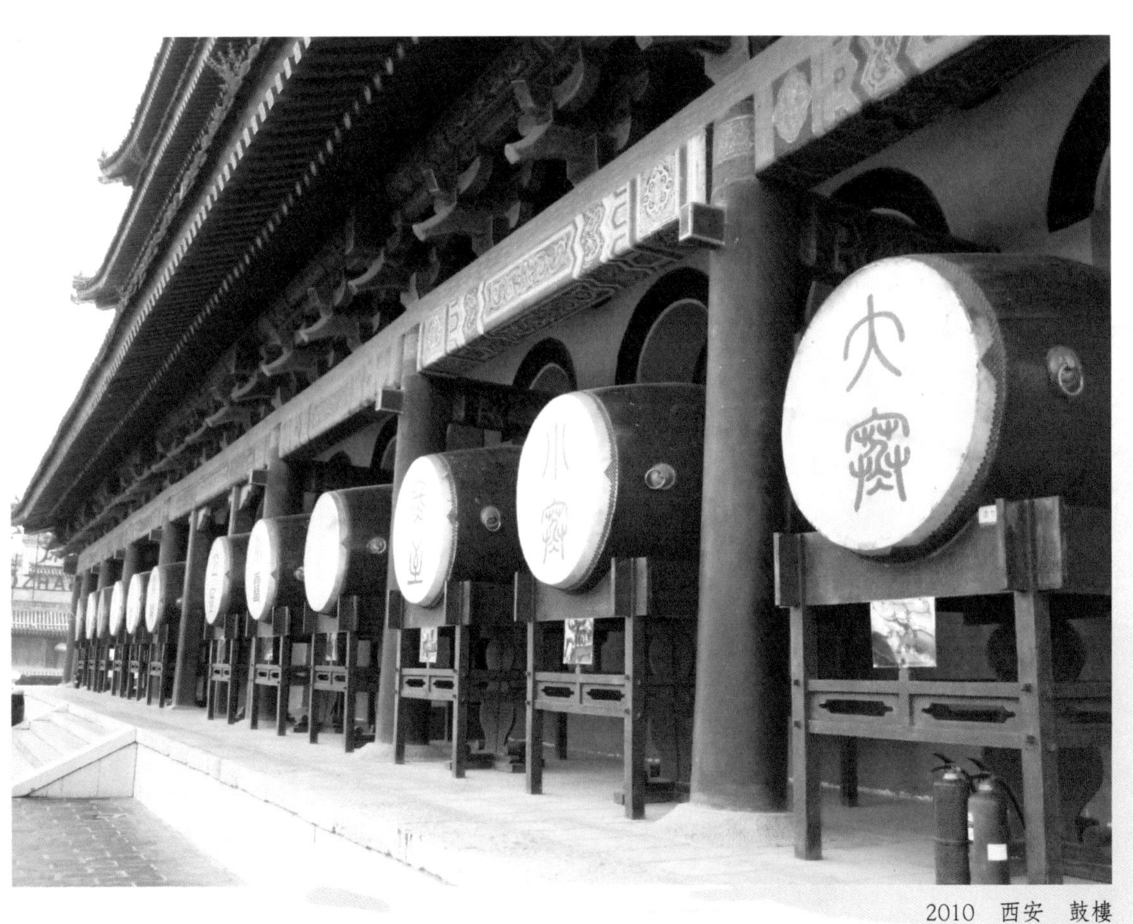

2010　西安　鼓樓

西安鼓樓距離鐘樓約二百米，建於明太祖年間，距今已有六百多年歷史，登此鼓樓可以眺望整個西安古城的景色。

西安鼓樓樓上懸掛著清代名儒李允寬所書寫的匾額「聲聞于天」，在此鼓樓擊鼓，聲音傳遍全城。

2010　西安　鼓樓

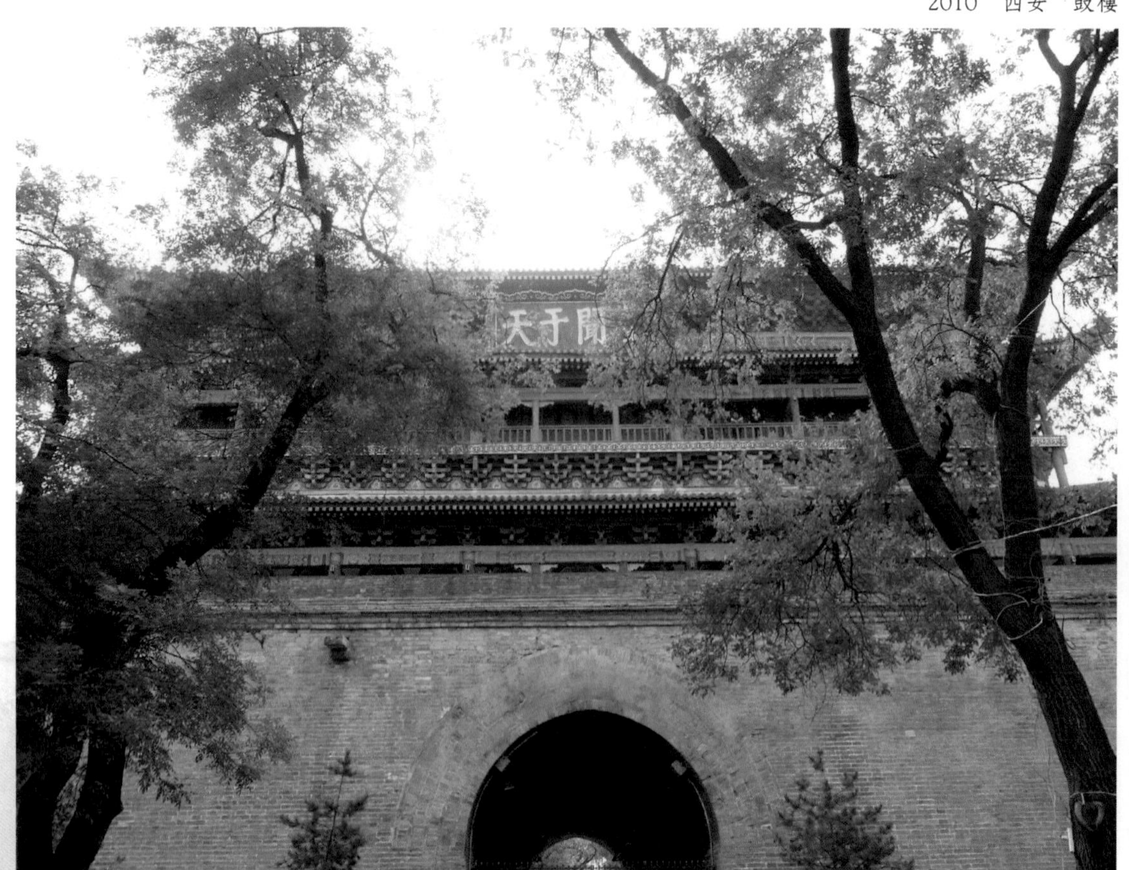

秋末天氣漸寒，籠中之鳥也要沐浴陽光，此時牛街上養鳥人士紛紛出來曬鳥。

2010　西安　牛街

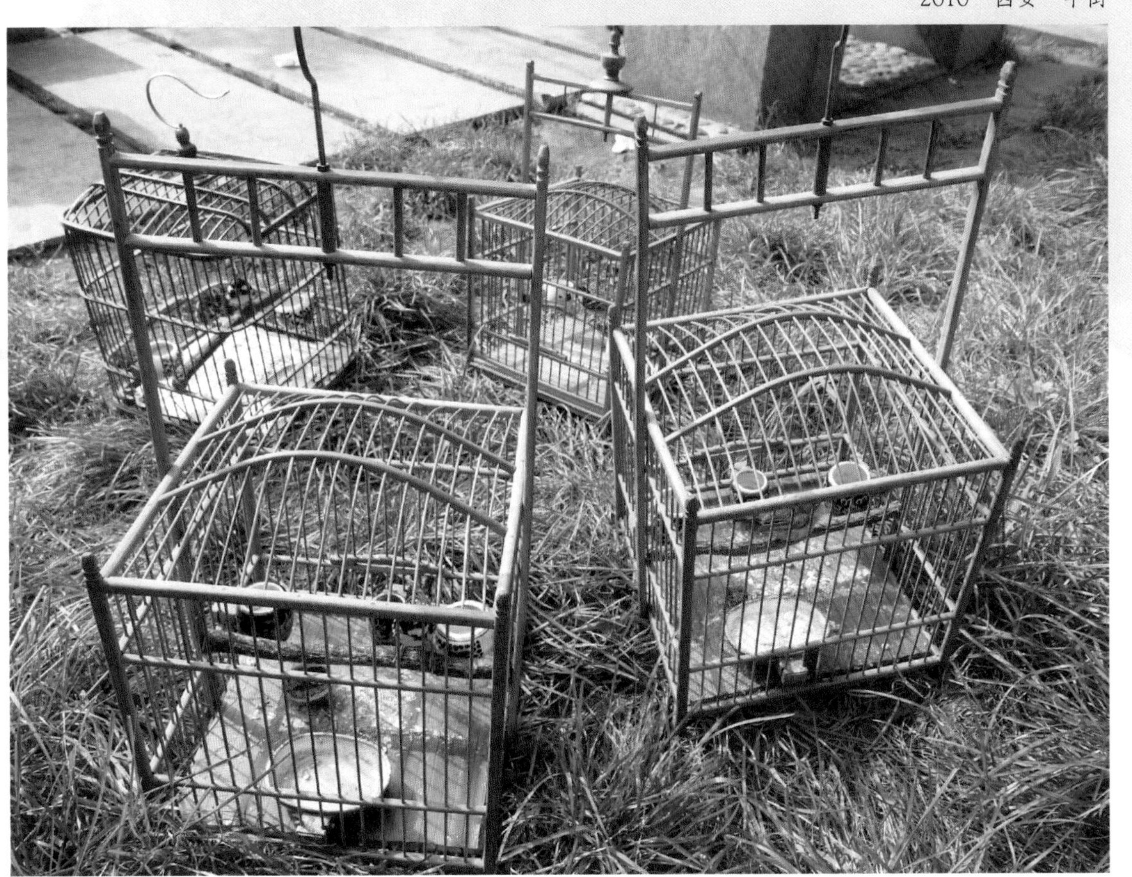

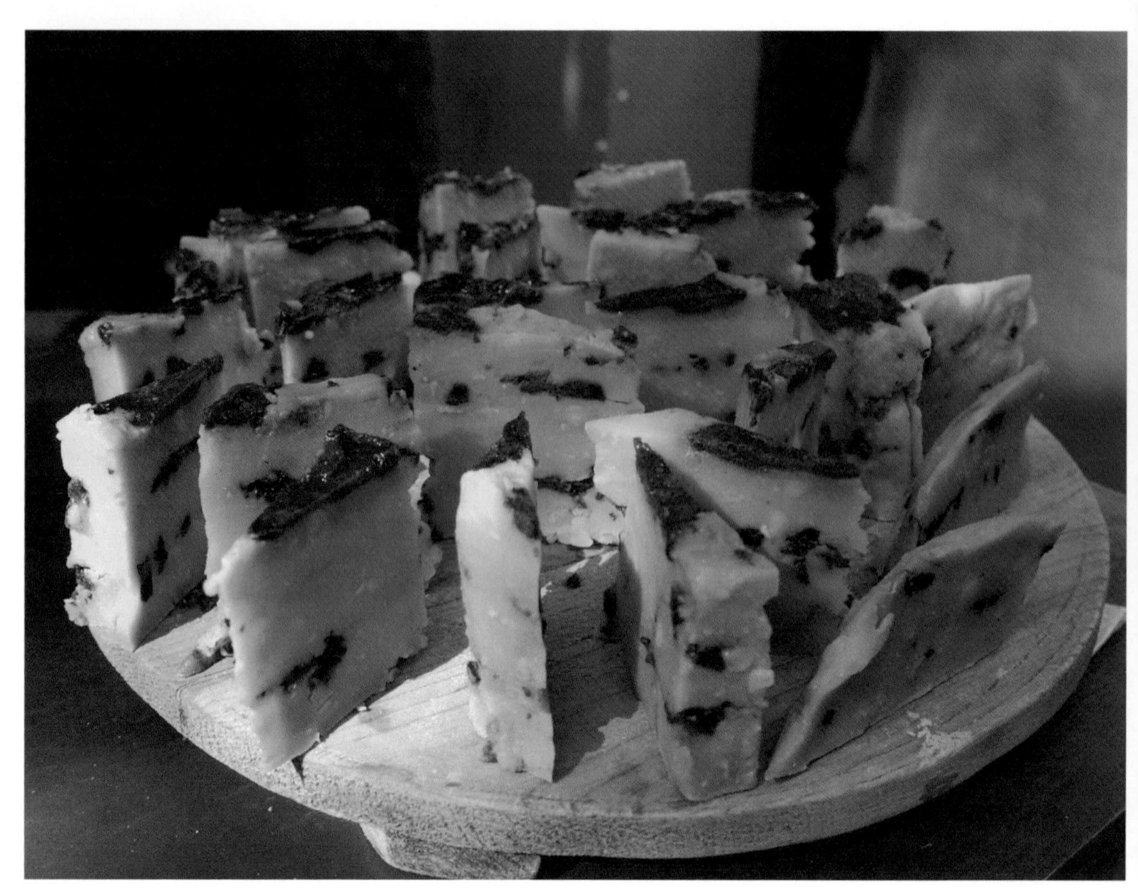

2010　西安　牛街

切糕是回民的一種傳統糕點。一般是以大黃米或糯米再加上紅棗或紅豆蒸製而成。

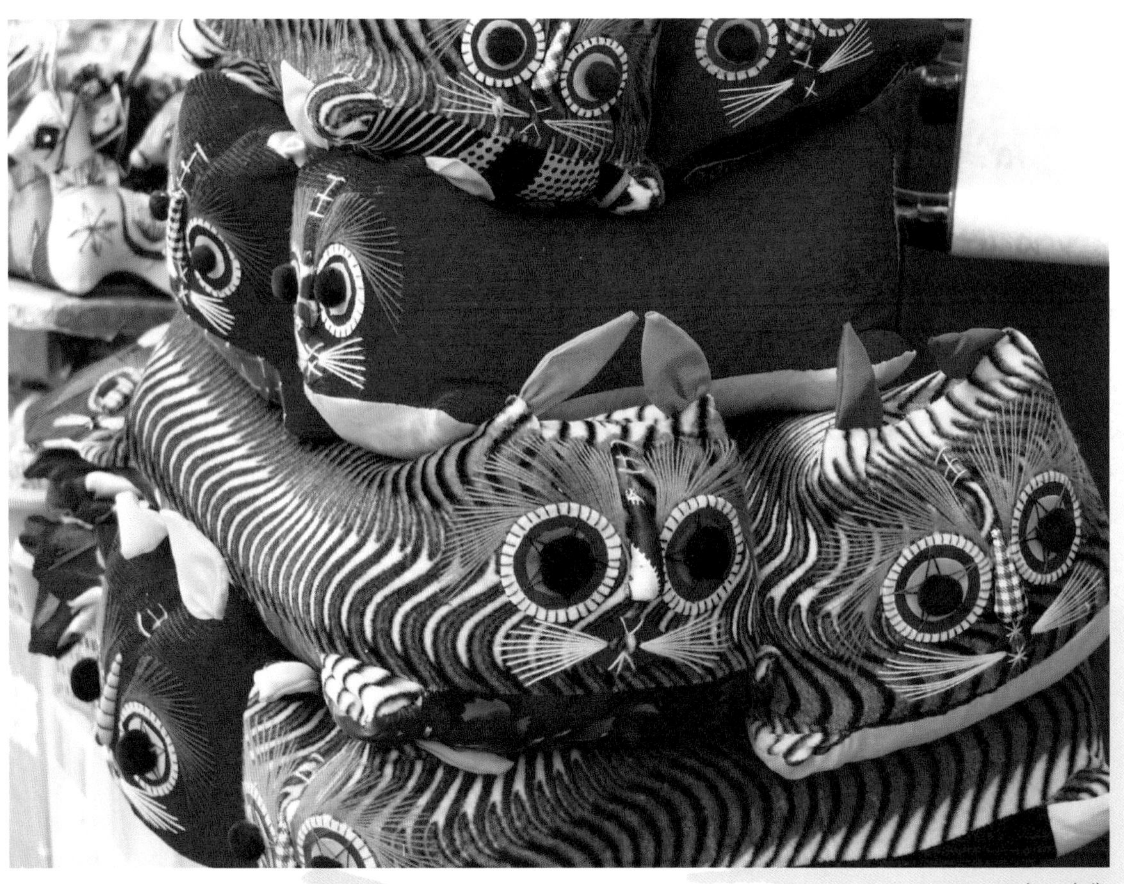

2010　西安　牛街

布老虎枕頭是陝西的民間工藝品。虎為百獸之王，是勇敢和堅毅的象徵，所以虎形器物常被人們拿來避邪。又因虎與福諧音，故在民間有賜福、鎮宅和生財的文化內涵。

西安牛街是以回民為主的商店街，小吃非常受歡迎，這是店家門前的烤饢和羊肉。

2010　西安　牛街

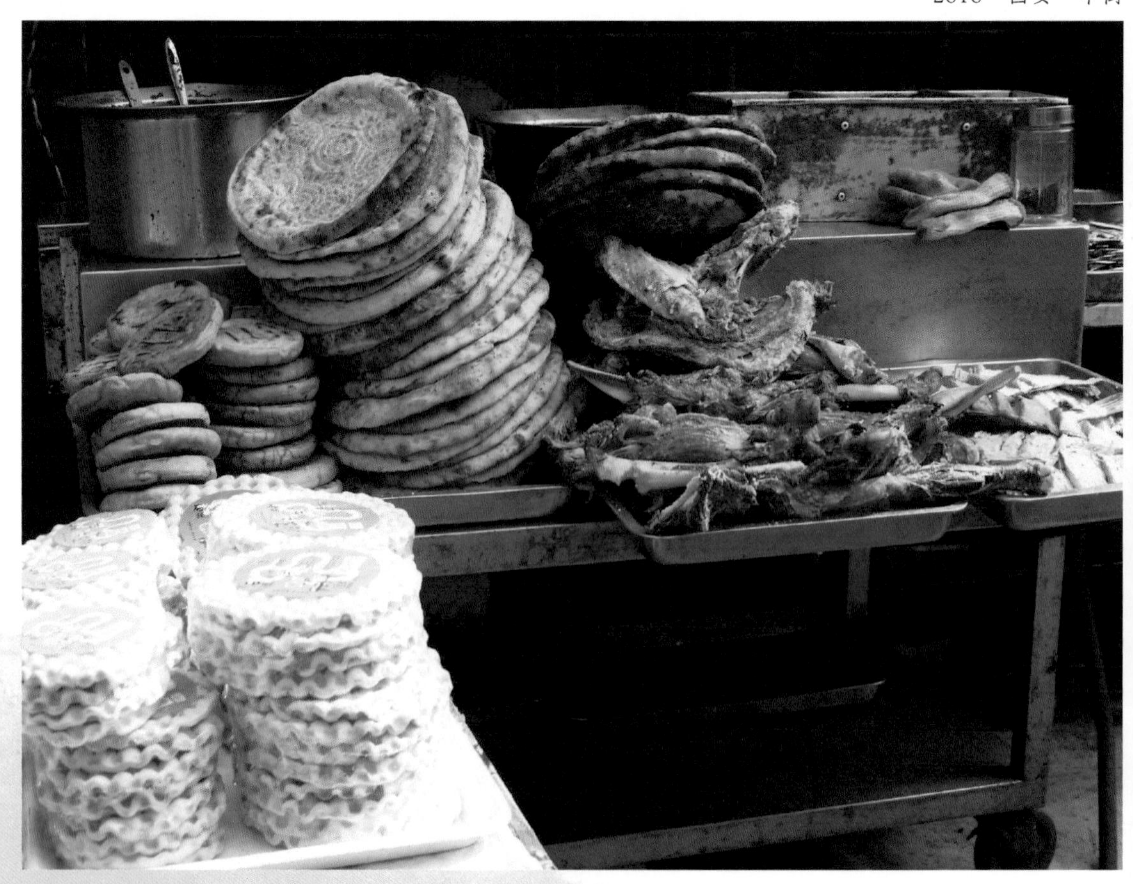

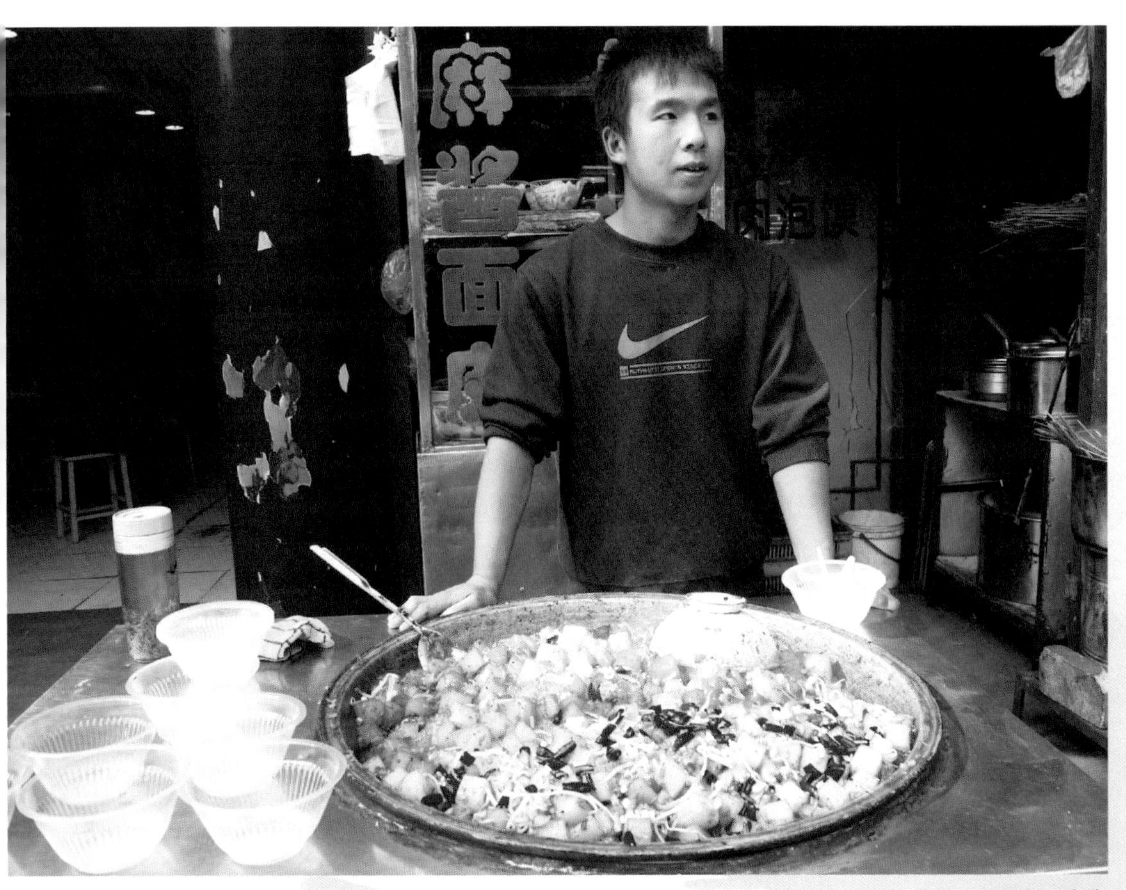

2010　西安　牛街

商家門前的麻醬面皮。

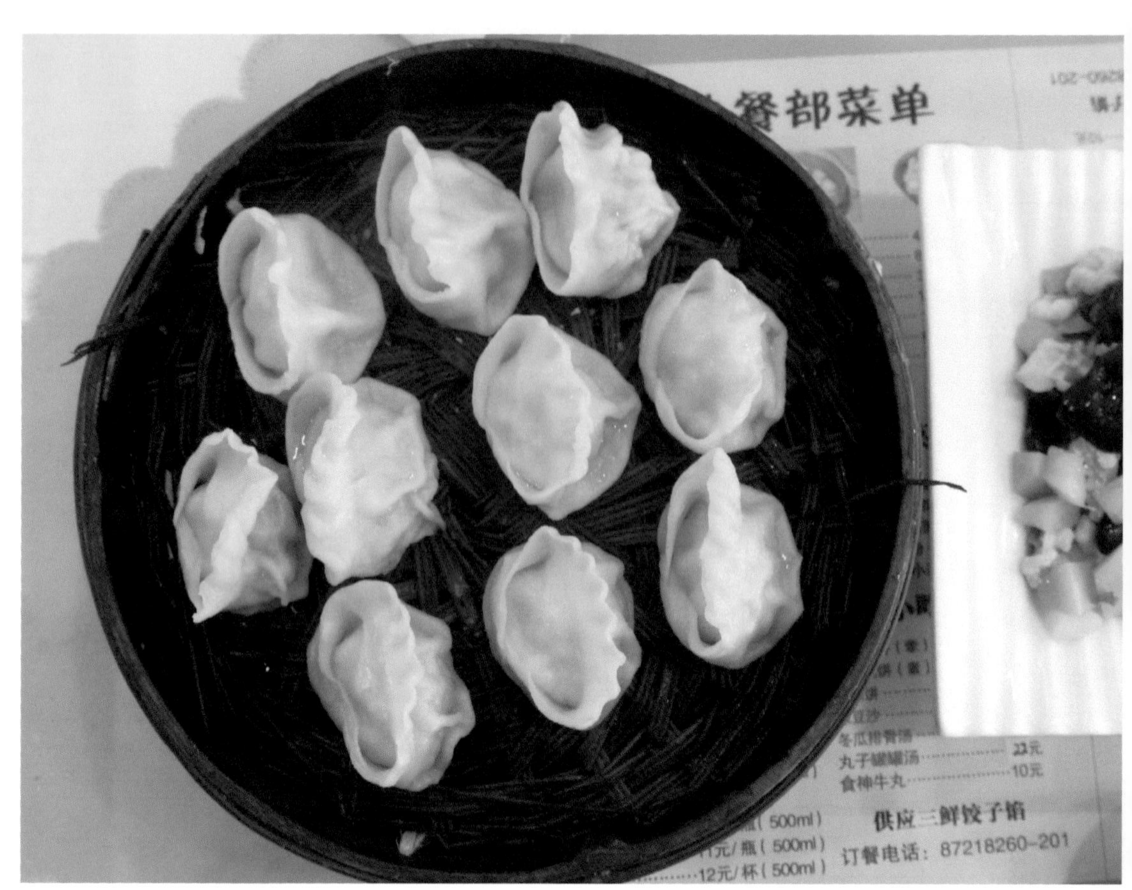

2010　西安　牛街　賈三灌湯包子店

西安牛街的賈三灌湯包很有名。賈三是回民，灌湯包是清真食品，一般是牛肉或羊肉餡，店內也有三鮮餃子可以選擇，到牛街不能錯過。

牛街是西安市著名的小吃一條街，以回民經營的商鋪居多，是饕客旅遊西安必逛景點之一，又稱回民街。

2010　西安　牛街

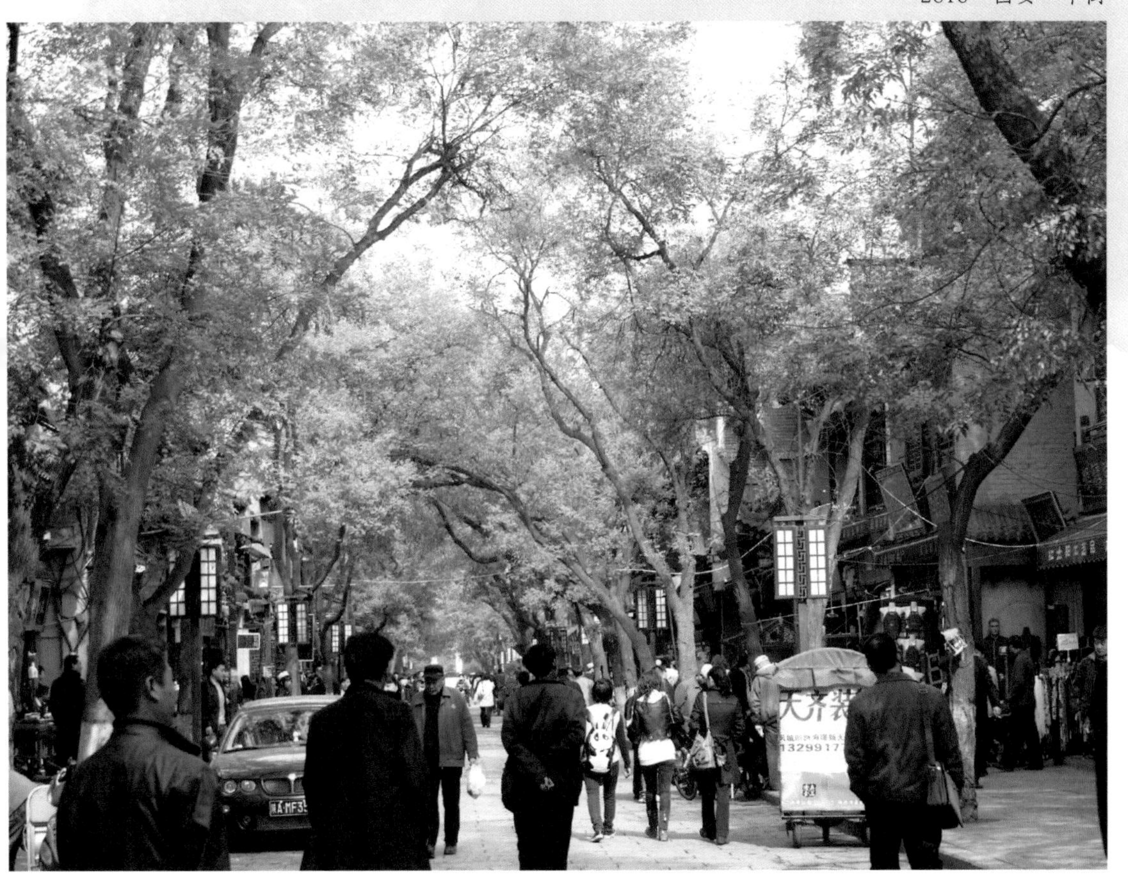

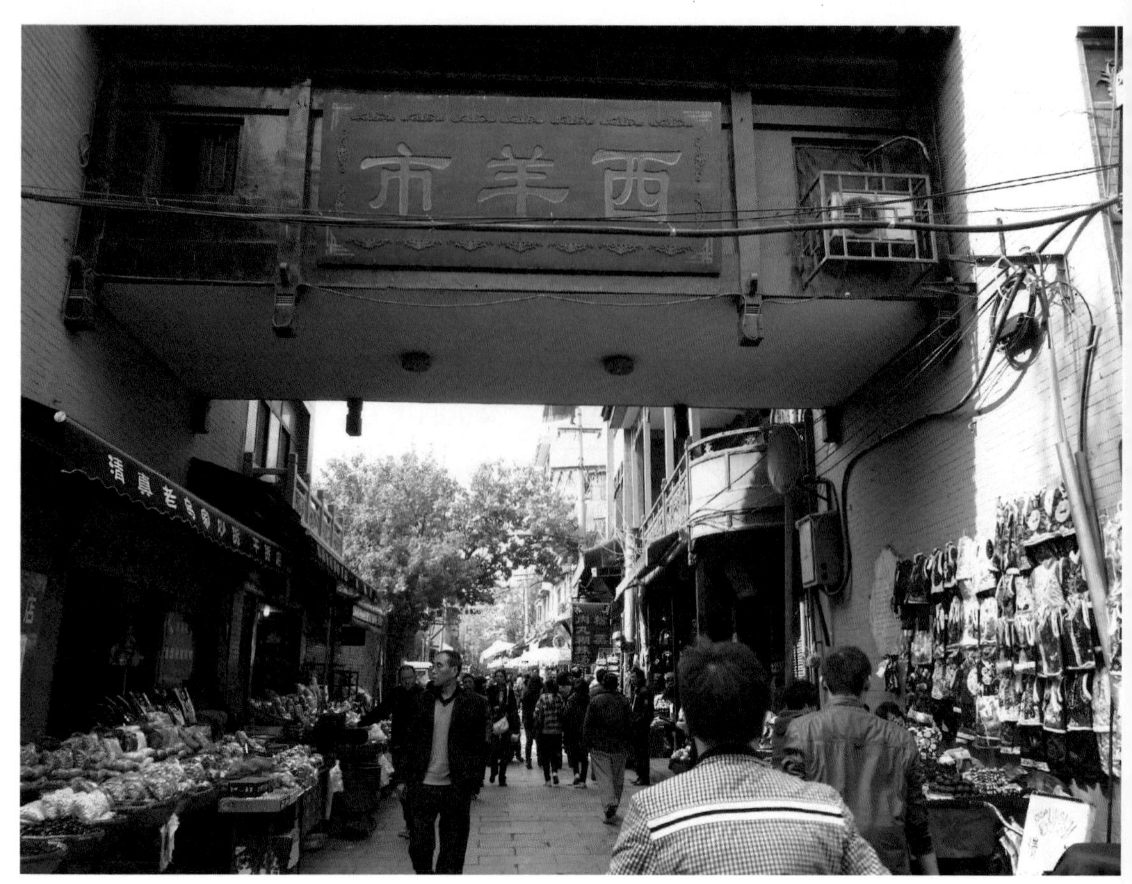

2010　西安西羊市

西羊市是西安回民街中最熱鬧的一條了，各種小吃和食品琳琅滿目，老饕來此絕對不虛此行。

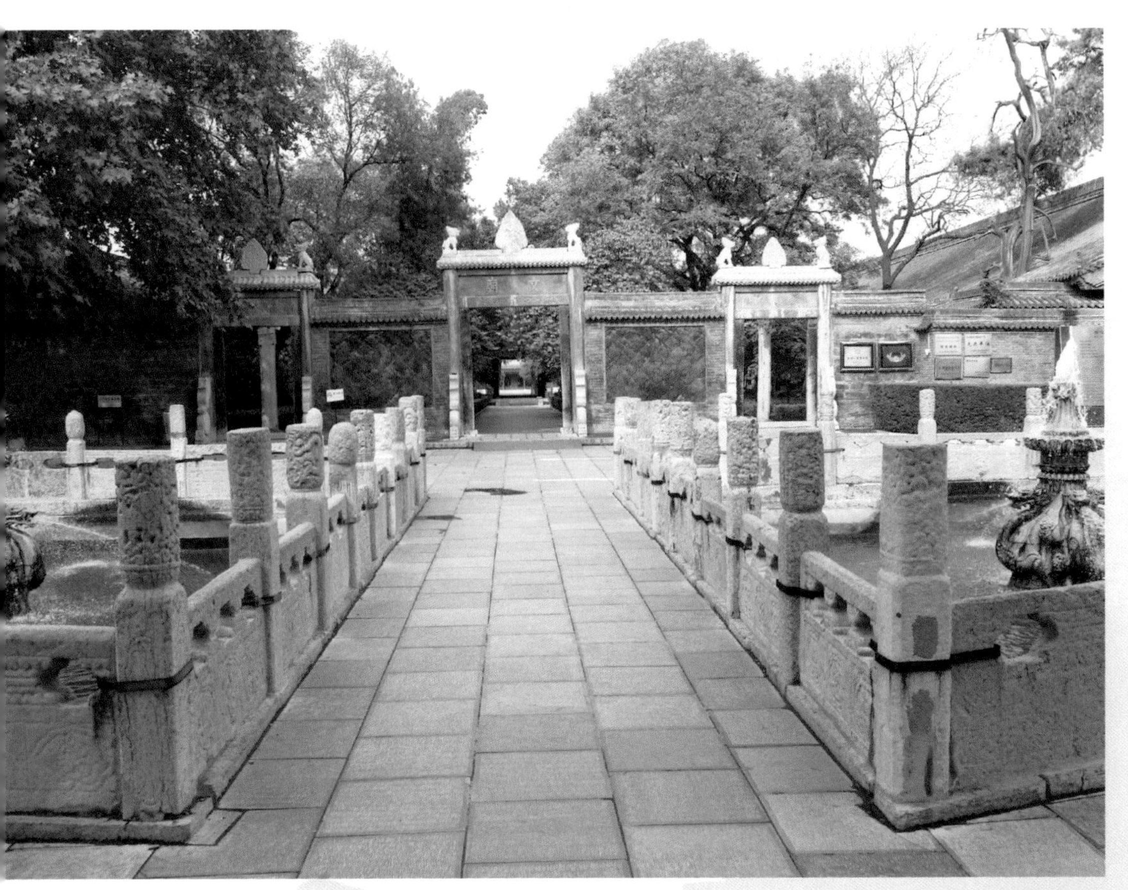

2010　西安　碑林

2▸訪碑林博物館尋名家書法真跡

西安碑林收藏了歷代書法石刻，是愛好書法人士必訪聖地。碑林內的博物館收藏了很多寶物，包括唐太宗昭陵六駿石刻等許多珍貴文物，喜歡歷史文物的訪客，來到西安旅遊，這裡絕對不能錯過。

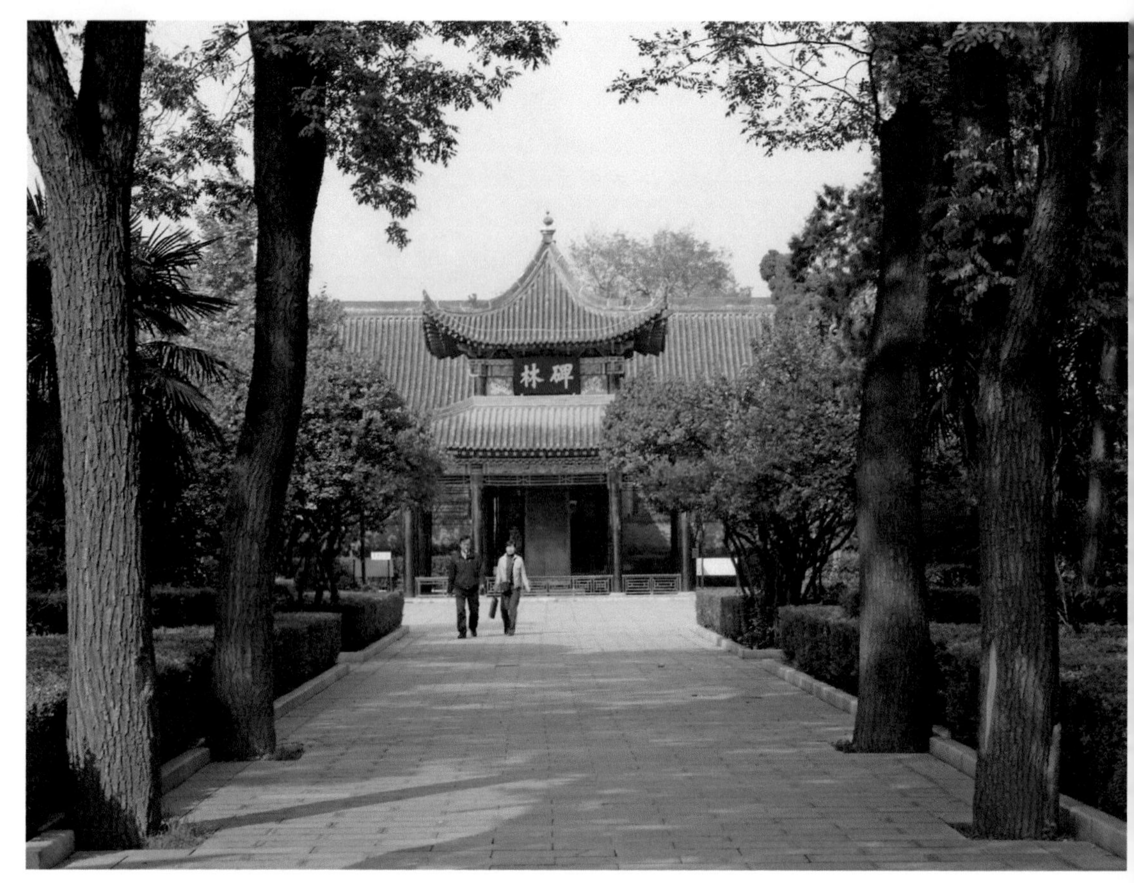

2010　西安　碑林

一座城市的可看性，除了風景，更重要的是豐富的歷史人文，始建於北宋的西安碑林，距今快一千年了，這裡收藏了歷代書法碑刻超過一萬件，讓西安這個歷史古都，充滿了濃厚的文化藝術氣息。

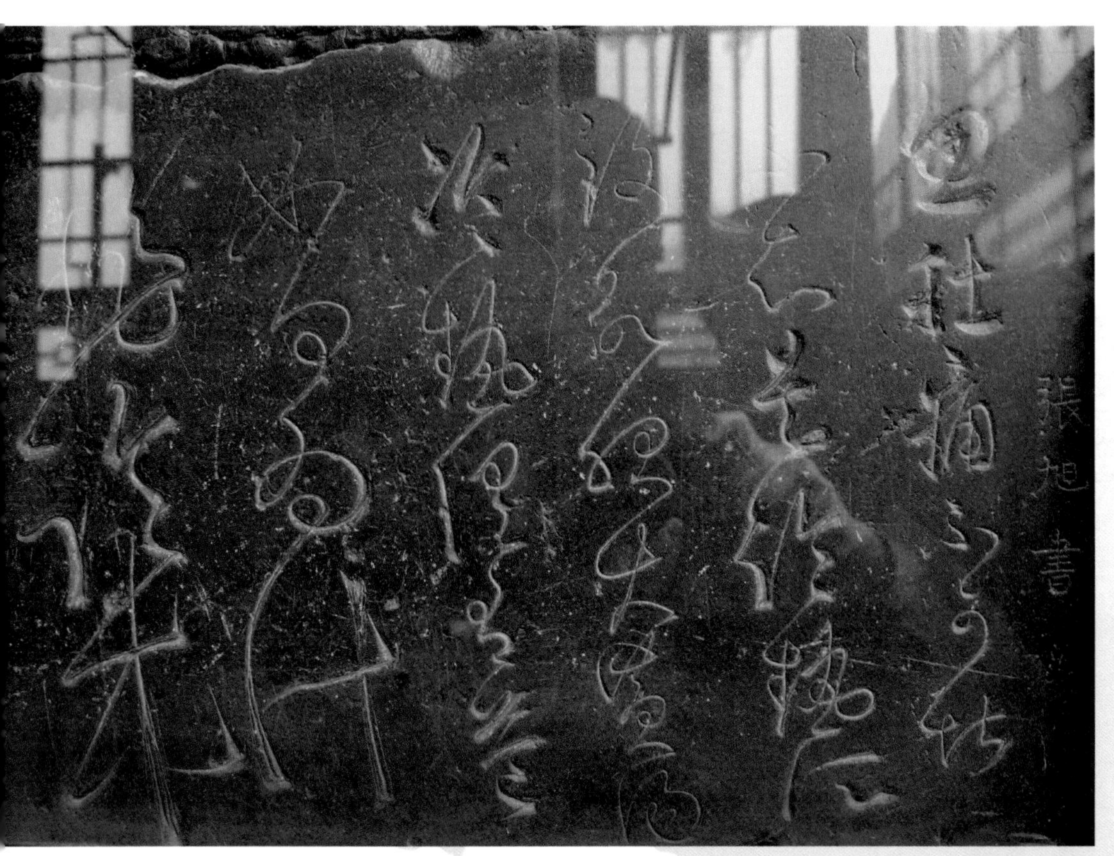

2010　西安　碑林

唐朝張旭狂草《肚痛帖》碑帖石刻，原文：「忽肚痛不可堪，不知是冷熱所致，欲服大黃湯，冷熱俱有益。如何為計，非臨床。」這是張旭的草書代表作，氣勢如虹，狂野奔放，如彩帶凌空飛舞。當時張旭草書、李白詩歌、裴旻劍舞號稱唐朝三絕。

拴馬樁是古代住家門前用來拴馬的小石柱，常雕刻有獅子等動物的圖案，西安碑林收藏許多此類造型各異的古物。

2010　西安　碑林

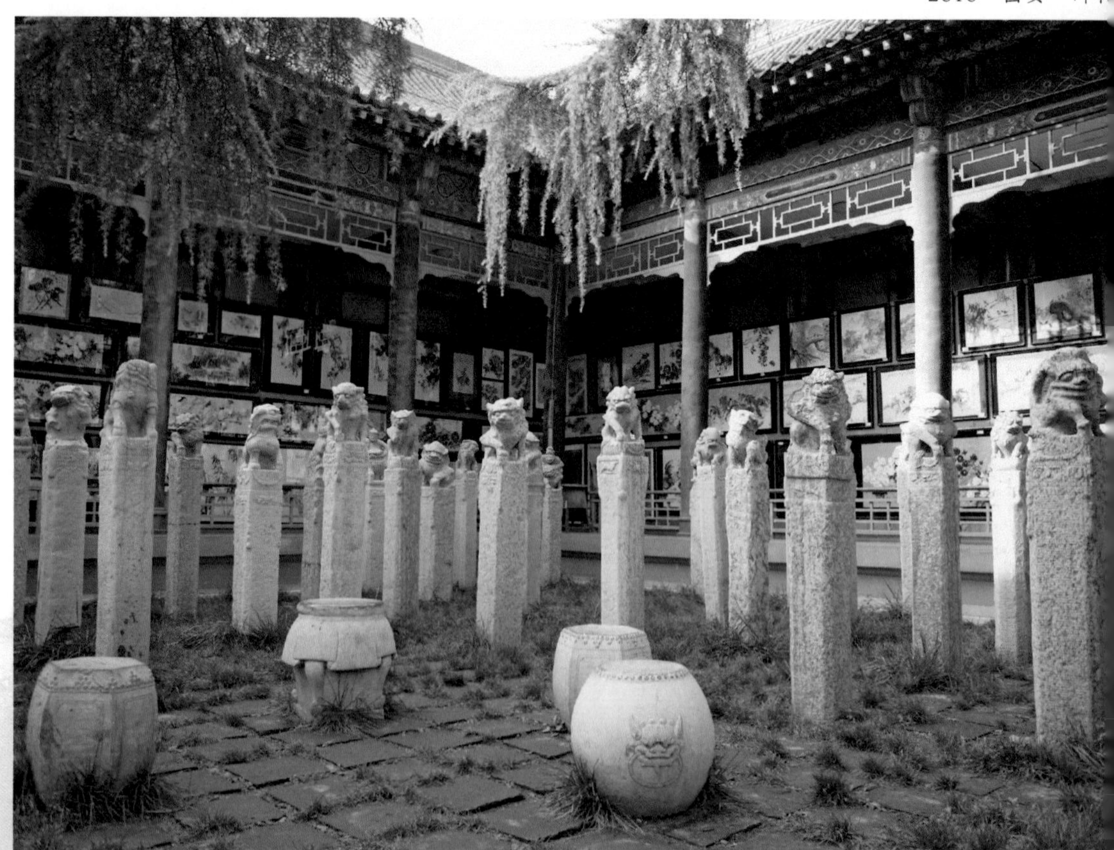

刻有獅子圖像的拴馬樁。

2010　西安　碑林

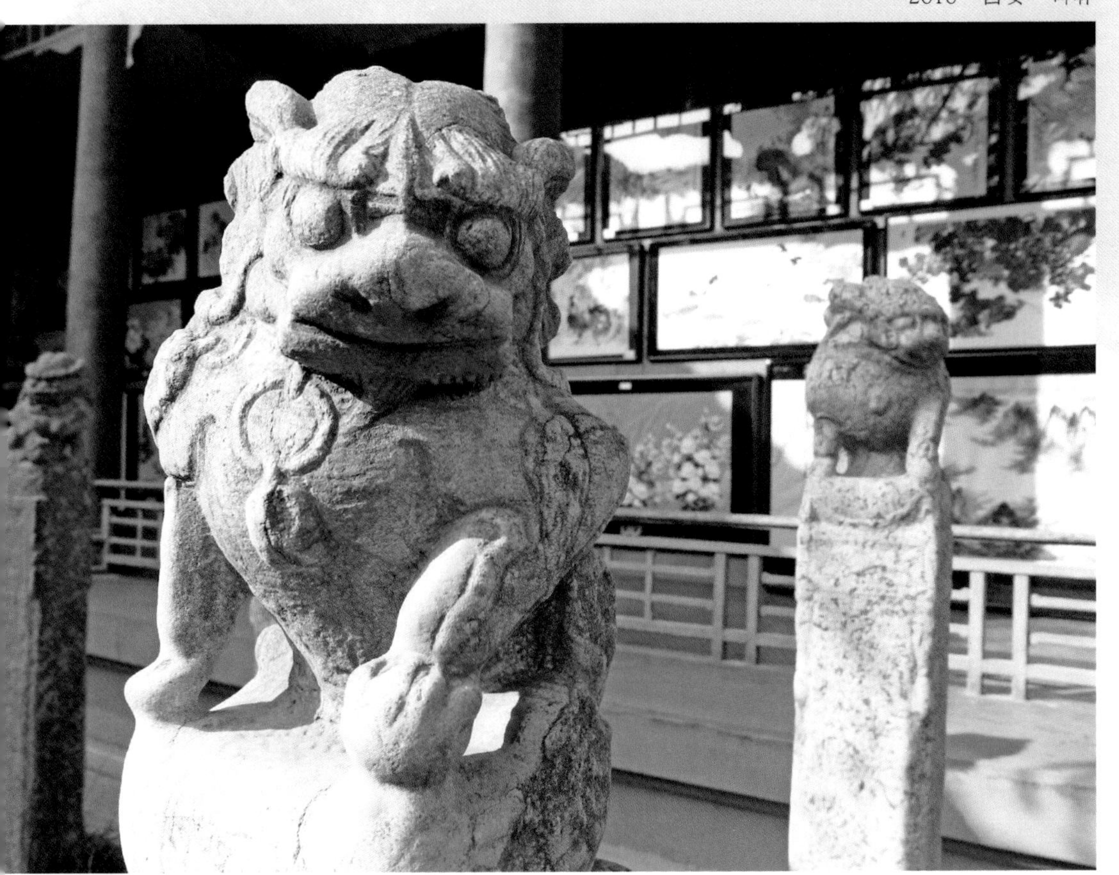

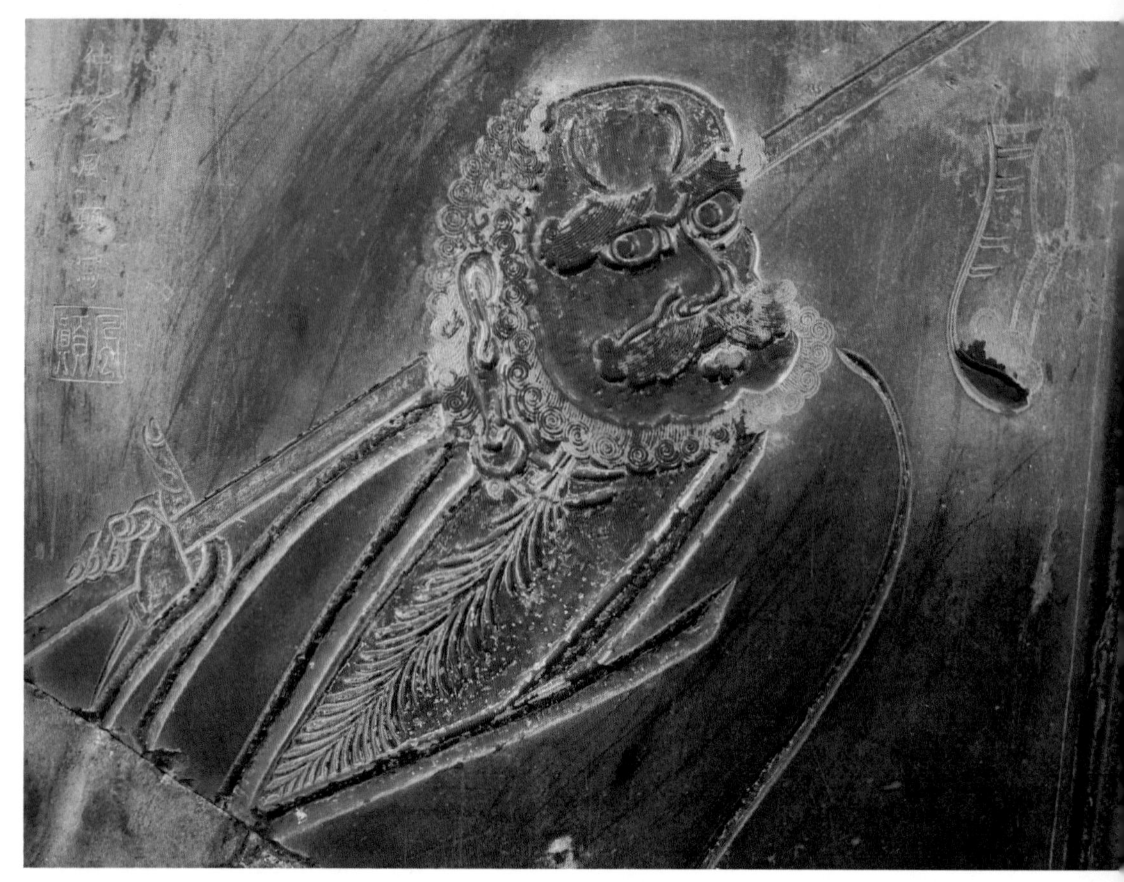

2010　西安　碑林

達摩乃中國禪宗的始祖。這個西安碑林裡的石刻達摩，身披袈裟，左手捻佛珠，右手荷杖挑履，坦胸赤足，踏葦渡江，刻畫的正是達摩東渡中土的情景。

唐太宗昭陵六駿浮雕石刻共六隻，原位於陝西昭陵的山上，都是李世民生前的坐騎。分別是颯露紫、拳毛騧、青騅、什伐赤、白蹄烏、特勒驃，其中颯露紫和拳毛騧之後被盜往美國，西安碑林的颯露紫浮雕是複製品。颯露紫在李世民與王世充的一次交戰中中箭，而護駕有功的猛將丘行恭於戰後替馬拔箭，馬受傷垂頭，表情痛苦，此浮雕正是唐太宗命人刻畫當時的情景，用來紀念這匹英勇的紫色駿馬。

2010　西安　碑林博物館

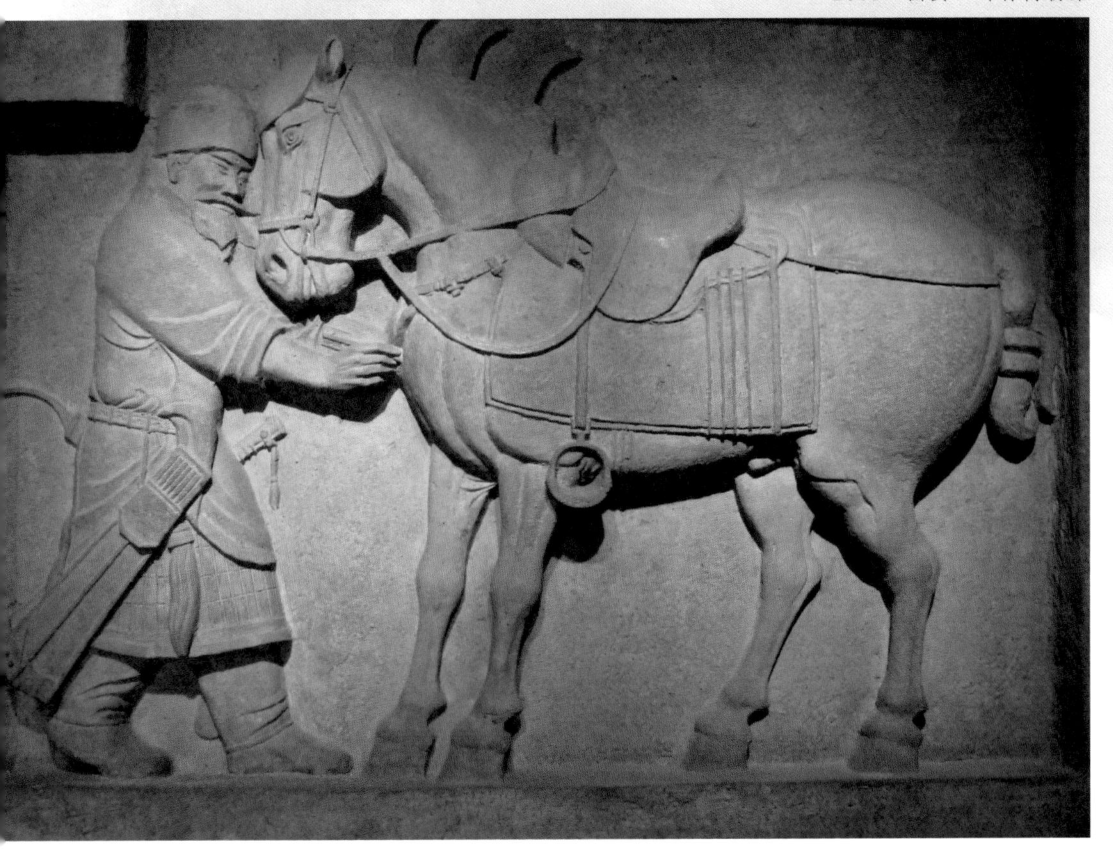

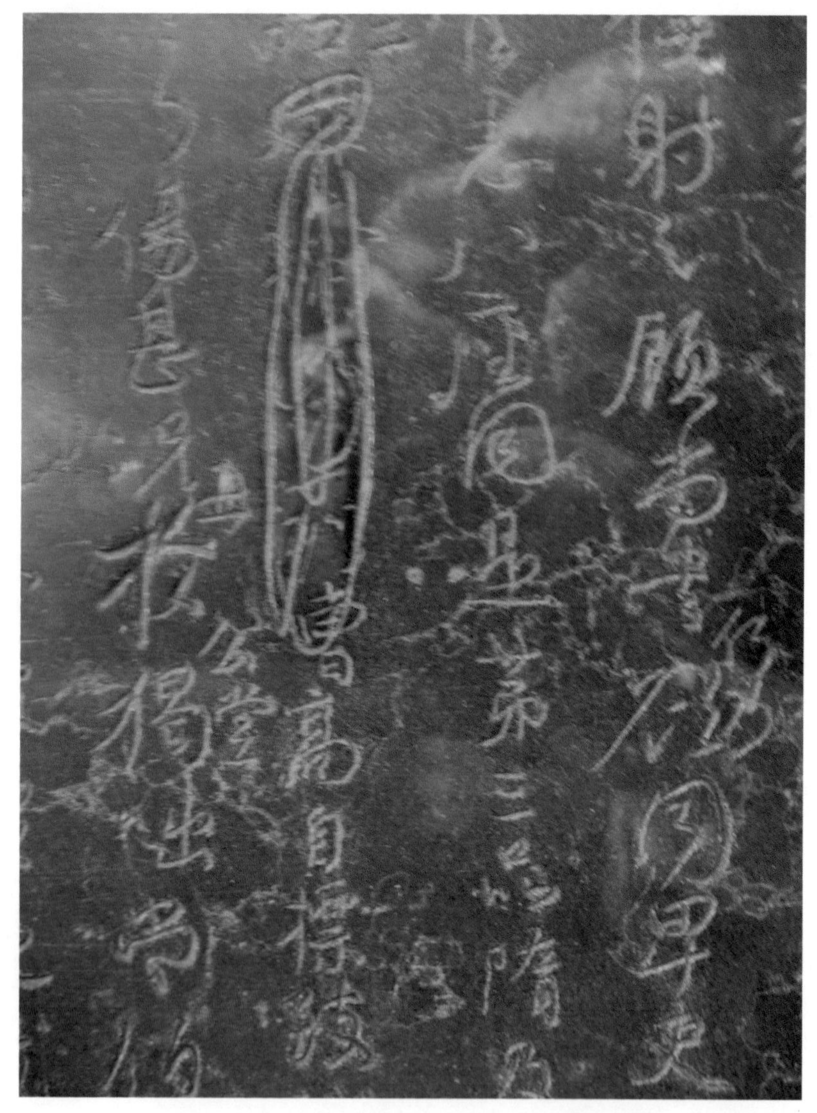

2010　西安　碑林博物館

西安碑林收藏的碑帖之所以珍貴，在於中國歷代書法傳承的歷史見證。中國歷代書法家的文帖，寫在紙上或布帛上的，歷經時空的變化，極易潮濕發霉腐爛或遭蟲蛀，非常不易保存。因而在唐代以前更多手書的文稿，被刻成石碑得以長久保存至後代而流傳久遠。這是中國人祖先遠古的智慧與藝術結晶，而西安碑林保留了這些歷史的豐碑。

墓室石刻，狩獵圖。

2010　西安　碑林博物館

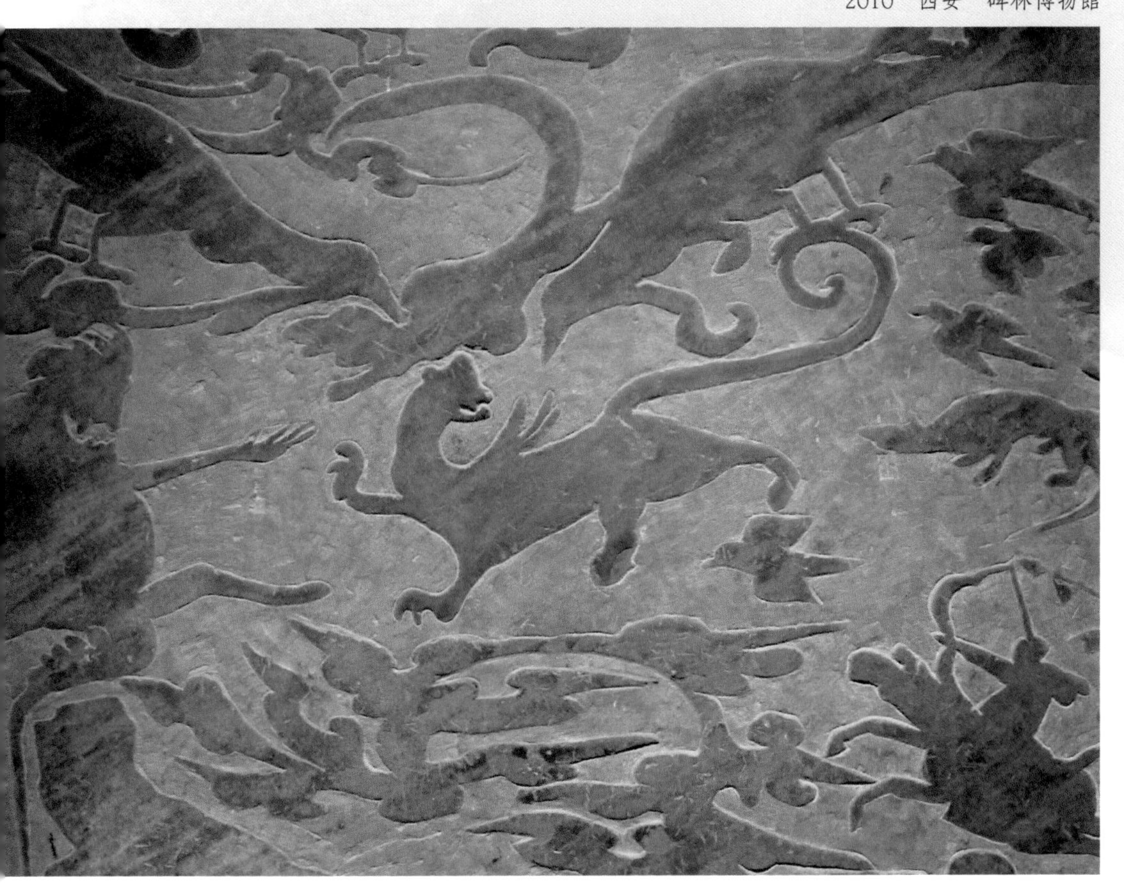

石虎。

2010　西安　碑林博物館

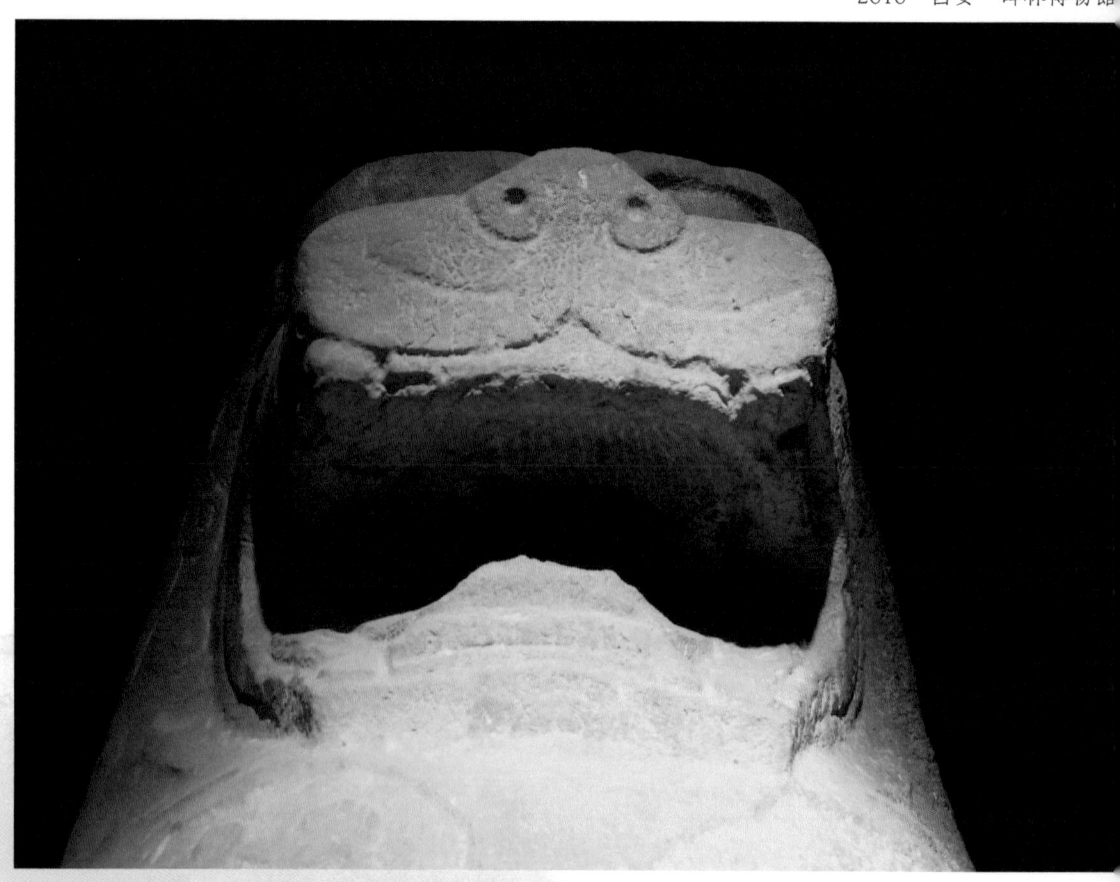

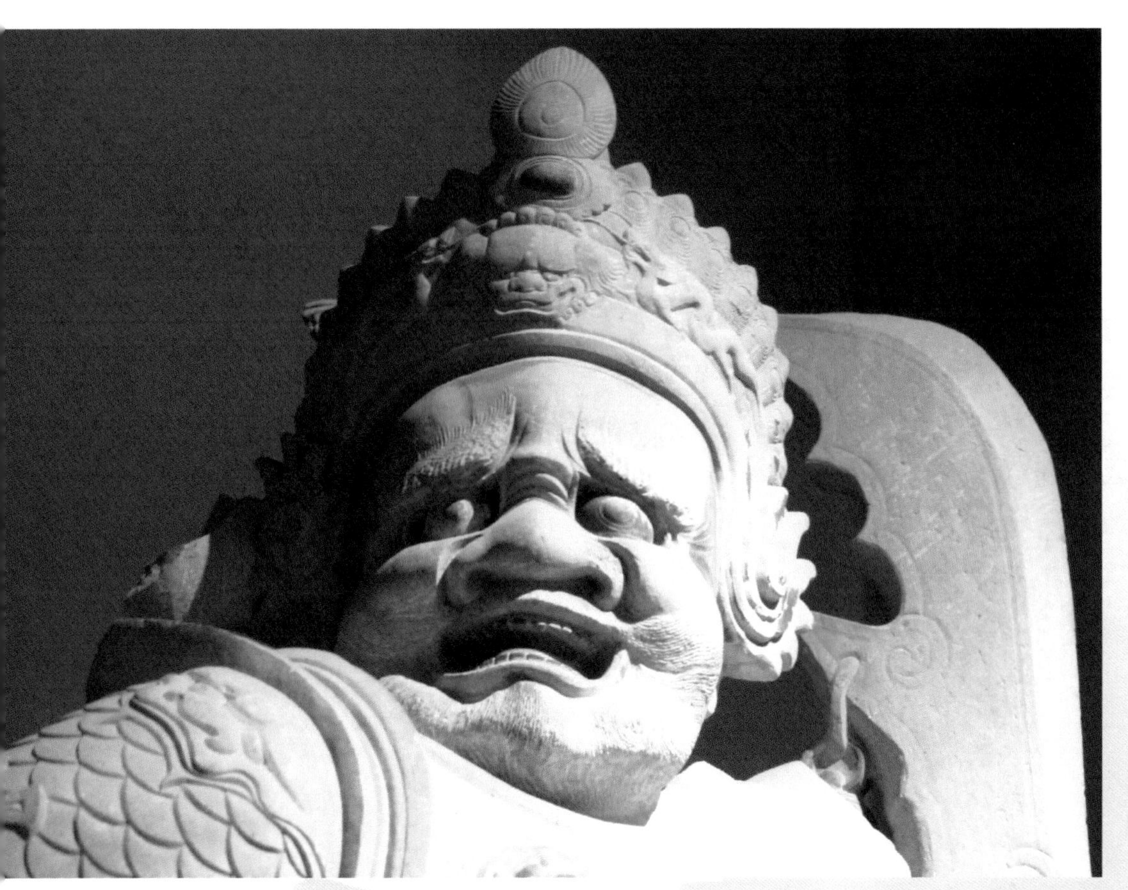

2010　西安　碑林博物館

武將石刻，張牙怒目，氣勢凌人，威猛之姿叱咤風雲，看起來是一名胡人猛將。

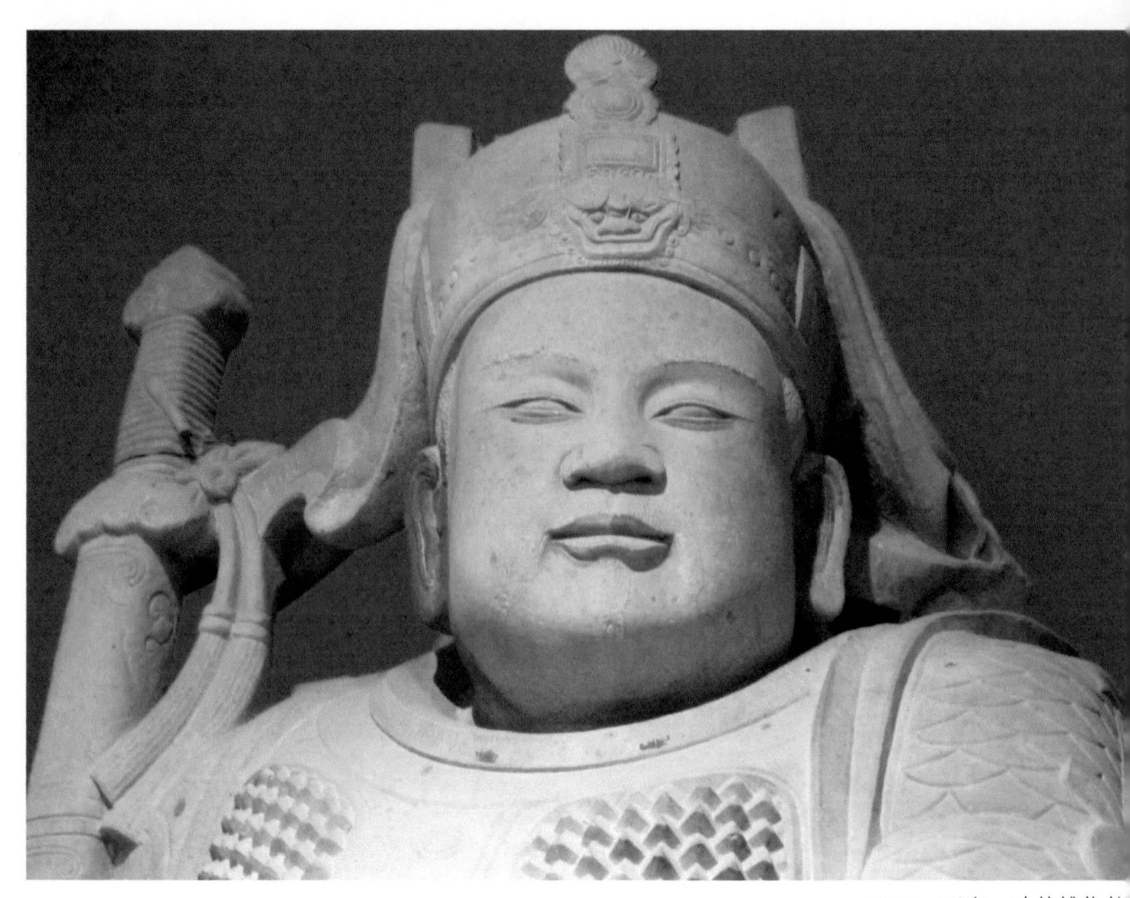

2010　西安　碑林博物館

武將石刻，表情肅穆，氣宇軒昂，神態威儀正直而堅毅，看起來像投筆從戎，文武兼備的一名漢人勇將。

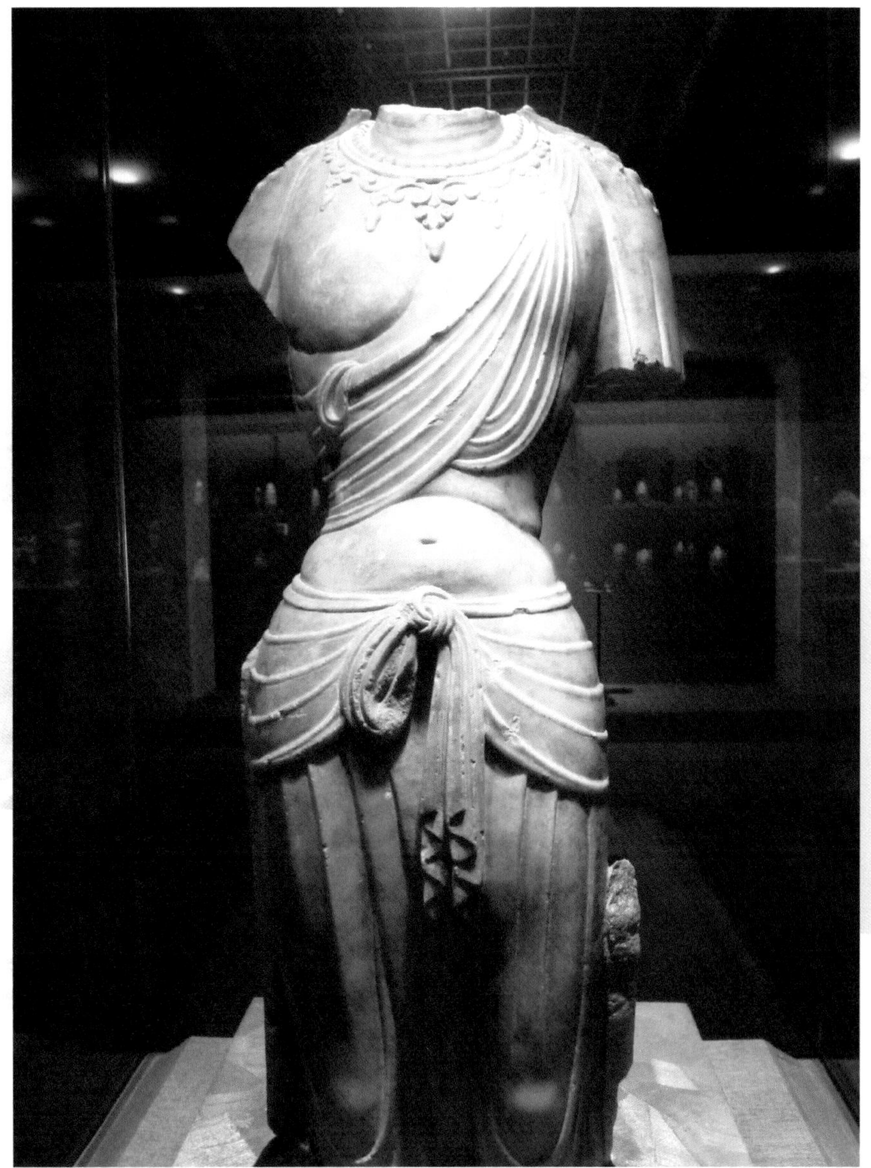

2010　西安　碑林博物館

這座由整塊漢白玉雕刻而成的唐代密宗菩薩，據悉出土于大明宮，雖已斷頭去臂但豐胸細腰，體態婀娜，身形優美。穿著方面，腰繫絲巾，頸戴瓔珞，披肩斜曳，服飾相當有時尚感，素有東方維納斯之美譽，這也見證盛唐繁華開放的風格。

黃庭堅碑帖石刻局部。黃庭堅的書法取法於唐朝書法家顏真卿和懷素，堅挺有勁，骨力洋溢，和蘇軾、米芾、蔡襄合稱宋書法四大家。

2010　西安　碑林博物館

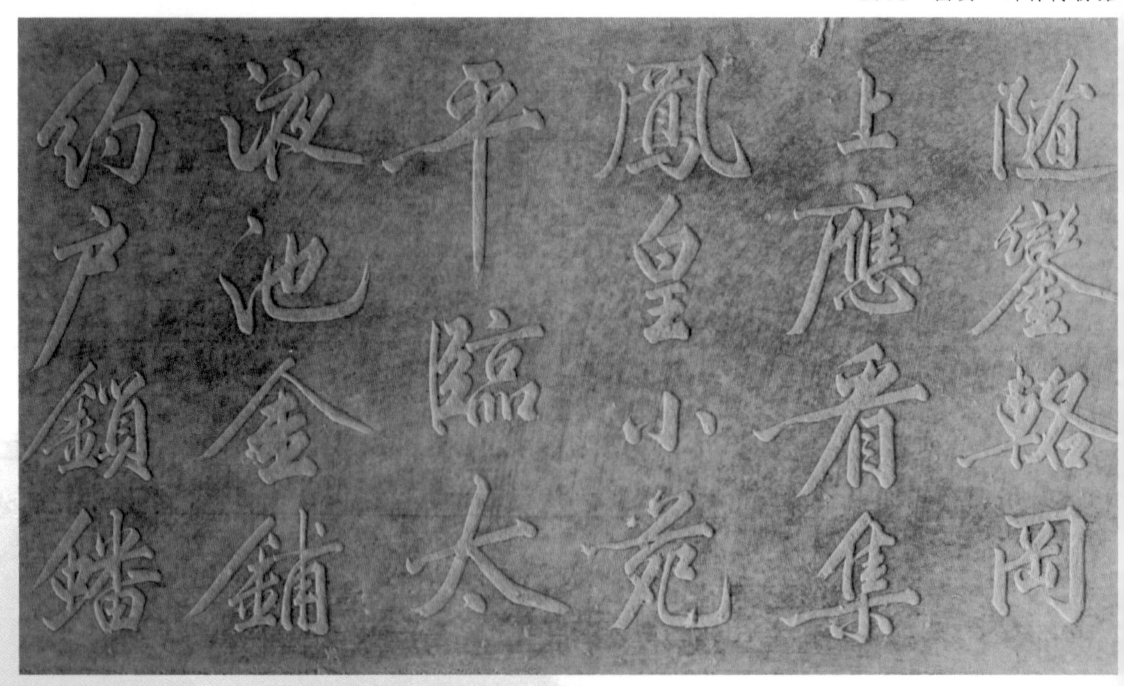

中國禪宗初祖達摩面壁圖石刻。達摩乃印度古國天竺人，南朝梁武帝時東渡中土於廣州登陸，後在河南嵩山少林寺附近的山洞中面壁九年，這個石刻就是講述這則事跡。

2010　西安　碑林博物館

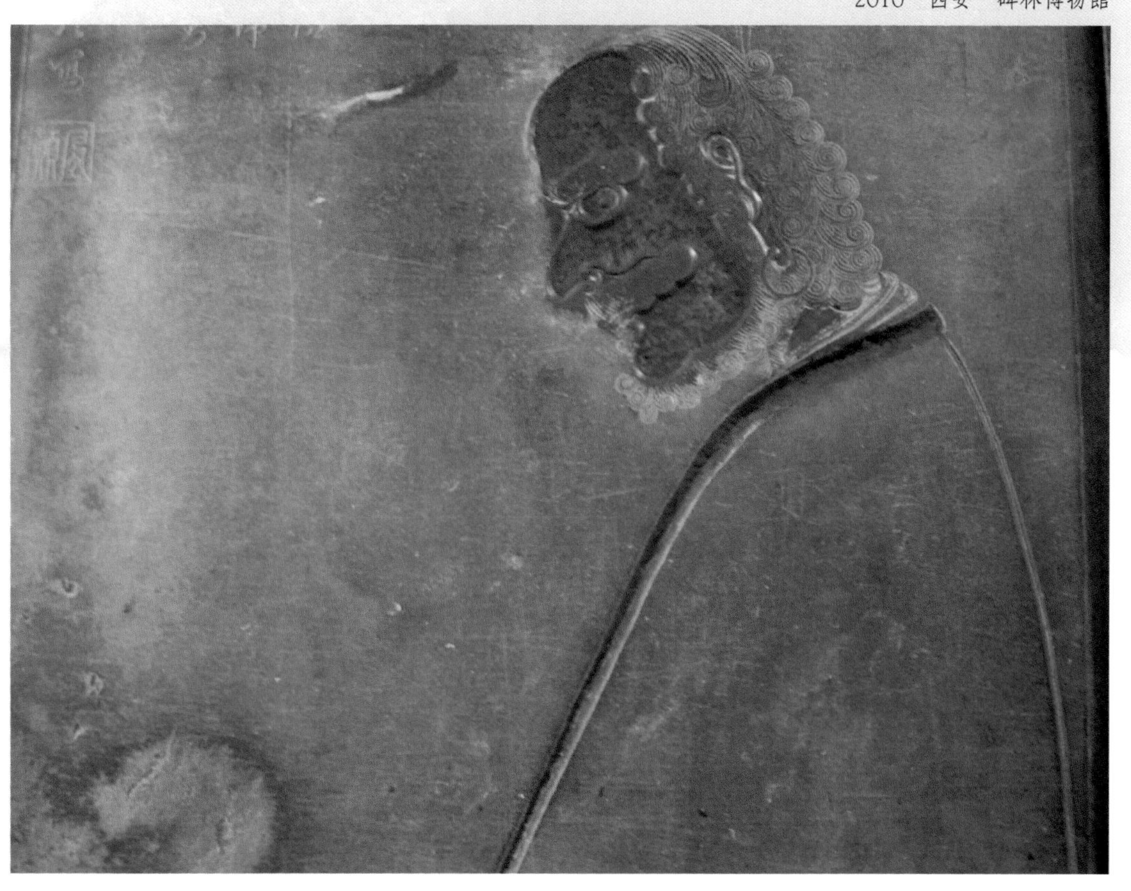

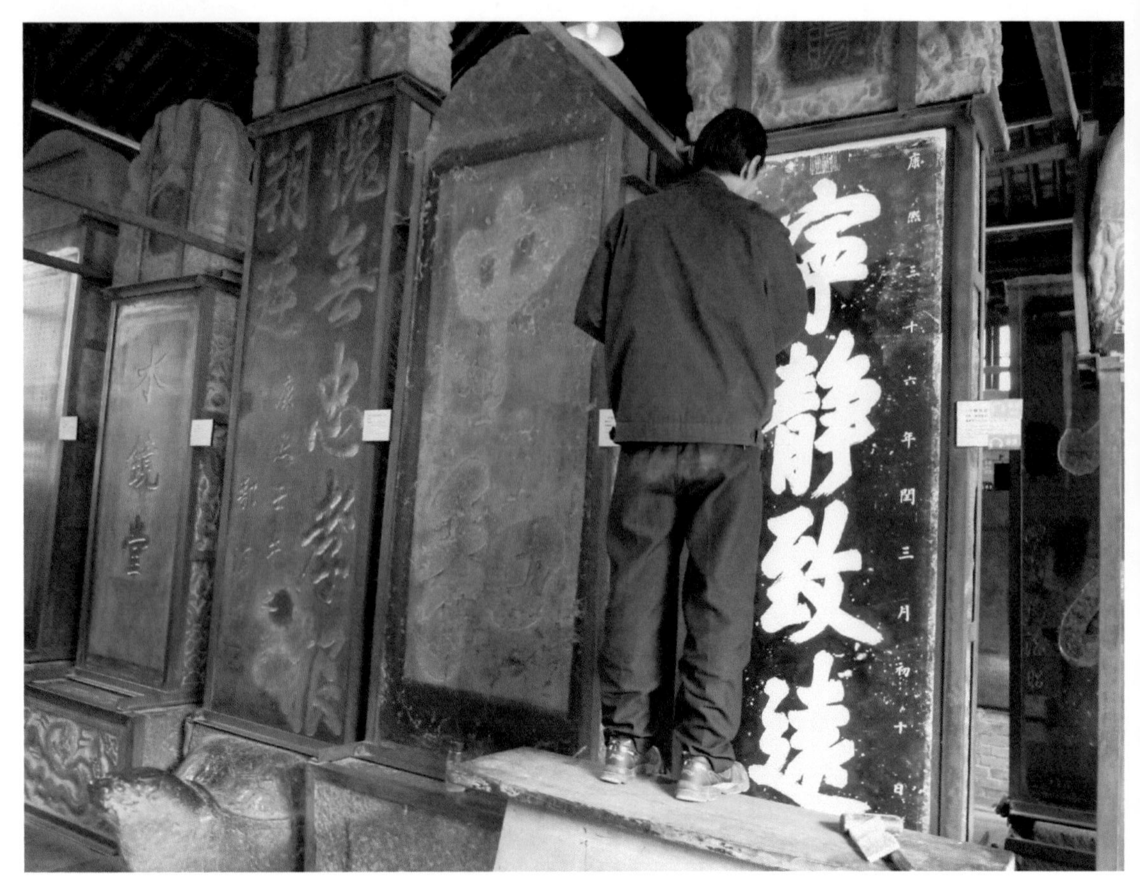

2010　西安　碑林博物館

工作人員正在拓印康熙御筆《寧靜致遠》碑帖。

工作人員正在拓印，宋書法家米芾手書的，唐代林寬《省試臘后望春宮》碑帖，米芾是宋書法四大家之一，他曾批判張旭和懷素的草書狂顛變亂，沒有傳承魏晉書法的人格和風骨，徒成下品。

2010　西安　碑林博物館

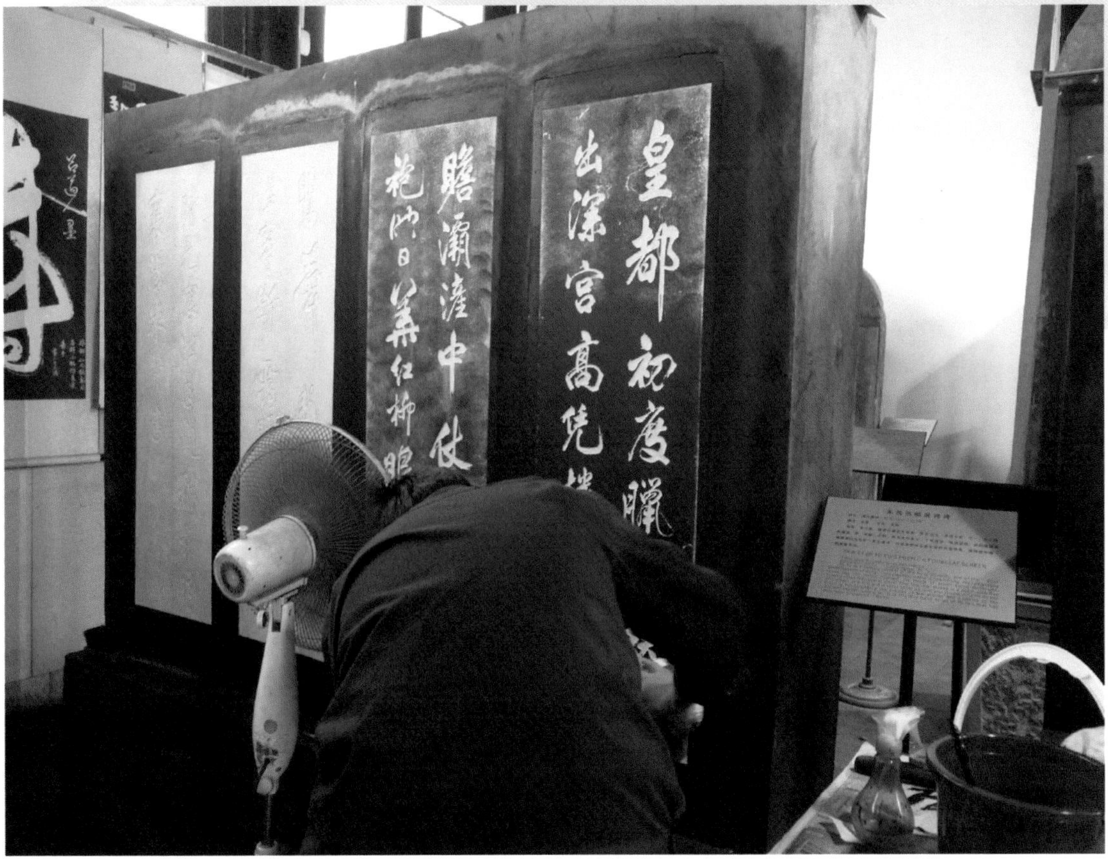

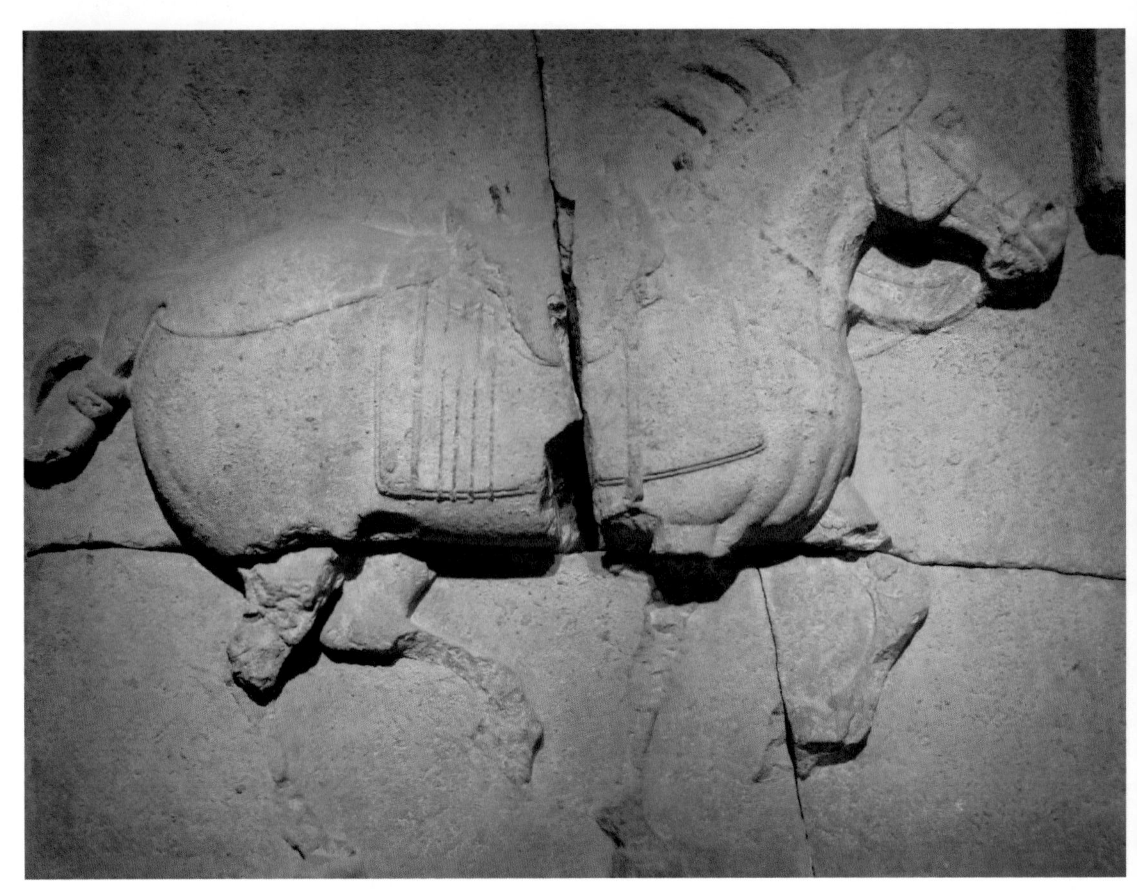

2010　西安　碑林博物館

唐太宗昭陵六駿浮雕石刻之特勒驃。特勒驃是李世民在消滅劉武周勢力時的坐騎，此馬毛色黃裡透白，是西域突厥的大宛名馬，亦即漢朝著稱的汗血寶馬。

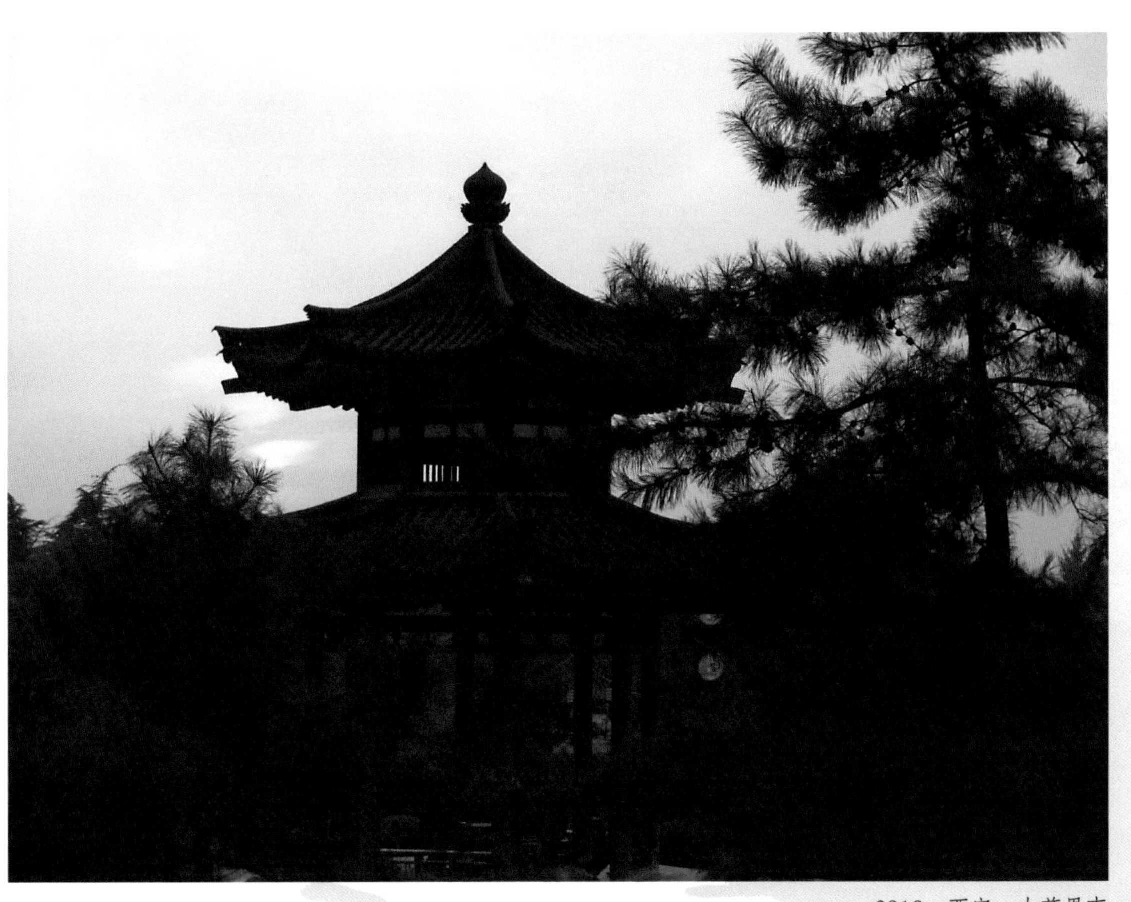

2010　西安　大慈恩寺

3▸到大雁塔膜拜玄奘大師

大雁塔景區內的暮色。霞光映著涼亭和古松，秋末微涼，令人憶起唐朝詩人韋應物的詩《秋夜寄邱二十二員外》：「懷君屬秋夜，散步咏涼天。空山松子落，幽人應未眠。」

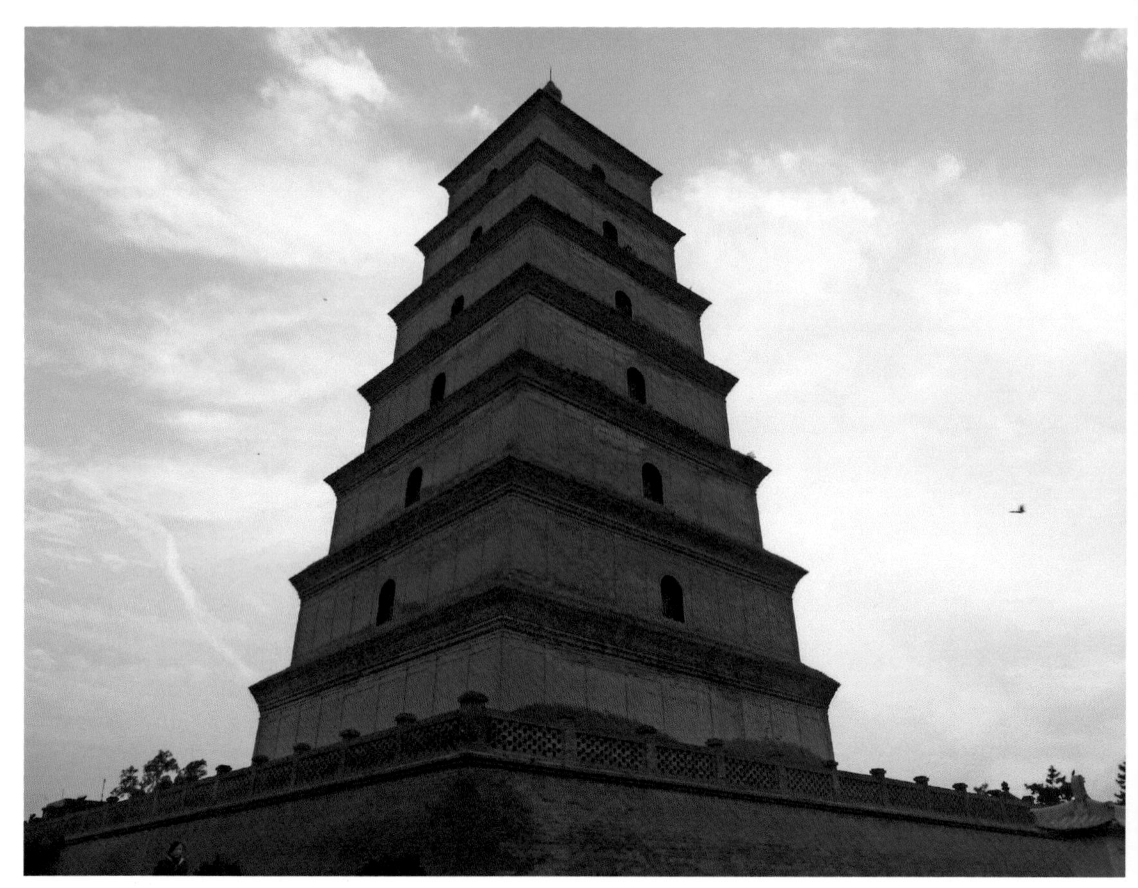

2010　西安　大慈恩寺

大雁塔又名慈恩寺塔，塔高七層，是唐朝高僧玄奘為保存從天竺帶回的佛卷經書、舍利和佛像而主持修建的。它的形式是仿印度古國的雁塔而建，名稱取自佛教小乘教徒葬雁建塔的故事。

大慈恩寺南門玄奘塑像。玄奘於唐貞觀三年由長安出發經由絲綢之路遊歷西域，歷經三年五萬餘里的跋涉終於到達天竺，在著名的納蘭陀寺拜戒賢法師為師。隨後又遊學天竺各地，並在西域諸國講經弘法，於唐貞觀十九年載譽歸國返回長安。

2010　西安　大慈恩寺

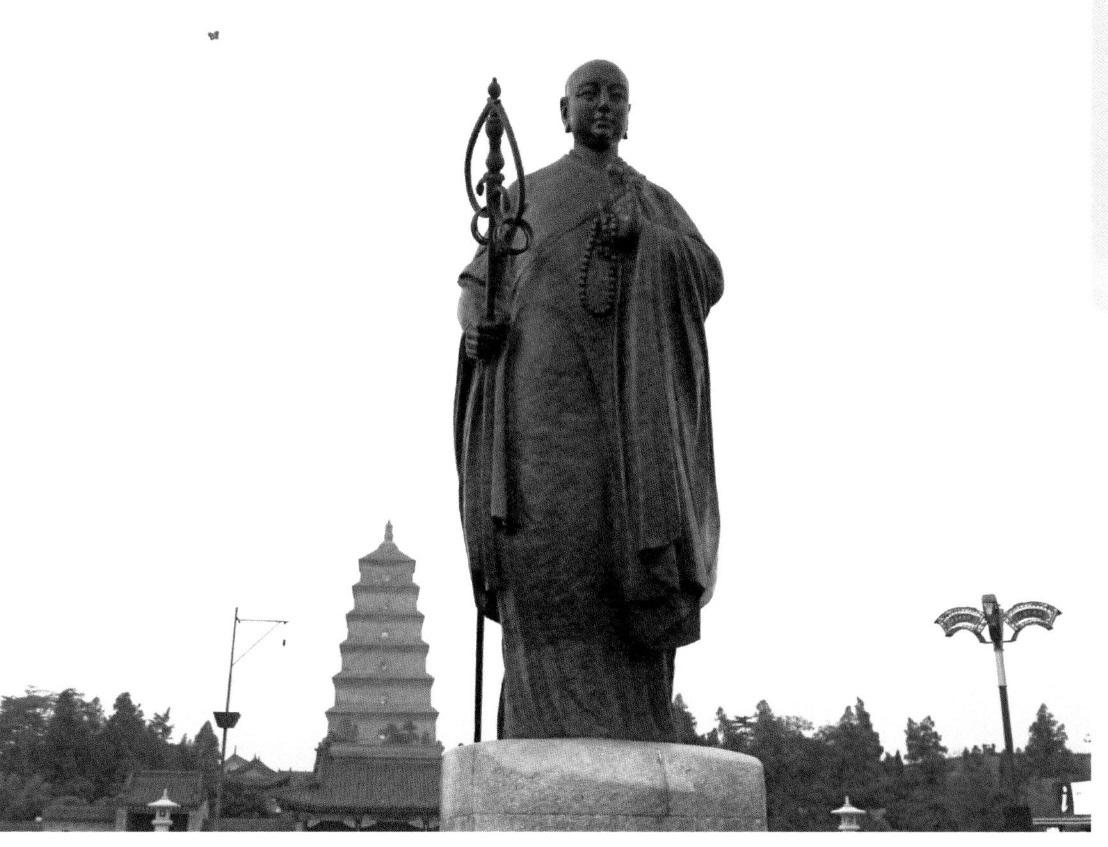

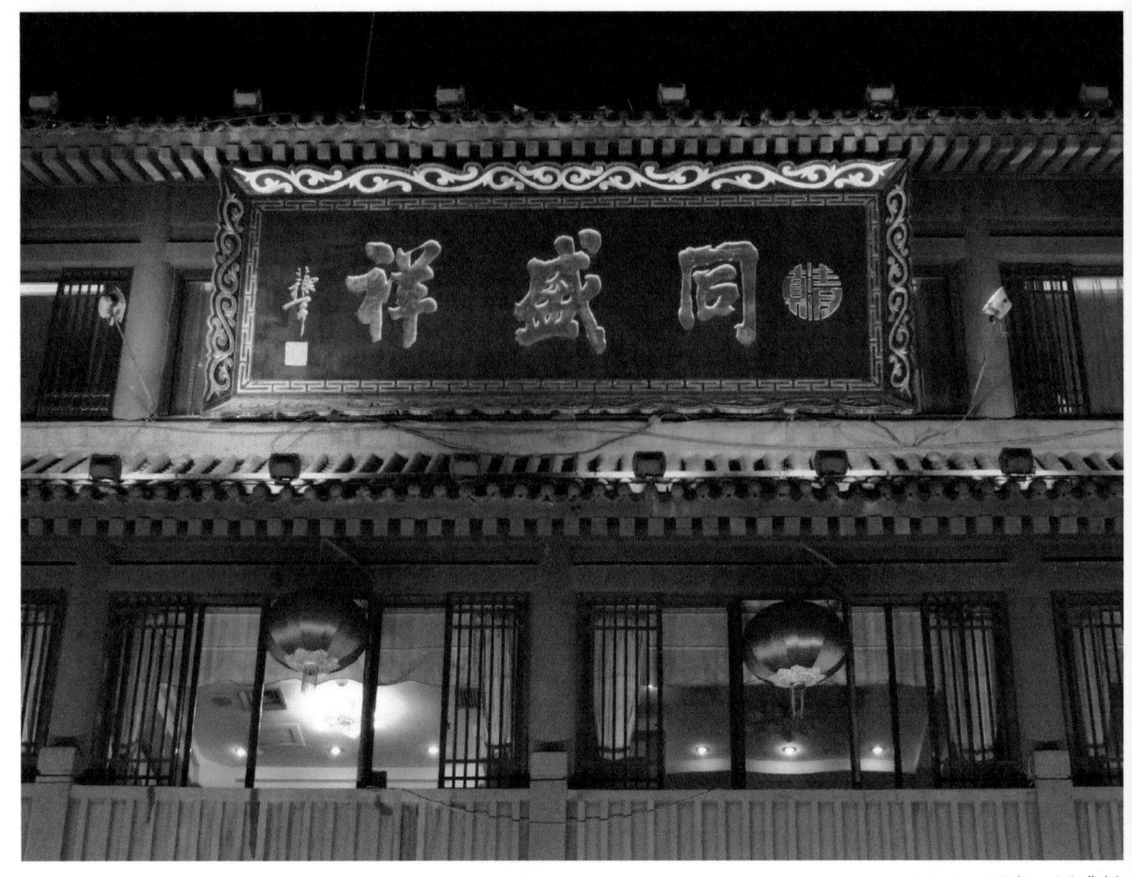

2010　西安　同盛祥

同盛祥是西安著名的老字號飯莊，其羊肉泡饃相當有名。饃由客人自己掰碎，再由店家加上湯肉，羊肉軟爛，湯頭濃郁，來西安必嚐羊肉泡饃，嚐羊肉泡饃必不能錯過同盛祥。

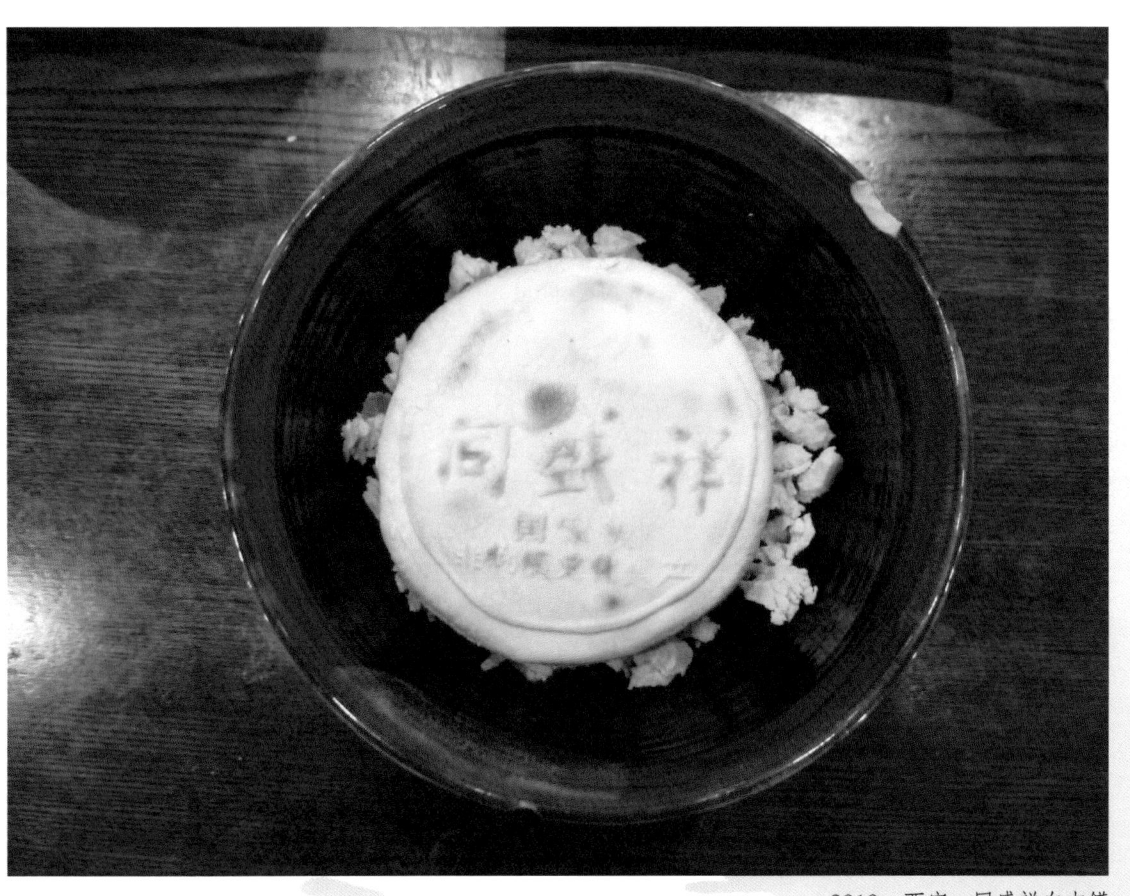

2010　西安　同盛祥白吉饃

西安的羊肉泡饃是此地美食不能不嚐。但想要嚐好吃的羊肉泡饃得自己動手，而且要有耐心，慢工才能出細活。一般的羊肉泡饃，白吉膜不是用刀切的，便是掰得很大塊，這種羊肉泡饃都不好吃。白吉饃一定得自己慢慢用手掰，而且掰得越小塊越好，這樣淋上羊肉粉絲湯時，饃才能充分吸收湯裡的精華，吃起來鬆軟可口，齒頰留香。

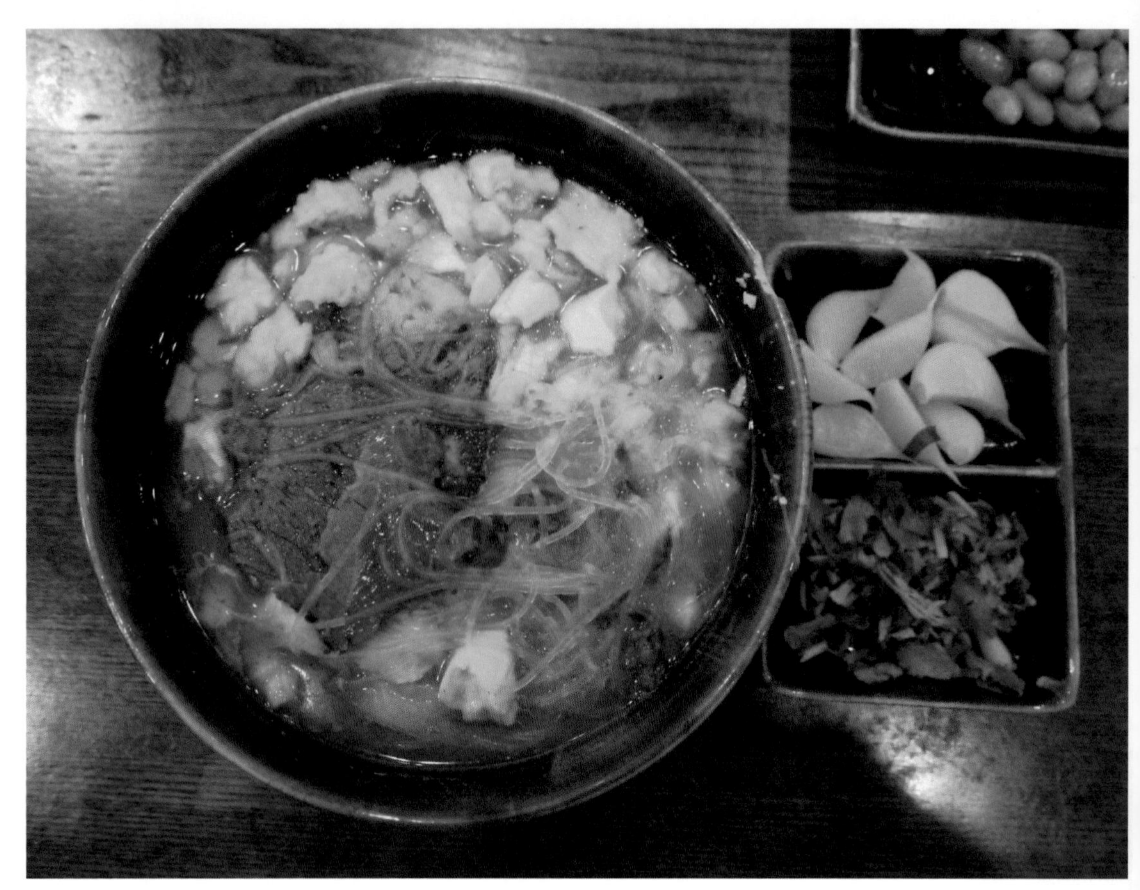

2010　西安　同盛祥羊肉泡饃

吃羊肉泡饃時可以撒一些香菜，喝一口濃郁羊湯，再吃一口鬆軟羊肉，吃完後再來一瓣糖蒜。糖蒜酸甜，可以讓豐腴香濃的羊肉泡饃在口中的滋味重新清爽過來，那才能享受一碗羊肉泡饃的完美流程。

4▸驚豔地下軍團秦始皇兵馬俑

秦始皇兵馬俑博物館的入口處，雕塑著一個巨大的兵馬俑牽著一個小女孩，有一種時光穿越的感覺，也隱喻著歷史的文化傳承。

2010　西安　臨潼　兵馬俑博物館

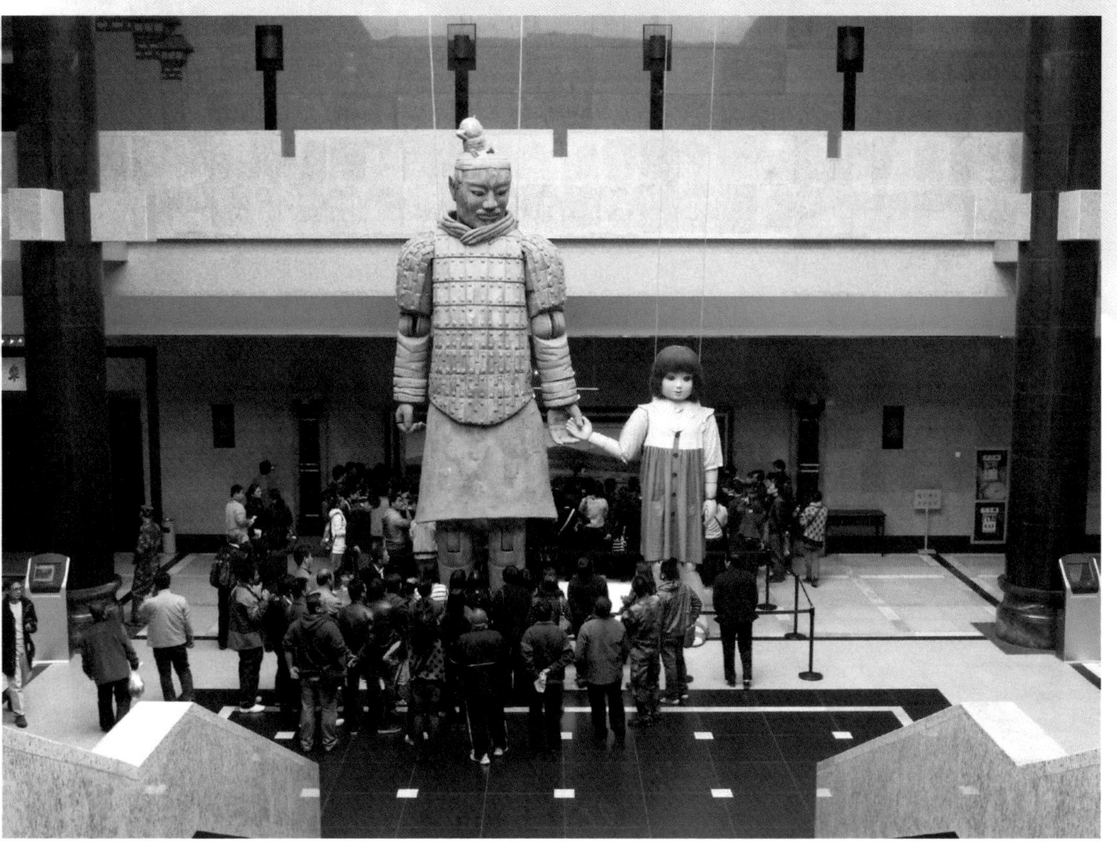

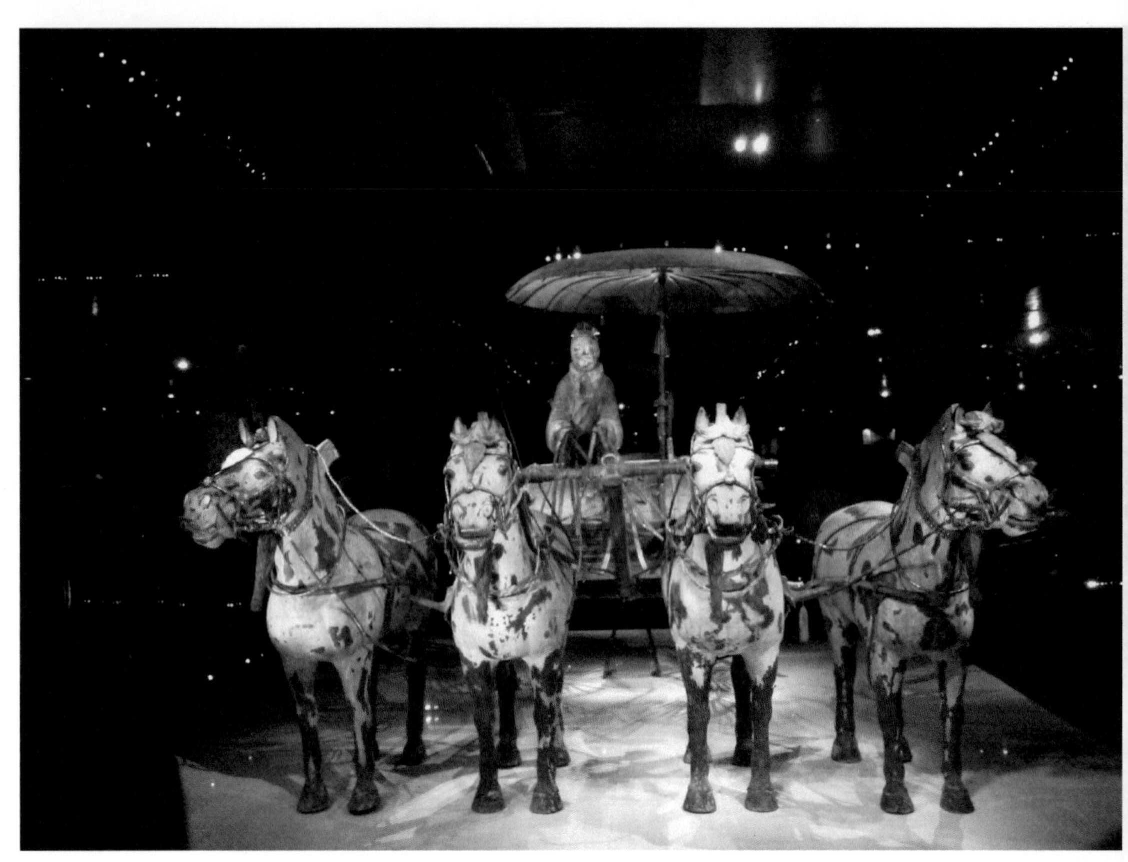

2010　西安　臨潼　兵馬俑博物館

出土的秦始皇兵馬俑中的青銅鑄品。一位武士駕著一乘四馬戰車，配件齊全，所有零件都是分別鑄造再加以組合，這個兩千多年前的製作工藝，在現在看來仍令人讚嘆不已。

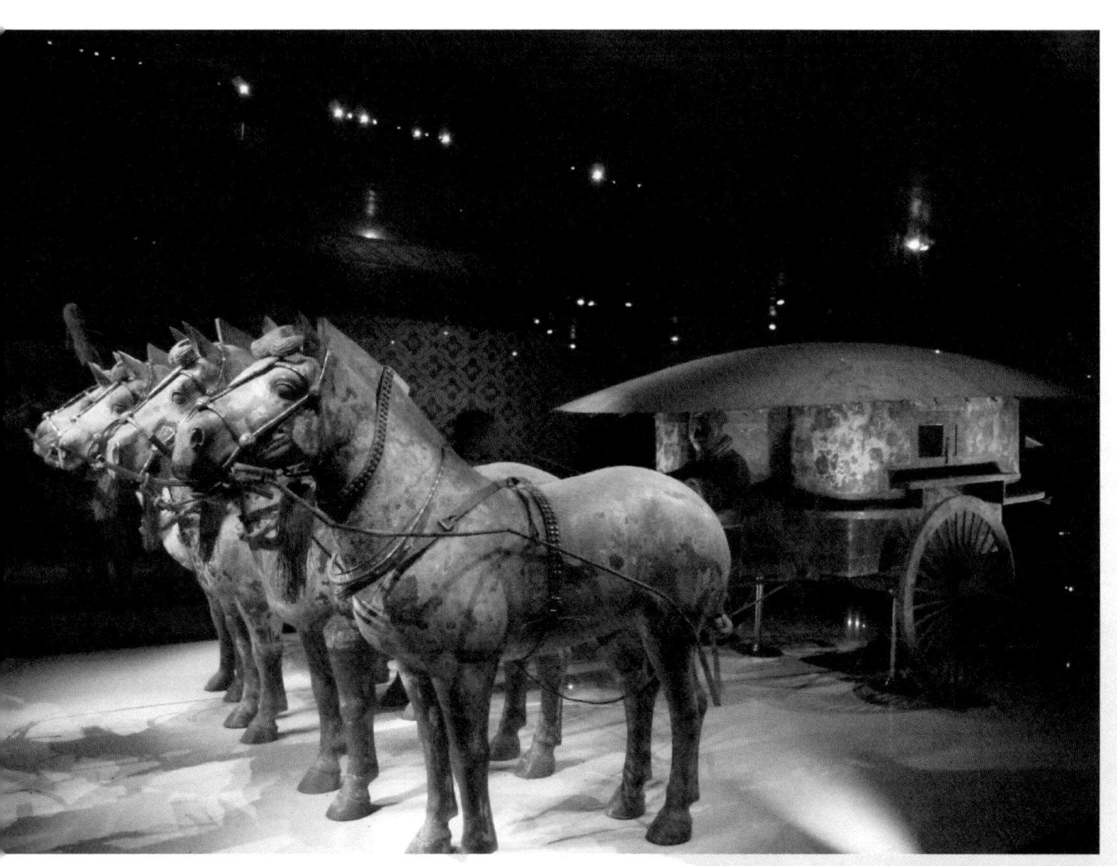

2010　西安　臨潼　兵馬俑博物館

秦始皇兵馬俑的出土，被譽為世界第八大奇蹟。兵馬俑是秦始皇陵的陪葬坑，規模宏偉，建制嚴謹，是用來守護秦始皇陵的地下軍團。（但也有人質疑這是秦宣太后的陪葬坑）

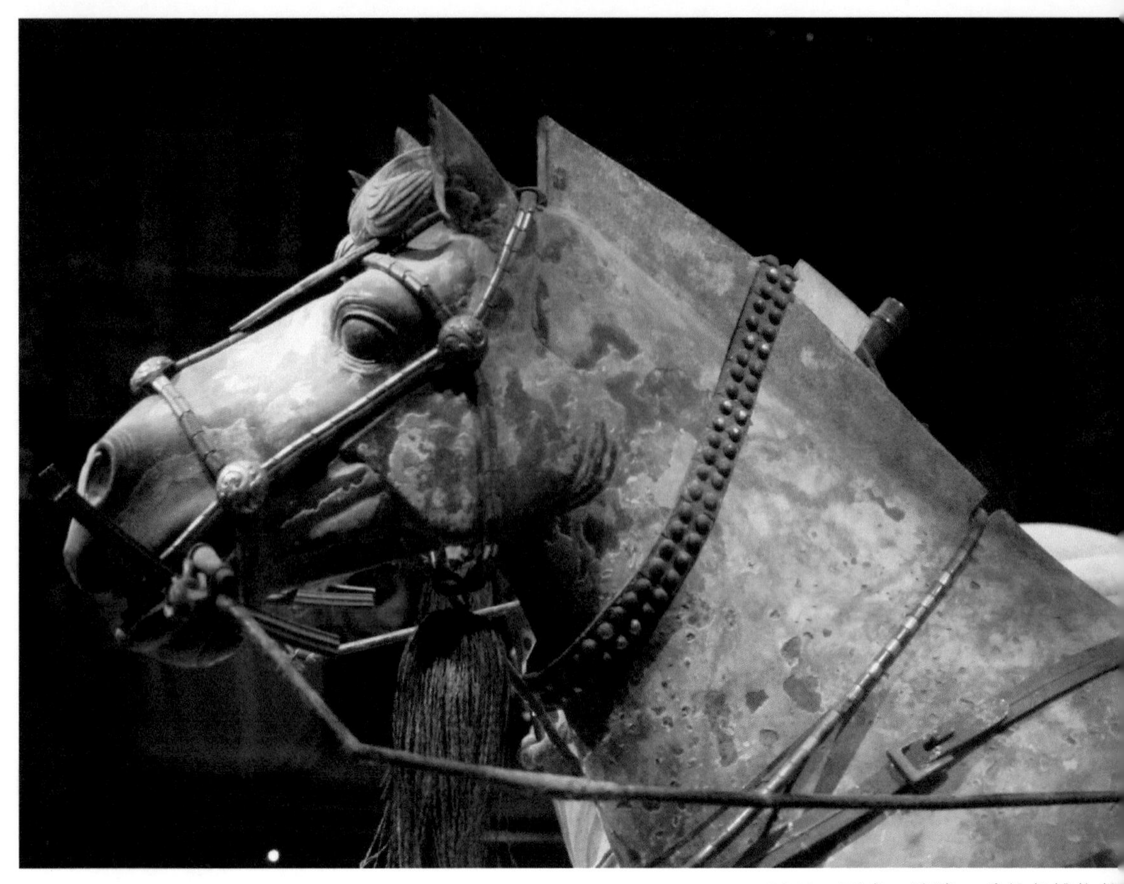

2010　西安　臨潼　兵馬俑博物館

秦始皇兵馬俑的青銅鑄戰馬，造型精細，表情逼真，體態栩栩如生，讓人遙想兩千多年前，大秦帝國的兵強馬壯。

秦始皇兵馬俑的戰士陶俑，每個人的表情都不一樣，展現了秦軍的驍勇善戰以及超高的製作工藝水平。

2010　西安　臨潼　兵馬俑博物館

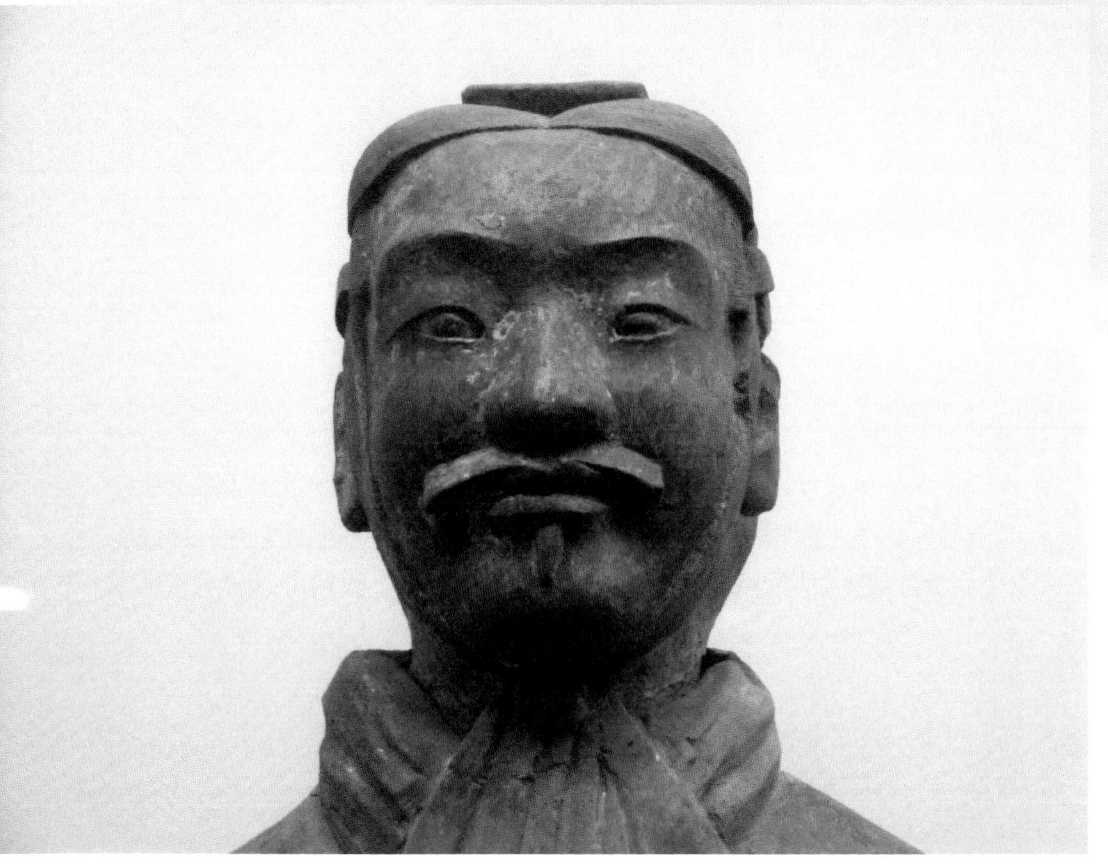

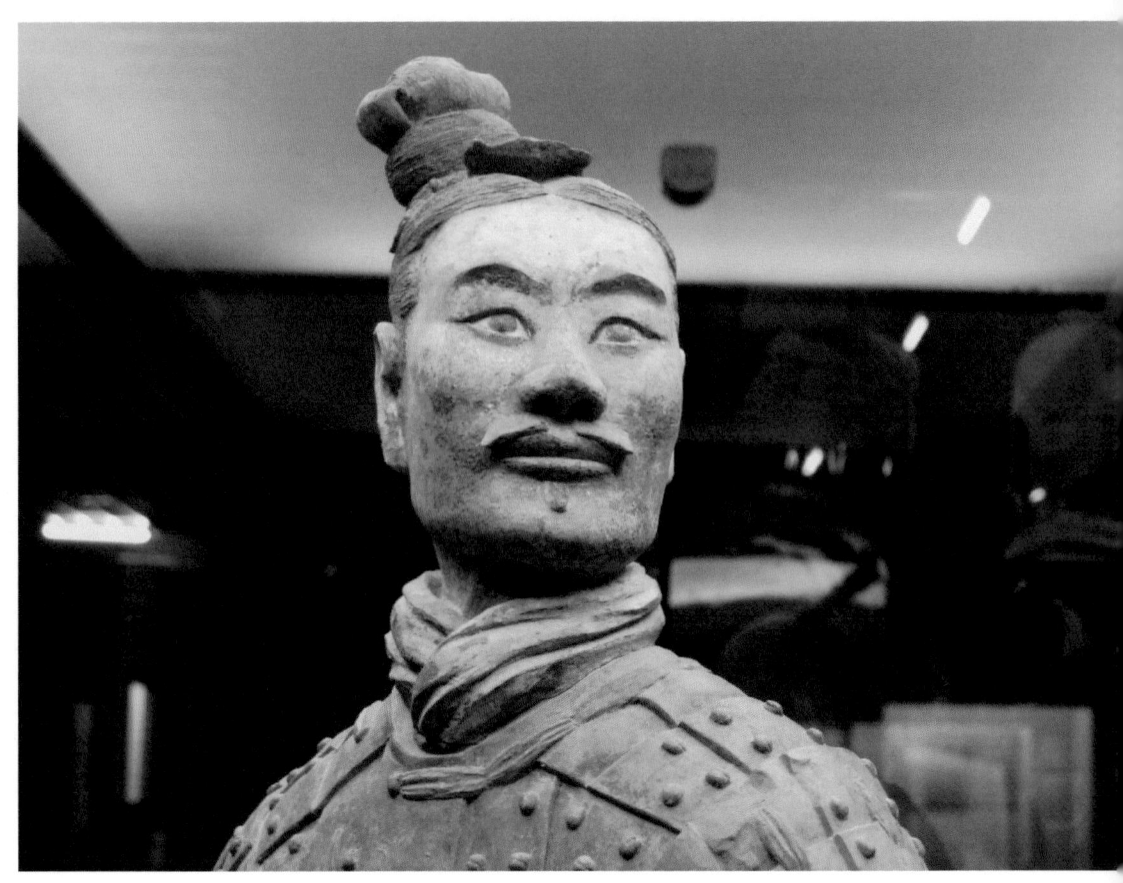

2010　西安　臨潼　兵馬俑博物館

秦始皇兵馬俑製作時其實是彩色陶俑，在歷經地下沉睡兩千多年後出土，剛開始也是色彩斑爛，但隨著接觸空氣迅速氧化，變成現在看到都是灰黑色調。這尊將軍陶俑氣宇軒昂，依然可以看出它原本的一些色彩。

已出土的秦始皇兵馬俑中的武士俑超過七千件，表情各異但皆綁著髮髻，全部身材高大，一般在1.8米左右與真人相仿，原來武士皆手握兵器，但出土時皆已腐朽，充分展現兩千多年前秦軍橫掃六國的壯大軍容。

2010　西安　臨潼　兵馬俑博物館

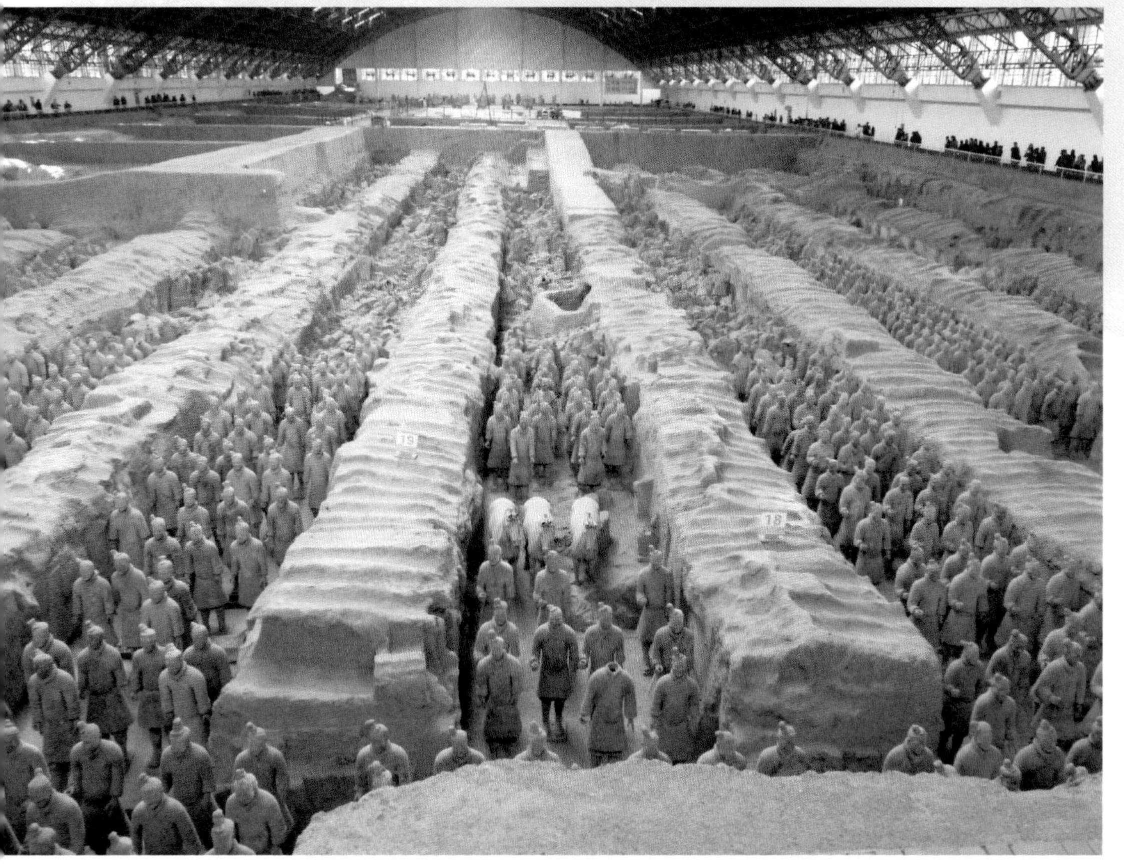

秦始皇兵馬俑中的戰士陶俑和陶馬皆仿真人真馬而製作。1974年秦始皇陵東側的西楊村村民，在打井時挖出一個武士陶俑的頭，因而揭開了大秦帝國沉睡地下兩千多年的祕密。

2010　西安　臨潼　兵馬俑博物館

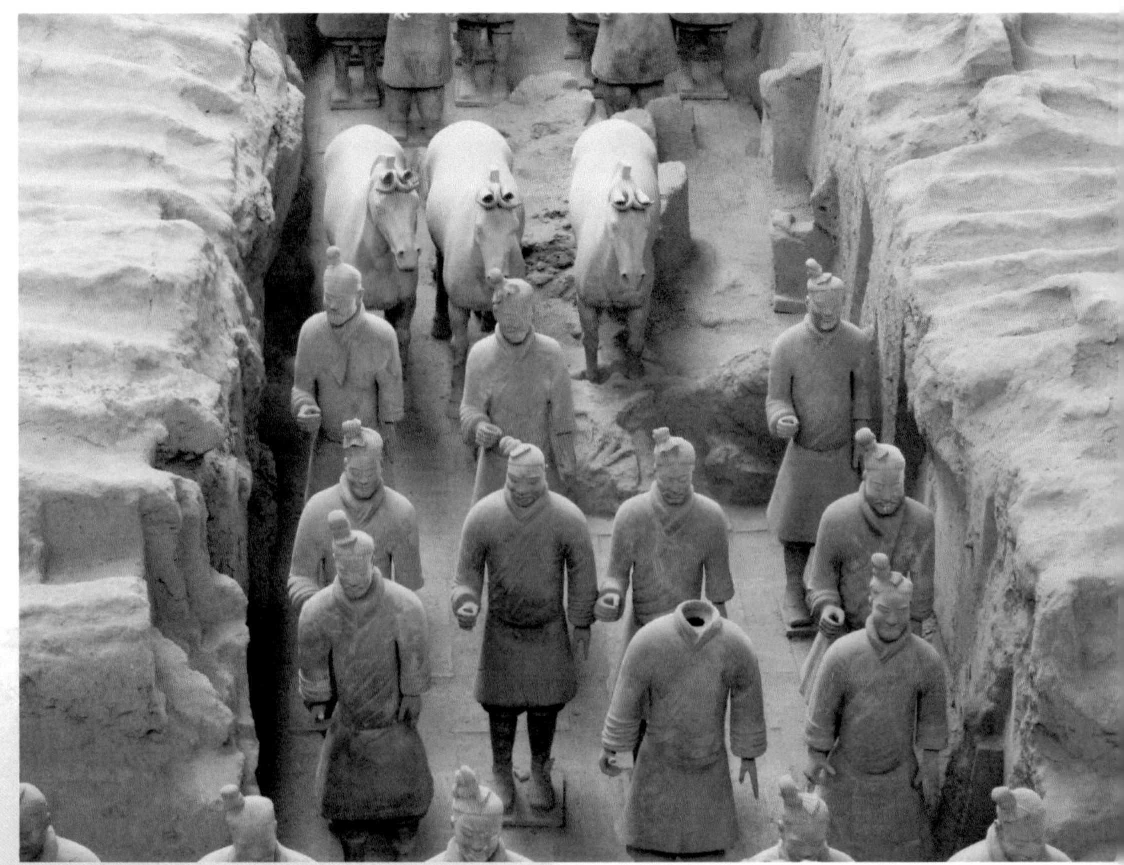

秦始皇陵兵馬俑的出土震驚中外，但歷史上並沒有秦始皇造兵馬俑的記載。秦始皇號稱千古一帝，武功蓋世，因此大家自然認為兵馬俑的主人是秦始皇。但隨著諸多研究，也有專家認為兵馬俑可能是秦始皇祖母秦宣太后羋月的陪葬物，不過至今這仍是個未解之謎。

2010　西安　臨潼　兵馬俑博物館

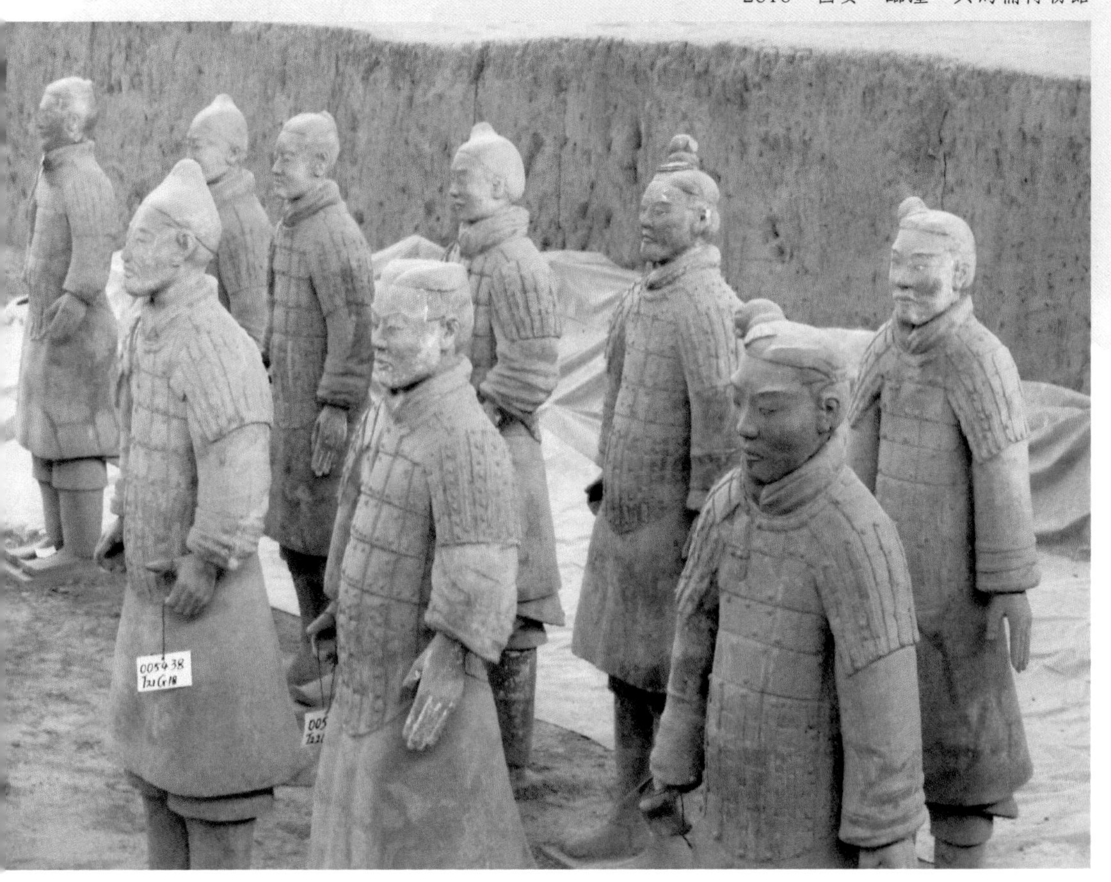

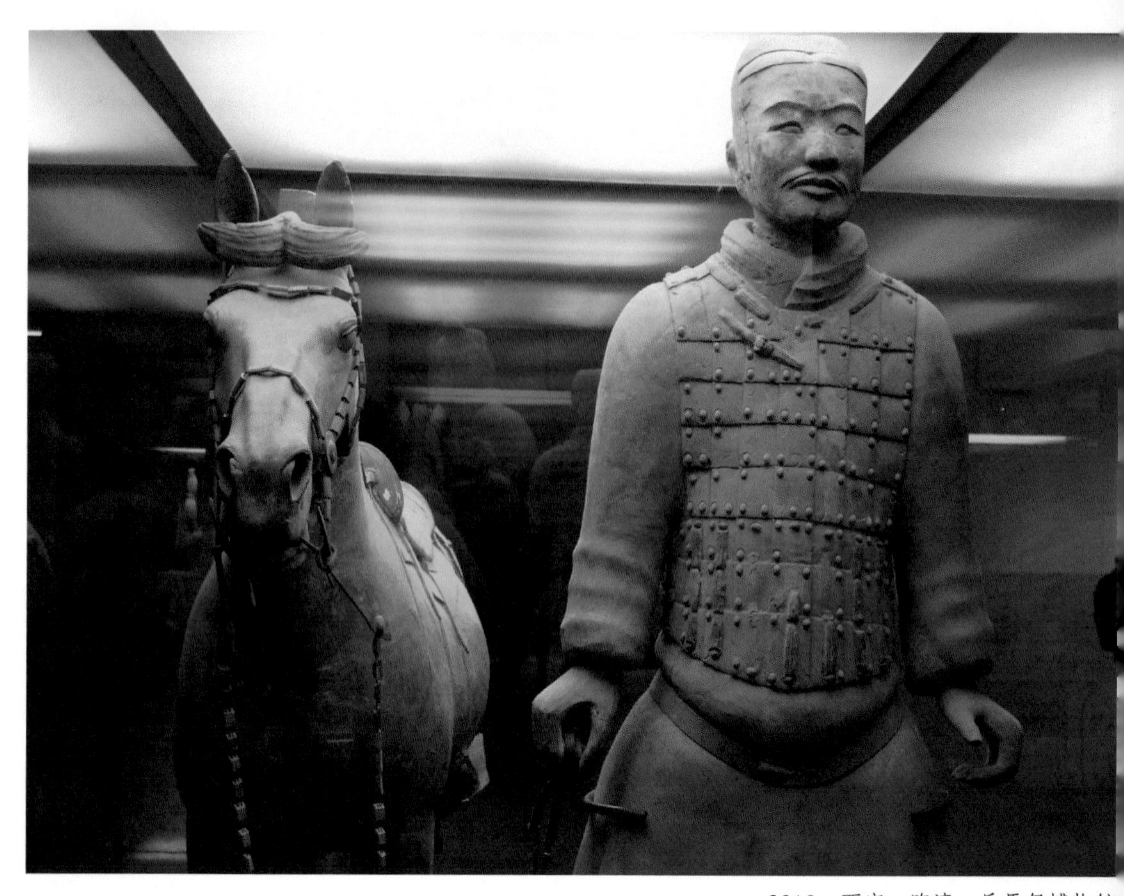

2010　西安　臨潼　兵馬俑博物館

秦始皇陵兵馬俑的出土舉世轟動。至今中外遊客爭相目睹，絡繹不絕，把西安這座千年古都，推向歷史舞台的新高度，可以說來西安不看兵馬俑，等於白來。

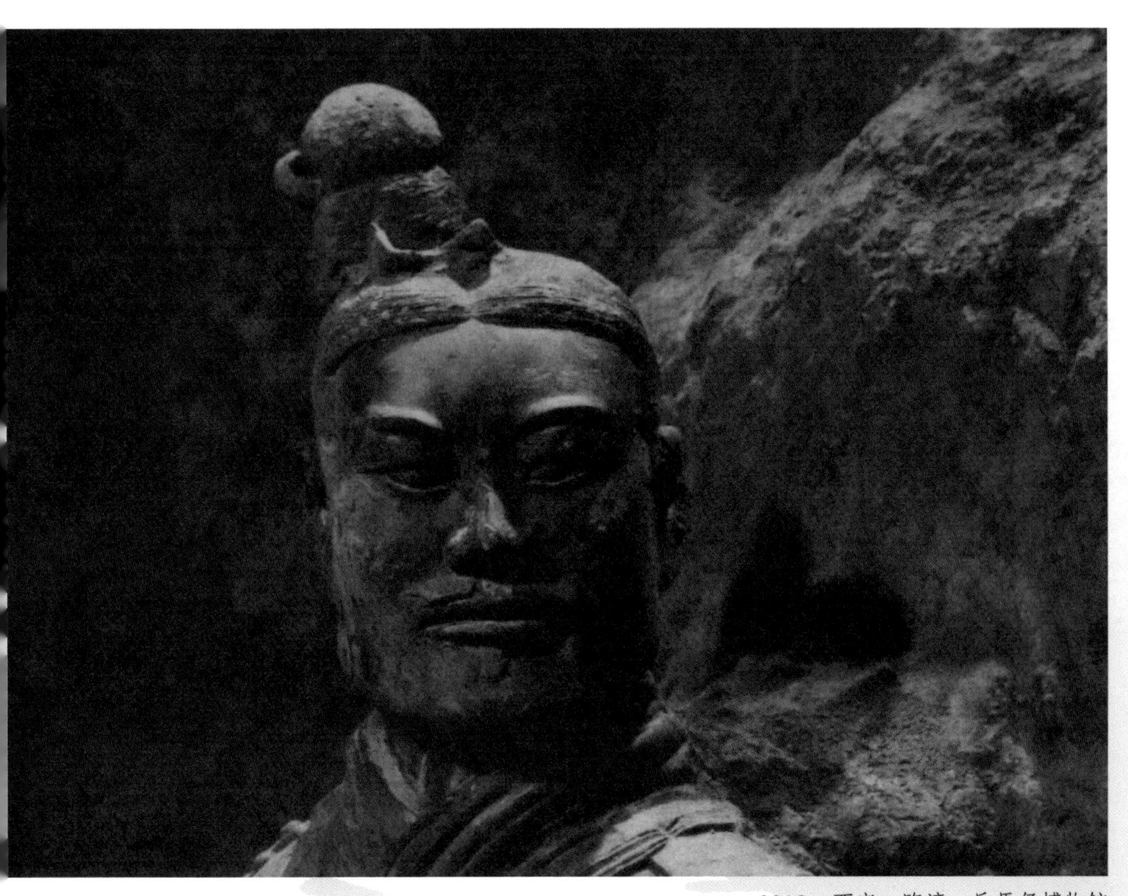

2010　西安　臨潼　兵馬俑博物館

這是我在秦始皇陵兵馬俑博物館看到的，剛出土的武士俑，圖片臉上還沾著泥土。銳利的眼神，堅毅的表情，體態肅穆威武，令人望之生畏。我在此仔細觀看，駐足良久，我想這就是當年大秦帝國橫掃六國，統一天下的歷史答案。

位於秦始皇陵園區的秦始皇雕像背靠驪山。這位千古一帝曾經統一了戰國時代的文字、貨幣和度量衡，開創了華夏大地第一個統一的大帝國。也有些人批判秦始皇焚書坑儒，是個暴君，在黃昏暮色下，他的千年功過也只能任人評說了。不過不評過往，就說現在，光他現在每年為西安創造的旅遊價值，這個「千古一帝」也當之無愧了。

2010. 西安　臨潼　秦始皇陵

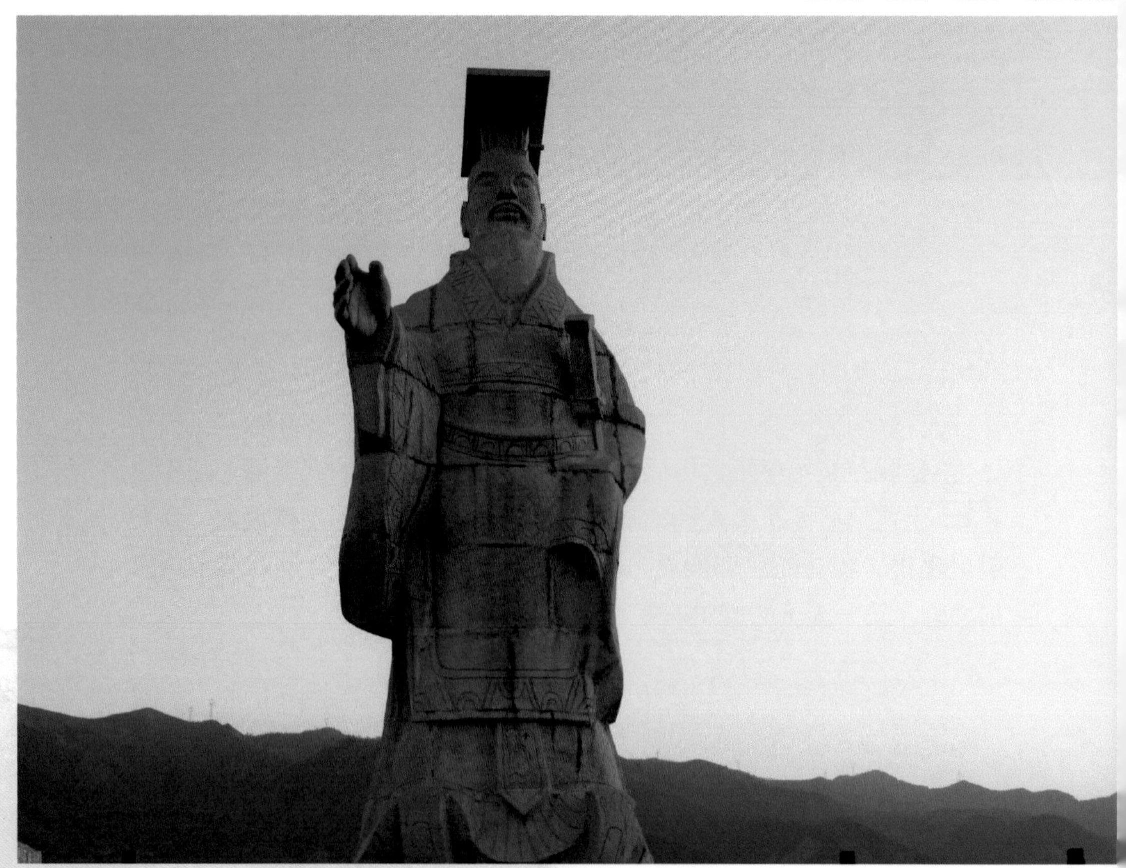

新鮮茉莉花燙過水後加調料涼拌，再撒上枸杞。這涼拌茉莉花是我在西安的餐廳碰到較有意思的一道菜，我自己也常做新鮮茉莉花沙拉。

2010　西安

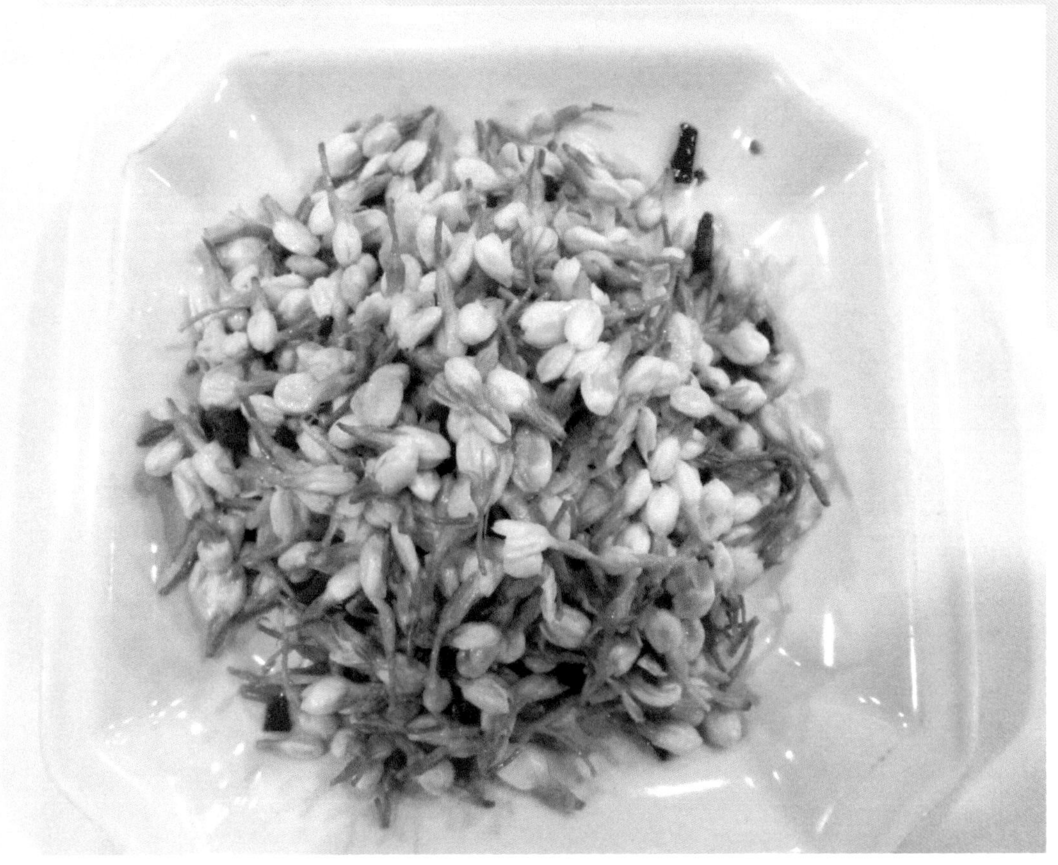

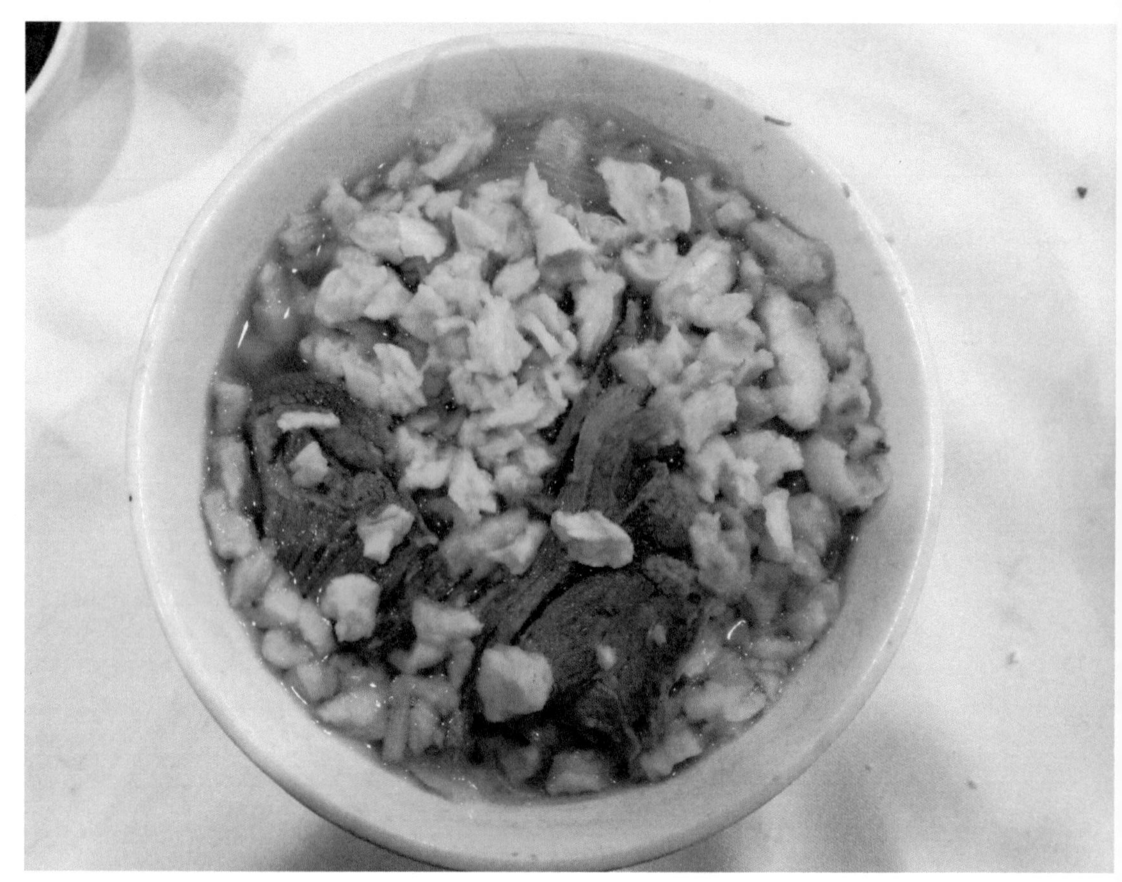

2010　西安　老孫家羊肉泡饃

到西安不吃羊肉泡饃等於沒來。羊肉泡饃的羊肉是經由十幾種香料燉煮而成，軟爛可口，而白吉饃要掰得小塊一點，才能充份吸收濃郁的湯汁。老孫家羊肉泡饃和同盛祥齊名，都是來西安朝聖的老饕不能錯過的美食。

位於驪山腳下的秦始皇陵遠看像一個小山丘，高51米，周圍繞一圈1.7公里。這個由秦始皇命丞相李斯監造的皇陵，在他十三歲登基時就開始修建，總共動用人力超過七十萬人，歷時三十九年才完成，是中國歷史上第一座規模宏偉，設計完善的帝王陵寢。

2010　西安　臨潼　秦始皇陵

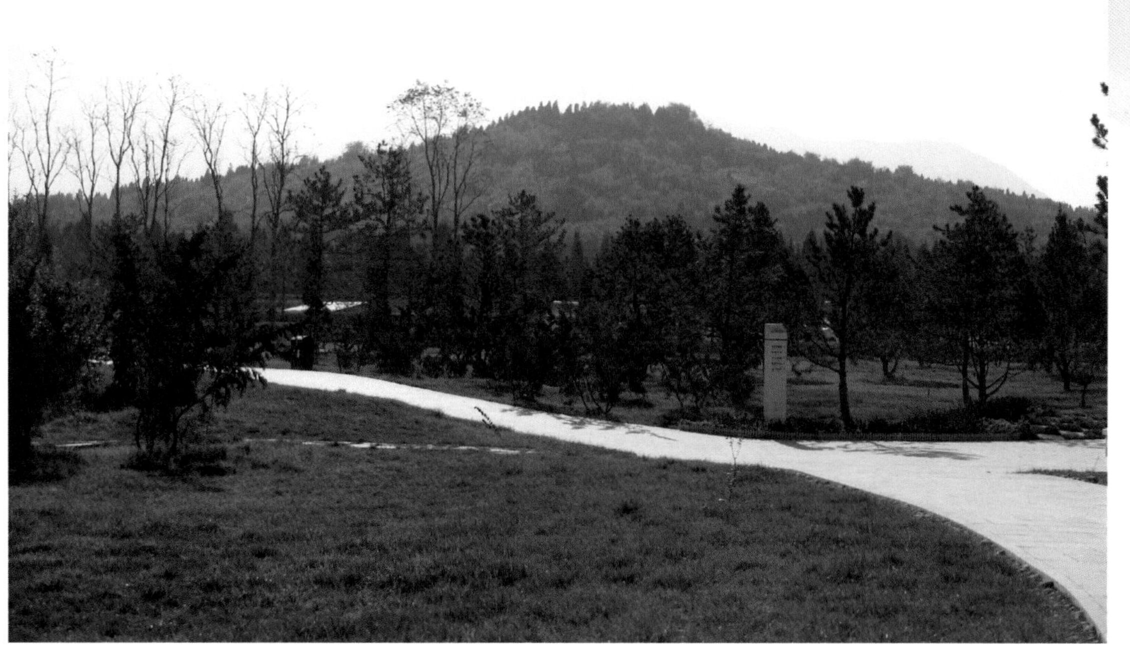

秋天來到秦始皇陵區內，野菊花漫山盛開。這些野菊花無人看管，在此自生自滅，不知歷經多少寒暑，也許它已陪著這個自稱德過三皇，功蓋五帝的千古一帝，在此度過了千年歲月。

2010　西安　臨潼　秦始皇陵

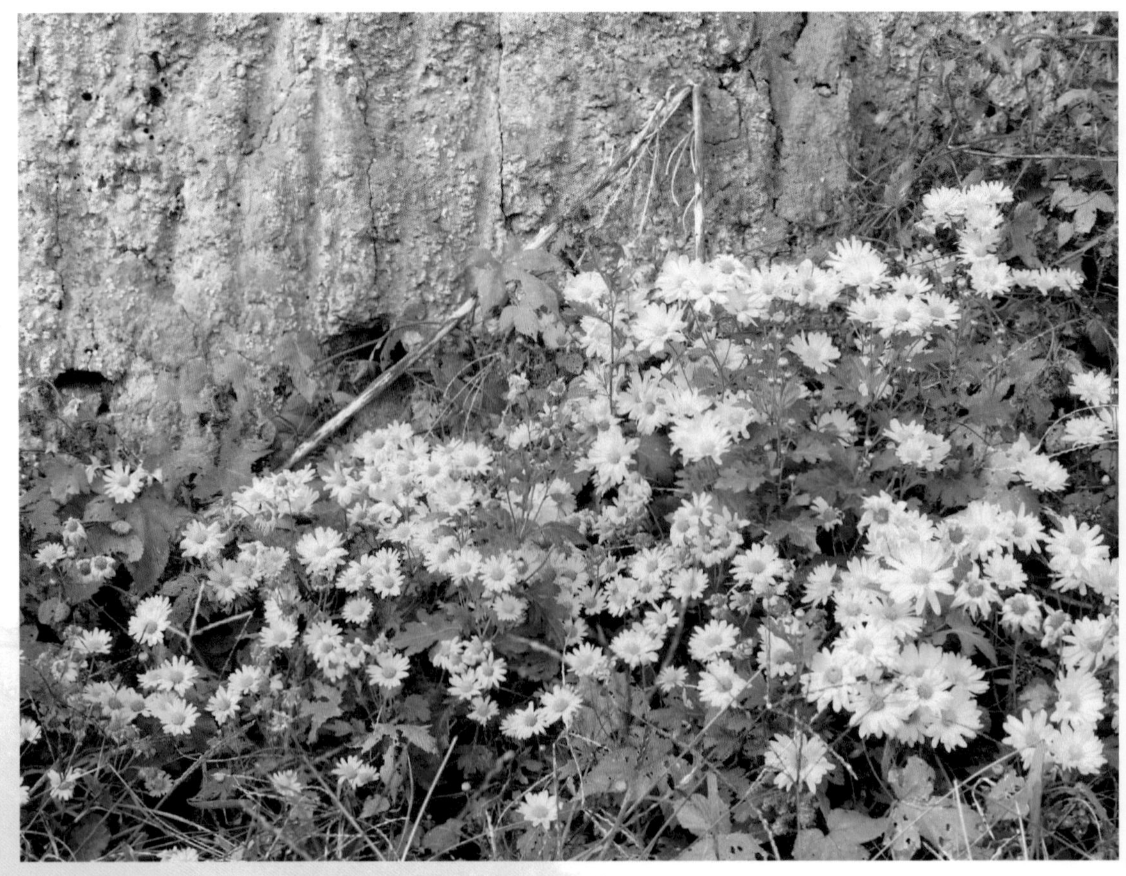

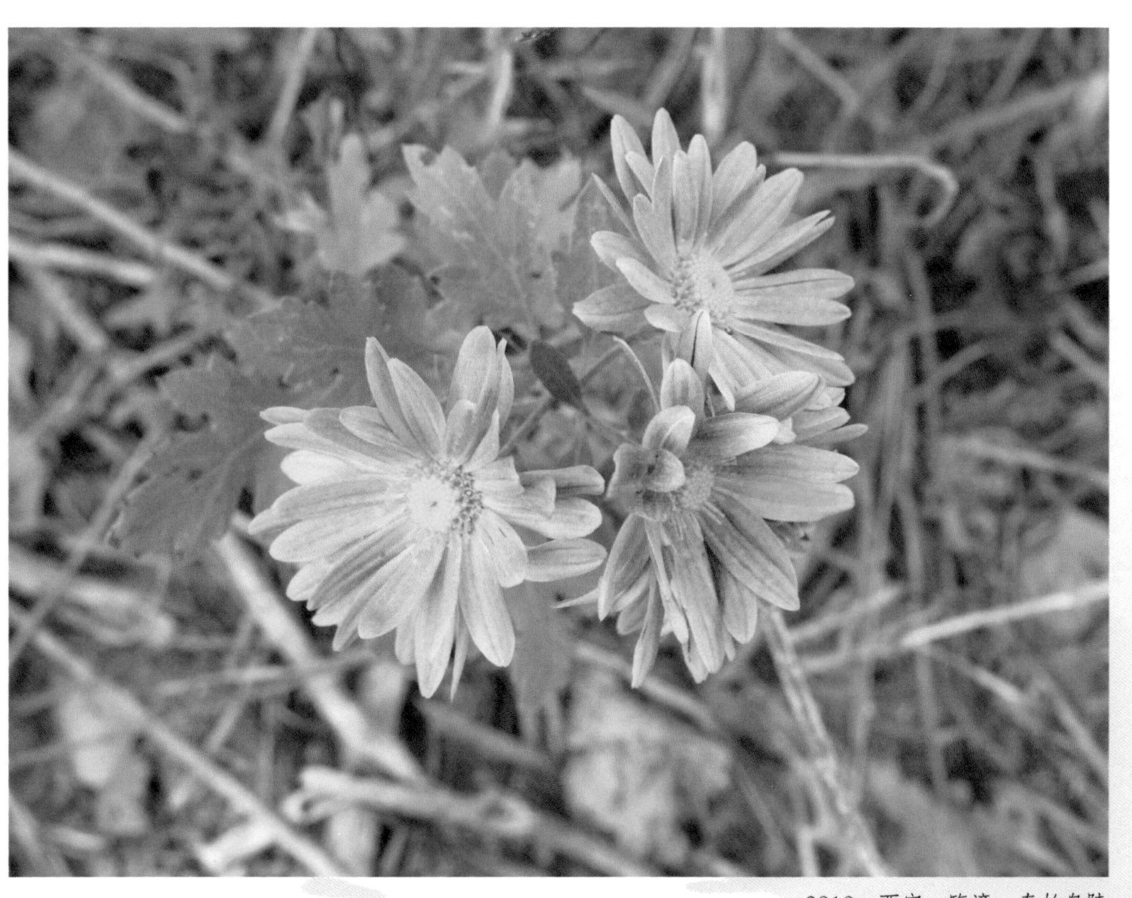

2010　西安　臨潼　秦始皇陵

貧瘠的黃土地都已乾得裂開了，秦始皇陵區內的野菊花依然美麗綻放。這個陪伴在千古一帝陵墓旁的花朵，它的意志就像當年那個想要一統天下的少年一樣堅毅。

5‣訪尋大明宮遺址憶梨園

大明宮遺址上表演出征的將士。

2010　西安　大明宮遺址

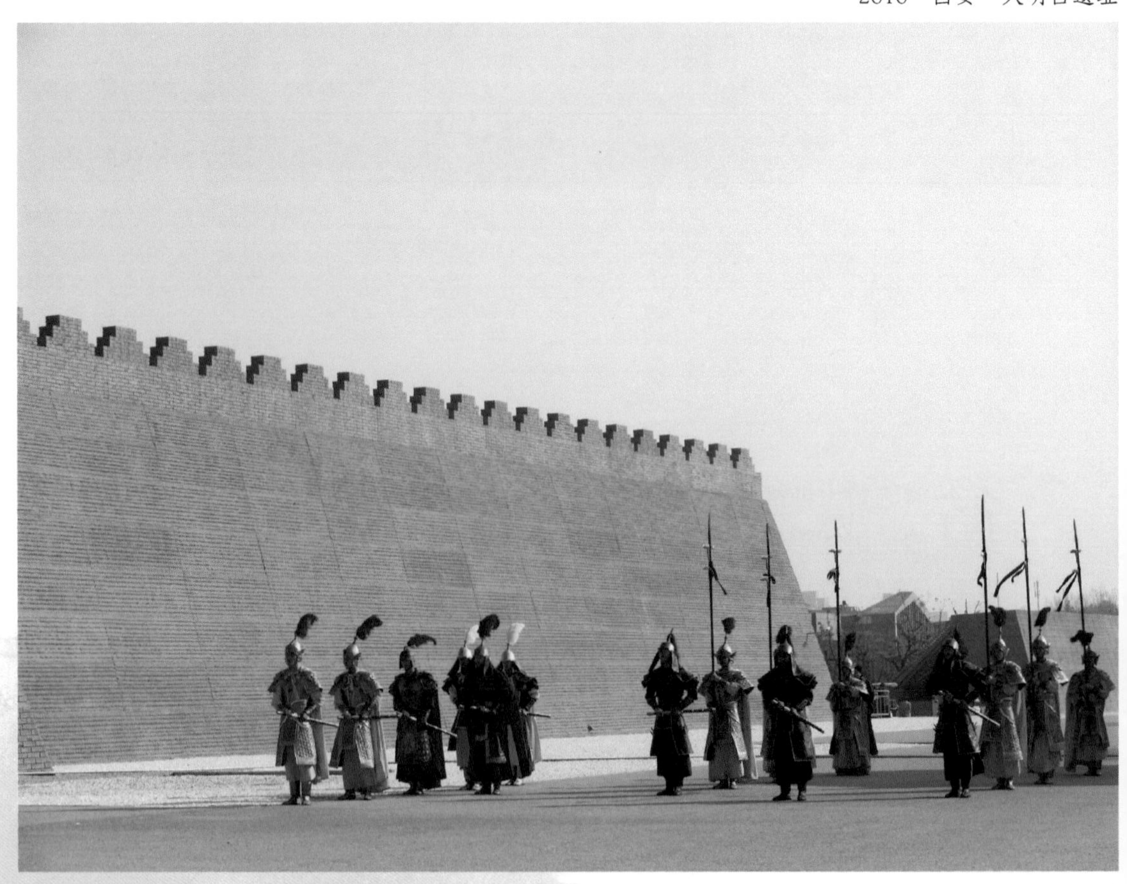

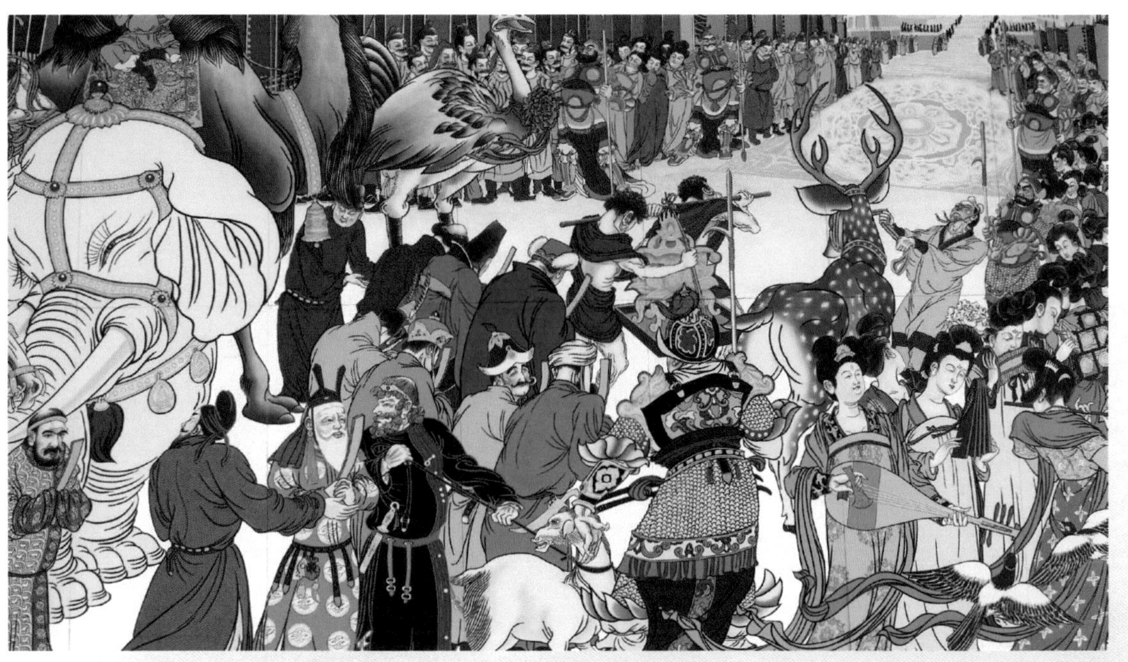

2010　西安　大明宮遺址

大明宮遺址內的牆壁畫作，展現唐代繁華盛世，萬邦來朝的場景。

大明宮，原是唐太宗李世民替太上皇李淵建造的夏宮，從唐高宗李治開始，這裡變成唐帝國兩百多年的統治中心。這個曾經是世界最大的宮殿群，先後毀于唐末黃巢之亂和朱溫叛亂的戰火中。現存大明宮遺址周長7.6公里，面積3.2平方公里，相當於北京紫禁城的四倍大，足以見證大唐帝國當時的昌盛繁榮。

2010　西安　大明宮遺址

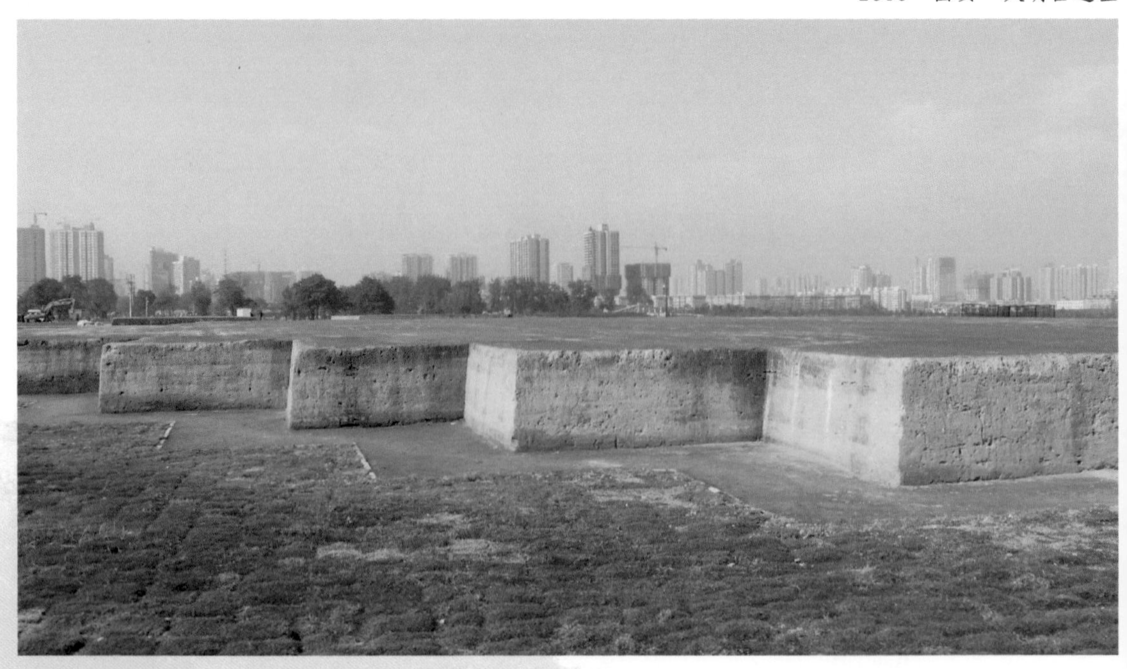

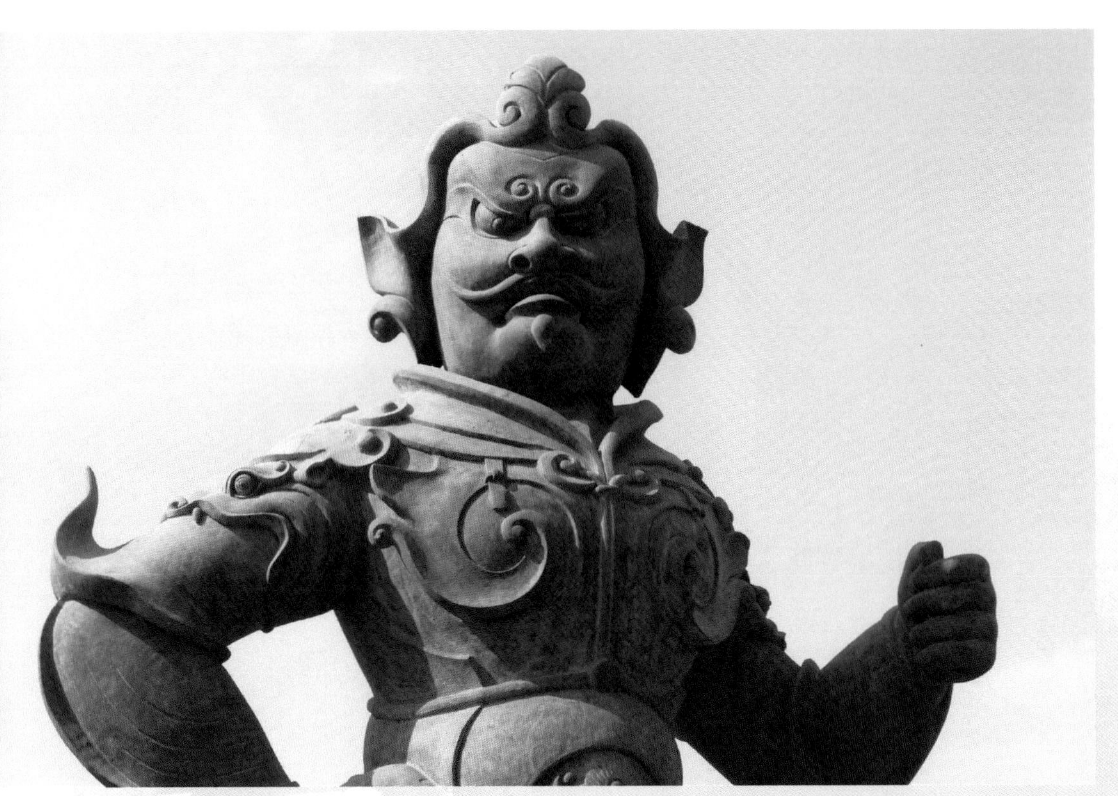

2010　西安　大明宮遺址

大明宮遺址內的仿唐代武將青銅雕像。唐代文治武功兼備，而大唐一朝猛將如雲，漢胡兼有，他們開疆闢土，威震四方，但後來卻也形成藩鎮割據，這一銅雕展現了大將的威武氣勢。

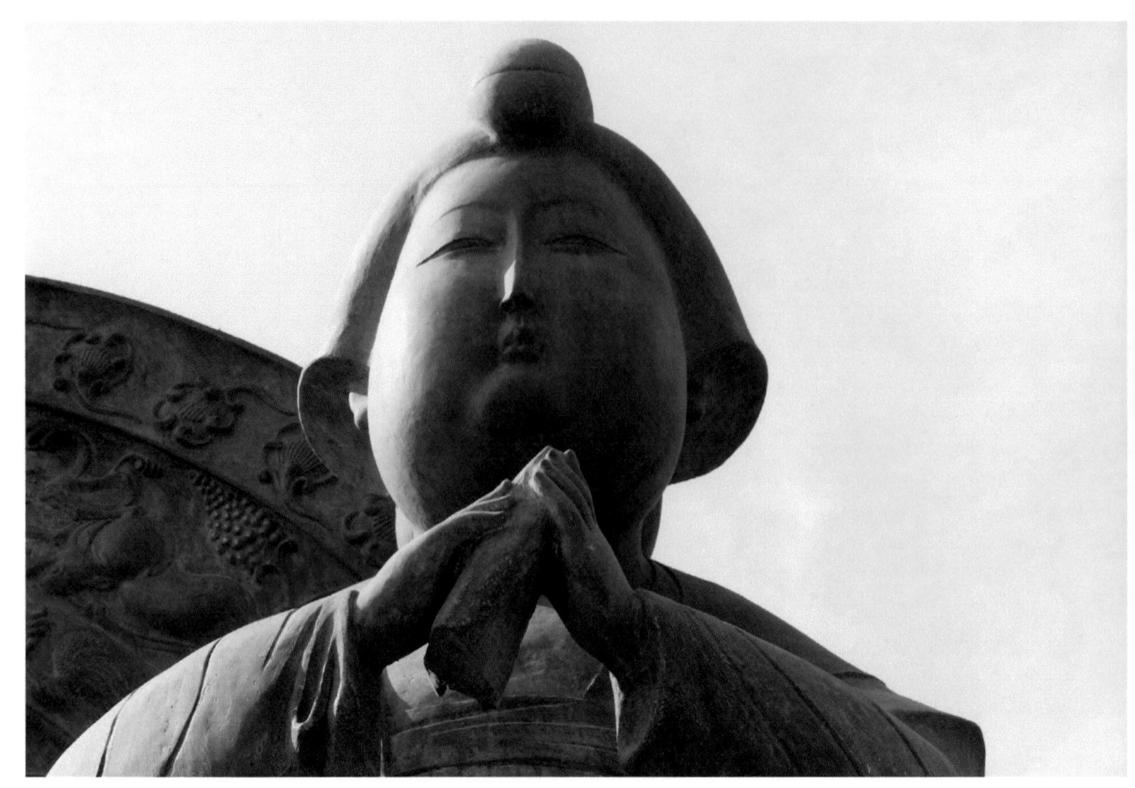

2010　西安　大明宮遺址

大明宮遺址內的仿唐代仕女銅雕。唐朝是一個繁華開放的朝代，豐腴美麗的楊玉環，受到唐玄宗李隆基集三千寵愛於一身，把女性的審美觀念，由漢朝的燕瘦變成了唐朝的環肥，這一梳著高髻的銅雕，展現了當時仕女的體態和造型。

大明宮遺址內仿唐代駱駝銅雕。唐朝對外貿易非常發達，中外商人透過絲綢之路往返貿易各種商品，而駱駝便是承載這貨物和人員運輸的主要交通工具，此一銅雕正是展現絲綢之路的商貿盛況。

2010　西安　大明宮遺址

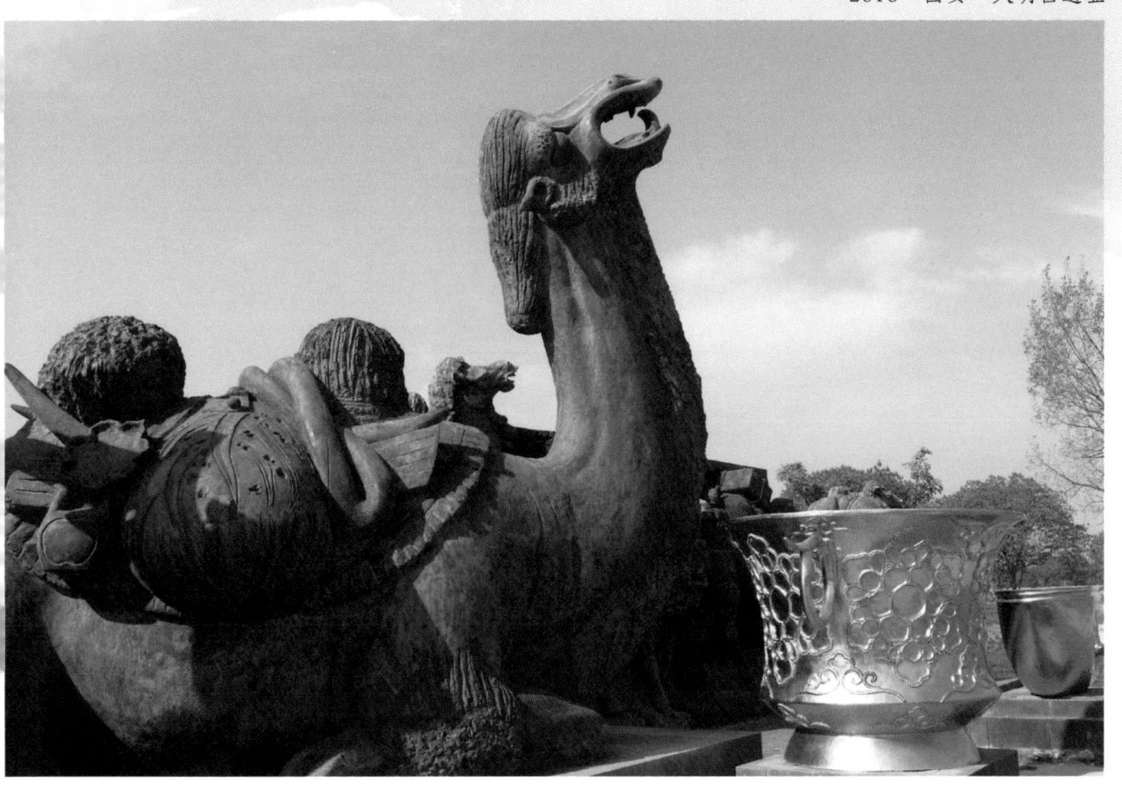

大明宮遺址內的鐵騎戎裝表演。唐朝武功強盛，漢人和胡人名將輩出，連唐太宗李世民本身也是一名猛將，其他像李靖、李效恭、李勣、蘇定方、薛仁貴、侯君集、郭子儀、李光弼、屈突通、尉遲敬德、秦瓊、哥舒翰等等，真是猛將雲集，威鎮四野，他們共同開創了大唐帝國的廣袤江山。

2010　西安　大明宮遺址

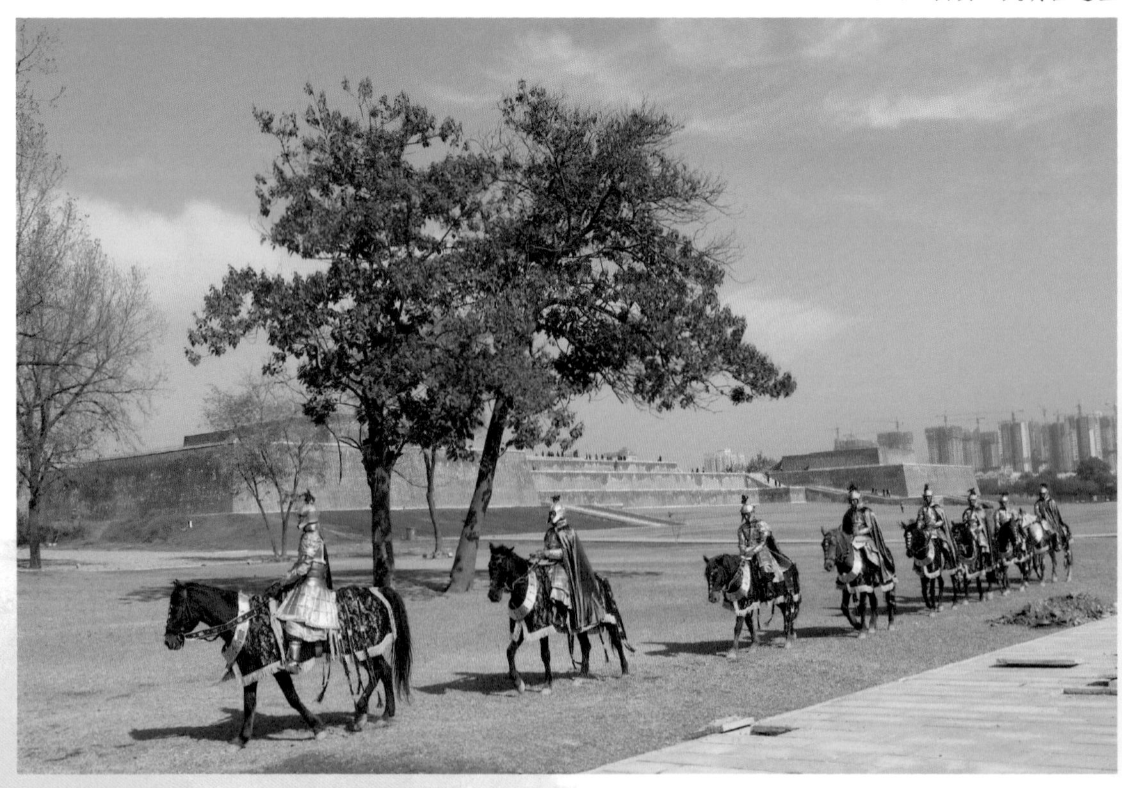

6▸漫步西安古城牆憶李白

西安古城門，宏偉的城牆大門見證西安這個古城過去的昌盛繁榮。

2010　西安　古城牆

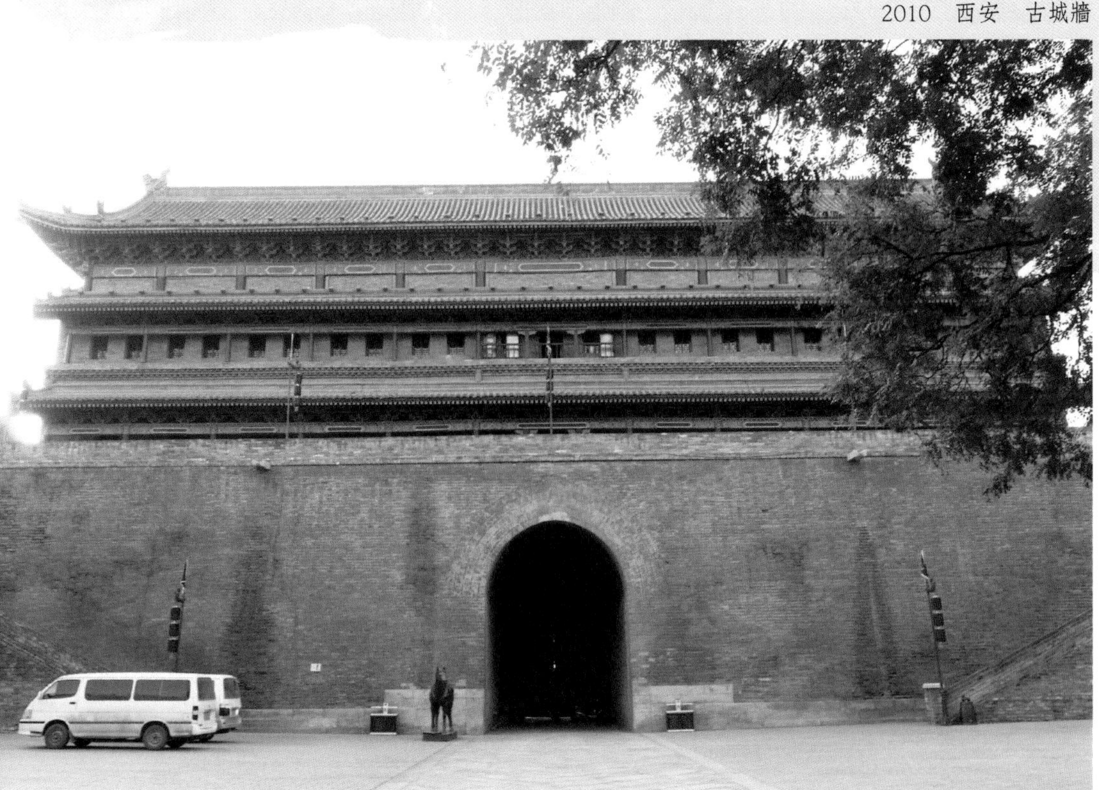

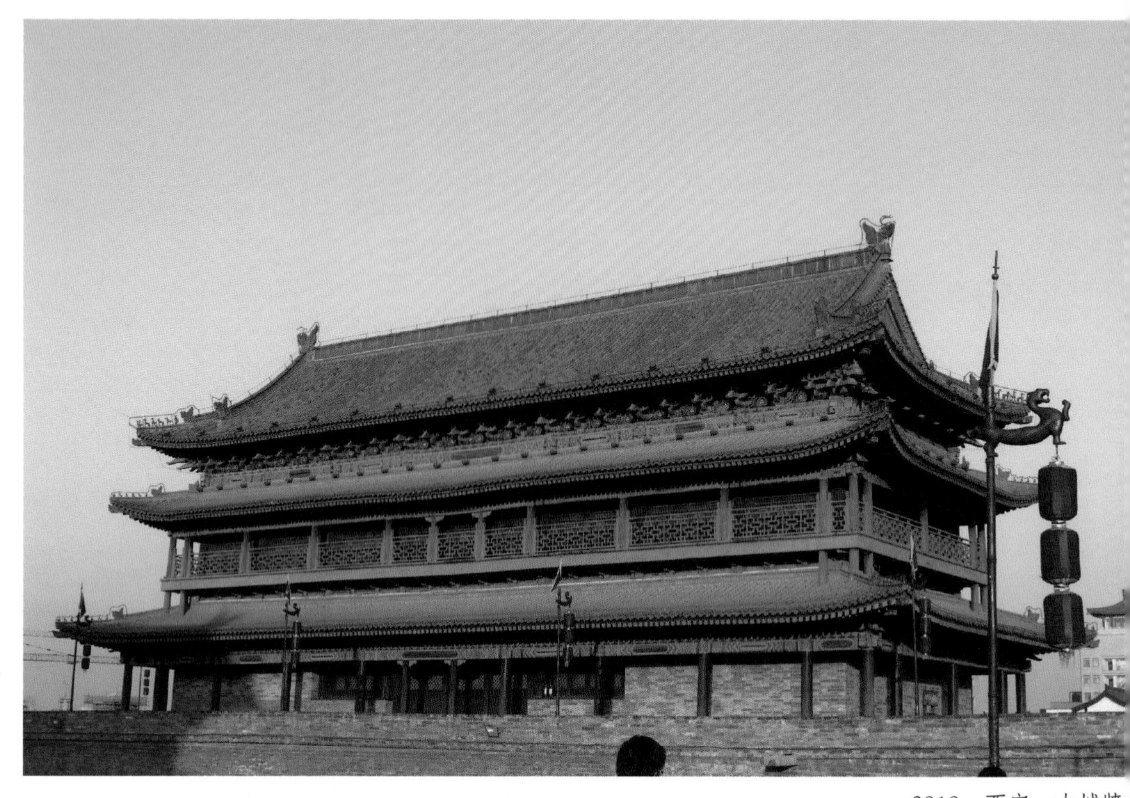

2010　西安　古城牆

這個西安古城牆門上的建築保存得相當完好，在這裡可以眺望城內景物。

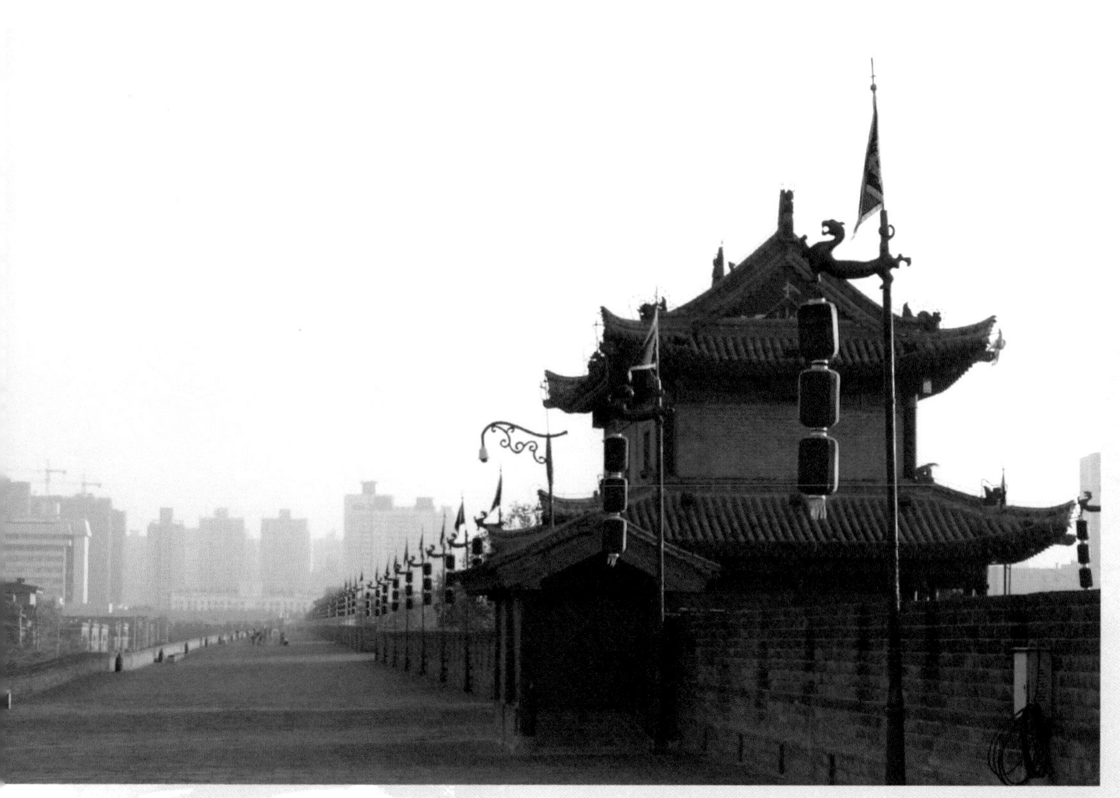

2010　西安　古城牆

西安古城牆上的路面相當寬闊，古時可以跑馬現在可以騎自行車。

西安古城牆，牆高12米，牆頂路面寬12至14米。從隋唐建城以來歷經各朝沿革，現存的城牆風貌為明朝修建保存至今。

2010　西安　古城牆

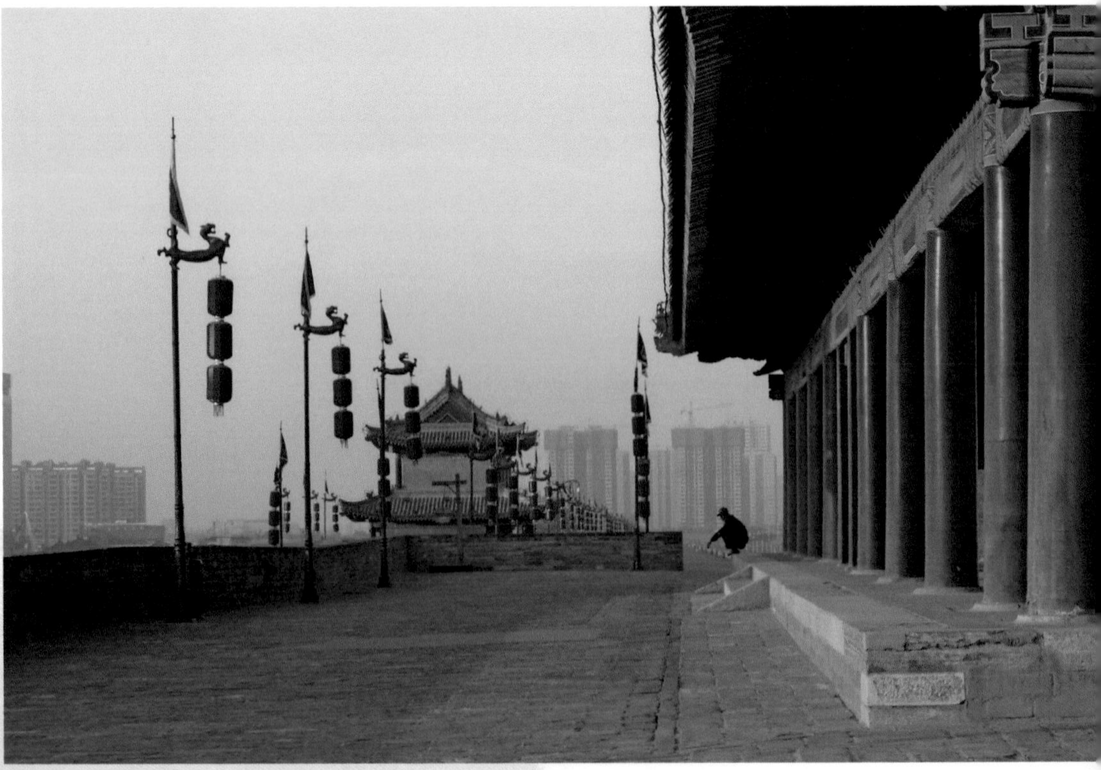

西安古城牆是中國現存規模最大，保存最完整的古代城垣。暮色蒼茫裡，散步於此，有一種時空倒流的感覺。

2010　西安　古城牆

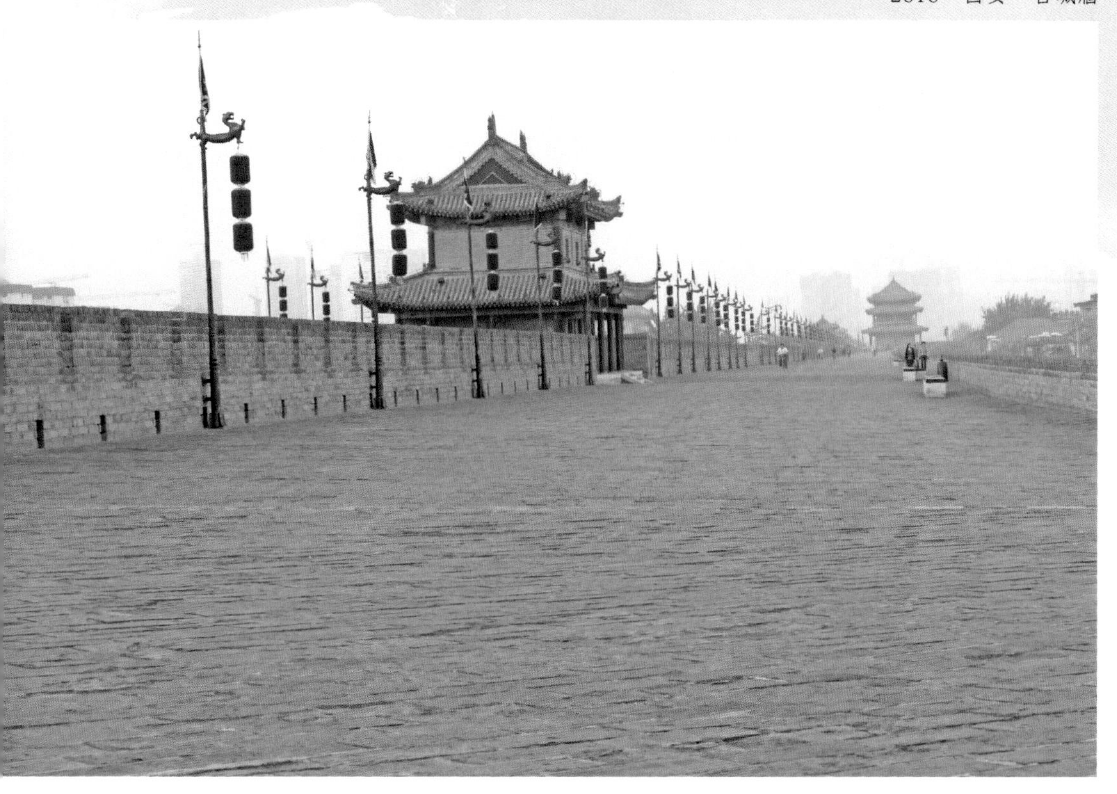

2010　西安　古城牆

夜裡的西安古城牆點起了燈火，紅色的燈籠高高掛著，讓古城平添濃濃的古意。

夜裡的西安古城牆燈火輝煌，有一種大唐風華再現的情調。

2010　西安　古城牆

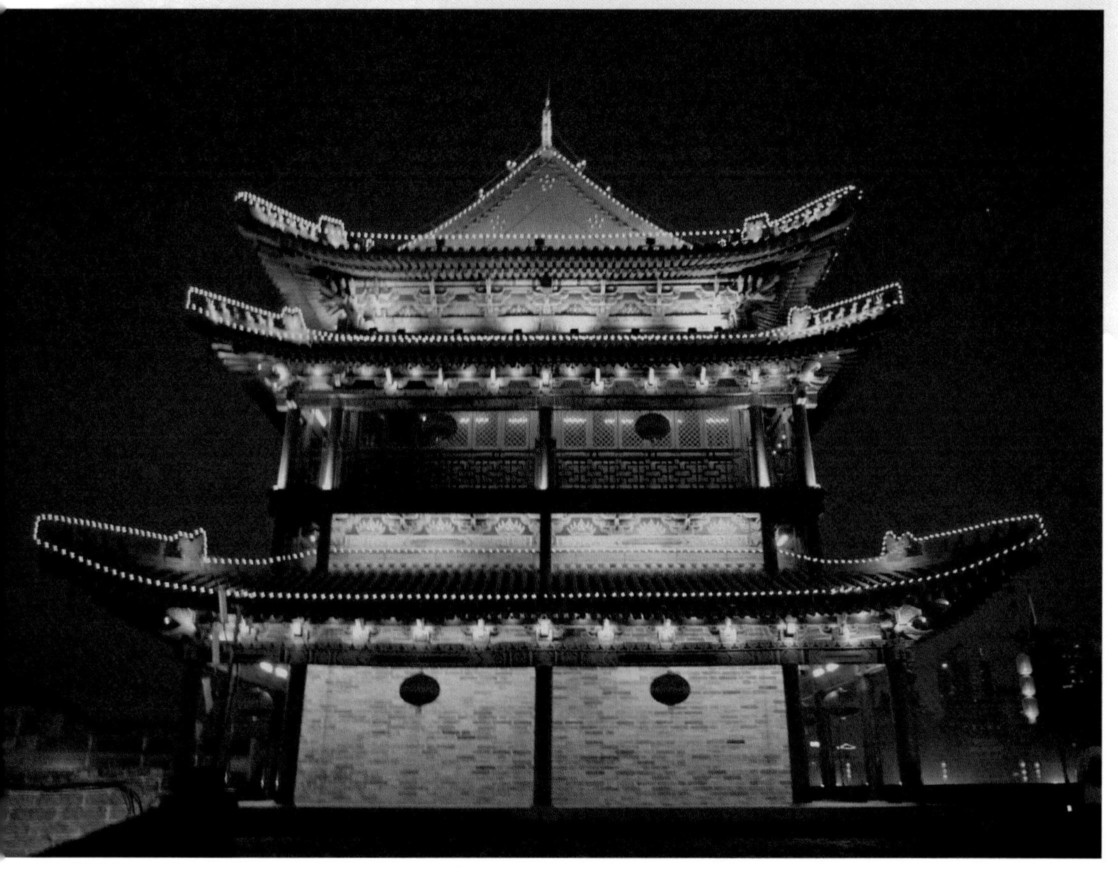

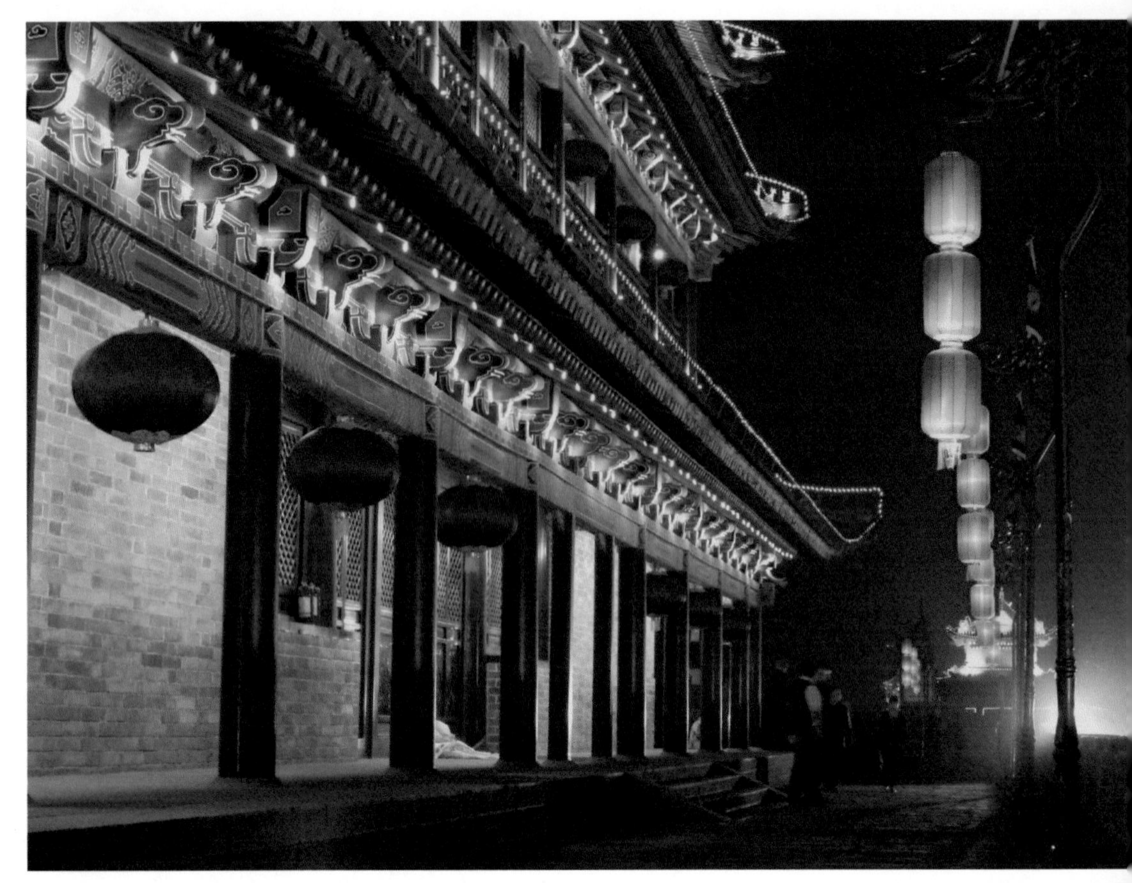

2010　西安　古城牆

西安古城牆夜裡的風情更勝白天。到西安旅遊可以找一天提早一點去吃晚餐，飯後沿著古城牆隨意散步，細細品味這座千年古城，歲月遺留的痕跡。

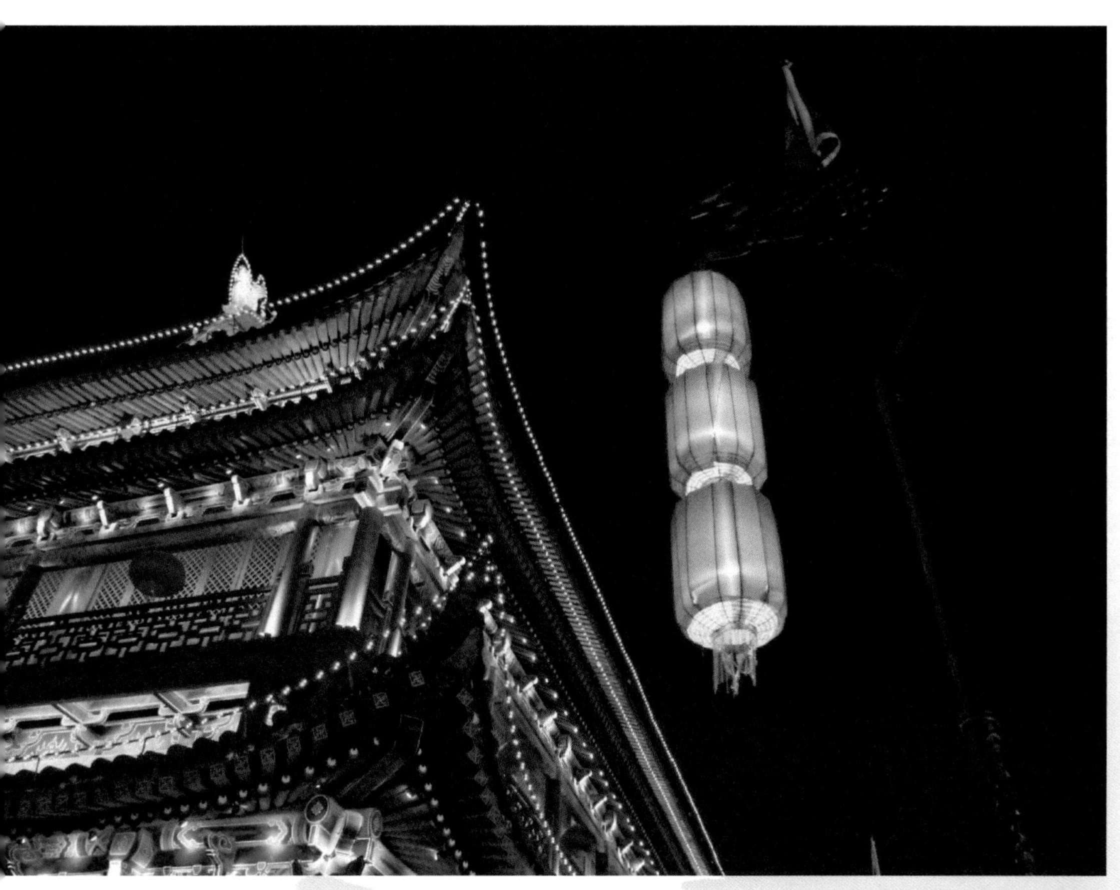

2010　西安　古城牆

北京古城，除了紫禁城之外，原來也有古城牆，但後來因為都市發展而拆掉了，甚是可惜。倒是西安古城牆保存了古代的建築，讓這座城市積累了更多時代的風貌和更具歷史的價值。

一座城市的發展，常因時代的衝突而破壞了歷史遺留的古蹟。西安古城牆歷經改朝換代和各種戰亂烽火，能保存到現在，而且還提供休閒賞遊的功能，實屬不易。

2010　西安　古城牆

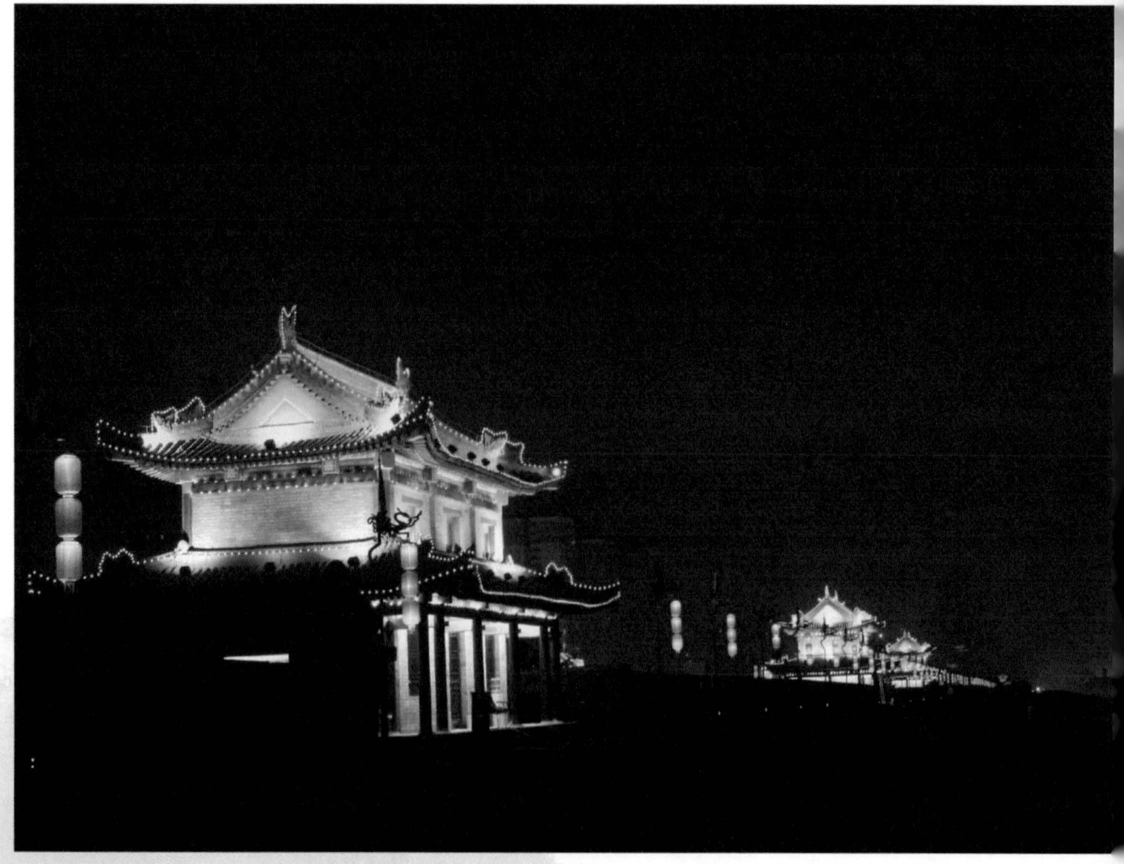

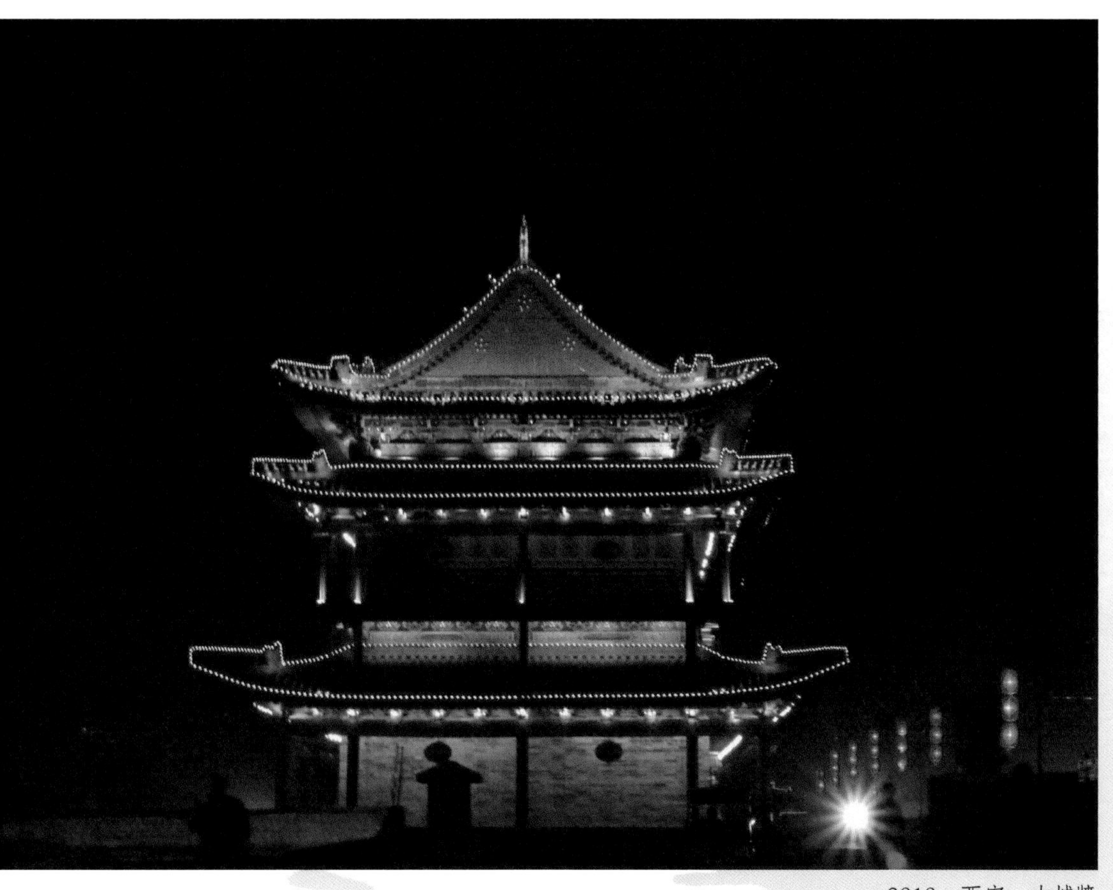

2010　西安　古城牆

入夜的西安古城牆，有一種與現實世界脫離的錯覺。城牆下的車水馬龍與我無關，我站在城牆上眺望的是，李靖、紅拂女和虯髯客這風塵三俠騎馬揚塵而去；玄奘背著行囊西去取經；李白在附近的酒家喝酒吟詩；楊貴妃在大明宮裡跳著霓裳羽衣舞。

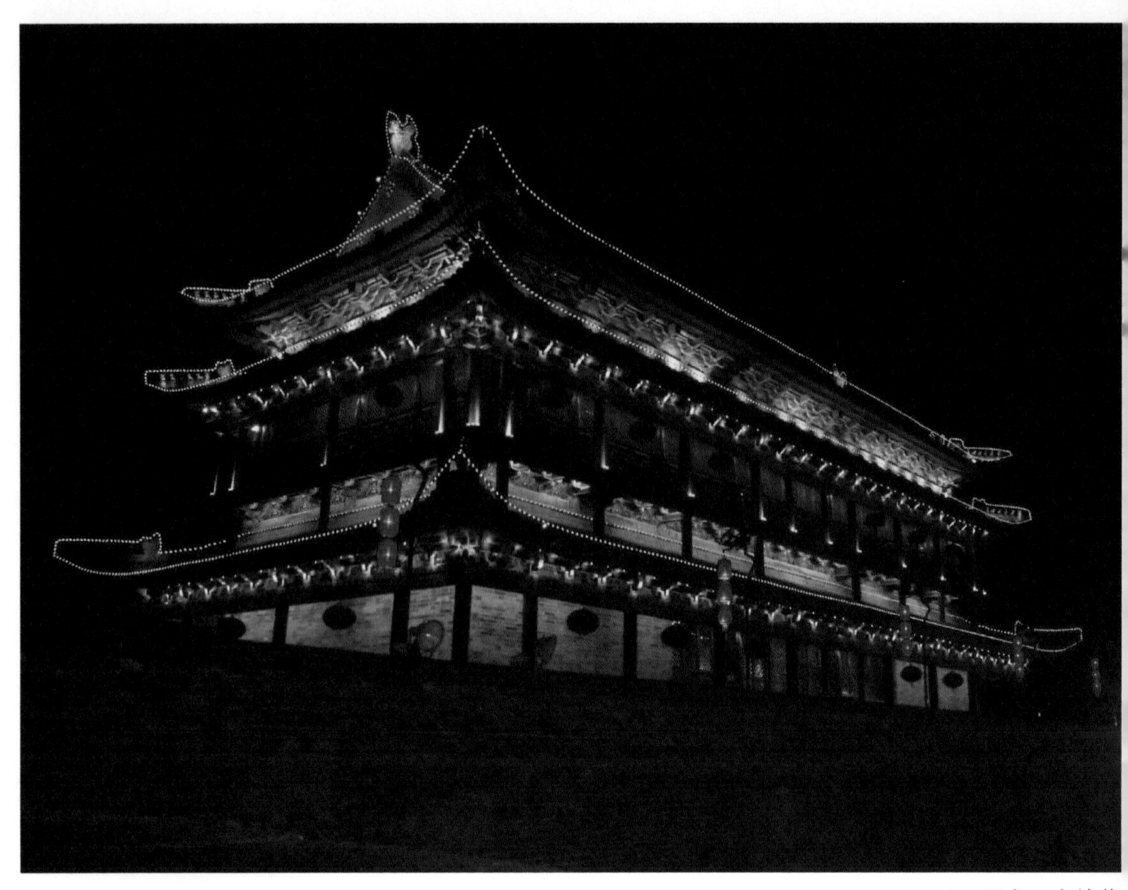

2010　西安　古城牆

每個人都有他喜歡的朝代。駐足在夜裡的西安古城牆上，是什麼原因總讓我想，情生意動，夢迴大唐呢？我想是因為那個時代，非常鮮明的生活色彩和很有張力的人物性格，以及他們的愛恨情仇。

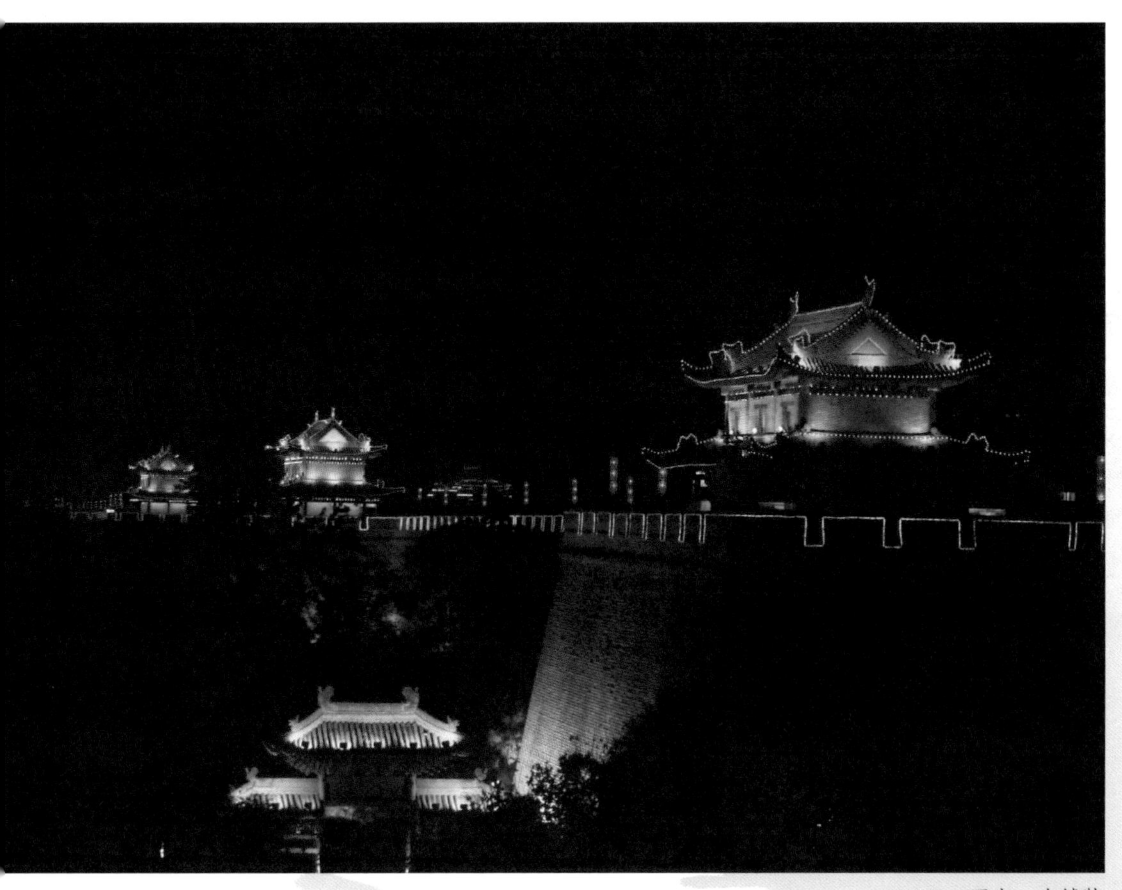

2010　西安　古城牆

夜深了。望著西安古城牆燈火離迷，我一直在想，一座城市為什麼可以讓人流連忘返？除了古蹟建築或美景美食之外，更重要的是它深層的文化積累，有太多的人物和故事，曾經在這個歷史的舞台演出，那些動人的情節遠在千年，如今你卻驚覺，他們彷彿觸手可及，歷歷在目，即便只是初見，而你感覺竟是故地重遊。

7▸謁法門寺睹佛陀真身舍利子

位於陝西扶風縣的法門寺始建于東漢末年，距今已有1700餘年。1987年在整修寶塔時，從寶塔地宮發現大量唐代國寶重器，其中佛祖真身指骨舍利的出土，一時震驚海內外，之後前來朝聖的善男信女，更是絡繹不絕。

2010　陝西　寶雞　法門寺

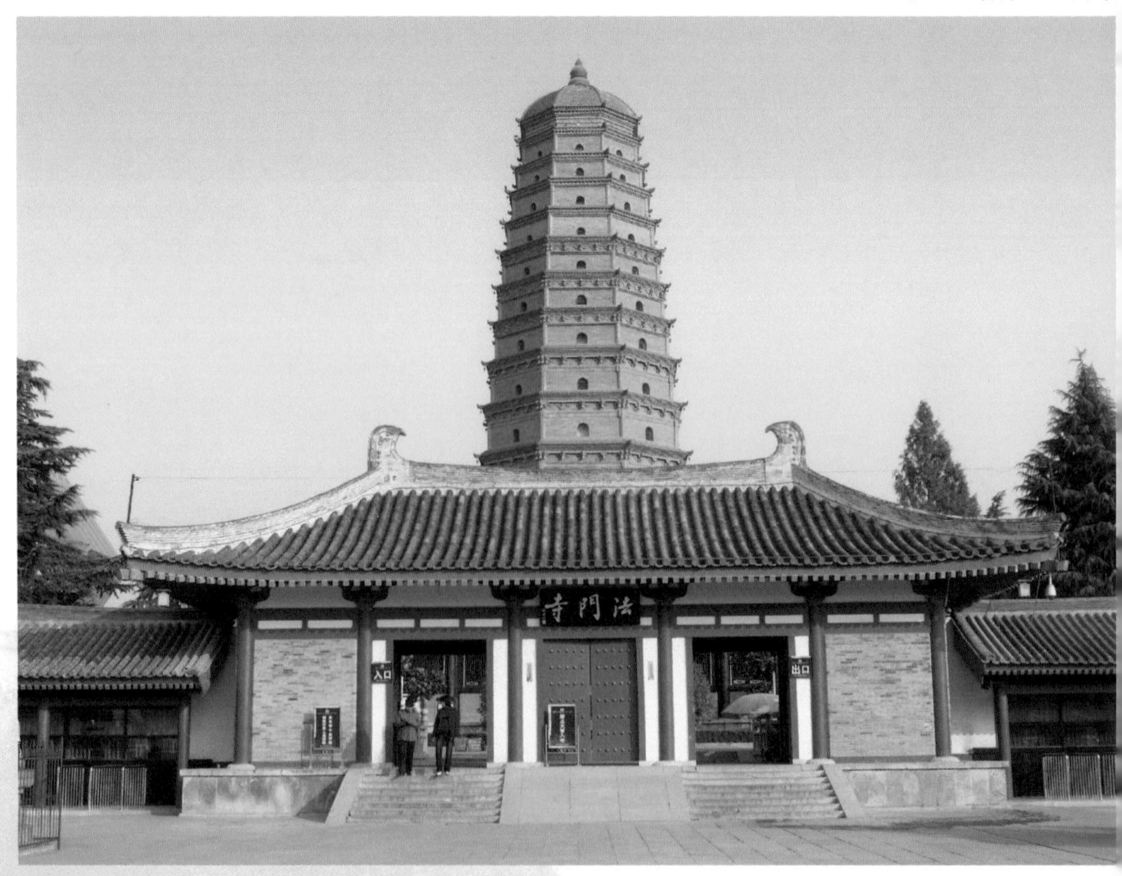

法門市門前有對大石獅。獅子在中國屬於「仁」、「勇」兼具的瑞獸。獅子威猛，大吼能震懾群獸，常放在皇家宮廷象徵帝王的至上權威，也長置於寺廟門前用來護法，象徵佛法的威力無邊。

2010　陝西　寶雞　法門寺

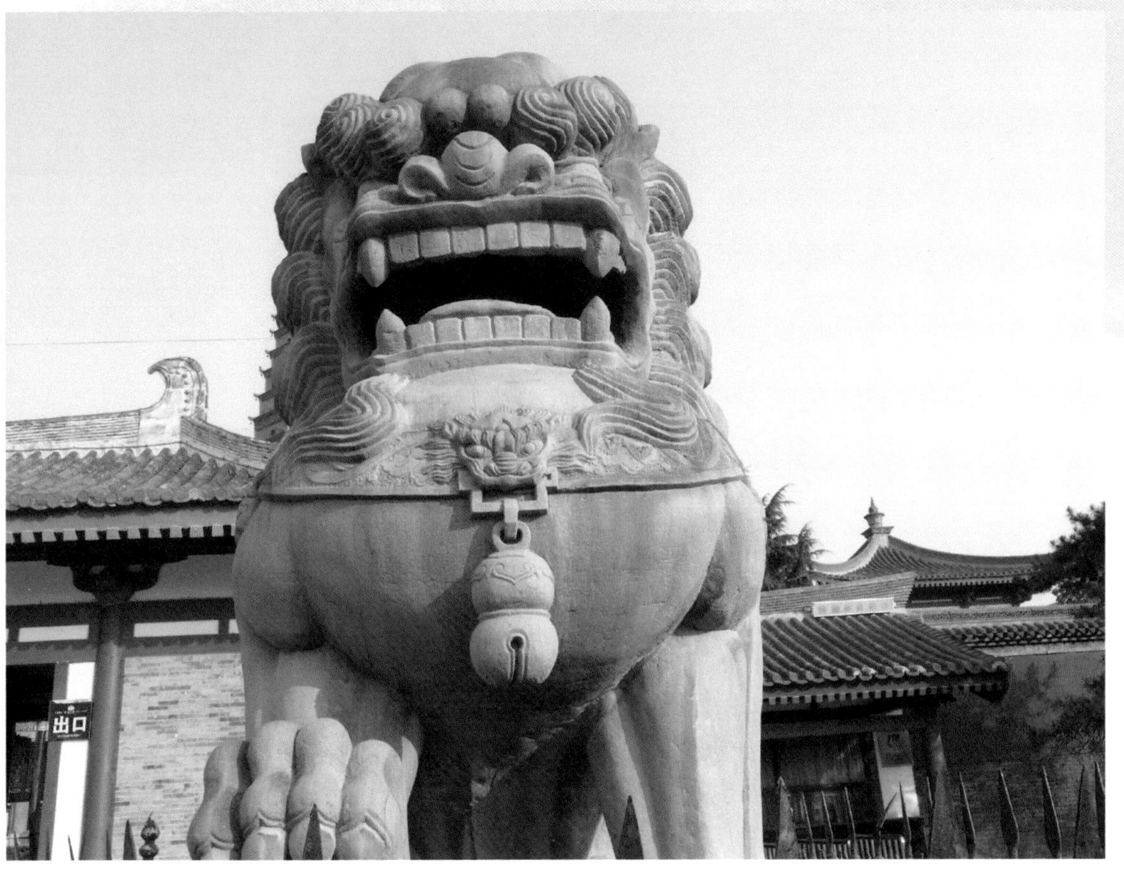

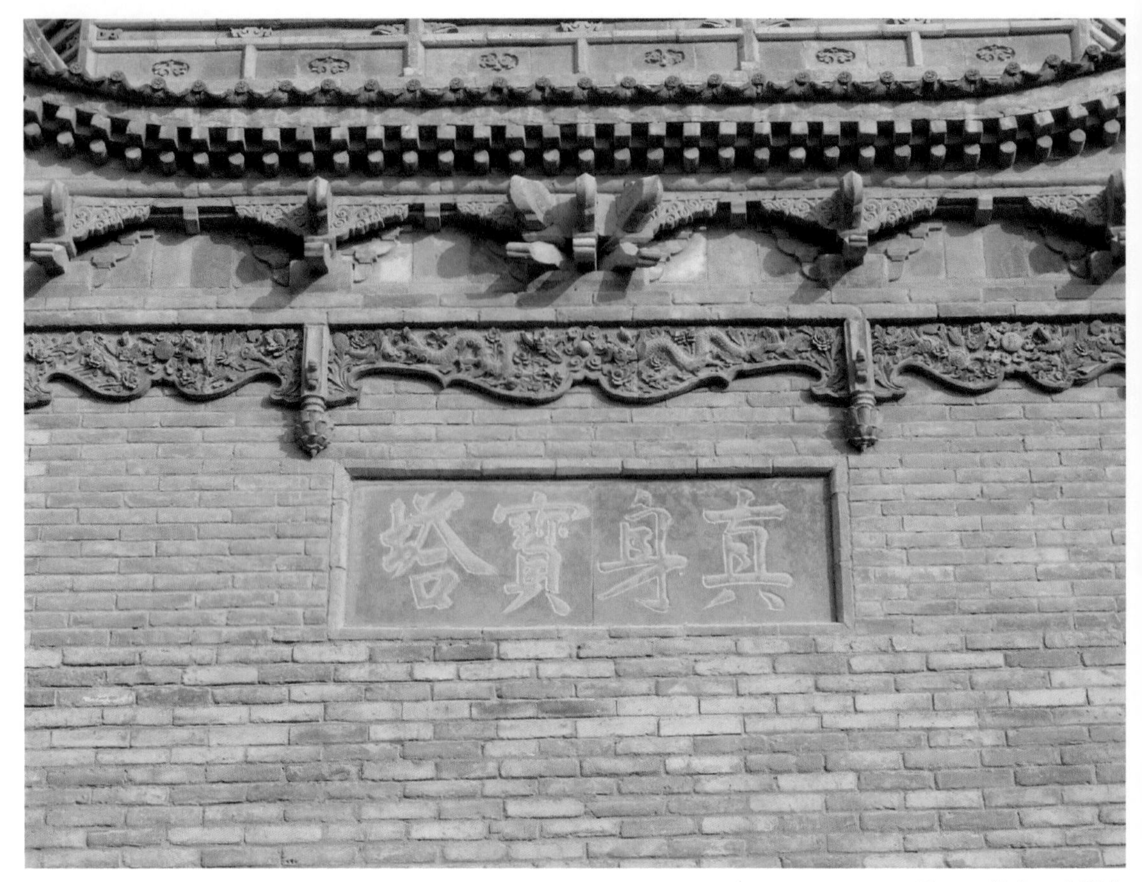

2010　陝西　寶雞　法門寺

唐代諸多帝王篤信佛法。在該朝兩百多年間，共有八位皇帝六迎二送供養佛指舍利。法門寺成為皇家寺院，因而寺內寶塔被譽為護國真身寶塔。

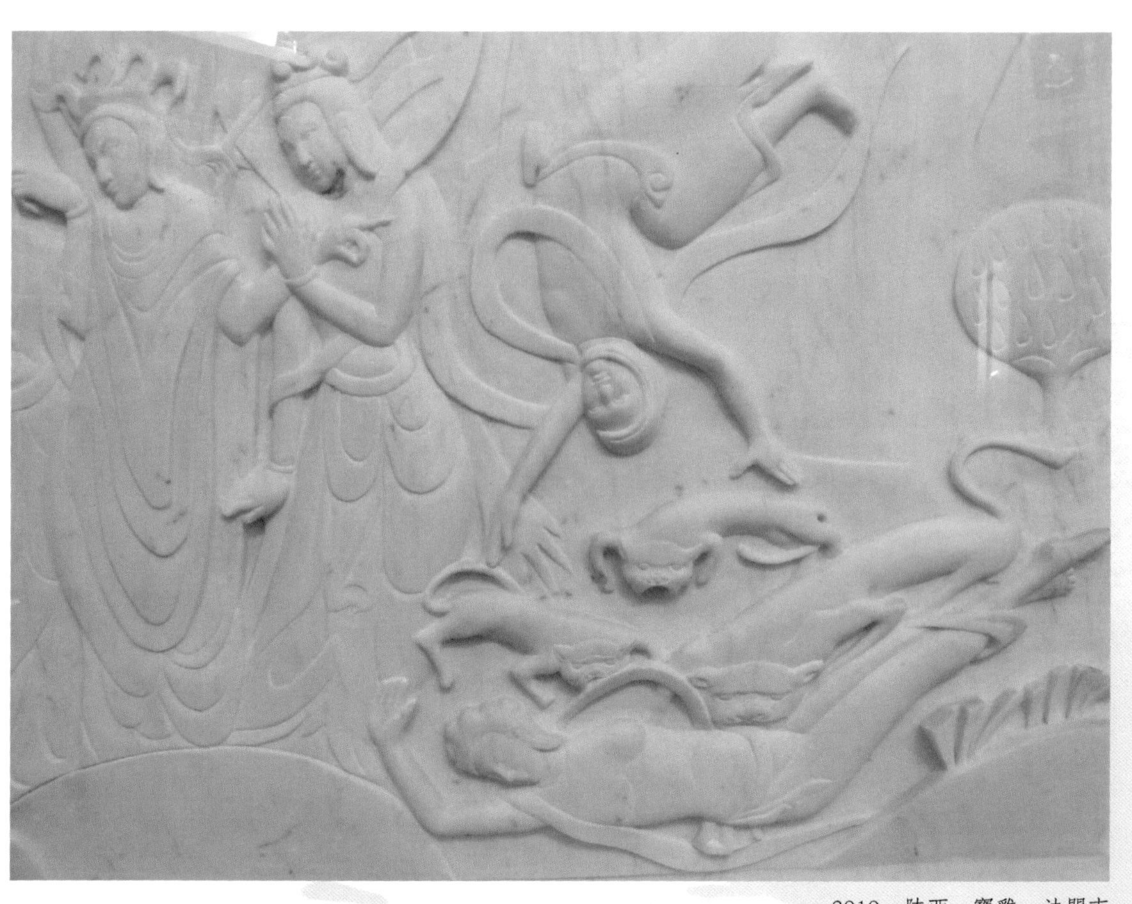

2010 陝西 寶雞 法門寺

法門寺內佛陀捨身飼虎浮雕。這個浮雕講述的是佛經裡面摩訶薩青王子的故事。仁慈的小王子外出，遇到一隻母虎哺育兩隻剛出生的幼虎，快要餓死了，王子悲憫若母虎死了，幼虎也會死，因而決心捨身飼虎，他的功德讓他死後投身天界，然後回來開示自己悲傷的父母，要覺悟生死的輪迴。

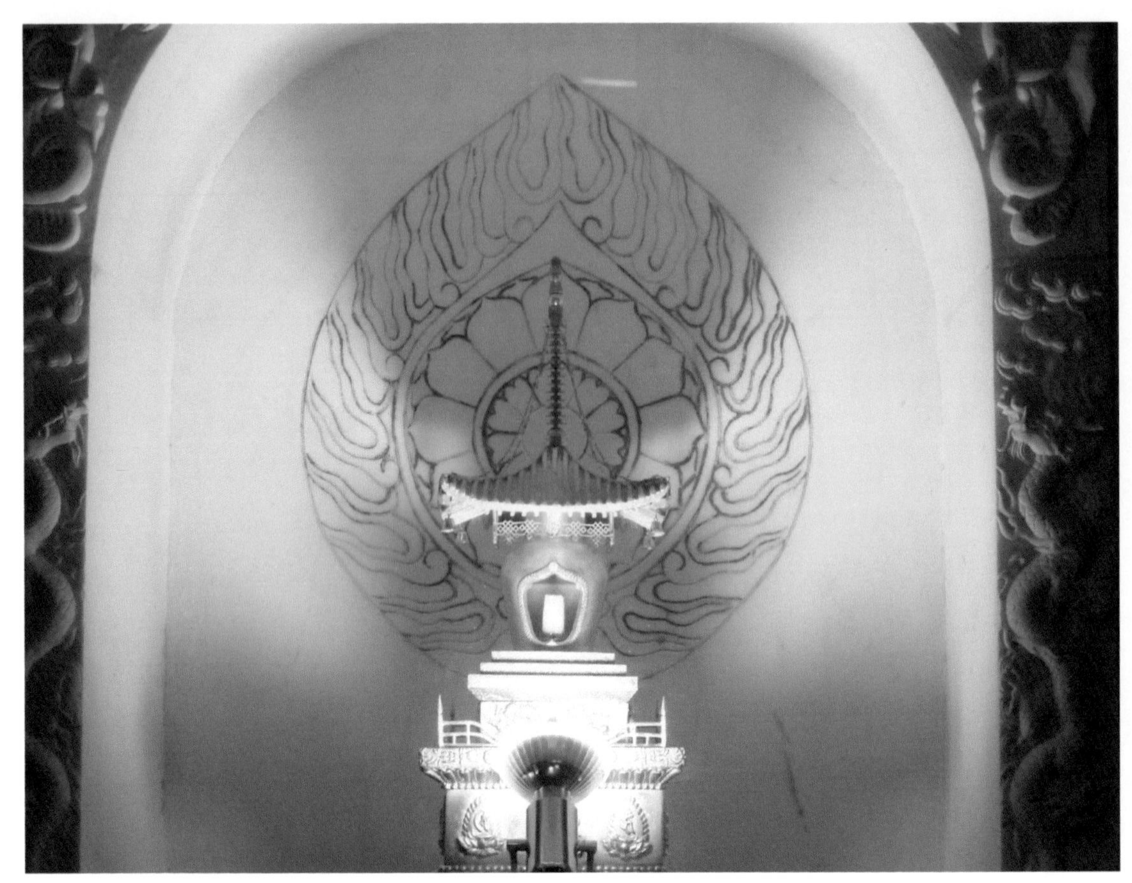

2010　陝西　寶雞　法門寺

法門寺內恭奉的佛祖指骨舍利。佛經上說：舍利者，是戒、定、慧之所熏修，甚難可得，最上福田。相傳2500年前釋迦牟尼佛涅槃，火化後從灰燼中得到頭頂骨、牙齒、中指骨和84000顆舍利子。法門寺的佛祖指骨真身舍利，應是唐朝年間印度高僧攜帶來華。

這是法門寺地宮密室的入口，兩旁有鎮墓獸守護。1987年從這裡總共出土了2499件大唐珍寶，其中以佛祖指骨舍利和祕色瓷最為有名。

2010　陝西　寶雞　法門寺

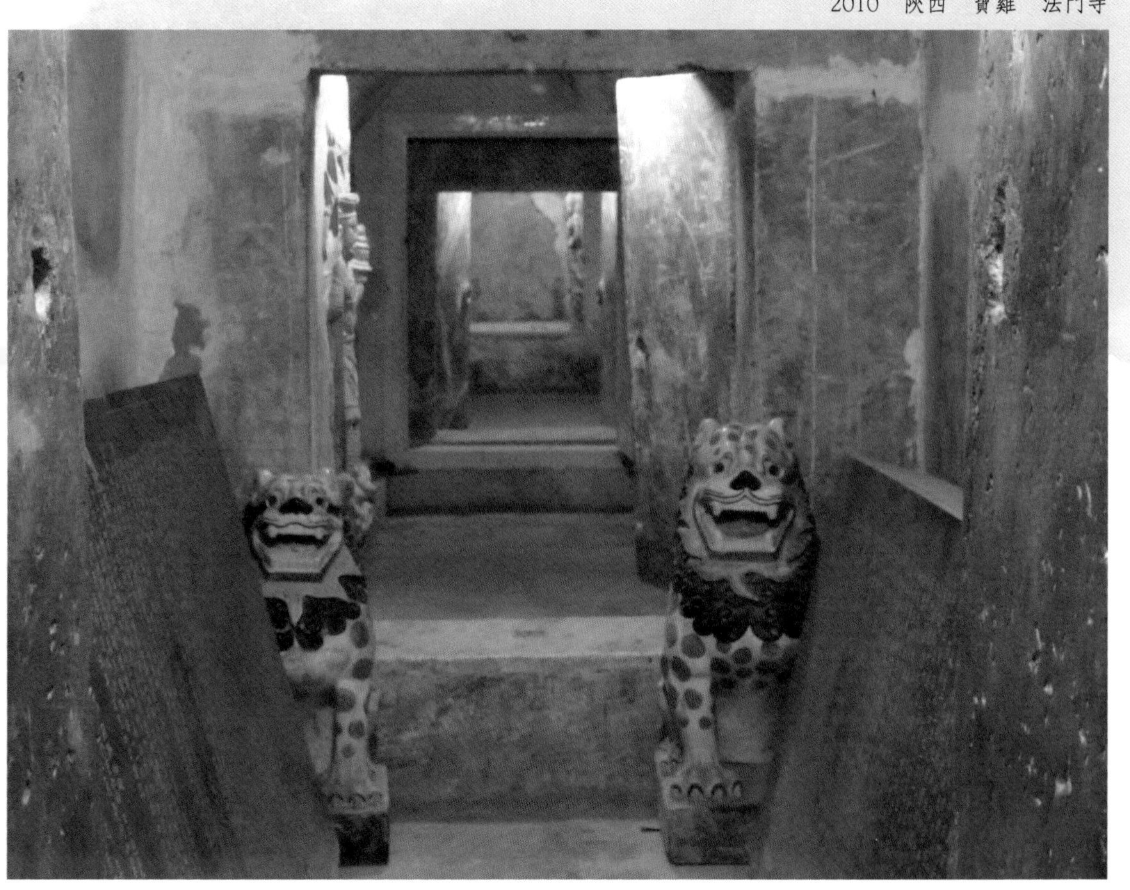

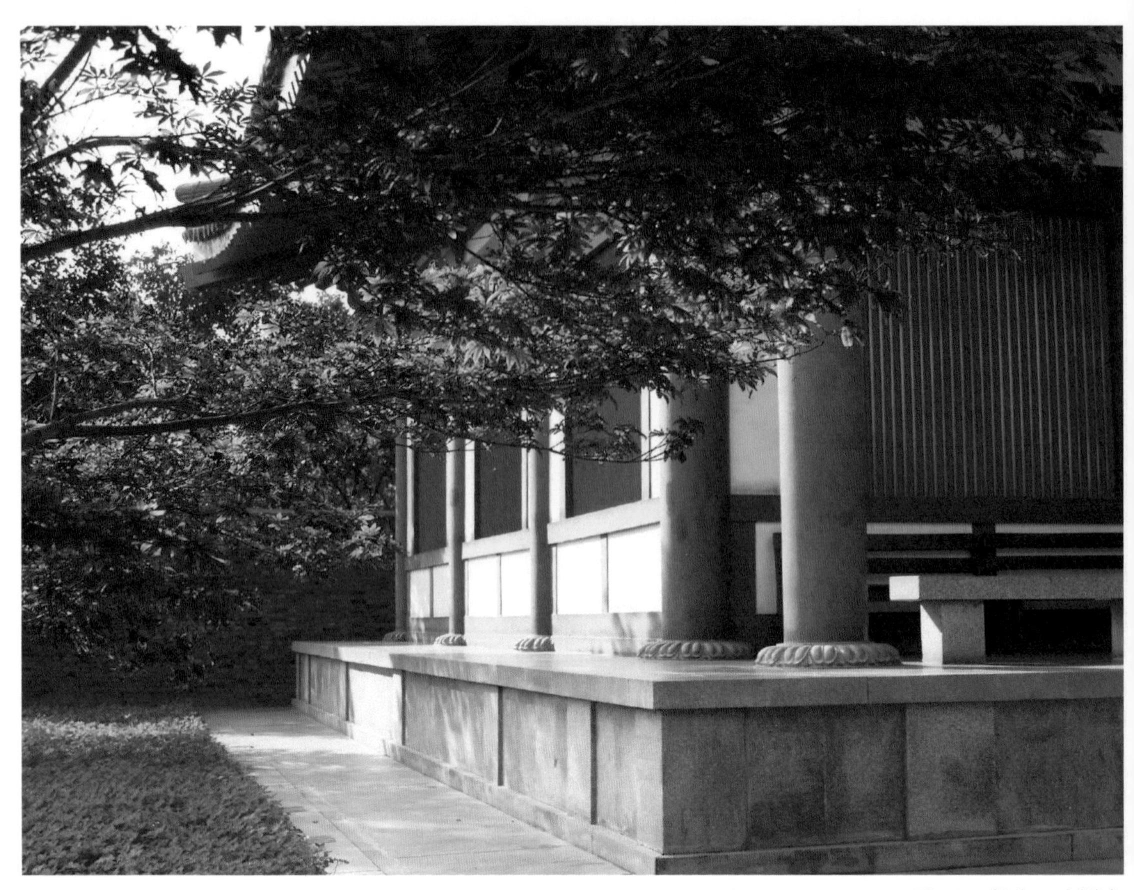

2010　陝西　寶雞　法門寺

秋天訪法門寺，這個唐朝當年的皇家寺院，香火已遠，而寺院一旁的楓葉嫣紅似火。法門寺因為出土了大量珍寶文物，讓它得以延續大唐的盛世風華。

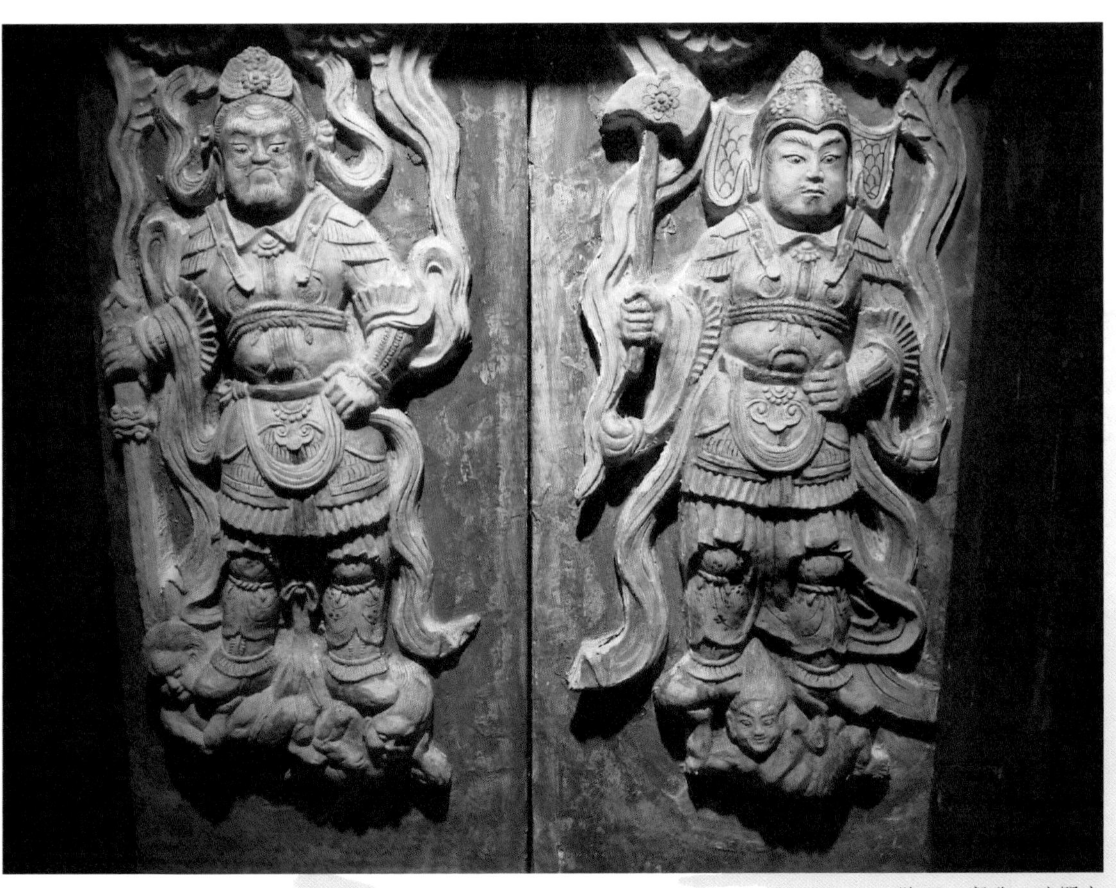

2010　陝西　寶雞　法門寺

法門寺地宮裡的守護神。

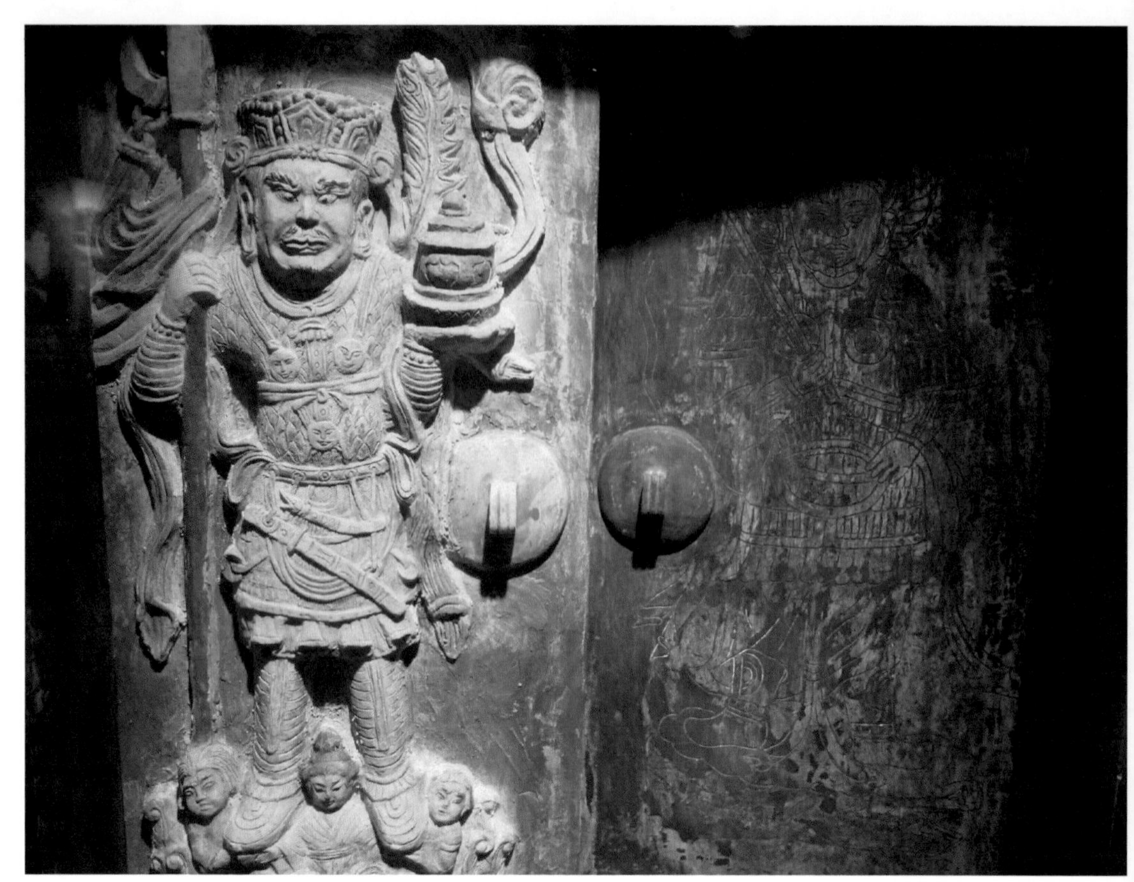

2010　陝西　寶雞　法門寺

法門寺地宮裡的守護神。

到陝西乾縣，去造訪唐高宗和武則天的合葬墓乾陵時，沒有吃到乾縣鍋盔大餅。倒是造訪扶風縣法門寺後，在門口有一小販在賣，請小販切了一塊，後來帶到華山山頂，當乾糧吃掉了。乾縣鍋盔大餅厚重碩大，和小汽車輪胎差不多大，買的時候切成小塊稱重出售。這種大餅口感結實緊密，要細嚼慢咽再配點湯水，非常耐飢。相傳這是周文王伐紂時行軍打仗，士兵攜帶的乾糧。秦始皇征戰六國，秦軍攜帶的乾糧以及唐代乾陵修建時，民工食用的也是這個，鍋盔和掛麵以及豆腐腦併稱乾縣三寶。

2010　陝西　扶風縣　法門室

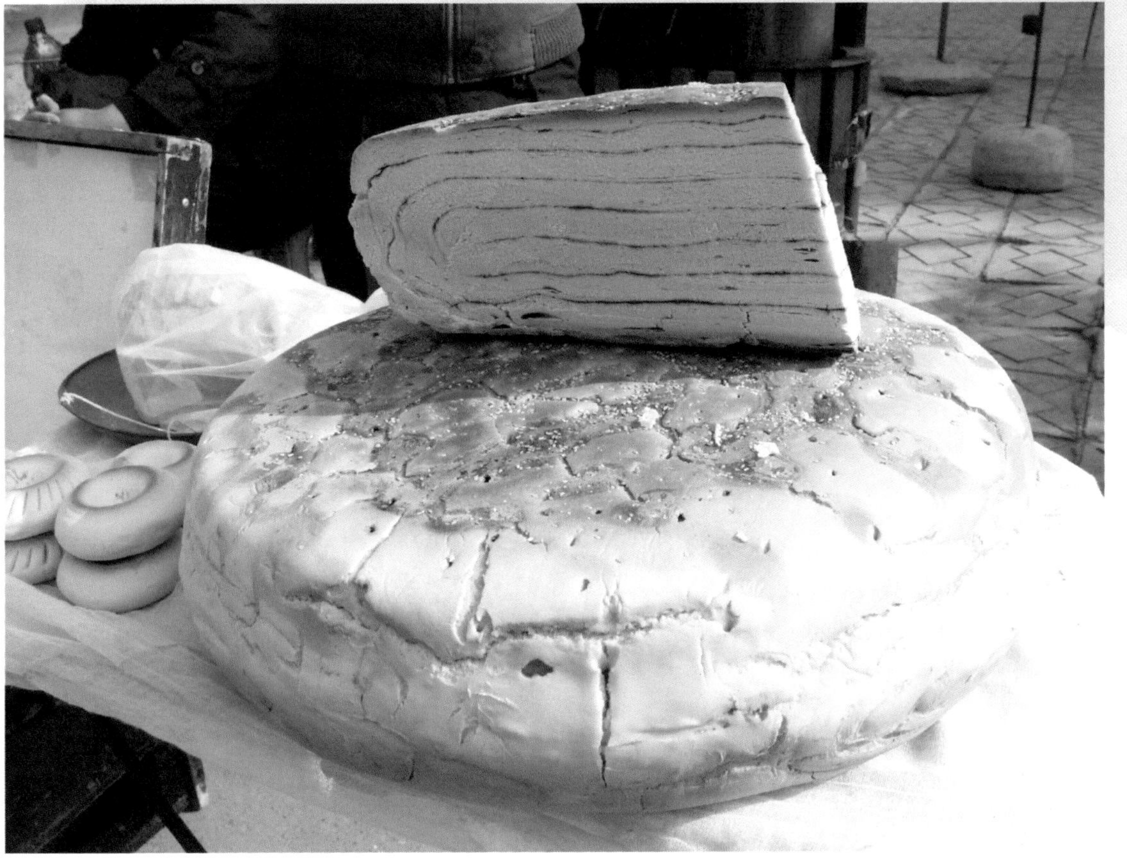

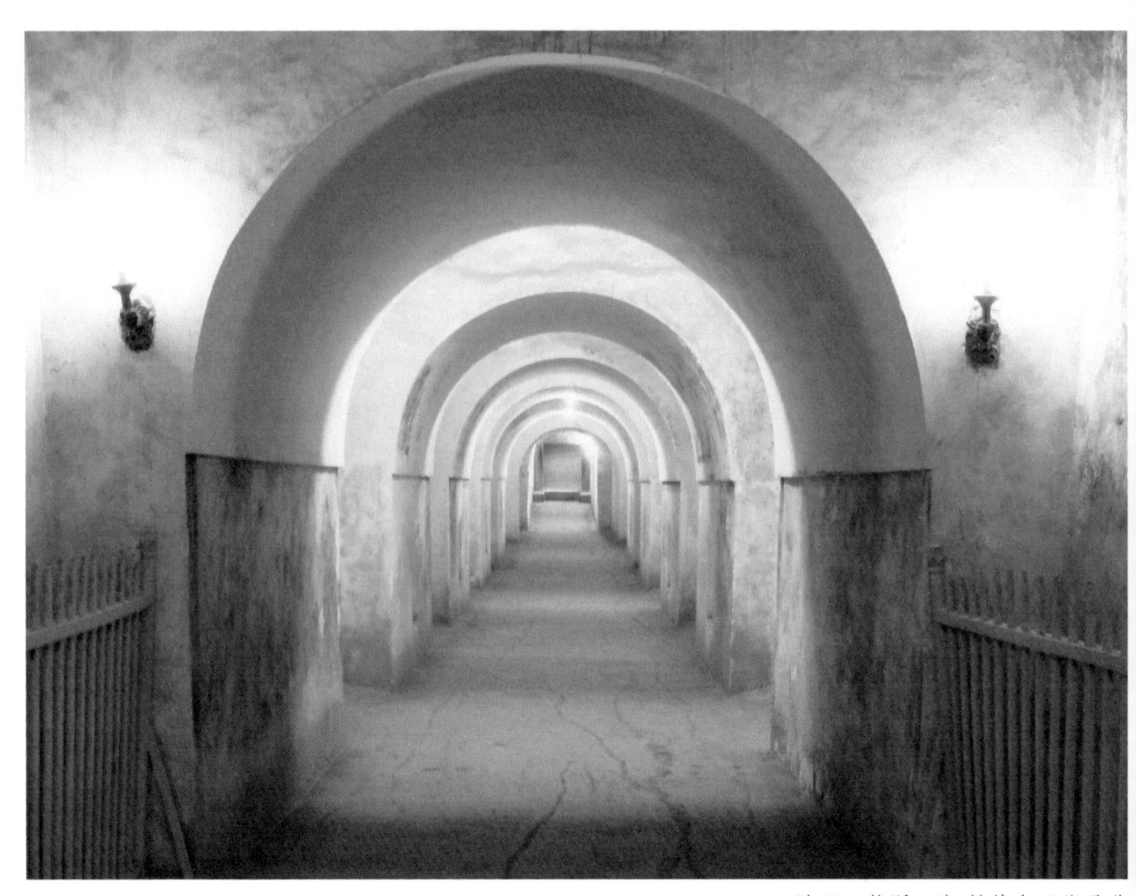

2010　陝西　乾縣　唐-懿德太子墓甬道

8▸探懿德太子古墓尋壁畫

懿德太子墓位於乾縣乾陵東南，是唐高宗李治和武則天之孫，唐中宗李顯和韋皇后所生長子，李重潤的陵墓。19歲的李重潤因私議，祖母武則天引面首張易之兄弟入宮之事，而被武則天下令杖殺。曾被罷黜的太子李顯，於重登皇位之後，重新厚葬兒子李重潤，並追封為懿德太子。

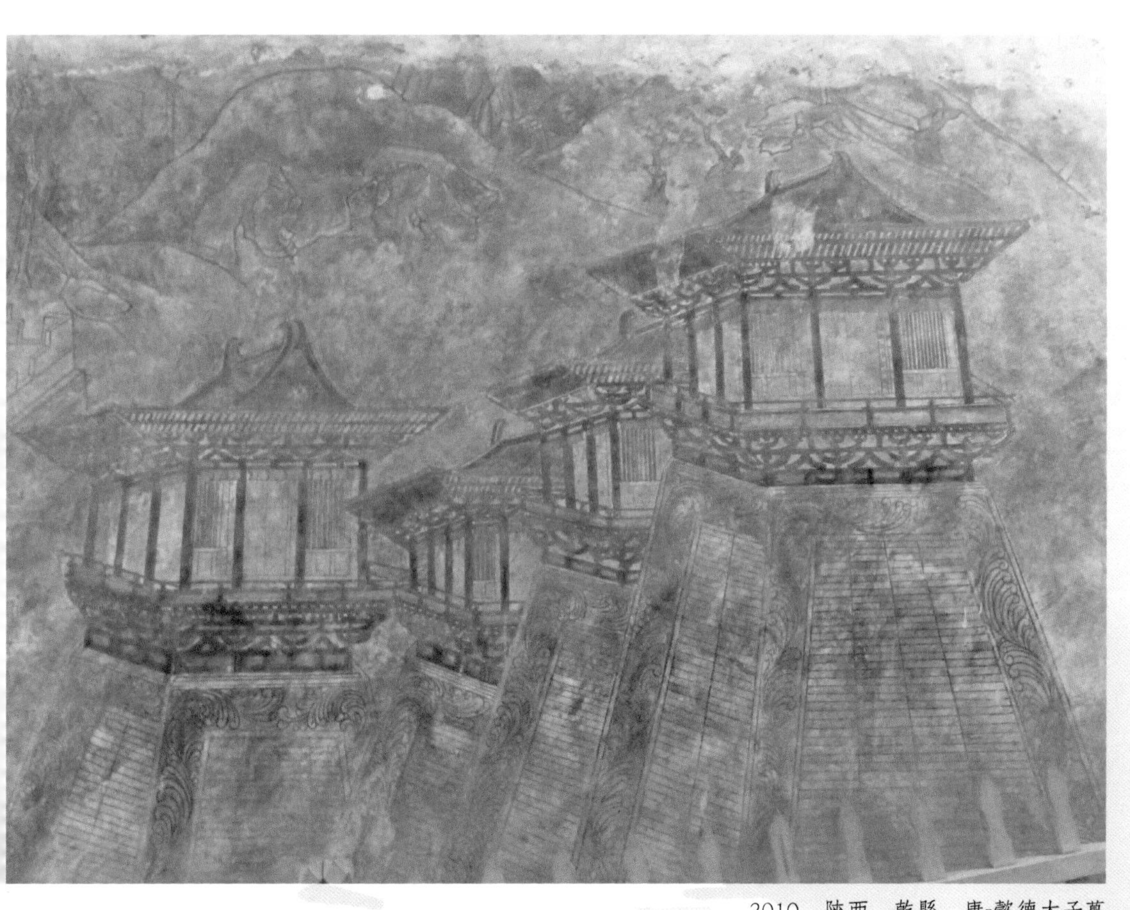

2010　陝西　乾縣　唐-懿德太子墓

懿德太子墓壁畫《闕樓圖》。懿德太子墓內最有看頭的便是壁畫，這裡的壁畫多達四十幅，分別繪在甬道、墓室、墓道、過洞和天井，充分展現唐朝皇家生活的風貌。

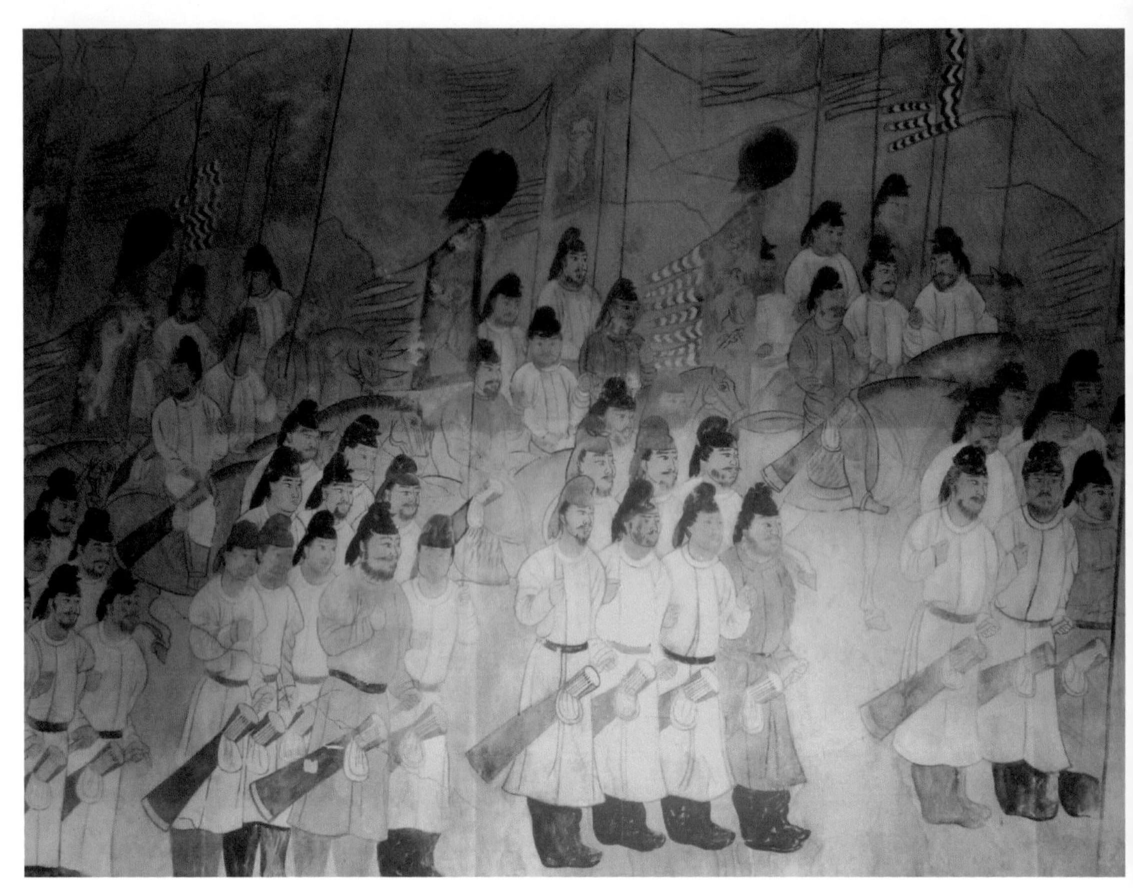

2010　陝西　乾縣　唐-懿德太子墓

太子墓壁畫《儀仗圖》。這幅壁畫展現了唐朝皇家儀仗隊的盛大陣容，儀仗隊有步隊、騎隊和車隊，車輦豪華，旌旗招展。

懿德太子墓的陪葬品騎馬俑。唐朝是中西文明交流的強大帝國，作風開放自信，當時男女也流行胡服。這個騎馬陶俑的衣服，衣領誇張開放，是當時流行的款式，很像1950年代美國搖滾巨星貓王的服裝。

2010　陝西　乾縣　唐-懿德太子墓

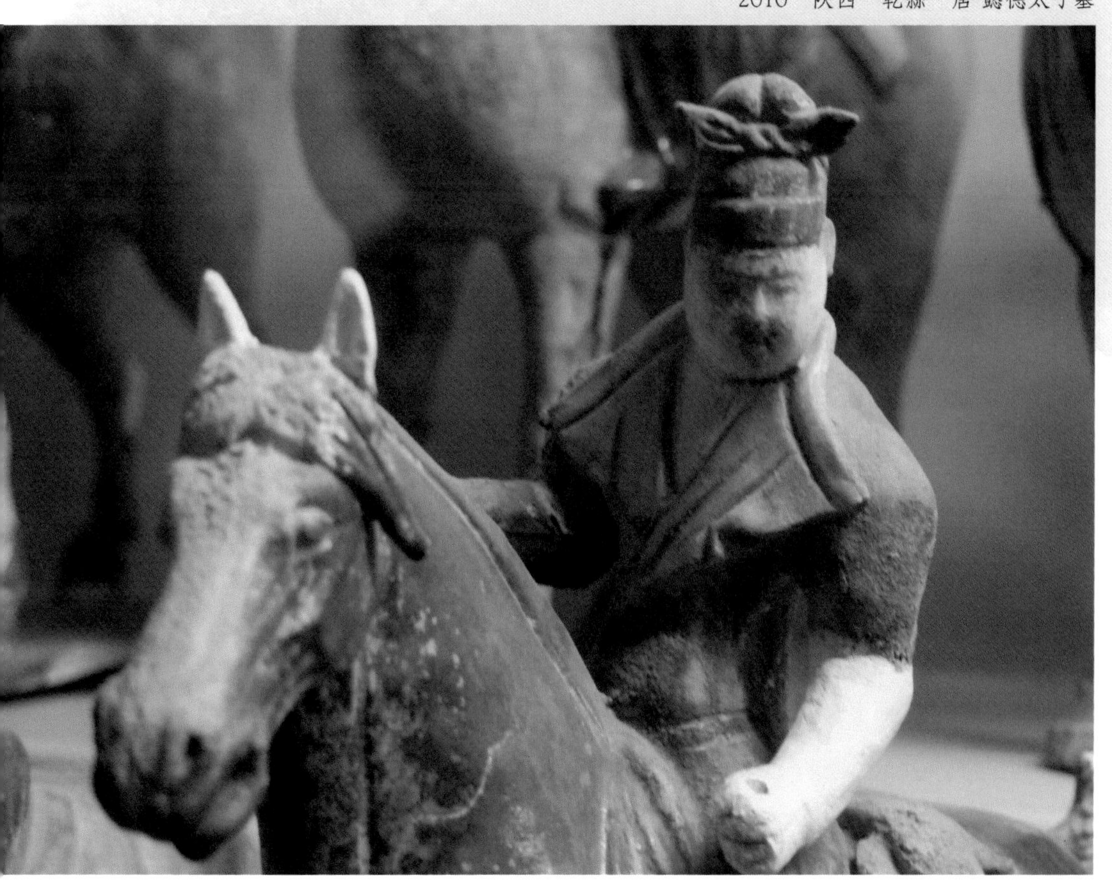

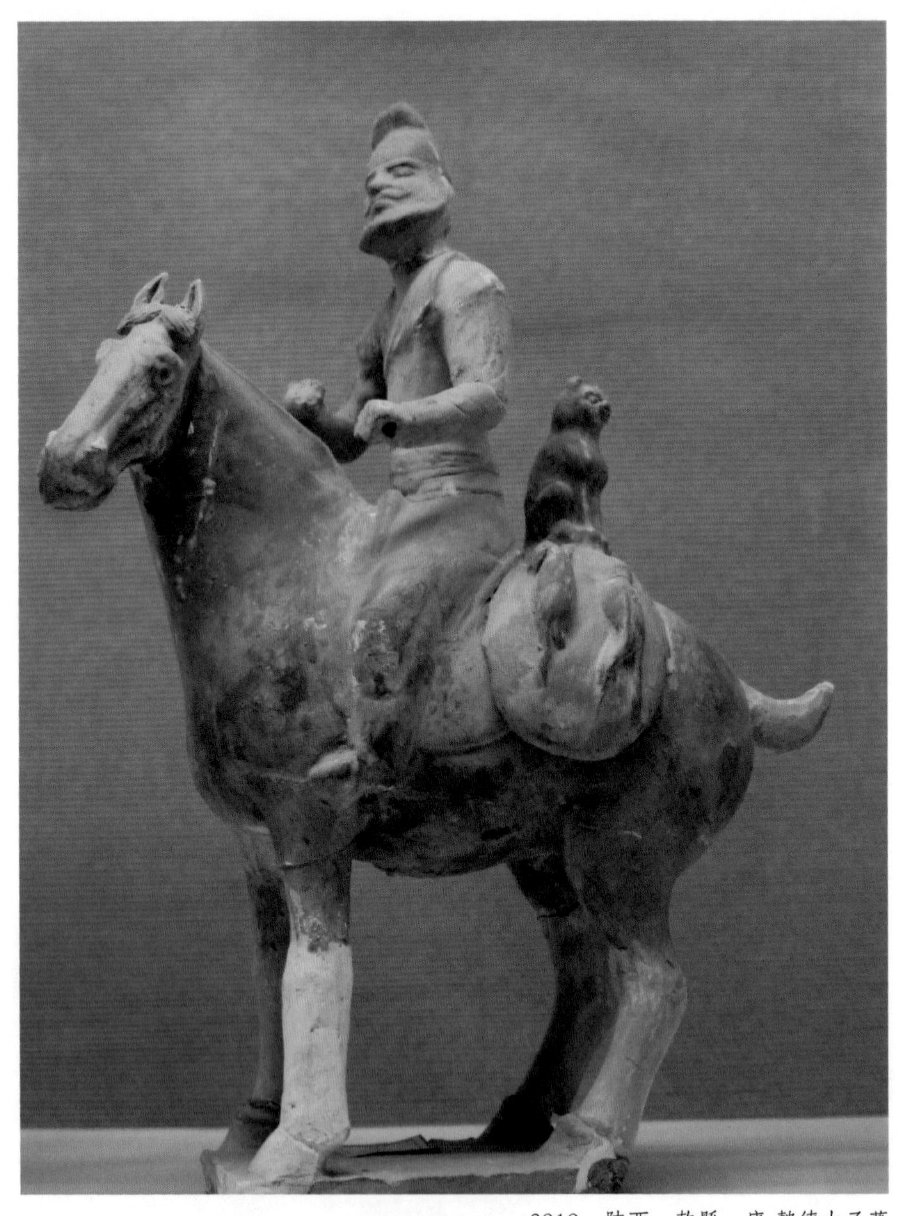

2010　陝西　乾縣　唐-懿德太子墓

懿德太子墓出土的陪葬品騎馬俑。這是個騎馬的胡人，蓄著大鬍子，後面馬上還坐著他豢養的動物。

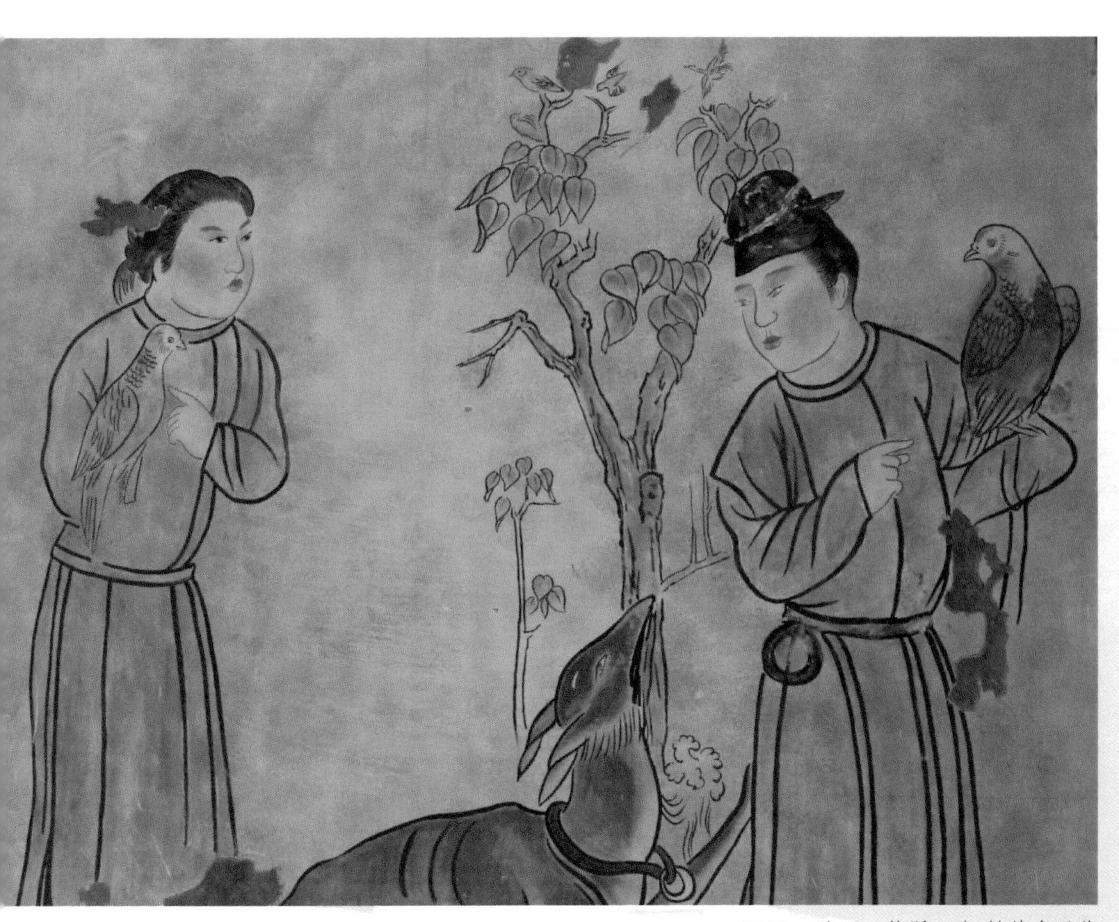

2010　陝西　乾縣　唐-懿德太子墓

懿德太子墓壁畫。這幅《馴鳥圖》圖案很新，應是整修時重畫的。

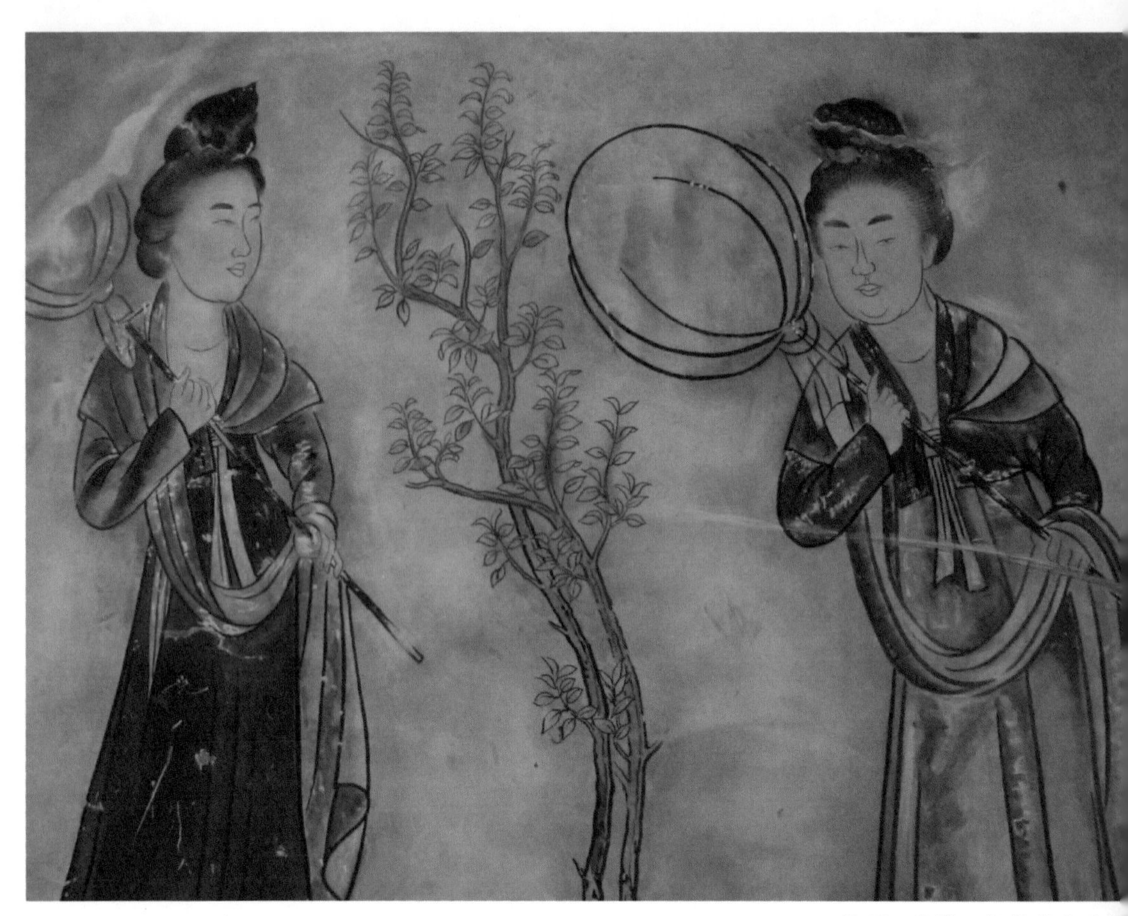

2010　陝西　乾縣　唐-懿德太子墓

懿德太子墓壁畫《捕蝶圖》。兩個侍女拿網捕蝶的情景，侍女的臉型豐腴也說明唐代女性審美的趨向。

懿德太子墓壁畫《狩獵出行圖》。這幅圖展現皇家出行狩獵的龐大陣容，狩獵的馬隊中還帶著馴化過的獵豹、獵鷹和獵狗。

2010　陝西　乾縣　唐-懿德太子墓

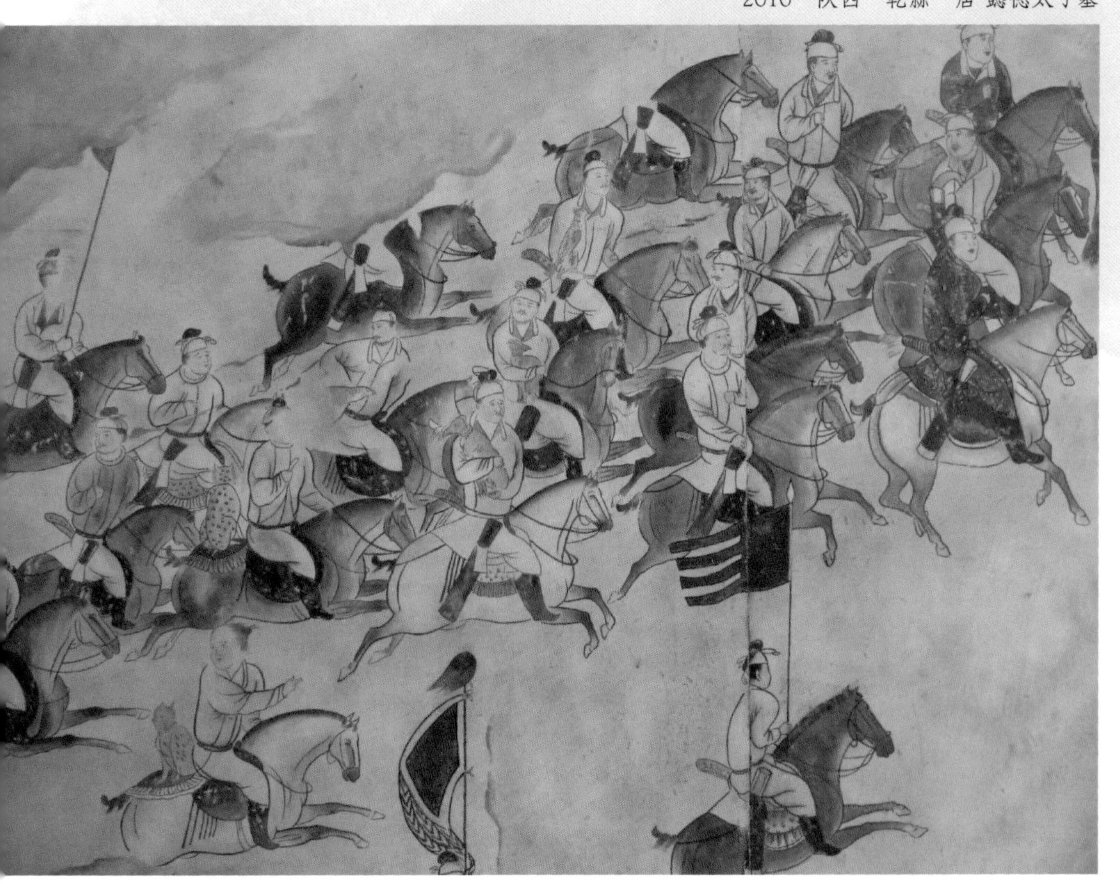

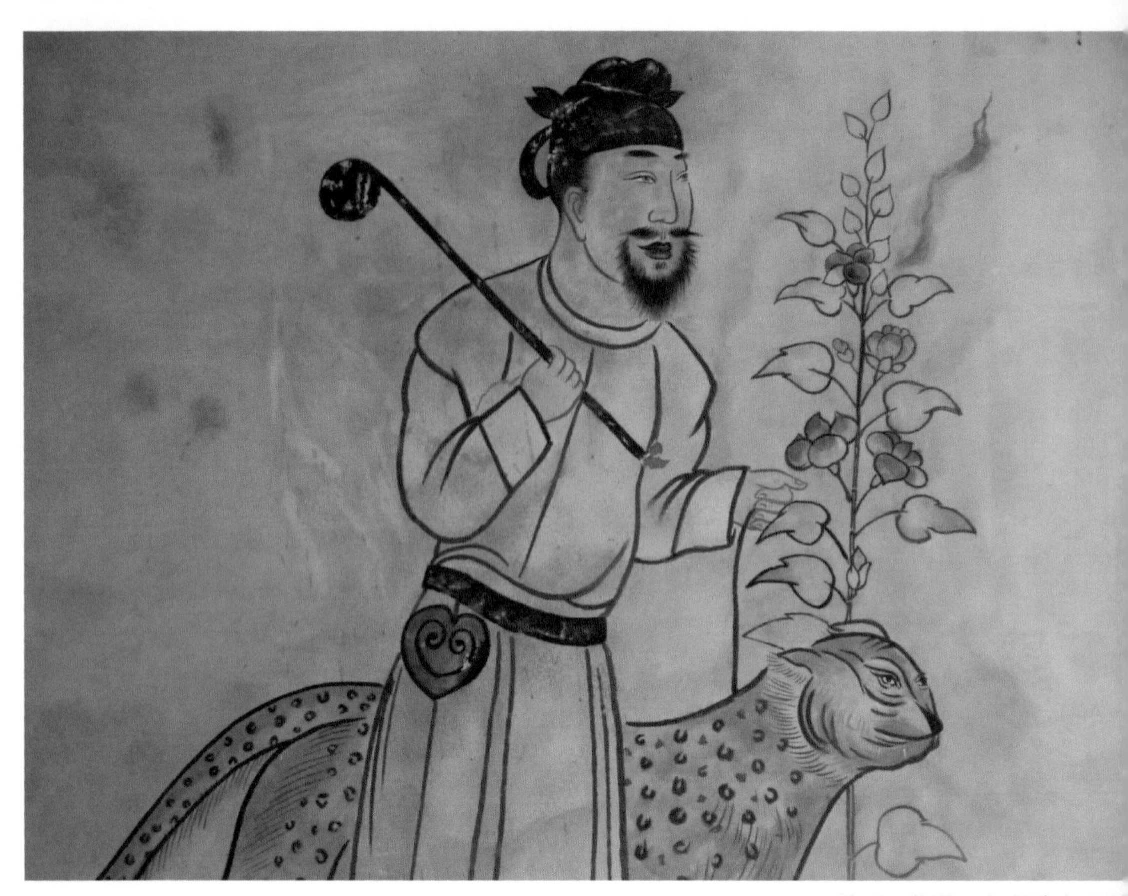

2010　陝西　乾縣　唐-懿德太子墓

懿德太子墓壁畫《馴豹圖》

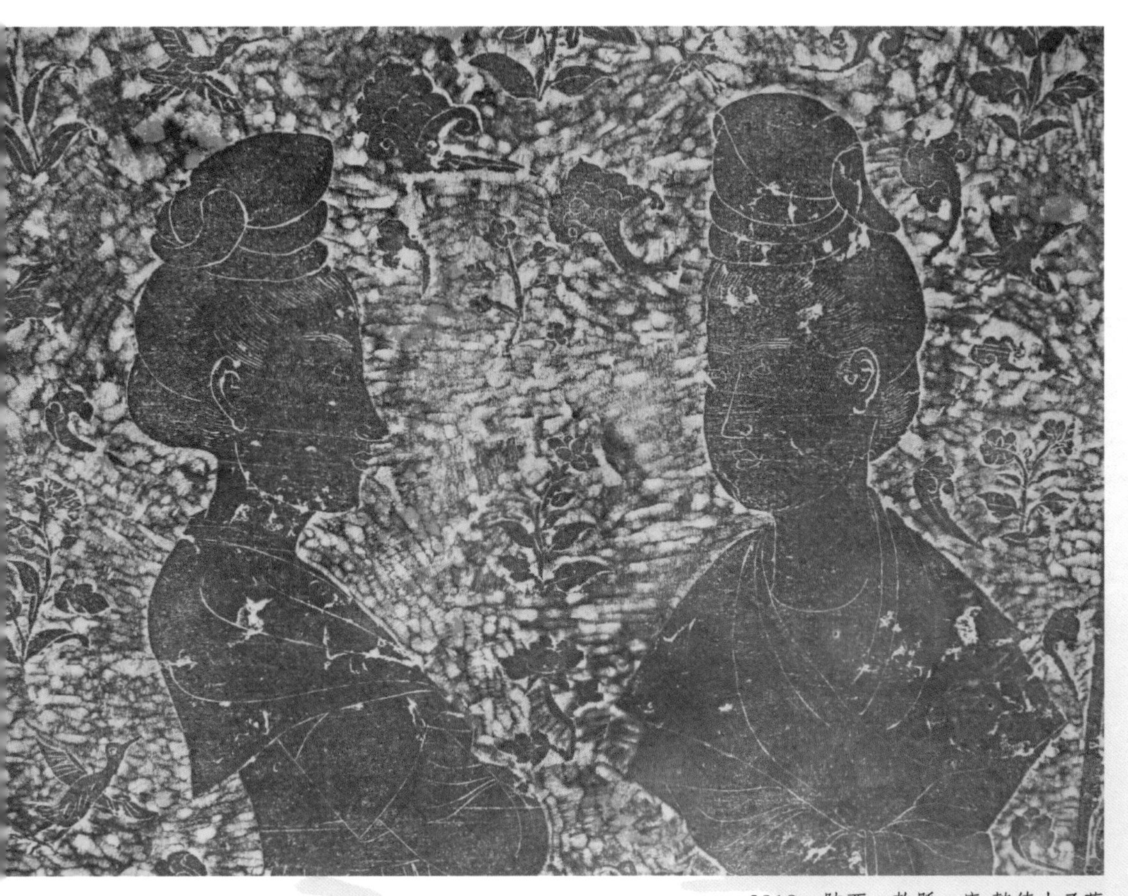

2010　陝西　乾縣　唐-懿德太子墓

懿德太子墓室石槨上的雕刻圖案《侍女圖》。

9 ▸探永泰公主古墓尋壁畫

位於乾縣乾陵東南的永泰公主墓，是唐高宗李治和武則天之孫，唐中宗李顯和韋皇后所生女兒，李仙蕙的陵墓。17歲的李仙蕙和哥哥李重潤，因私議祖母武則天引面首張易之兄弟入宮之事，兩人皆被武則天下令杖殺。曾被罷黜的太子李顯，於重登皇位之後，重新厚葬女兒李仙蕙，並追封為永泰公主。

2010　陝西　乾縣　唐-永泰公主墓壁畫《宮女圖》

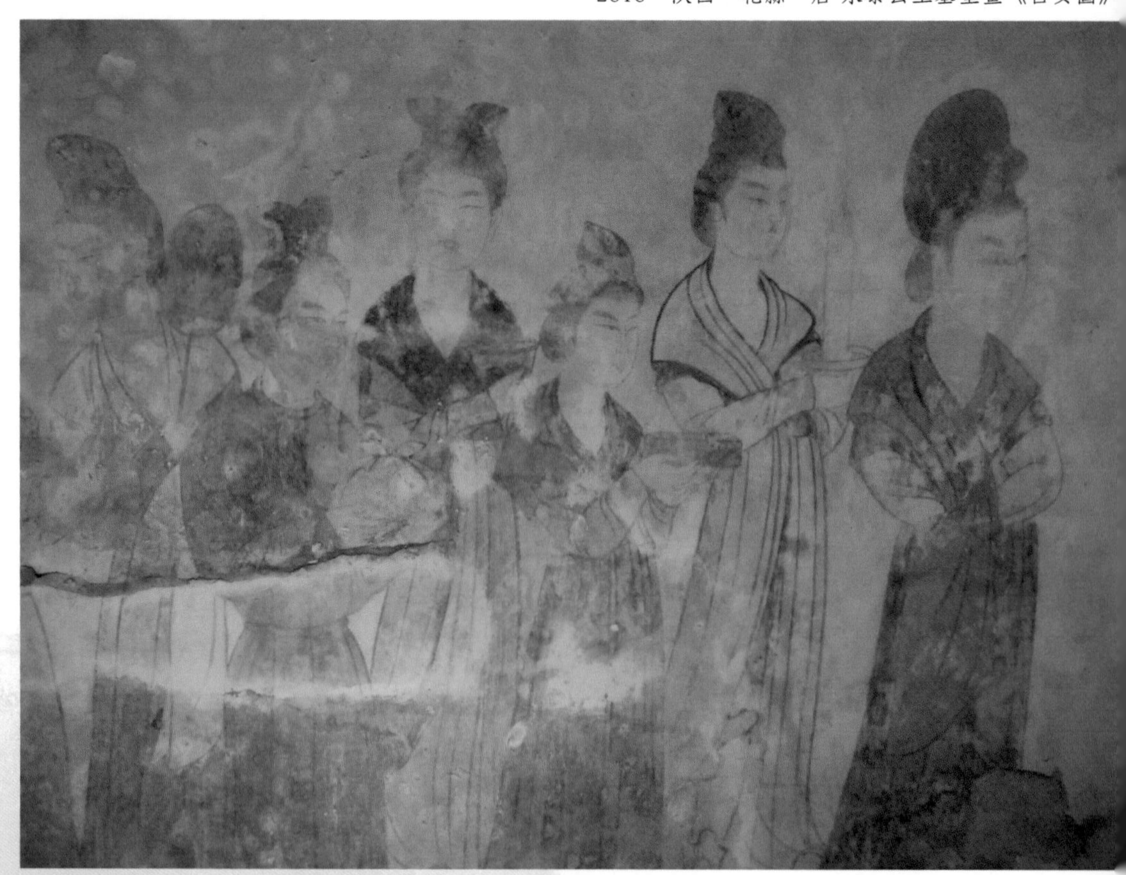

永泰公主墓壁畫《宮女圖》。永泰公主墓的壁畫以宮女圖居多，畫面中除一人著男裝外，其餘侍女皆梳高髻，酥胸微露。身穿綠色長裙的宮女手捧高腳杯，面頰豐潤，身形婀娜。這幅畫把唐朝女性的服飾儀容和審美風情表現得淋漓盡致。

2010　陝西　乾縣　唐-永泰公主墓

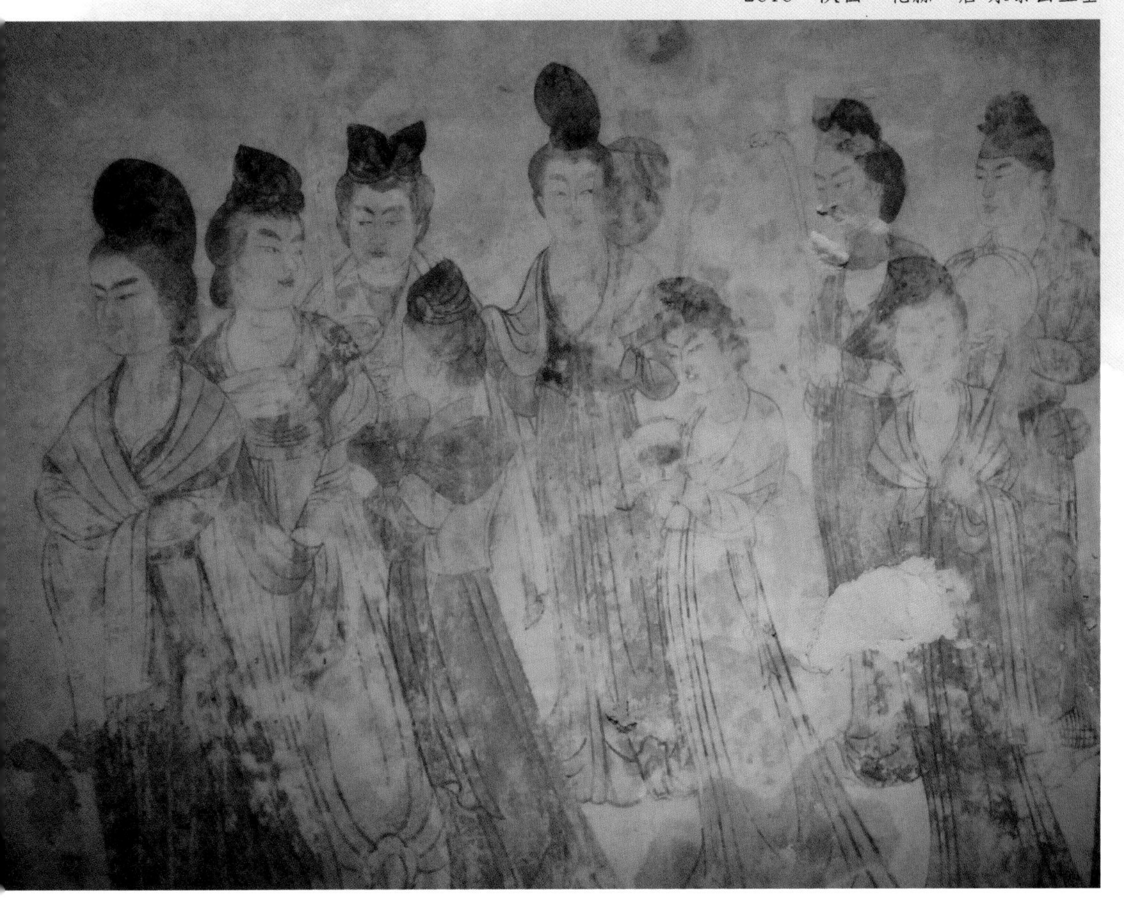

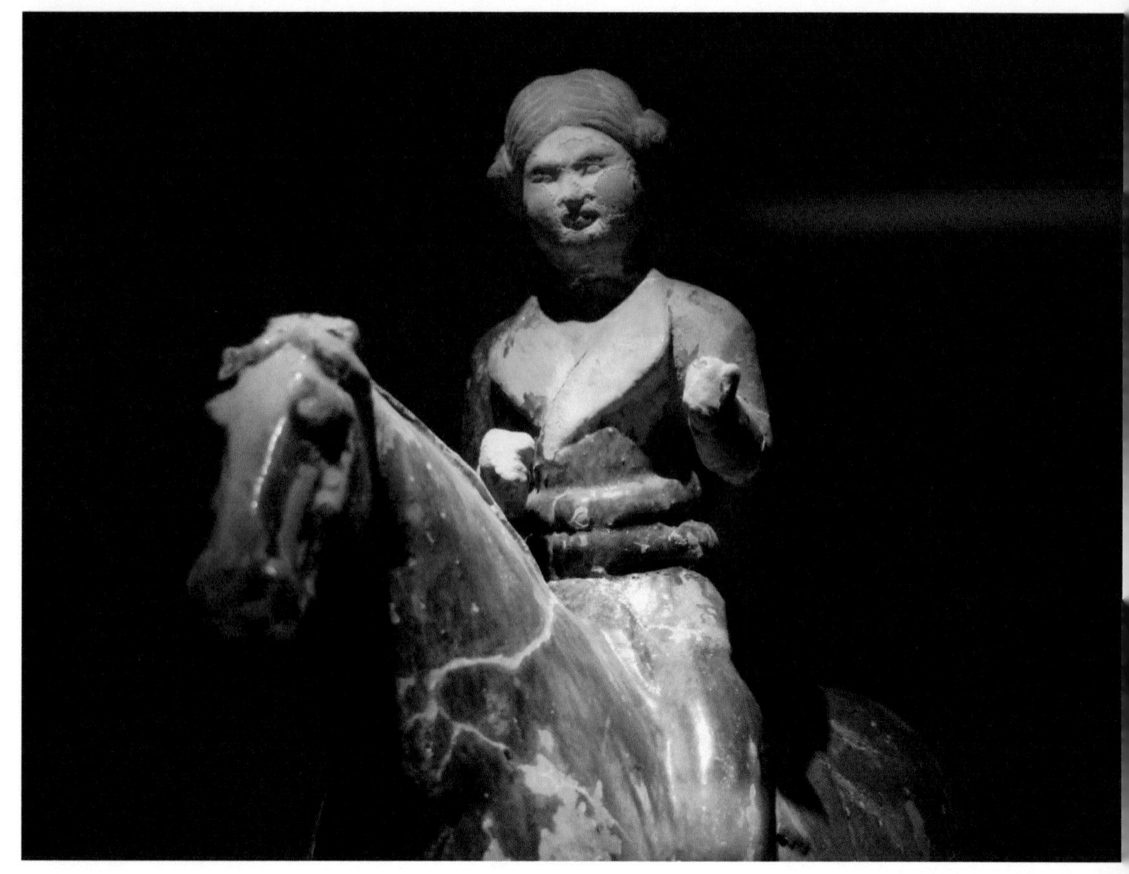

2010　陝西　乾縣　唐-永泰公主墓

永泰公主墓出土的騎馬女俑。唐朝國風自信開放，與世界各國交流平凡，尤其透過絲綢之路與西域諸國往來密切。大唐崇文尚武，女子騎馬練劍也很平常，這女子開放的衣領款式很像現代的風衣外套。

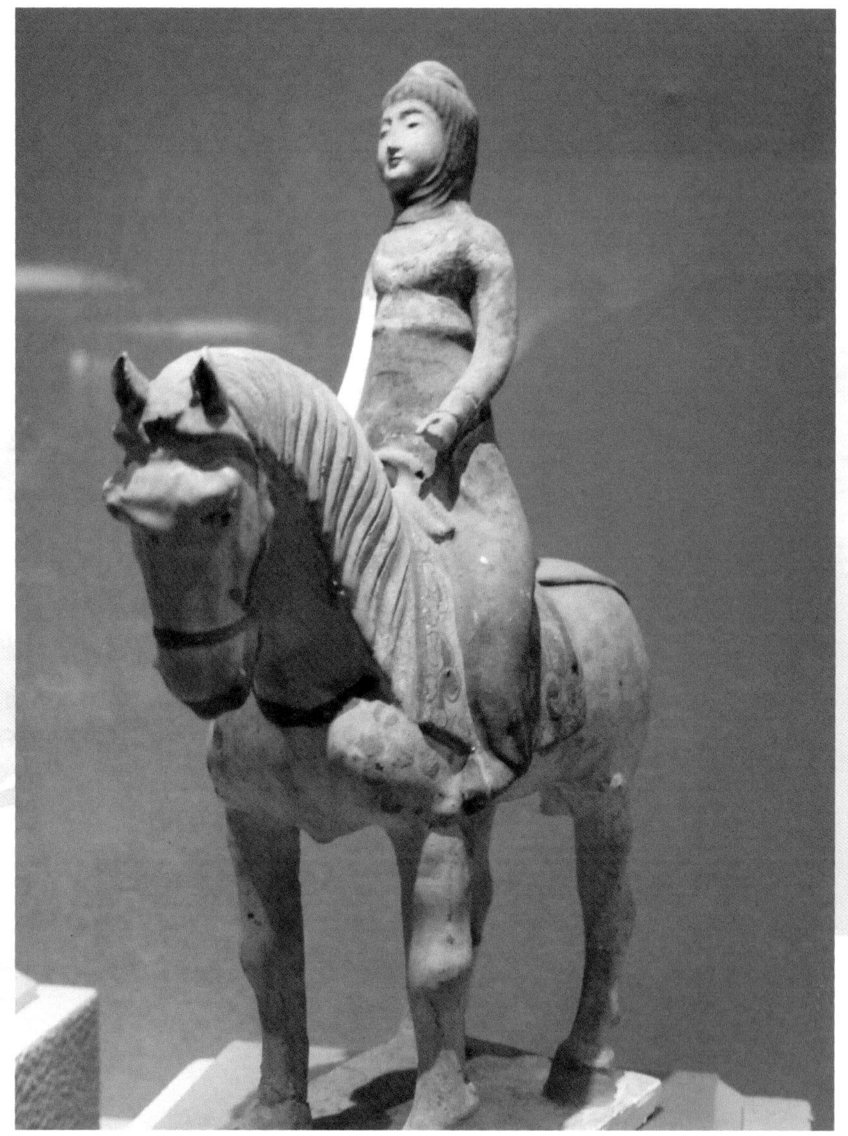

2010　陝西　乾縣　唐-永泰公主墓

永泰公主墓出土騎馬女俑。面貌秀氣的女子騎馬，頭上包裹著套頭圍巾，除了可以保護髮型免遭風沙吹亂，整體服裝還相當時尚。

永泰公主墓出土的胡人俑，眼突，大鬍子，肌肉發達，孔武有力，造型逼真。

2010　陝西　乾縣　唐-永泰公主墓

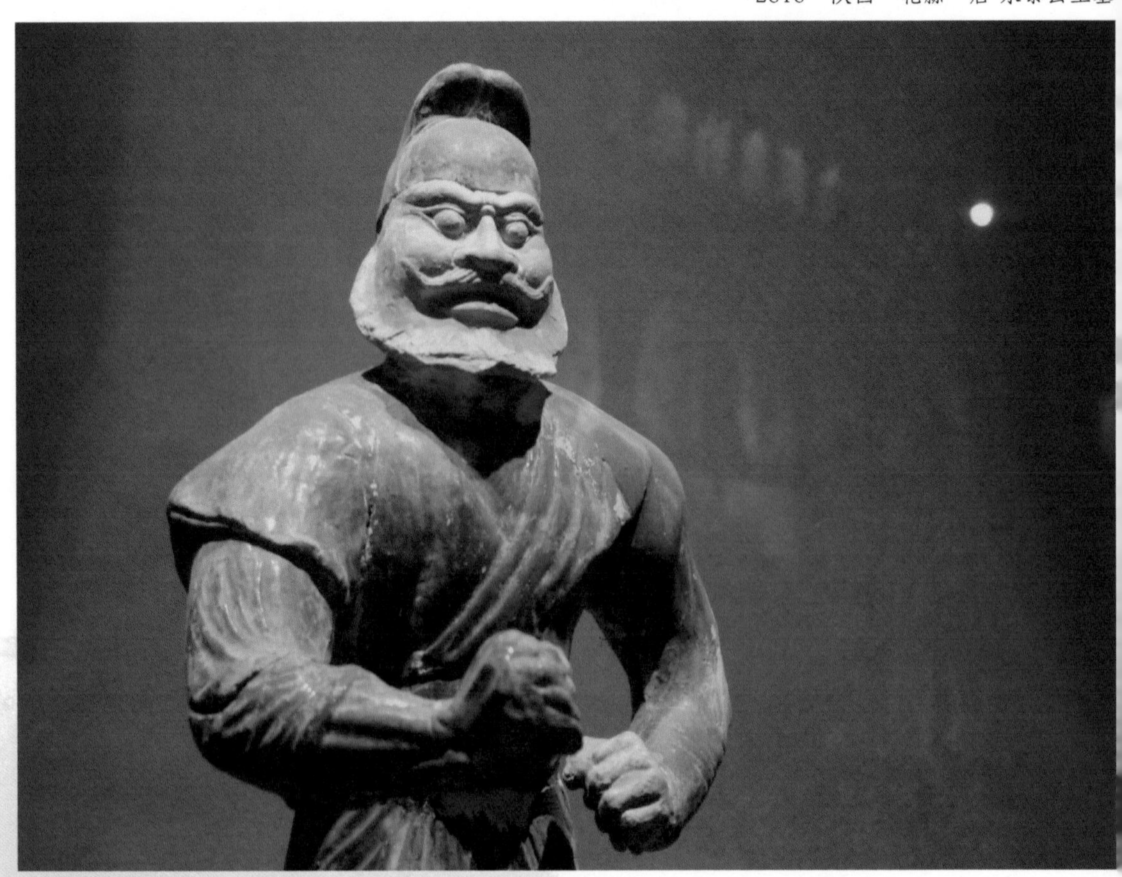

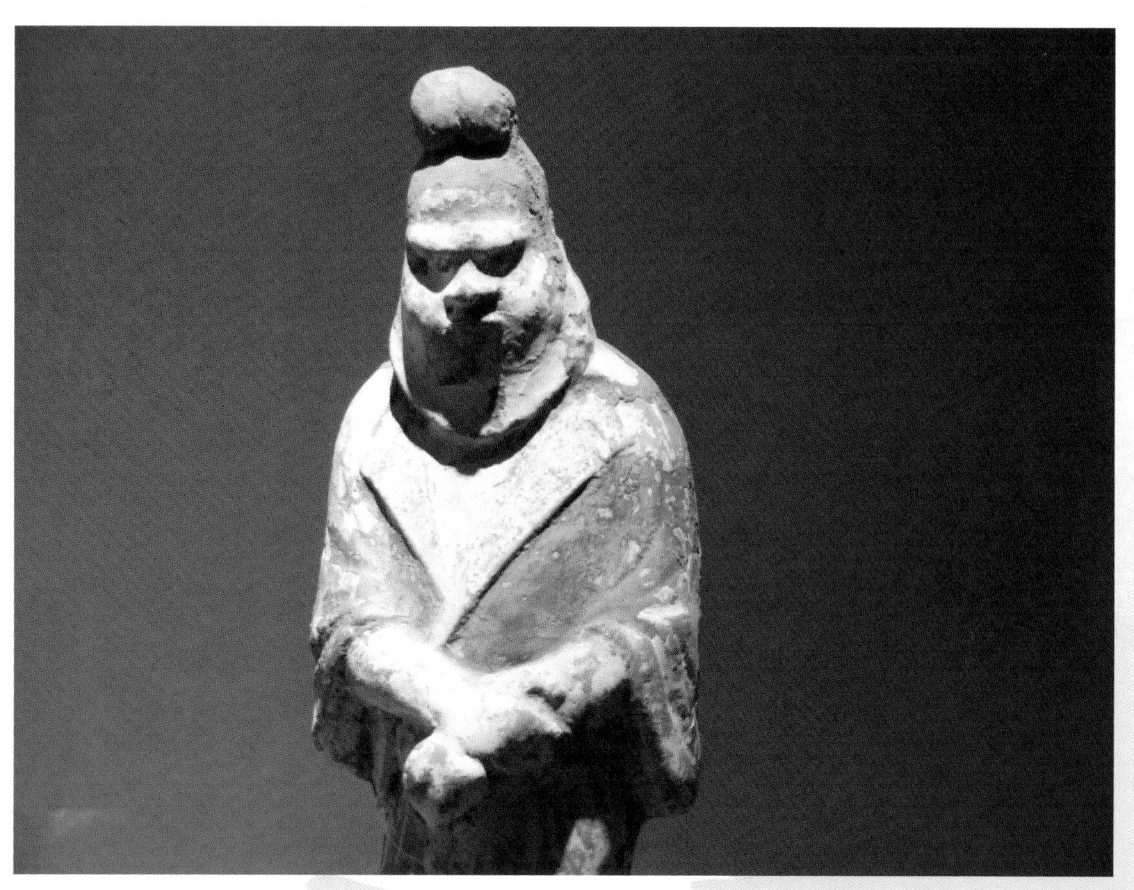

2010　陝西　乾縣　唐-永泰公主墓

永泰公主墓出土的胡人俑，濃眉大鼻，一臉大鬍子，雙手握拳，上衣衣領寬闊開放，和現代西裝的衣領樣式一樣。

10 ▸ 揭祕唐高宗武則天乾陵無字碑

位於陝西梁山上的乾陵，遠看像一對雙乳峰，它是唐高宗李治和武則天的合葬陵墓。唐末黃巢曾動用40萬大軍盜掘陵墓，最終不能找到陵墓入口，只挖出一條40米深的大溝，被稱為黃巢溝。五代溫韜也曾率眾盜陵，正好遇上狂風暴雨，只好放棄。民國時期軍閥孫殿英率士兵用炸藥盜挖乾陵，也找不到陵墓入口，最後無功而返。自古帝王陵墓不被盜者甚少，乾陵能保存完好至今，堪稱中國歷代帝王陵墓的奇蹟。

2010　陝西　乾縣　乾陵

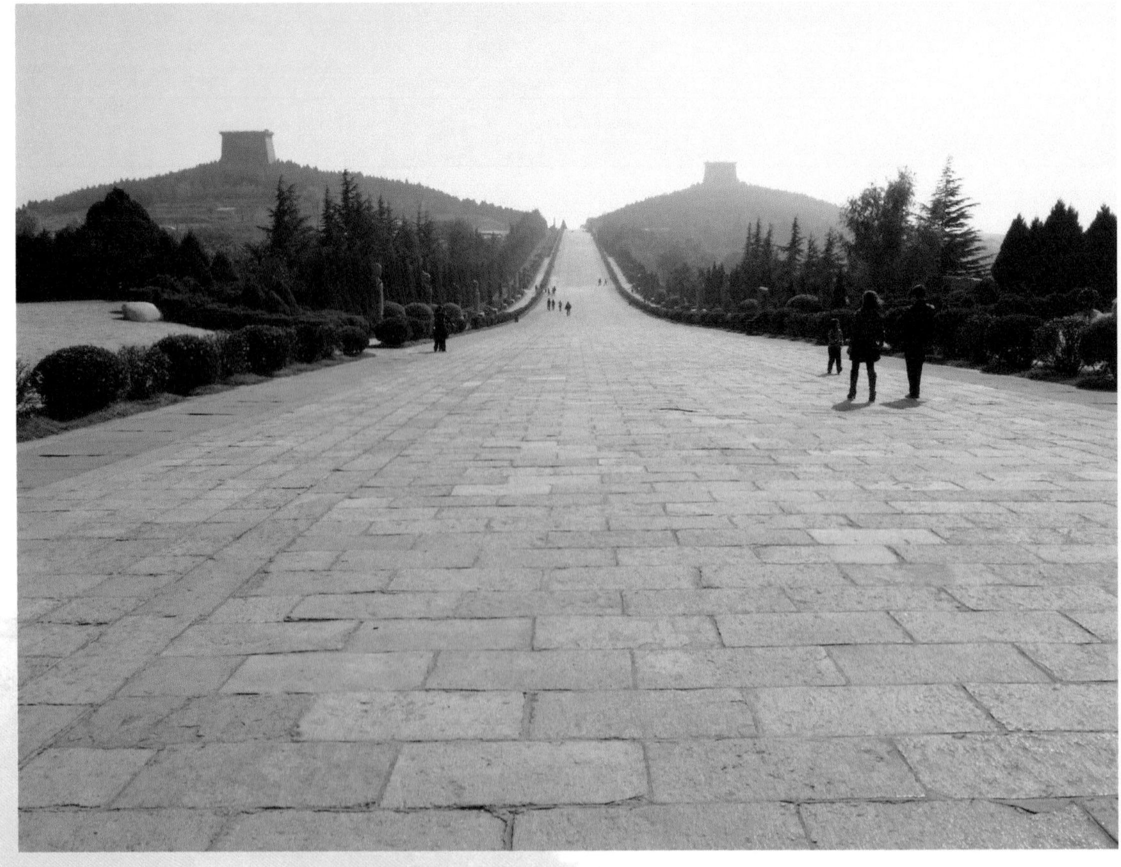

通往乾陵的神道寬闊筆直長達700米。兩旁高大的侍尉、石獅、石馬、鴕鳥等石雕，間隔並立，顯得氣勢非凡。乾陵建造之際正值盛唐，經濟繁榮，國庫充盈，因而陵墓的建制規格都是最高，史書稱其為歷代皇陵之冠，從建完之後，也就開始受到歷代盜墓者的覬覦。

2010　陝西　乾縣　乾陵

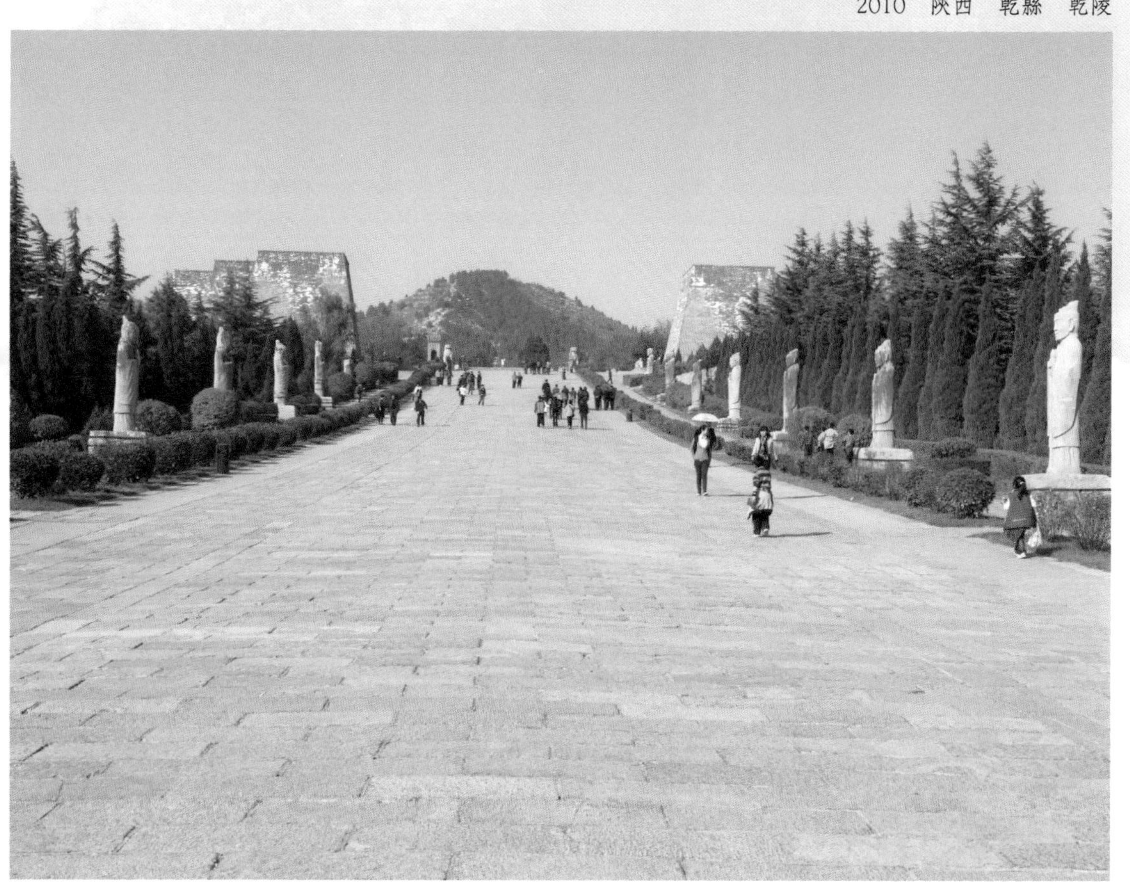

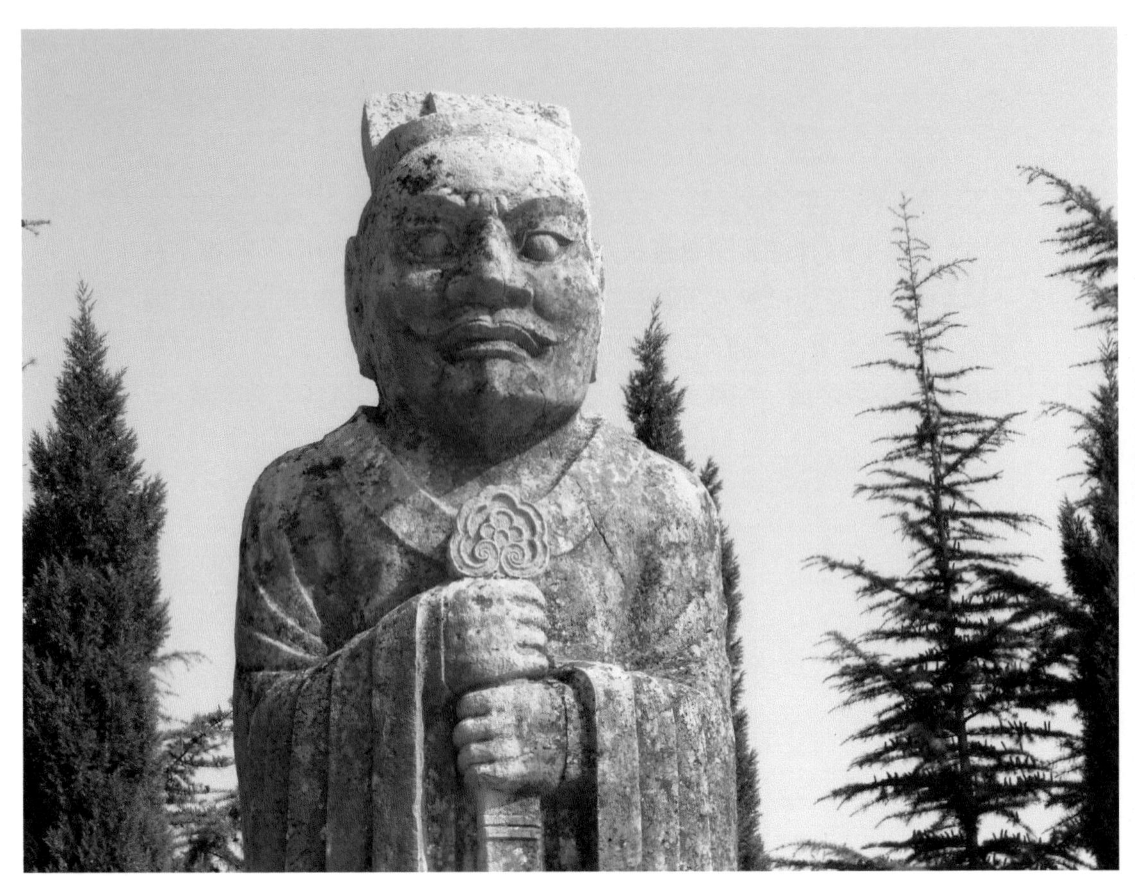

2010　陝西　乾縣　乾陵

乾陵神道上的侍尉共有十對，迎面站立於神道兩側。侍衛統一手持長劍，臉部表情肅穆威武，雙目圓瞪有神，有一種讓人望之生畏的心理壓力。其它神道上的動物石雕也是類似的風格，都是兼具重量感與力道的高超工藝水平。

乾陵在無字碑附近的神道兩側，共整齊排列著六十一尊無頭和真人身高相當的石像，史稱六十一賓王像或稱六十一蕃臣像。這些原都是少數民族的首領，並已歸順大唐而任職朝廷的官員。石像被用來守護乾陵，用以彰顯萬邦來朝的大唐德威，石像原來有頭，但歷經改朝換代，不知是遭天災或人禍破壞，至今仍是眾說紛紜。

2010　陝西　乾縣　乾陵

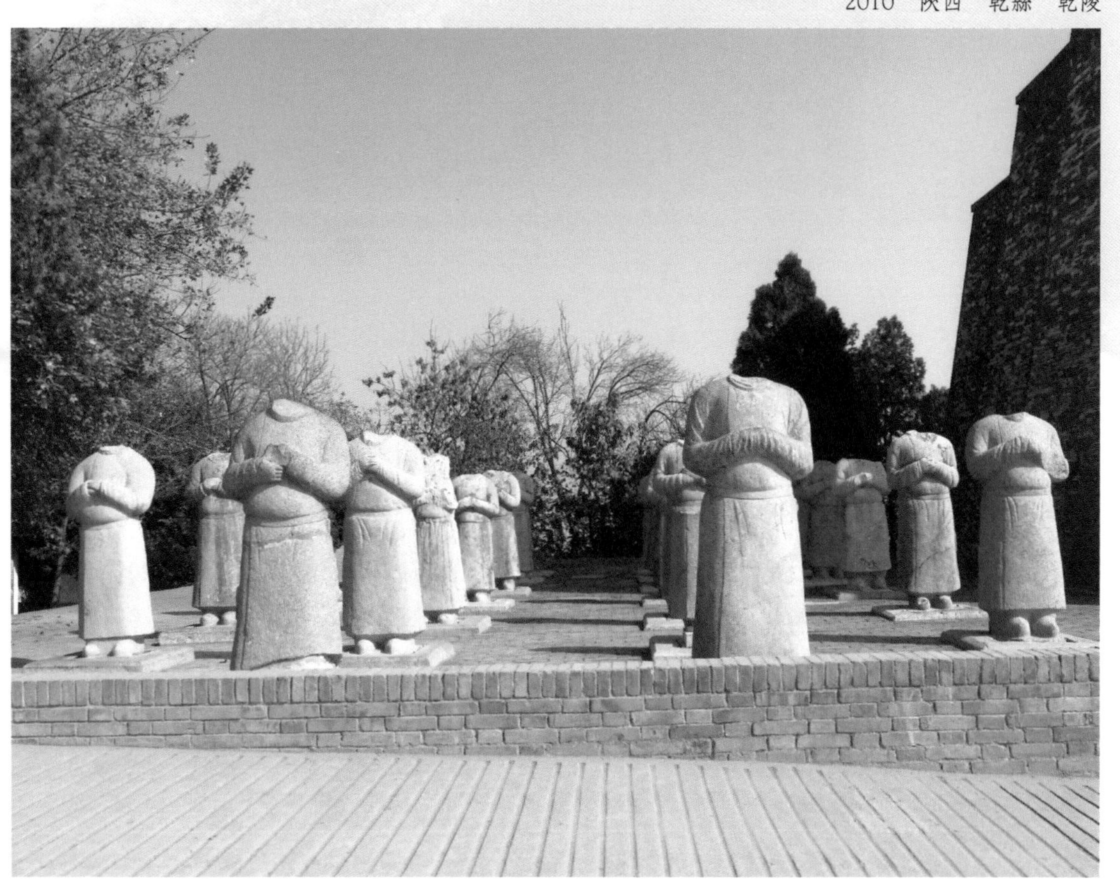

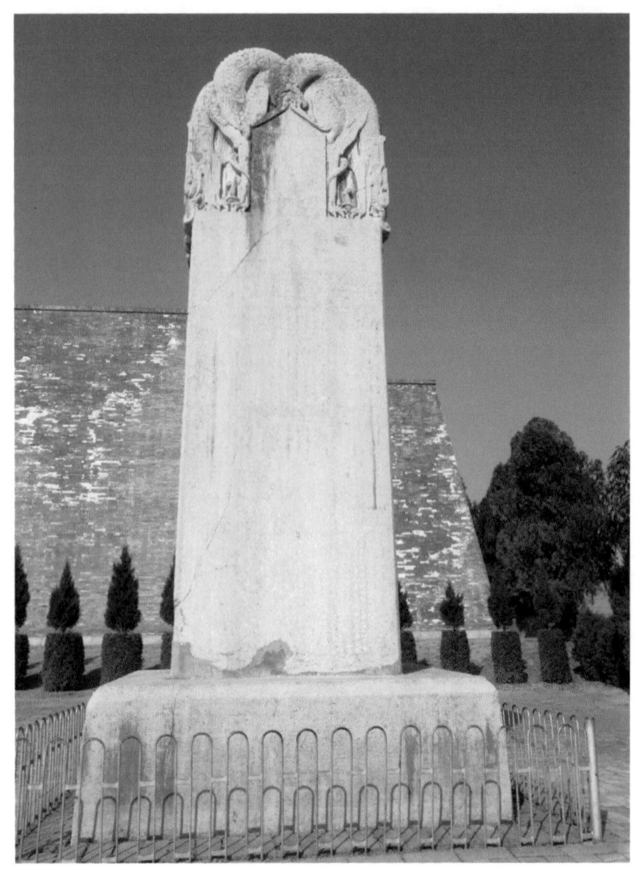

2010　陝西　乾縣　乾陵無字碑

乾陵無字碑為武則天為自己所立，與神道對面的述聖碑迎面相對，而述聖碑是武則天為唐高宗歌功頌德所立。無字碑高大厚重，高7.53米，重98.8噸，上面無一字石刻。無字碑為何無字，自古以來眾說紛紜，有人說武則天做為中國歷史上第一個女皇帝，自認功高德大非筆墨可以記載因而無字。也有人說武則天自認平生作為爭議太大，乾脆只立碑不刻字，功過就由後人去評說。不過最可能的說法，當是武則天生前已寫好碑文，死後打算由兒子李顯替其刻上。但李顯一生被武則天壓迫，初當皇帝不到兩年，即被武則天貶為廬陵王，一對兒女也因竊議面首張氏兄弟而遭武則天杖殺。因此李顯發動神龍政變重登皇位，即至武則天死後，內心糾結，不願替其母親歌功頌德，因而這個體量厚重的功德碑便空無一字。不管如何，歷史的塵煙已遠，無字碑留給後人的，除了一塊厚重的巨型石碑，還有一個疑問重重的謎團。

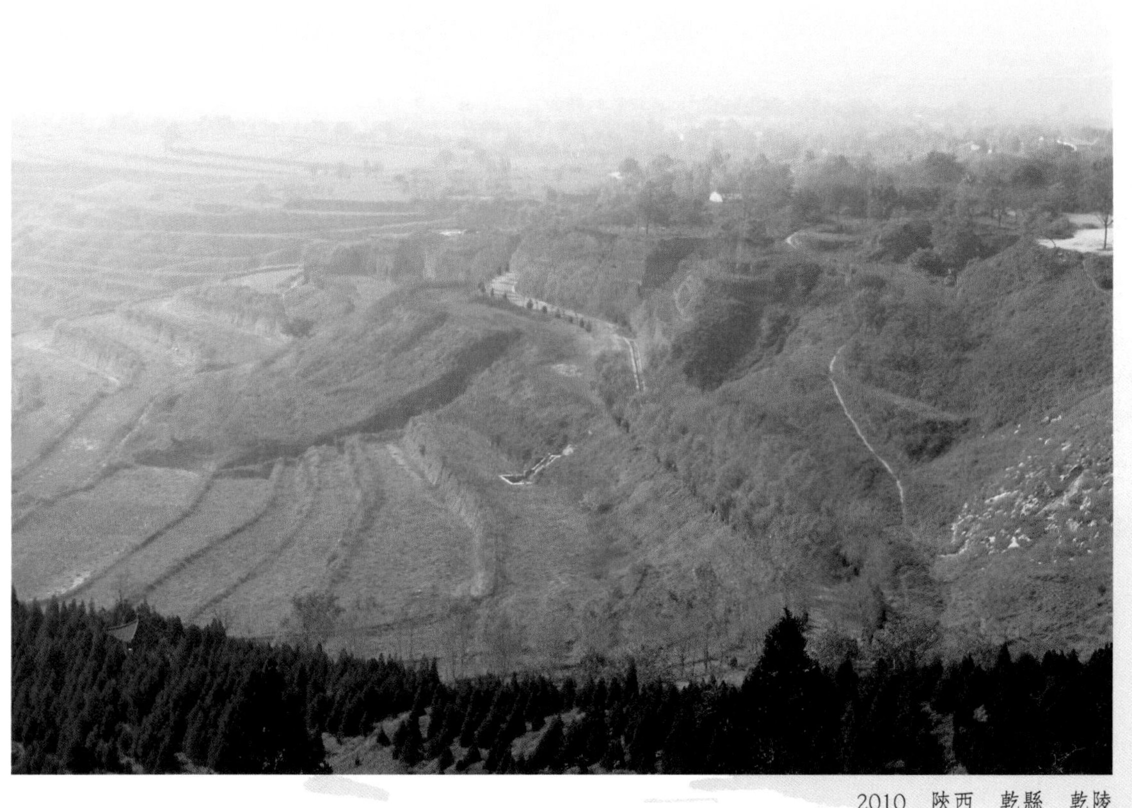

2010 陝西 乾縣 乾陵

唐代陵墓的建造從李世民開始都是依山建陵。陵墓根據山體結構來開鑿，山體一般選擇堅固的石頭結構，加上山勢複雜草木茂盛，一般盜墓者根本找不到陵墓入口。乾陵至今尚未挖掘，遊客來到廣大的山陵，根本不知陵墓位於何處，至今林木蔥蔥的帝王長眠之地，只看得到盜墓者留下的巨大深溝。

11 ▸ 在漢景帝陽陵看文景之治

漢景帝陽陵出土的陪葬物，有人俑、豬陶俑和陶罐等器物。

2010　陝西　咸陽　漢景帝陽陵

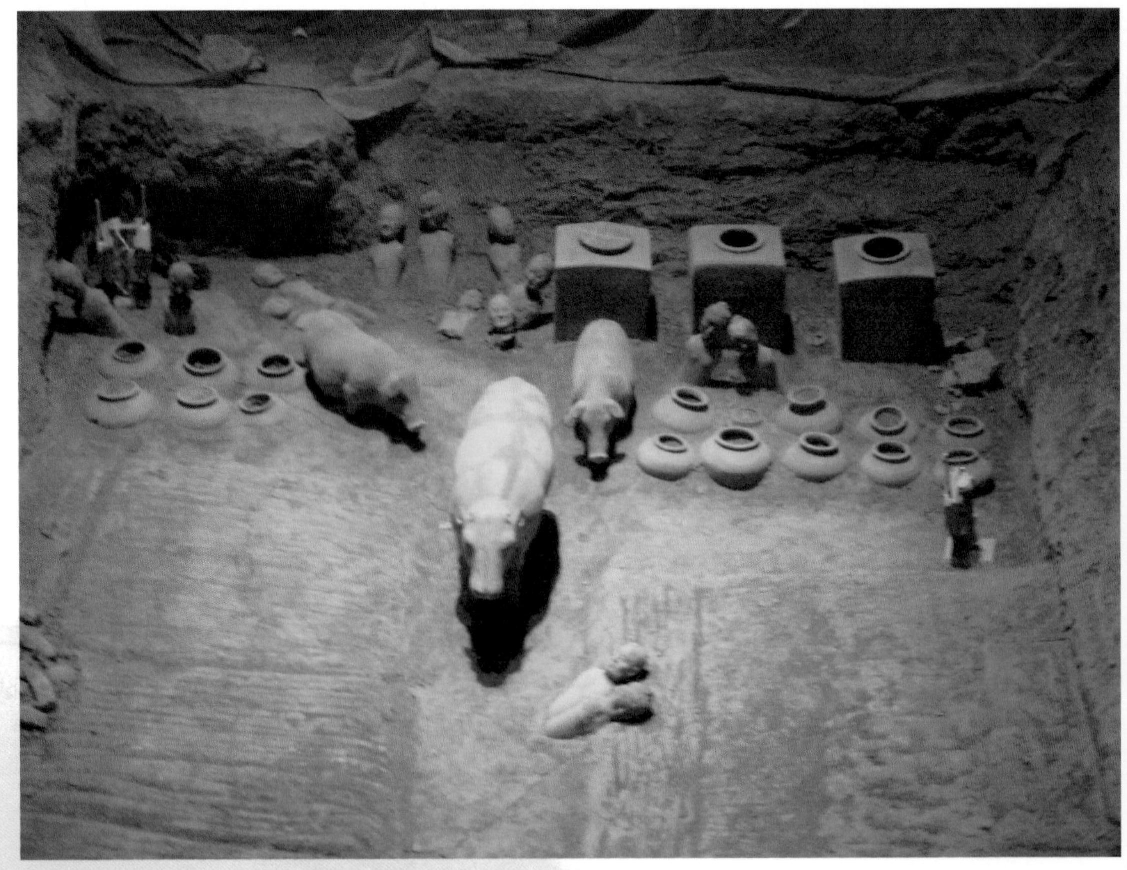

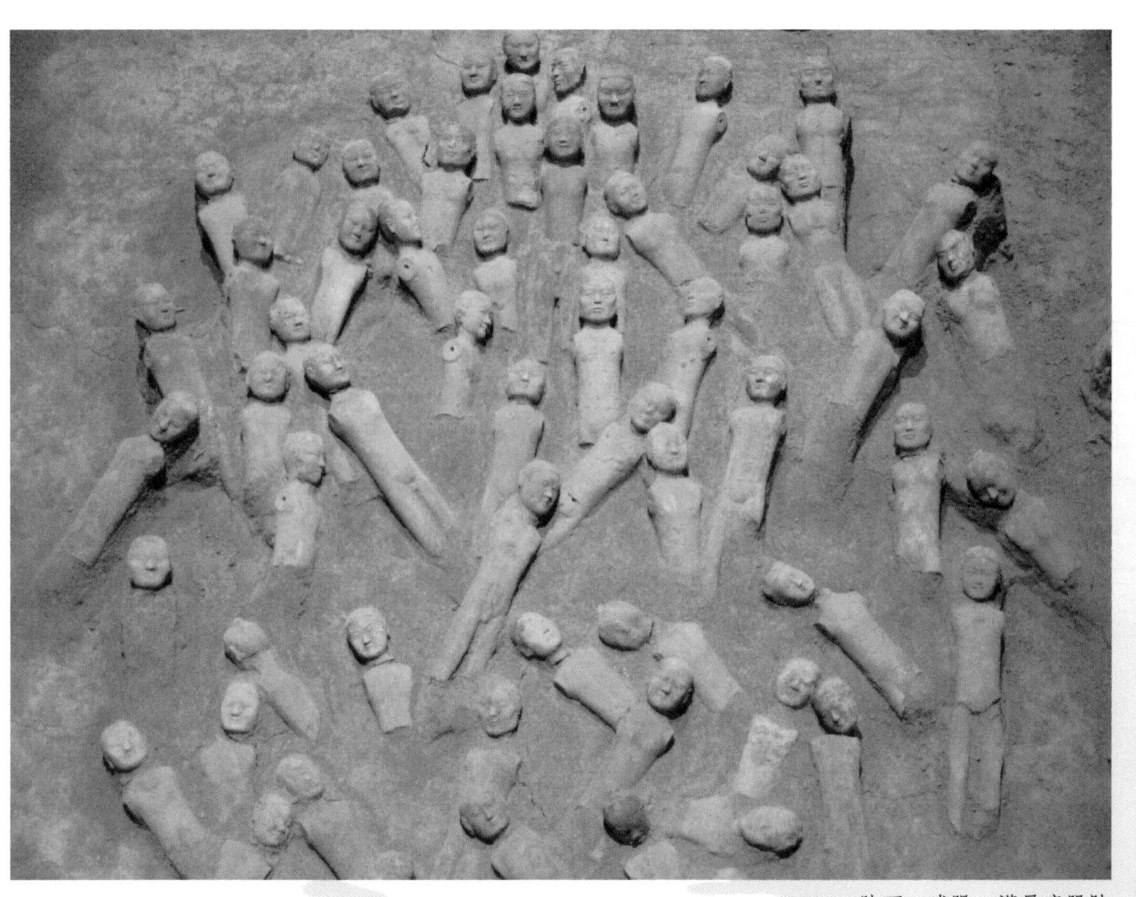

2010　陝西　咸陽　漢景帝陽陵

漢景帝陽陵出土的陪葬人俑多為裸體俑。人俑本來有木質結構的手臂以及麻或絲材質的衣服，但歷經歲月的腐化，現只剩陶製的身軀。

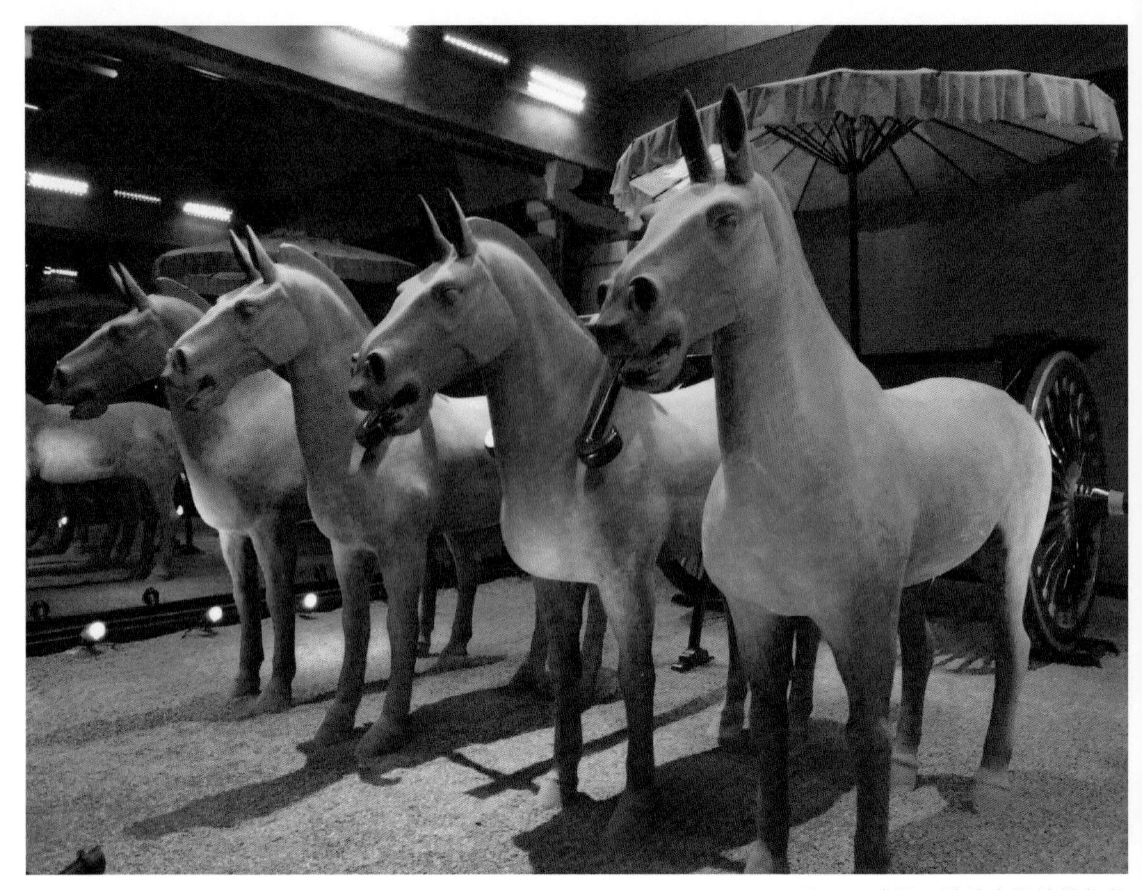

2010　陝西　咸陽　漢景帝陽陵博物館

漢景帝陽陵博物館內的陶馬和兵車。陶馬壯碩，栩栩如生，漢代文景之治採取「輕徭薄賦」，讓人民修養生息，使得國家得以大治，才把日後漢武帝的雄才大略，推向漢代歷史的巔峰。

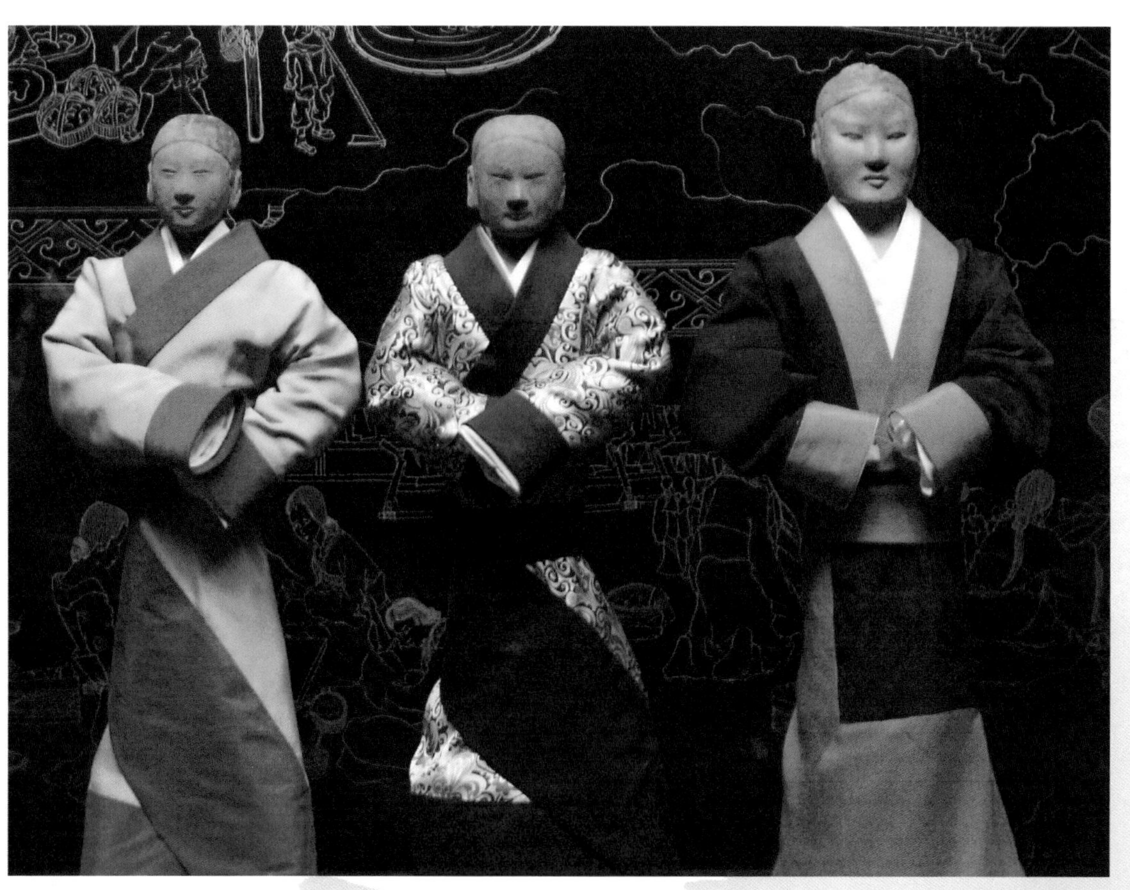

2010　陝西　咸陽　漢景帝陽陵博物館

漢陽陵博物館內的彩衣陶俑。陶俑是漢代的，出土時衣服已腐化，因而衣服是現代仿古縫製的。

漢景帝陽陵博物館之跪坐侍女俑。這個漢代的女性跪坐彩衣陶俑非常有特色，人物面目清秀，端莊嫻靜。穿著的上衣露出三重相交的衣領，這種每層領子顯露于外，最多可達三層以上的穿法，時稱三重衣，是漢代婦女的時尚服裝。這個女俑的服飾和造型，現在已是時下中國古裝電視劇中，造型設計的重要依據。

2010　陝西　咸陽　漢景帝陽陵博物館

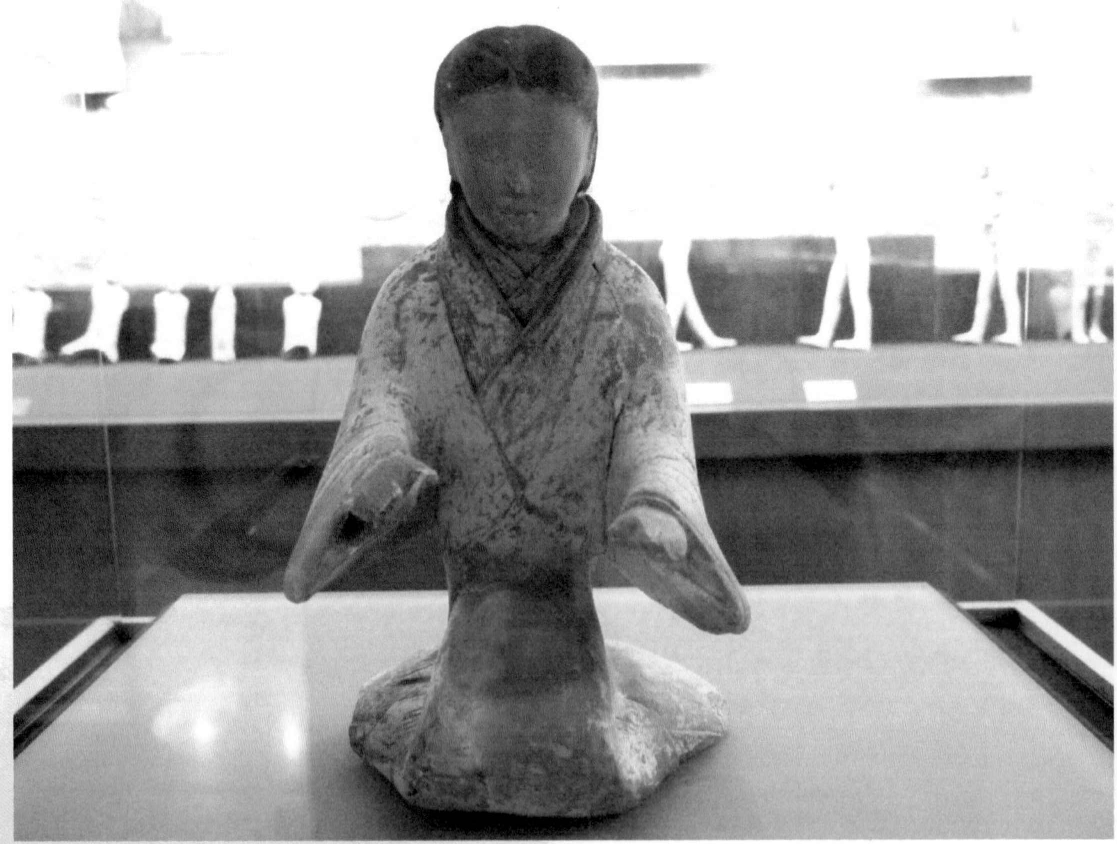

12 觀茂陵博物館遙想漢武大帝

陝西茂陵是漢武帝的陵墓，漢武帝劉徹即位後的第二年即開始建陵。他拿出全國賦稅總和的三分之一，來做為建陵和徵集陪葬物的費用，歷經53年動用能工巧匠無數才完成。茂陵是漢代規模最大，陪葬物最豐的一座陵墓，卻也引發後代盜墓者不絕於途的窘境。

2010　陝西　咸陽　漢武帝茂陵博物館

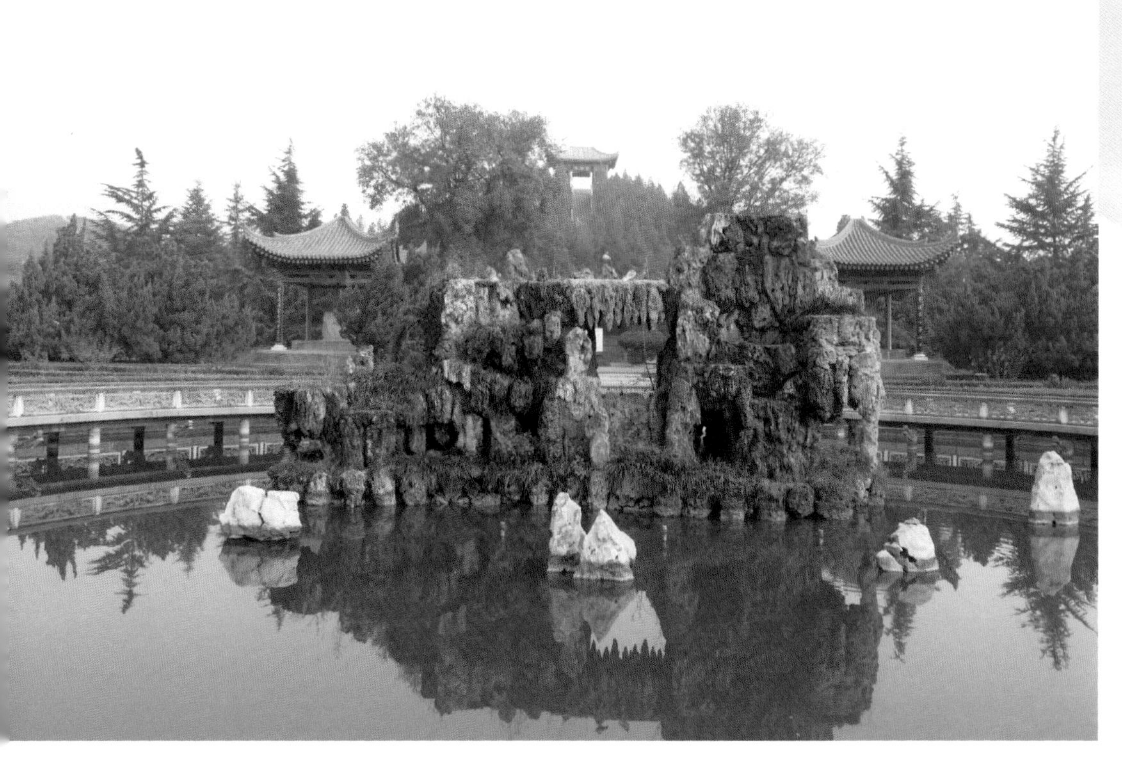

西漢皇陵主要集中在咸陽原，其中最顯貴的有五陵。漢武帝的茂陵便是五陵之一，而古詩中就有「五陵少年爭纏頭」，「五陵裘馬自輕肥」的記述。茂陵遠望大約像一座，四邊各240米，高46.5米的金字塔，附近有李夫人、衛青、霍去病、霍光等人的葬墓。

2010　陝西　咸陽　漢武帝茂陵

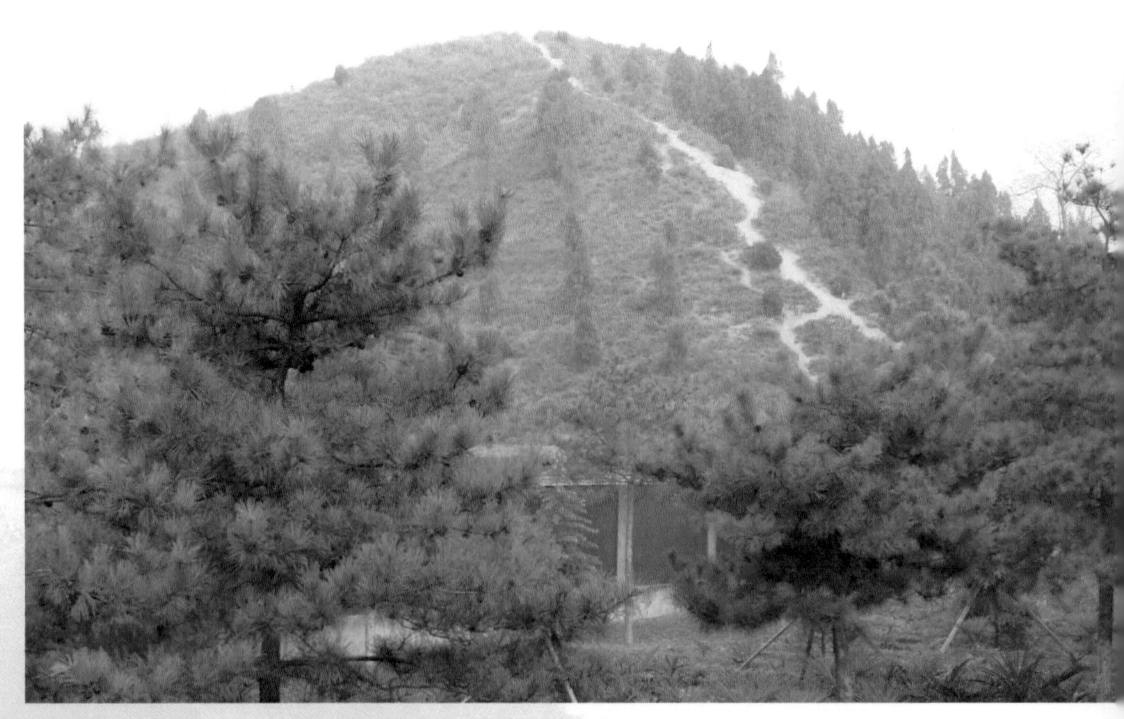

漢茂陵博物館中的漢代老虎石刻，雕刻粗獷簡樸，部分雕刻雖已風化受損，但仍能感受老虎肌肉的力道。此白虎石刻令我想起司馬遷史記中的「李廣射虎」，飛將軍李廣有一次出獵，見草叢躲著一隻白虎，拉弓射虎，往前查看，箭沒入石中，再舉箭複射，皆無法入石。

2010　西安　咸陽　漢茂陵博物館

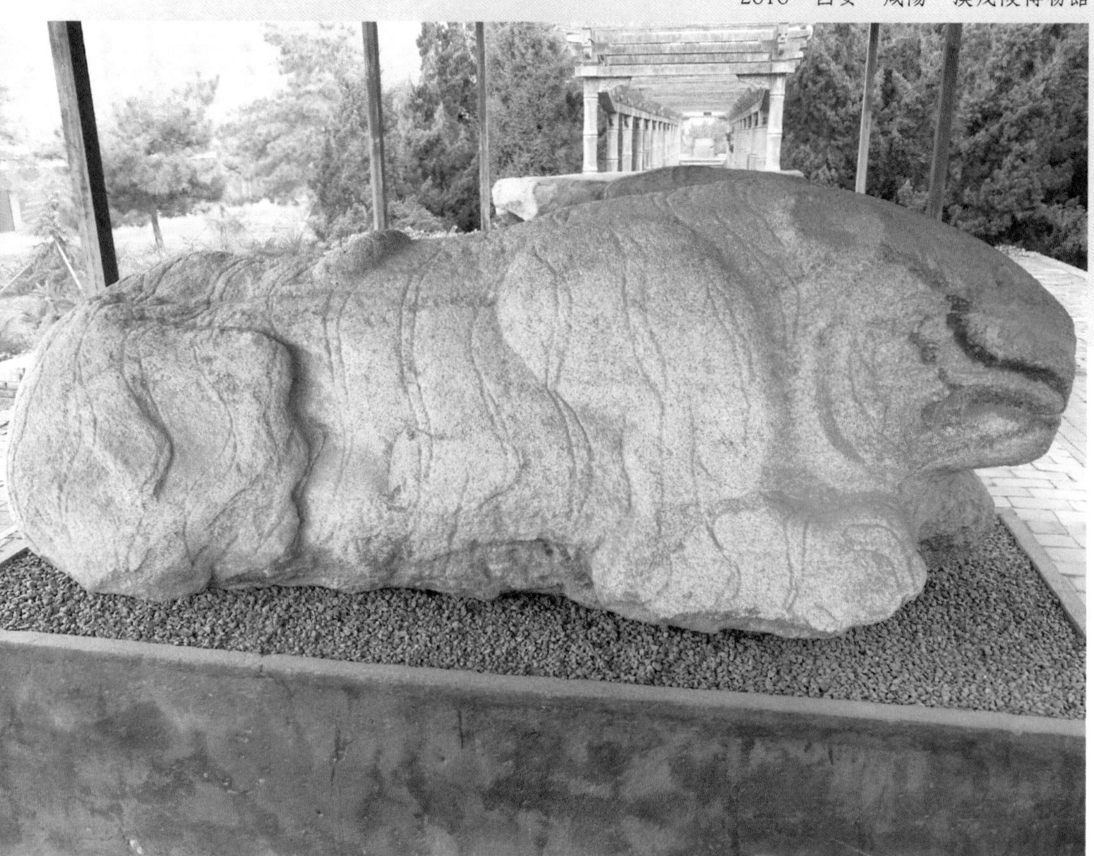

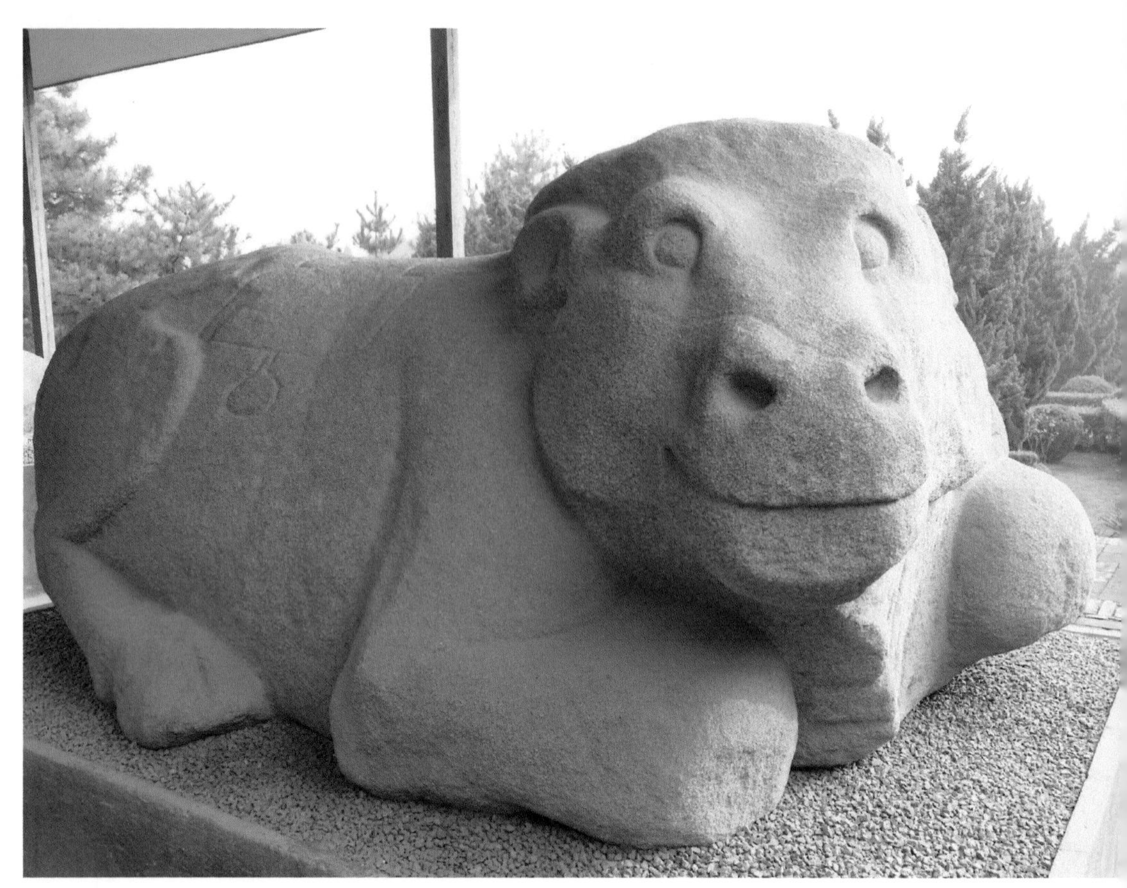

2010　陝西　咸陽　漢茂陵博物館

漢茂陵博物館裡的漢代牛石刻，雕工簡單樸素但造型生動逼真。

13 訪霍去病墓嘆少年英雄

霍去病墓，距離漢武帝茂陵僅一公里，是漢武帝欽定的茂陵陪葬墓之一。霍去病是大將軍衛青的外甥，17歲從軍，開始抗擊匈奴，善騎射和長途奔襲。河西之戰他深入敵境，直取祁連山，漠北之戰，霍去病封狼居胥，威震四野。霍去病官至驃騎將軍大司馬，封冠軍侯，霍去病英年早逝，死時年僅24歲。漢武帝非常傷心，把他的墓置於自己茂陵的旁邊，並把他的冢象修成祁連山的造型，用以表彰這位少年英雄，遠征匈奴對國家民族的偉大貢獻。

2010　西安　咸陽　漢驃騎將軍大司馬霍去病墓

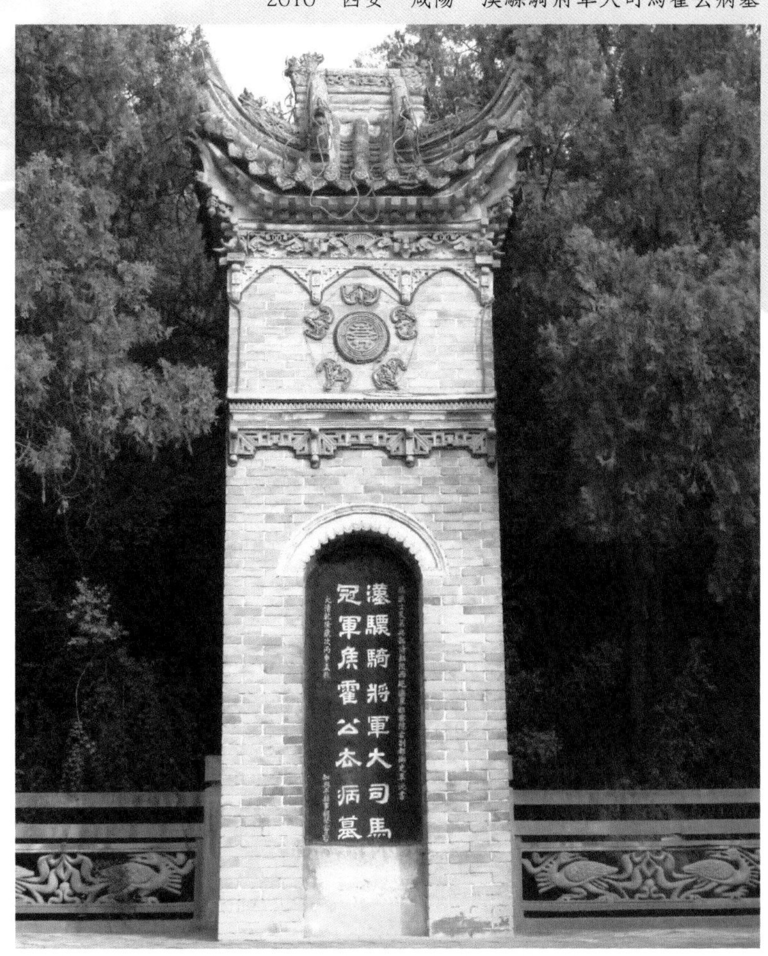

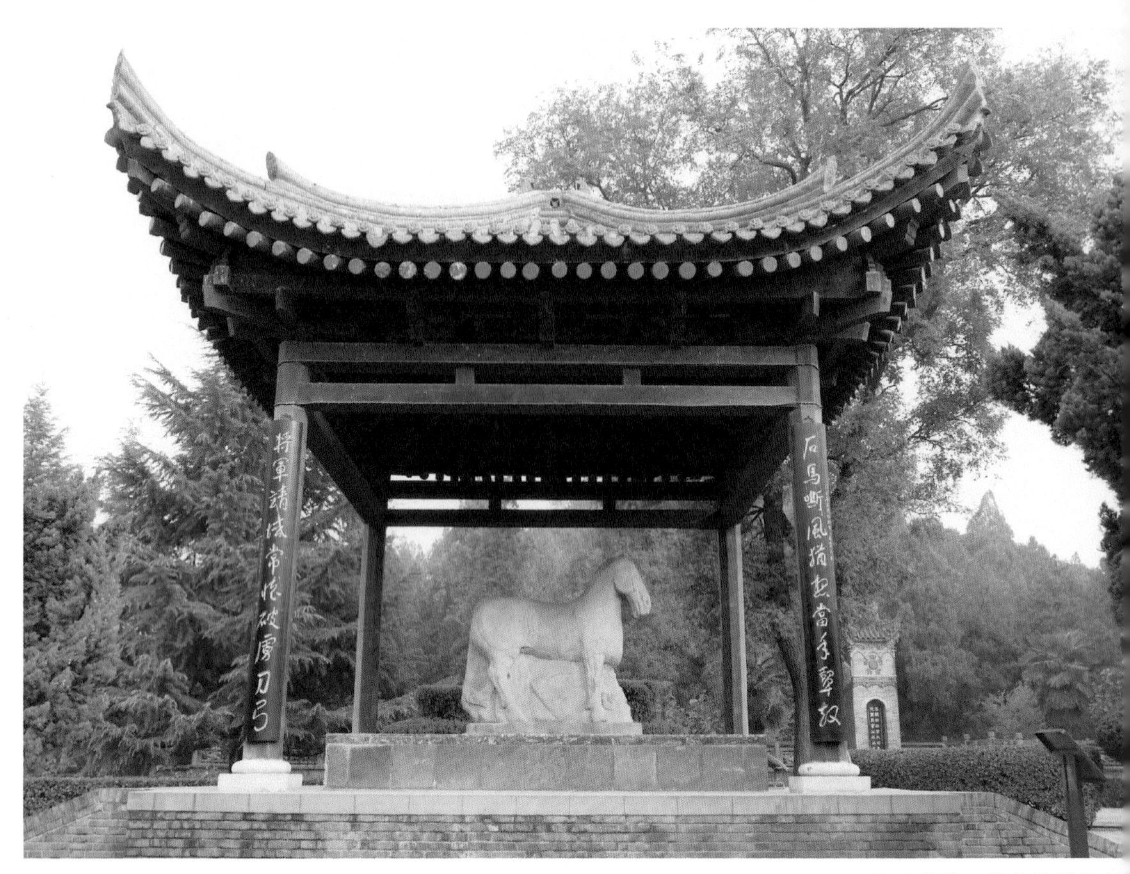

2010　陝西咸陽　漢茂陵博物館

霍去病馬踏匈奴石刻，原是放在霍去病墓前，用以表彰霍去病生前的豐功偉績。隨著一千多年歲月的風化，雕刻已有部分損壞，現加蓋一座涼亭用來保護這珍貴的歷史文物。唐朝詩人李白《相和歌辭・胡無人行》中，對霍去病有這樣稱頌的詩句「嚴風吹霜海草凋，筋幹精堅胡馬驕。漢家戰士三十萬，將軍兼領霍驃姚。」霍去病十七歲，就被漢武帝任命為驃姚校尉，霍驃姚就是霍去病的別稱。

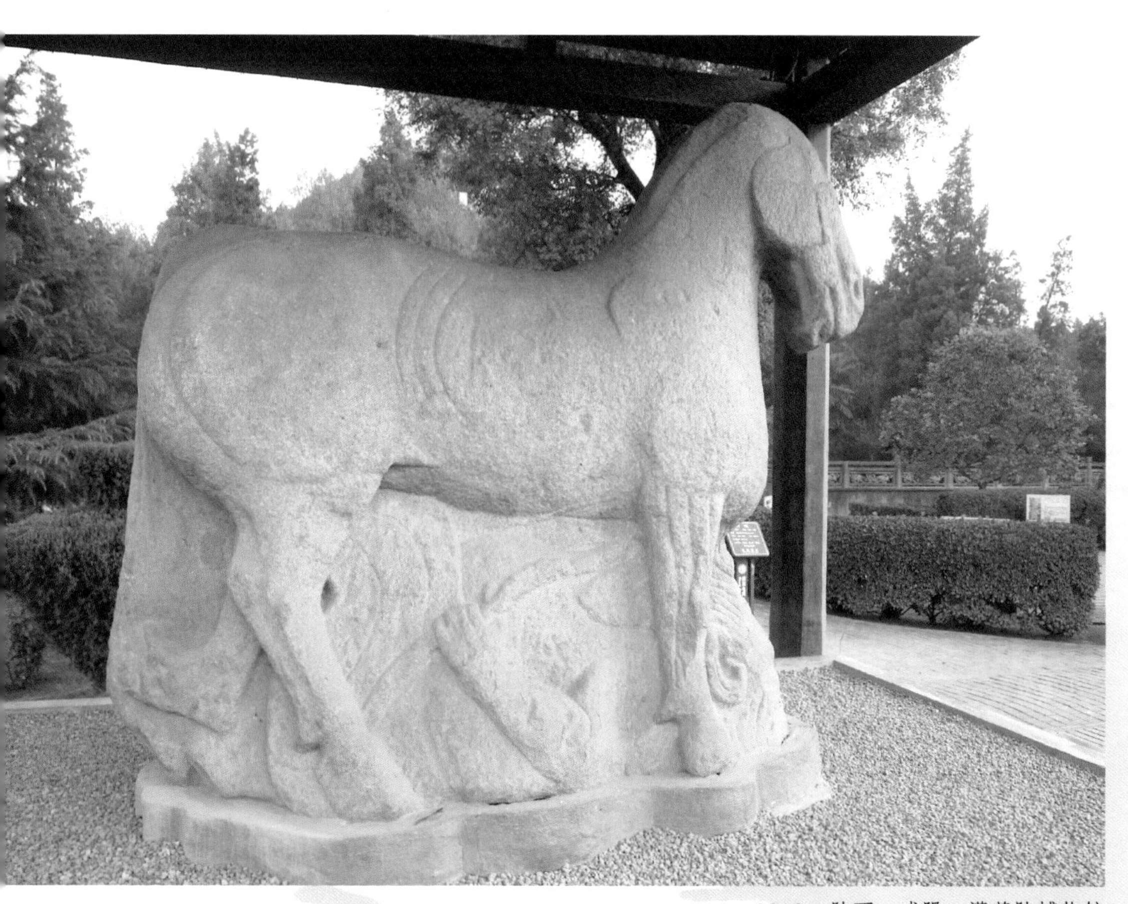

2010 陝西 咸陽 漢茂陵博物館

霍去病墓裡，有許多大型的漢代石刻，虎、馬、牛等各種動物，而其中最有名的歷史文物，當屬馬踏匈奴石刻。一匹高大強壯的戰馬，腳下踏著一個，手拿弓箭仰面朝天的匈奴人，人物蜷縮著身軀做垂死掙扎狀，這是漢武帝為了表彰愛將霍去病抗擊匈奴所立下的戰功而刻的。

茂陵是漢武帝的陵墓，歷史上曾被多次盜掘，官方至今尚未開挖開放，倒是霍去病墓，留下許多歷史的痕跡。自古英雄出少年，霍去病17歲開始征戰，深入狼居胥山（今蒙古國首都烏蘭巴托東邊）舉行祭天封禮，最遠足跡到達瀚海（貝加爾湖，今俄羅斯境內），留下「匈奴未滅，何以為家」的千古名句。初冬至此，寒氣瀰漫，百花已凋，唯獨紅磚壁前的，一朵白玫瑰依然綻放，我拍下此照，算是對這位英雄少年由衷地緬懷和祭奠。

2010　陝西　咸陽　茂陵博物館

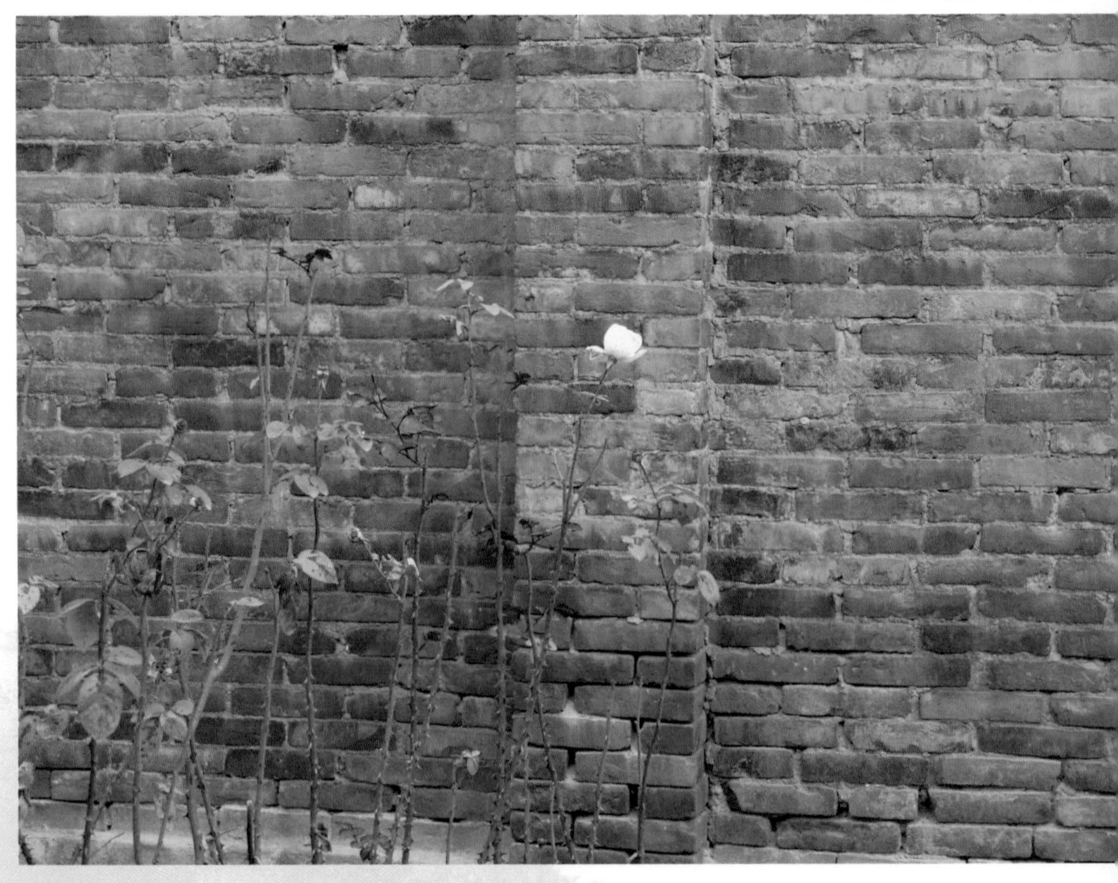

2010　陝西　咸陽　漢武帝茂陵

初冬到咸陽訪茂陵博物館，站在霍去病墓的山頭。五陵原上的民家和漢代皇家陵墓，籠罩在一片暮靄蒼茫之中，不禁讓我想起李白的《憶秦娥・簫聲咽》：「簫聲咽，秦娥夢斷秦樓月。秦樓月，年年柳色，灞陵傷別。樂遊原上清秋節，咸陽古道音塵絕。音塵絕，西風殘照，漢家陵闕。」

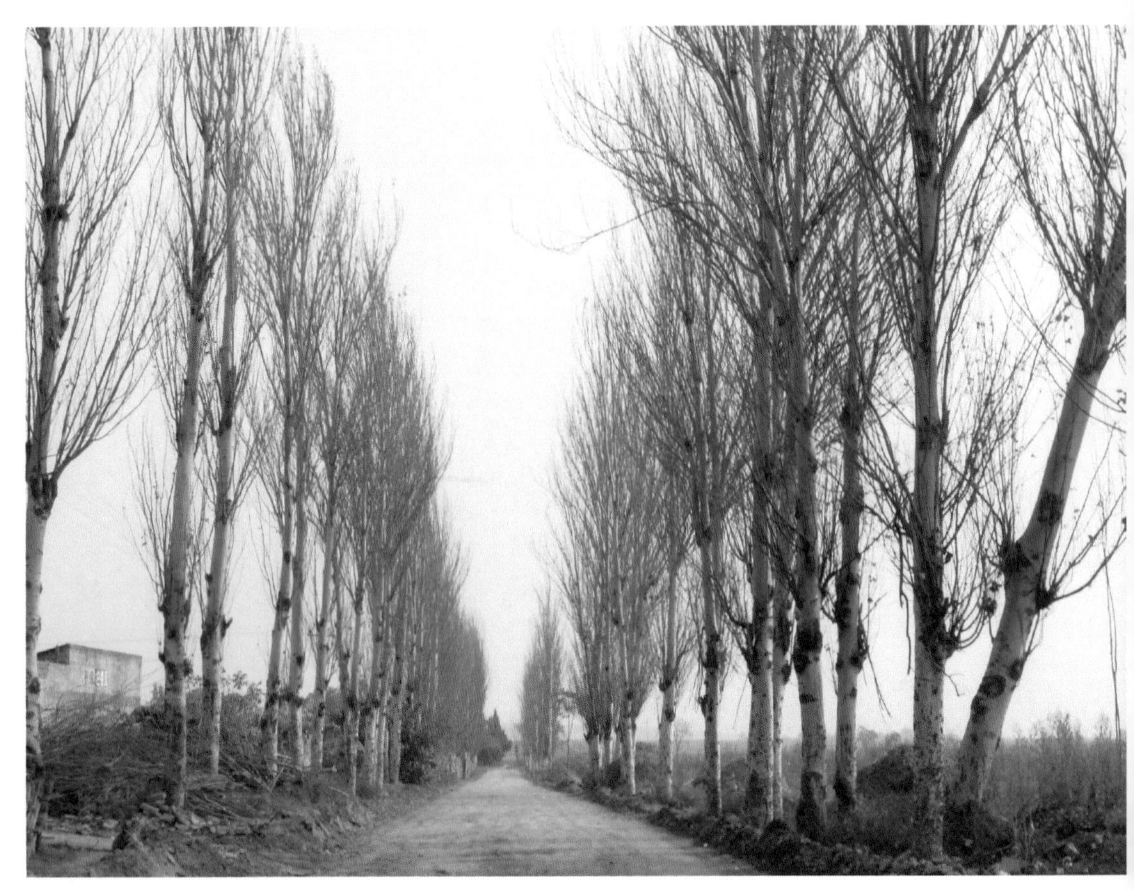

2010　陝西　乾縣

14 探章懷太子古墓尋壁畫

從乾陵往章懷太子墓的途中，黃土漫漫，兩旁的白楊樹在初冬時節，盡已落葉。

在唐-章懷太子墓附近，一位老婦在自家農地上祭拜一座新墳，白煙飄散在種著莊稼的田野中。

2010　陝西　乾縣

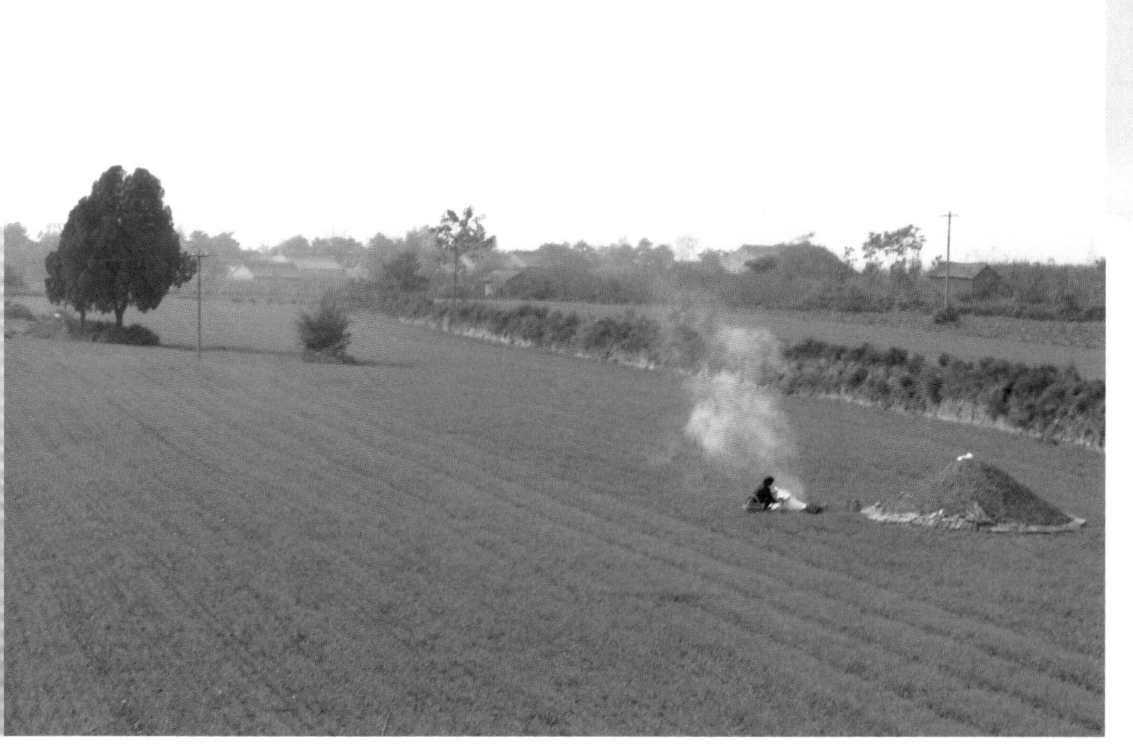

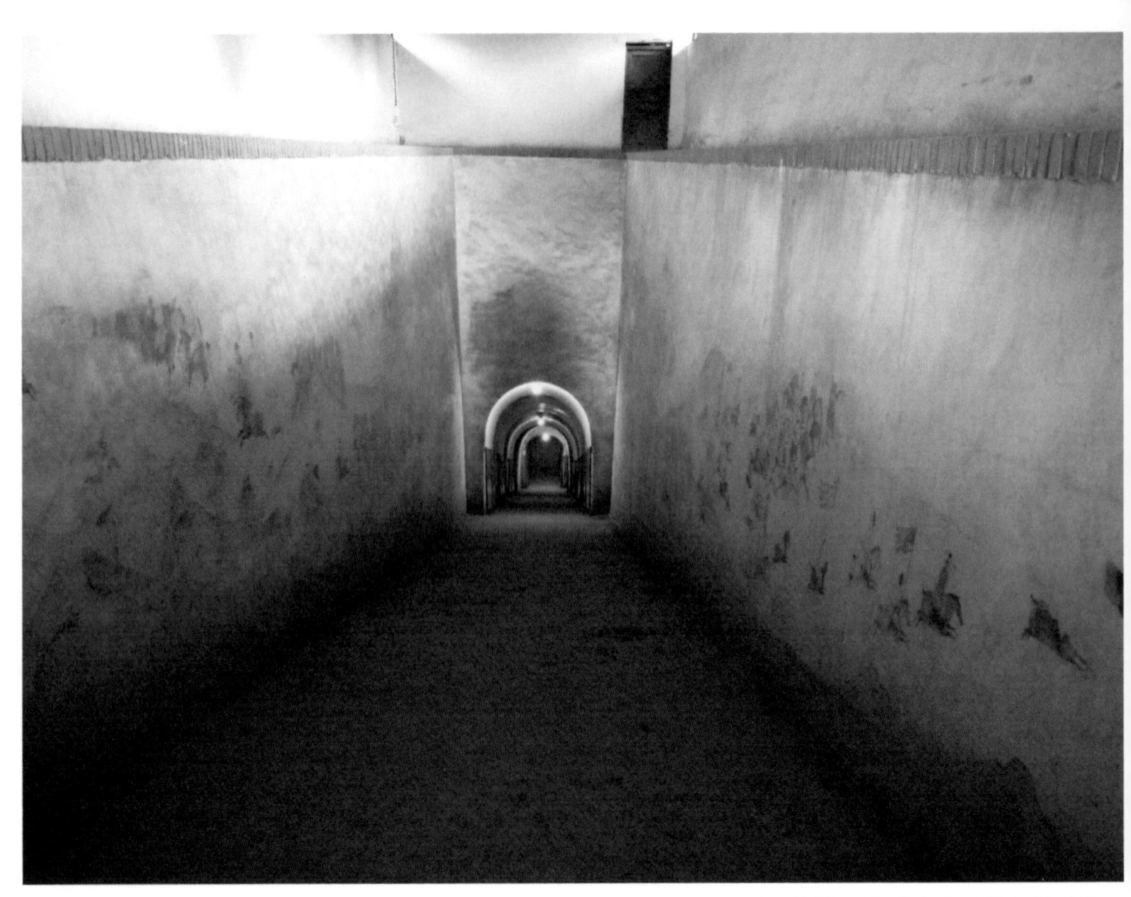

2010　陝西　乾縣　唐-章懷太子墓中的甬道。

章懷太子墓位於乾陵東南三公里處。章懷太子李賢是唐高宗李治和武則天所生次子，曾被立為太子。後因詔集諸儒，注《後漢書》，書中談到，呂后於漢高祖劉邦死後，重用呂家外戚，篡奪漢室劉姓天下，被武則天認為是在影射她本人，因而被貶為庶人，流放巴州後莫名死亡（據考證，被酷吏逼迫自盡）。唐中宗李顯於神龍政變後復位，重新厚葬哥哥李賢，至唐睿宗李旦時追封為章懷太子。

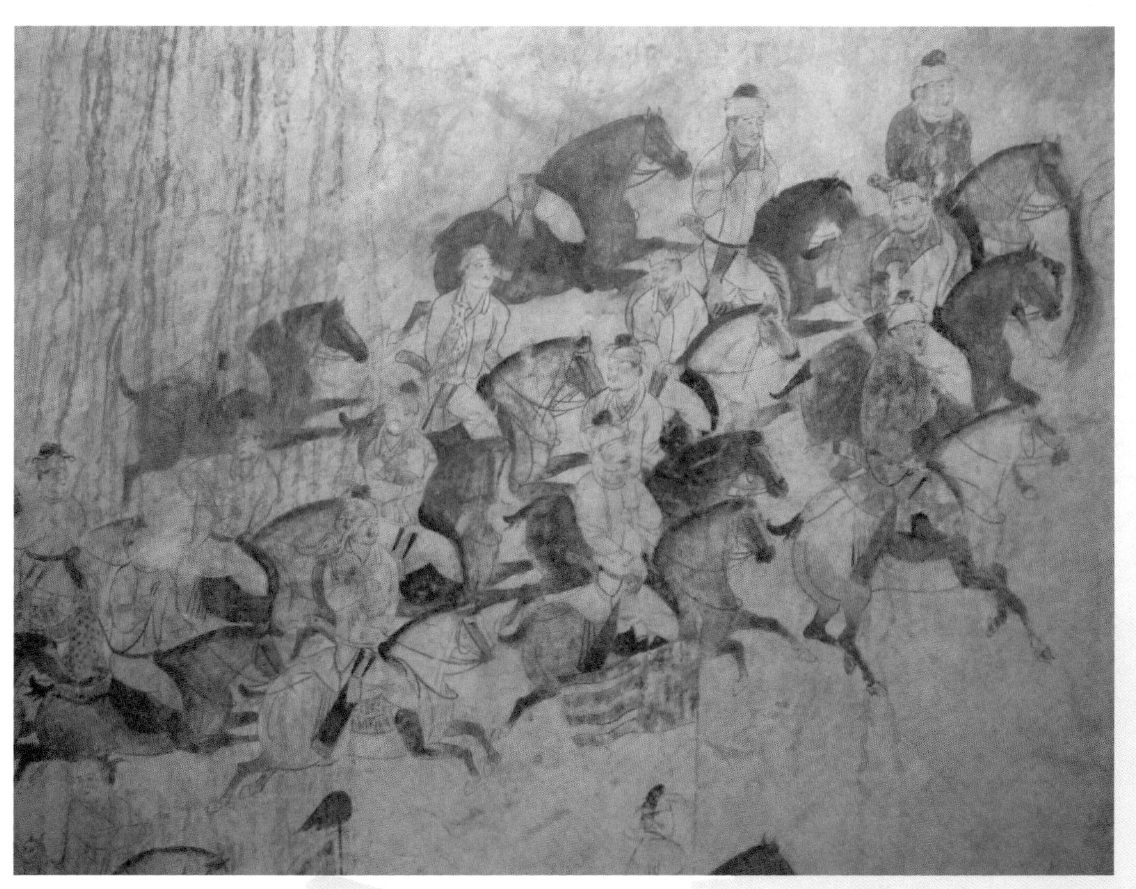

2010　陝西　乾縣　唐-章懷太子墓壁畫

章懷太子墓中的壁畫達五十多幅，其中《打馬球圖》、《狩獵出行圖》、《客使圖》、《觀鳥捕蟬圖》等皆相當有名。這幅《狩獵出行圖》展現皇家打獵出行的陣仗，造型逼真，相當動感，顯示了唐代繪畫藝術的高度水平。

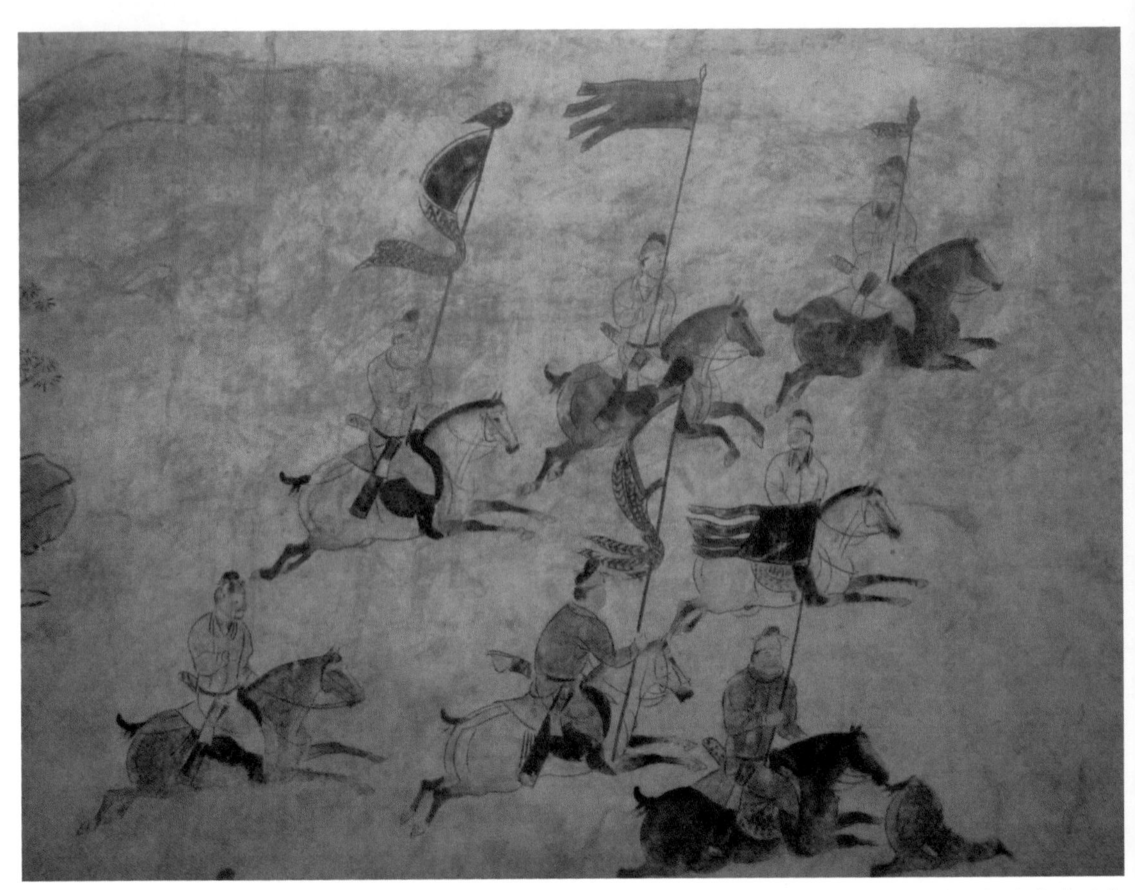

2010　陝西　乾縣　唐-章懷太子墓

章懷太子墓壁畫《狩獵出行圖》局部。狩獵出行圖，整幅宏偉壯觀，有五十幾個騎馬狩獵者或帶鷹犬，或帶馴服的獵豹，或帶弓箭，有的執旗，有的拿馴豹鞭，一群人馬奔騰在一片青山松林之中，這是唐代皇家貴族才有的打獵陣仗。

章懷太子墓壁畫《狩獵出行圖》局部。狩獵出行圖除了有龐大的馬隊，也有載物的駱駝，奔馳在古木參天的山坡，讓整幅壁畫氣勢非凡，充滿動感。

2010　陝西　乾縣　唐-章懷太子墓壁畫

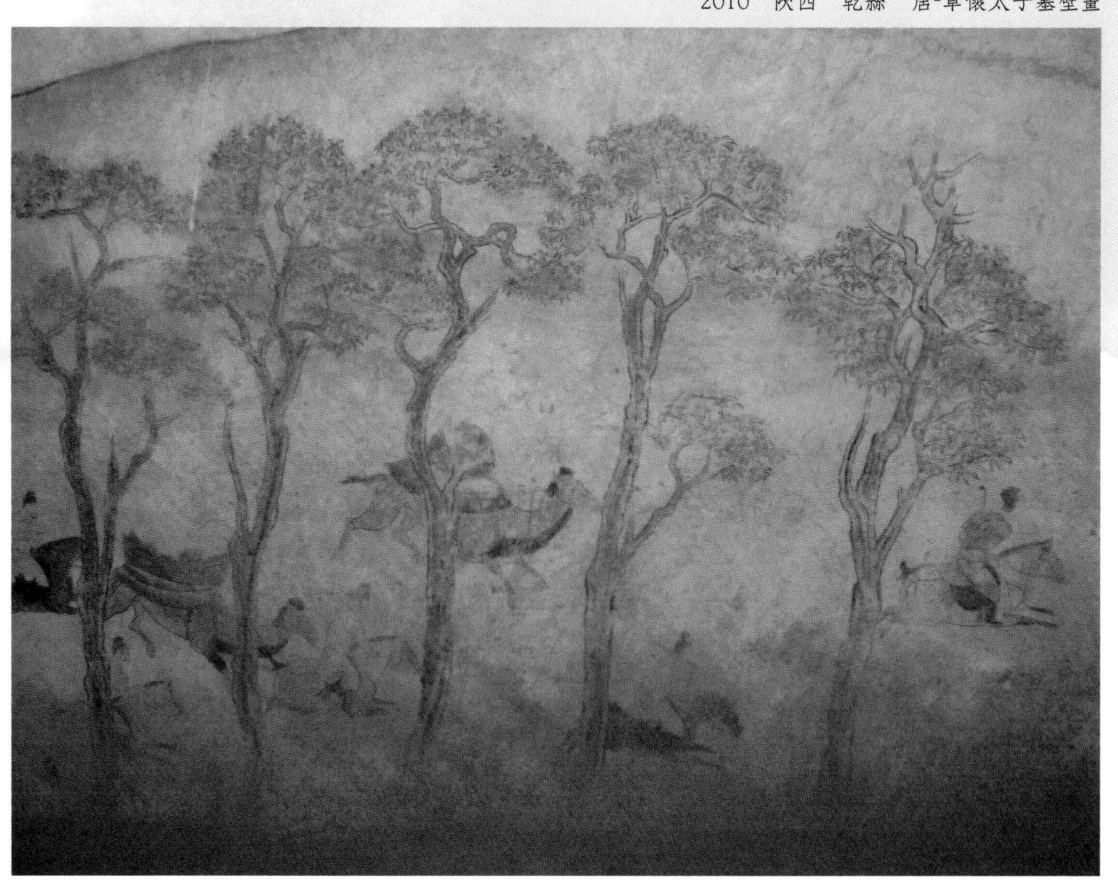

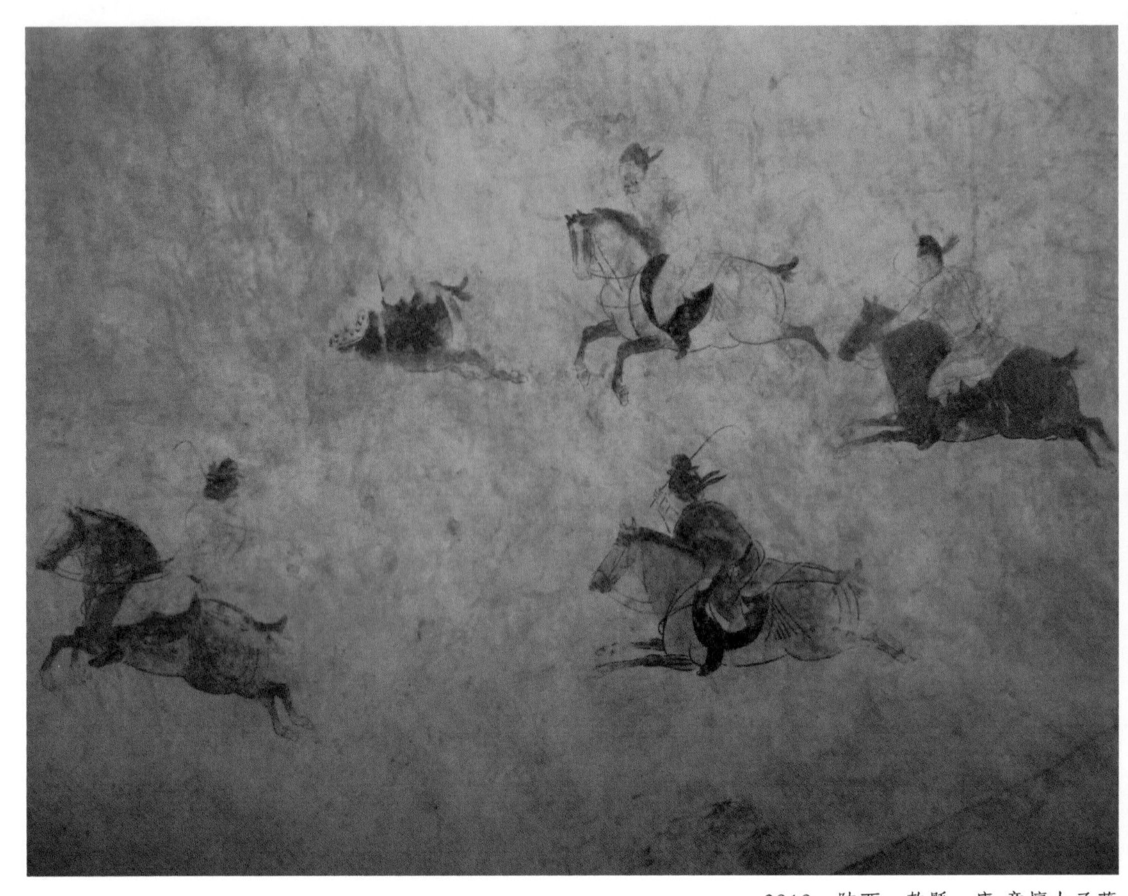

2010　陝西　乾縣　唐-章懷太子墓

這幅章懷太子墓壁畫《打馬毬圖》部分圖案雖已毀損，但人馬造型相當動感，看起來和現代的馬球比賽沒什麼兩樣。馬球一般認為是從波斯（今伊朗）傳入中國的，在唐代皇室、貴族和軍隊中相當流行，除了有娛樂效果，對軍隊士兵體能訓練的提升相當有功效。唐代皇帝最愛打馬球的，當屬唐玄宗李隆基，玄宗時還曾由皇家組隊，和來朝的吐蕃使者進行馬球比賽，算是中國歷史上最早的國際球賽。

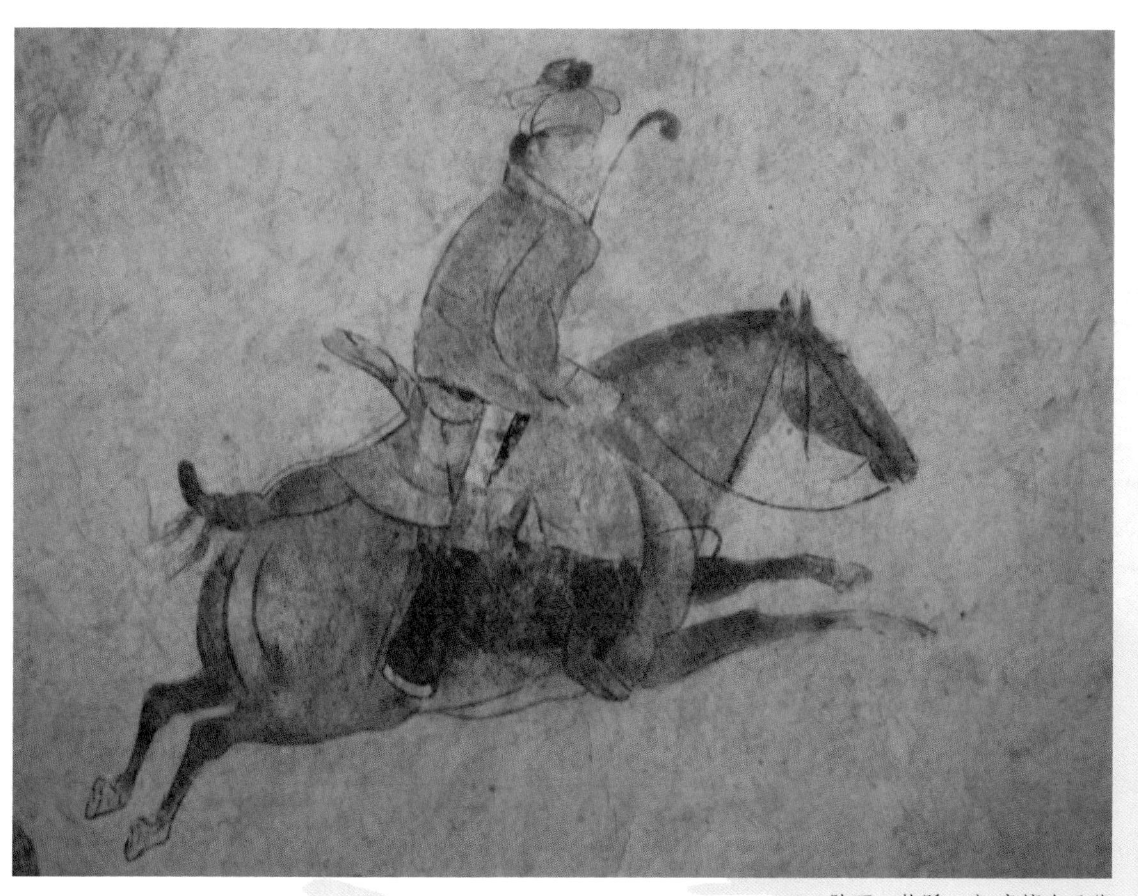

2010　陝西　乾縣　唐-章懷太子墓

章懷太子墓壁畫《打馬毬圖》局部。打馬毬圖由二十四結扎馬尾的各色駿馬的馬隊組成，球員手拿偃月型鞠杖，腳穿長靴，執繮馳騁。唐代的馬球是中間挖空的木球，自從唐太宗從西域引進馬球，馬球在唐朝蔚成風潮。唐睿宗時金城公主遠嫁吐蕃前，唐朝皇室還安排了球隊，和迎親的使者進行了一場馬球友誼賽，算是對大唐公主結婚的賀禮。

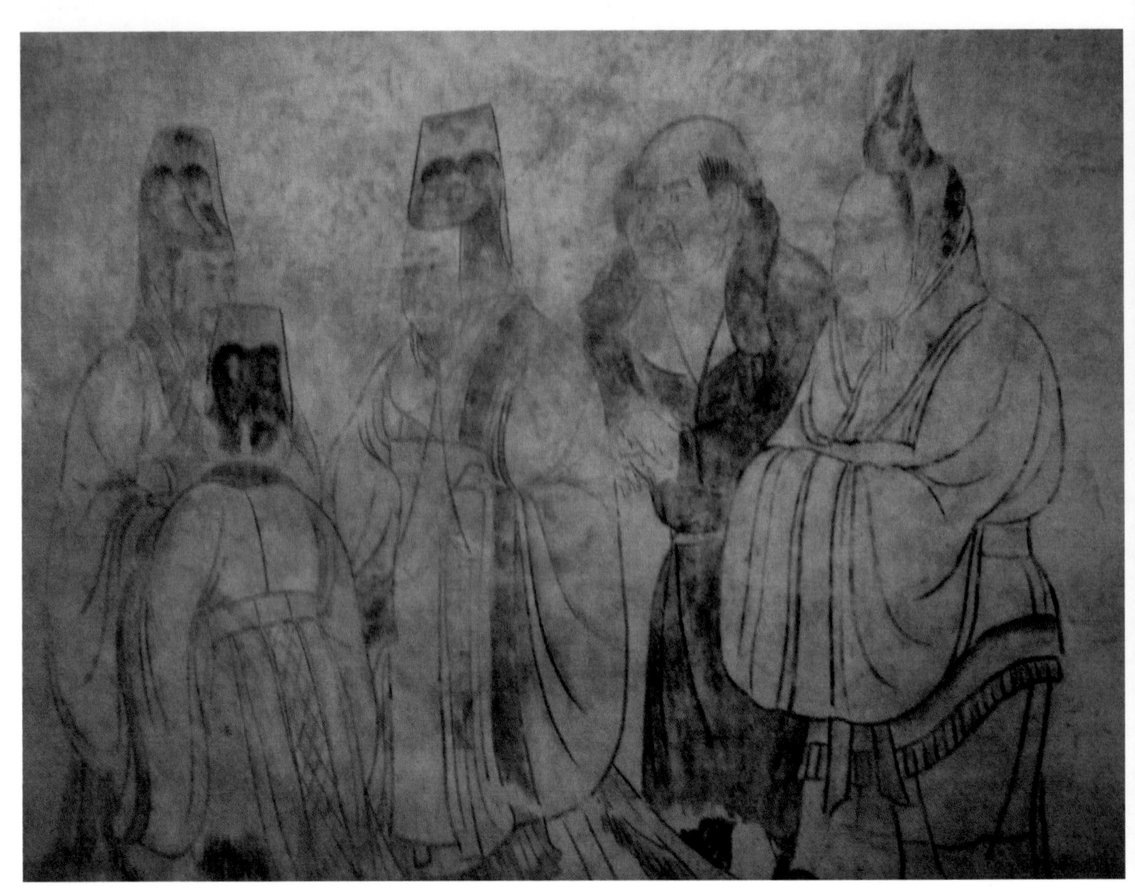

2010　陝西　乾縣　唐-章懷太子墓

章懷太子墓壁畫《客使圖》。客使圖亦稱禮賓圖或迎賓圖，是描繪唐朝鴻臚寺官員接待外國使者的情景，唐朝鴻臚寺官員相當於現在的外交官。唐朝國力強盛，萬邦來朝，鴻臚寺經常接待外國使者，壁畫中的外國使者從造型和服飾上看，有來自東羅馬帝國，朝鮮半島新羅國，和我國東北的少數民族。

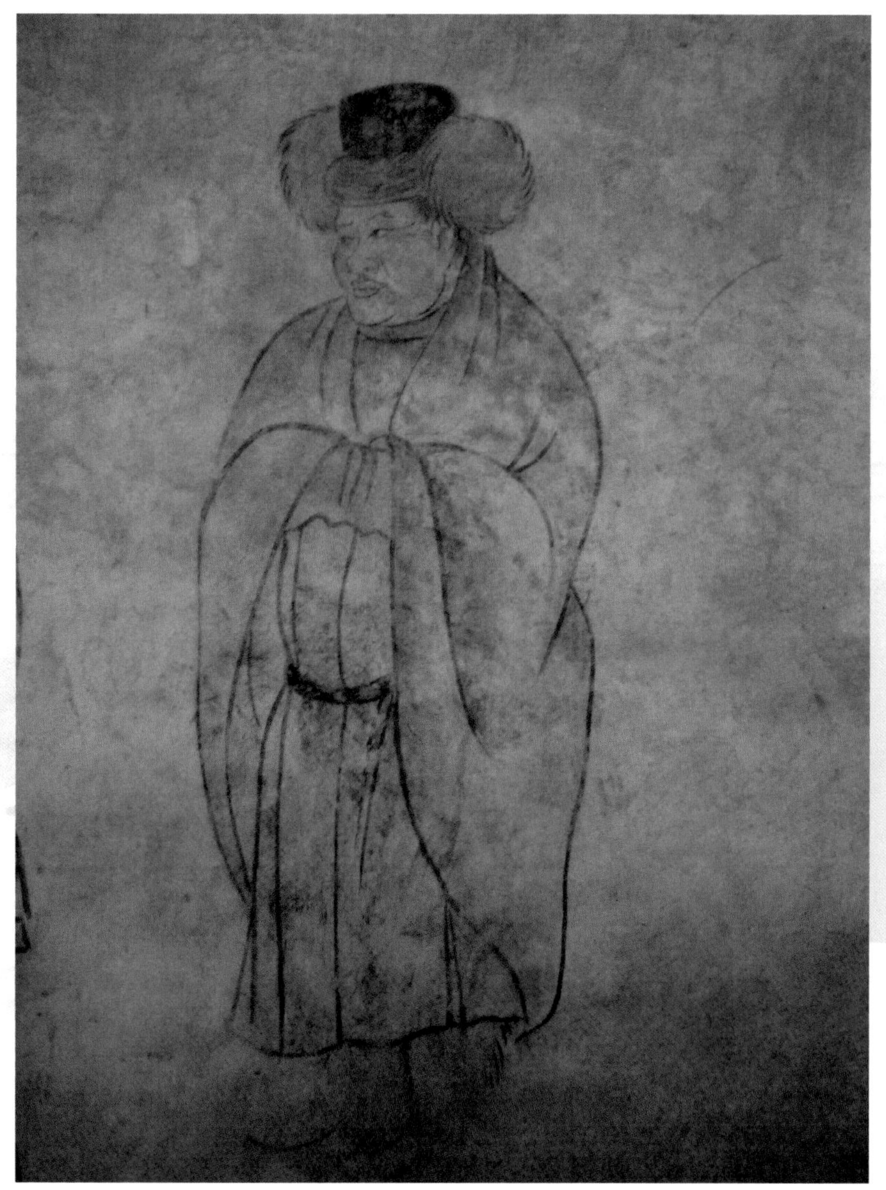

2010　陝西　乾縣　唐-章懷太子墓

章懷太子墓壁畫《客使圖》局部。客使圖裡面的人物共六位，三位唐朝鴻臚寺官員，三位外國使者，圖中這位頭戴翻耳皮帽的使者，是來自我國東北的靺鞨族。

章懷太子墓壁畫《儀尉圖》局部。留著胡鬚，頭戴紅色襆頭的是唐代儀杖衛士的造型。

2010　陝西　乾縣　唐-章懷太子墓

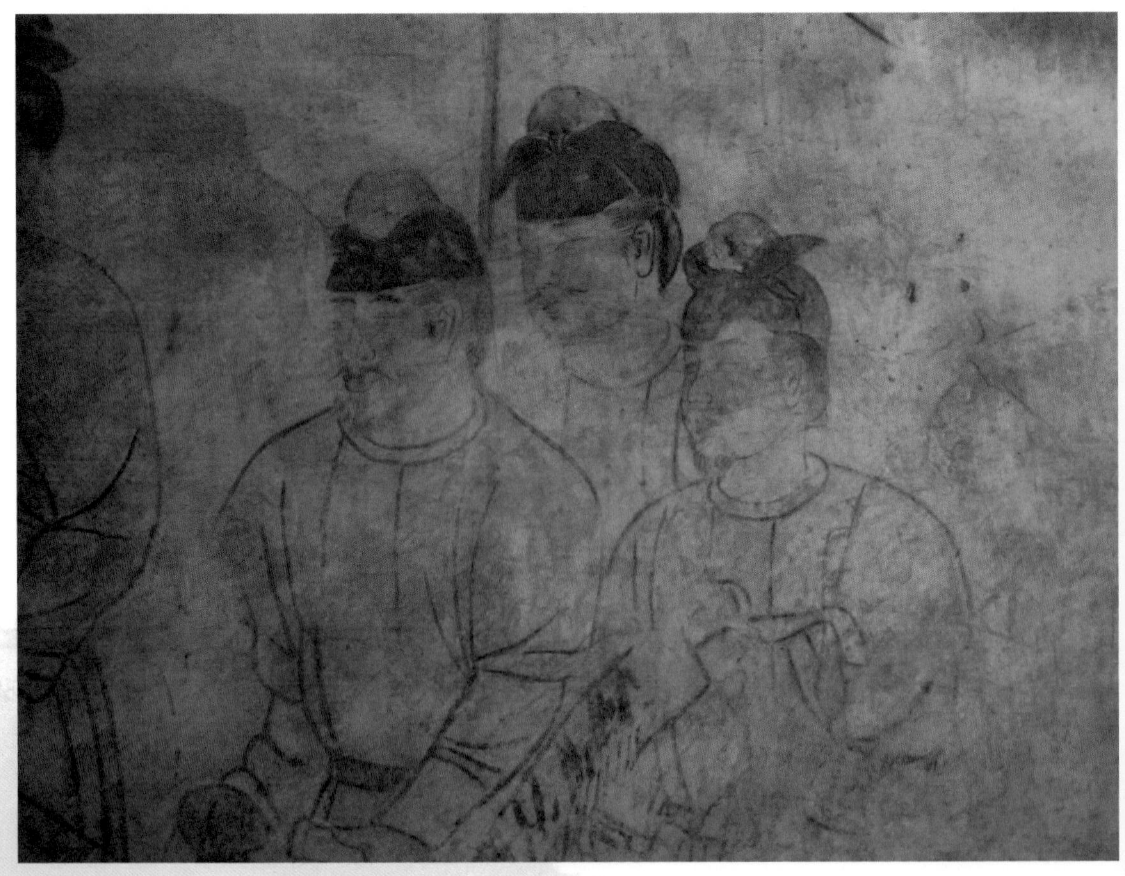

章懷太子墓壁畫中的儀杖衛士，身材魁武，持劍站立。

2010　陝西　乾縣　唐-章懷太子墓壁畫

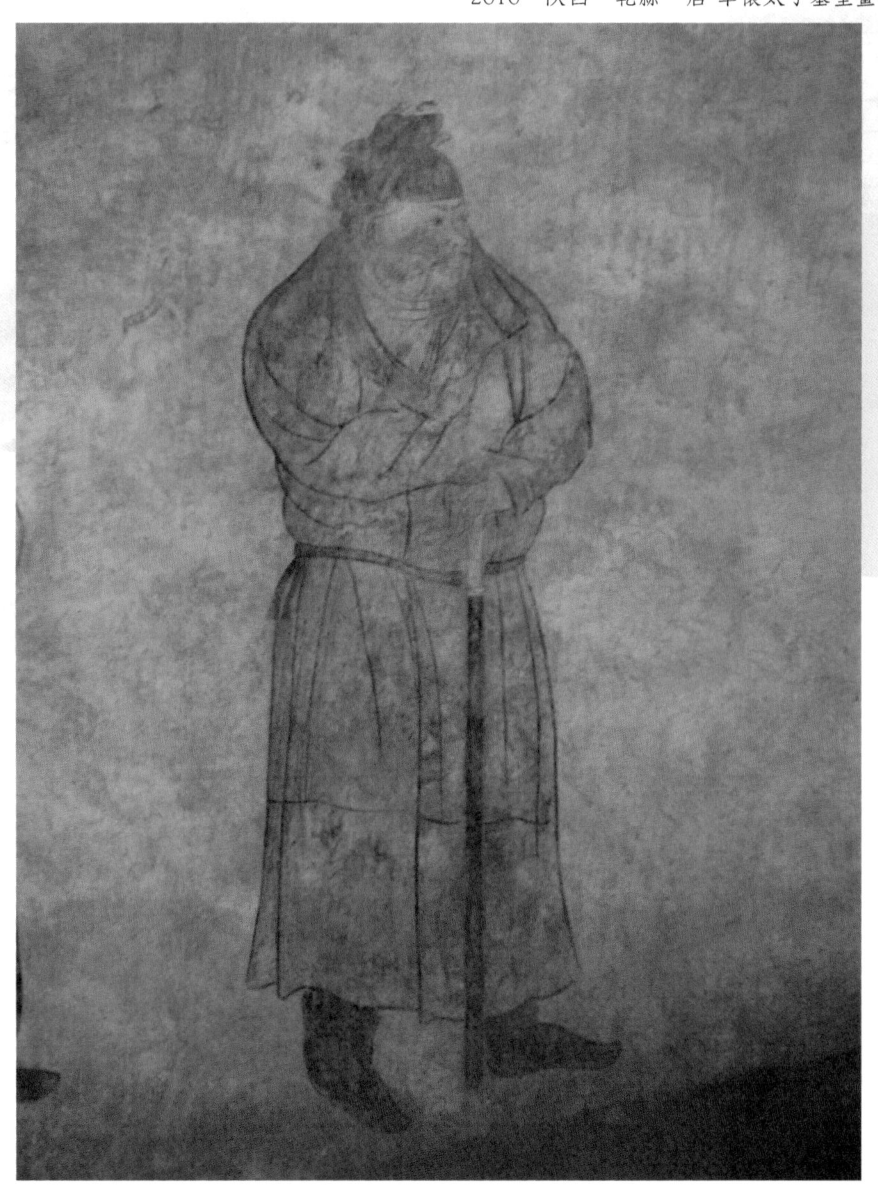

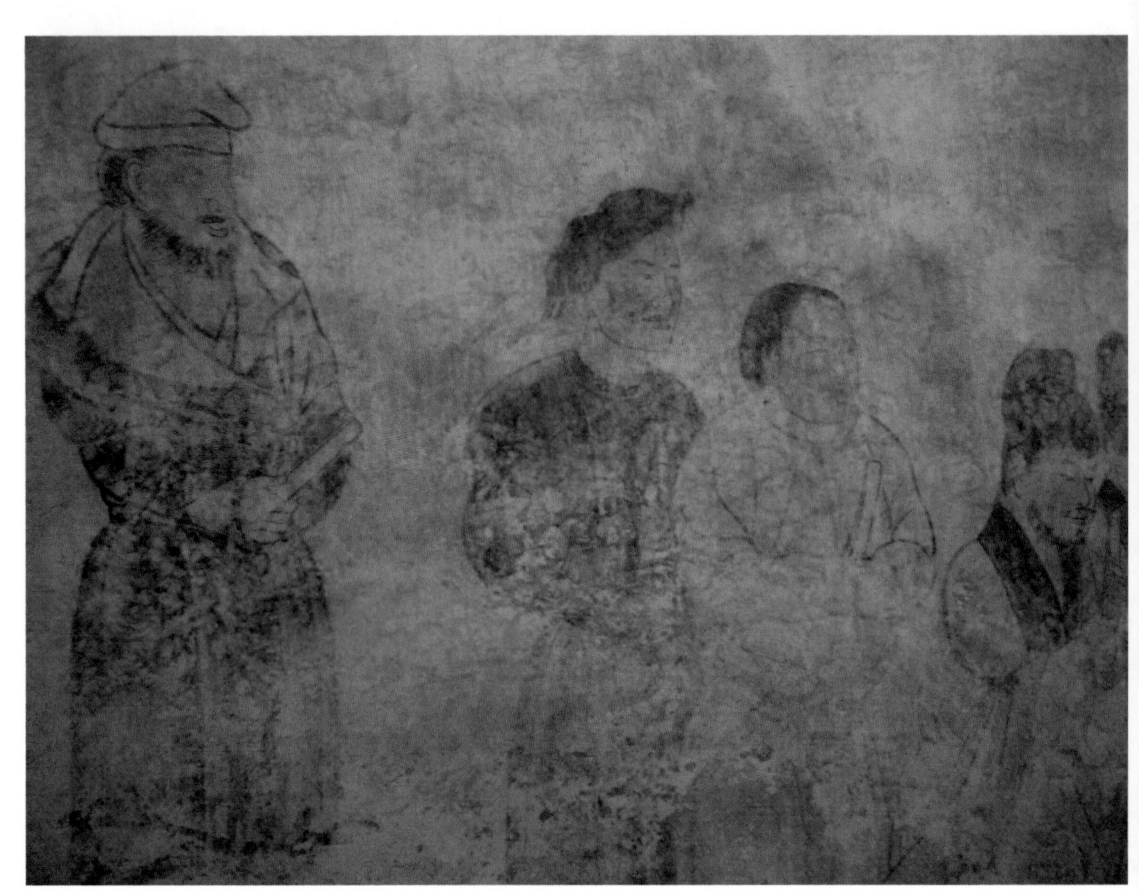

2010　陝西　乾縣　唐-章懷太子墓壁畫

章懷太子墓壁畫局部。左邊是胡人的造型和服飾。

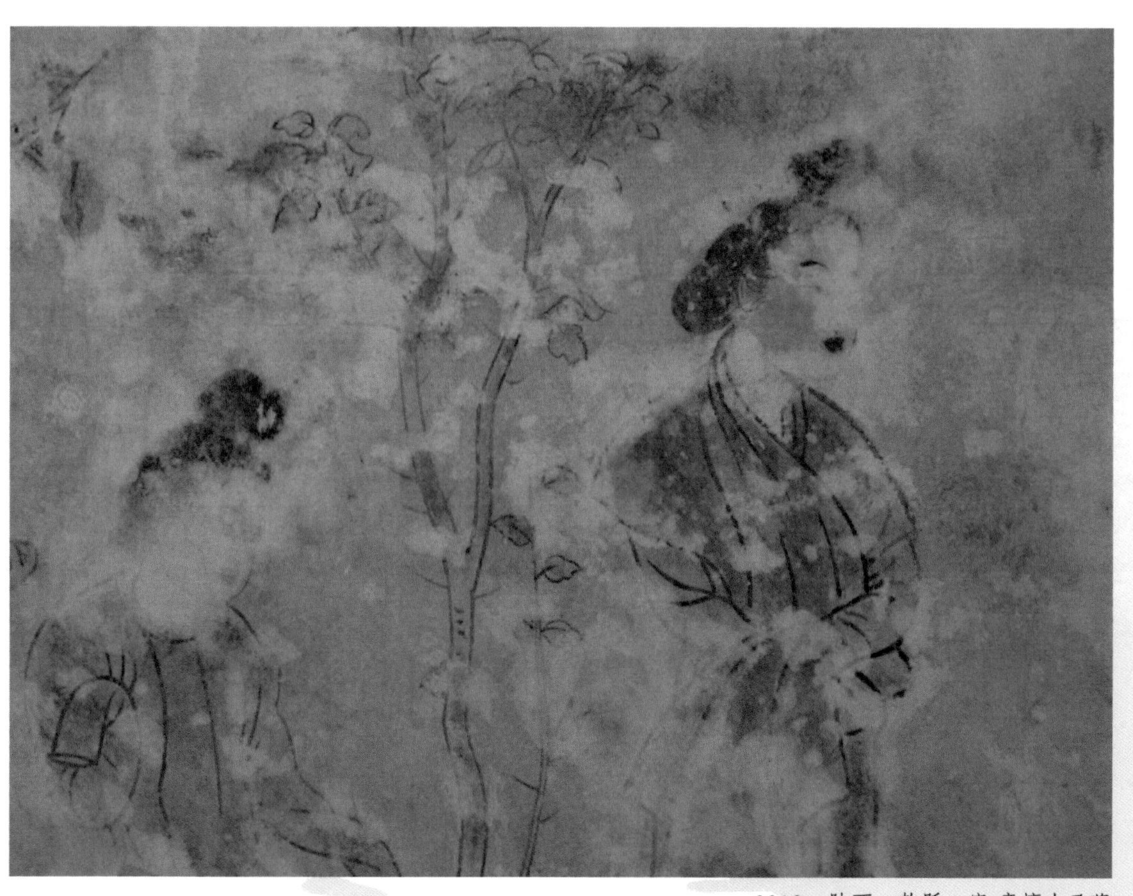

2010　陝西　乾縣　唐-章懷太子墓

章懷太子墓壁畫《觀鳥捕蟬圖》局部。圖案部分已毀損，描繪唐朝皇宮裡，侍女在花園觀看，一隻飛鳥捕蟬的情景，其中一個宮女右手拿著髮釵，梳整髮型。

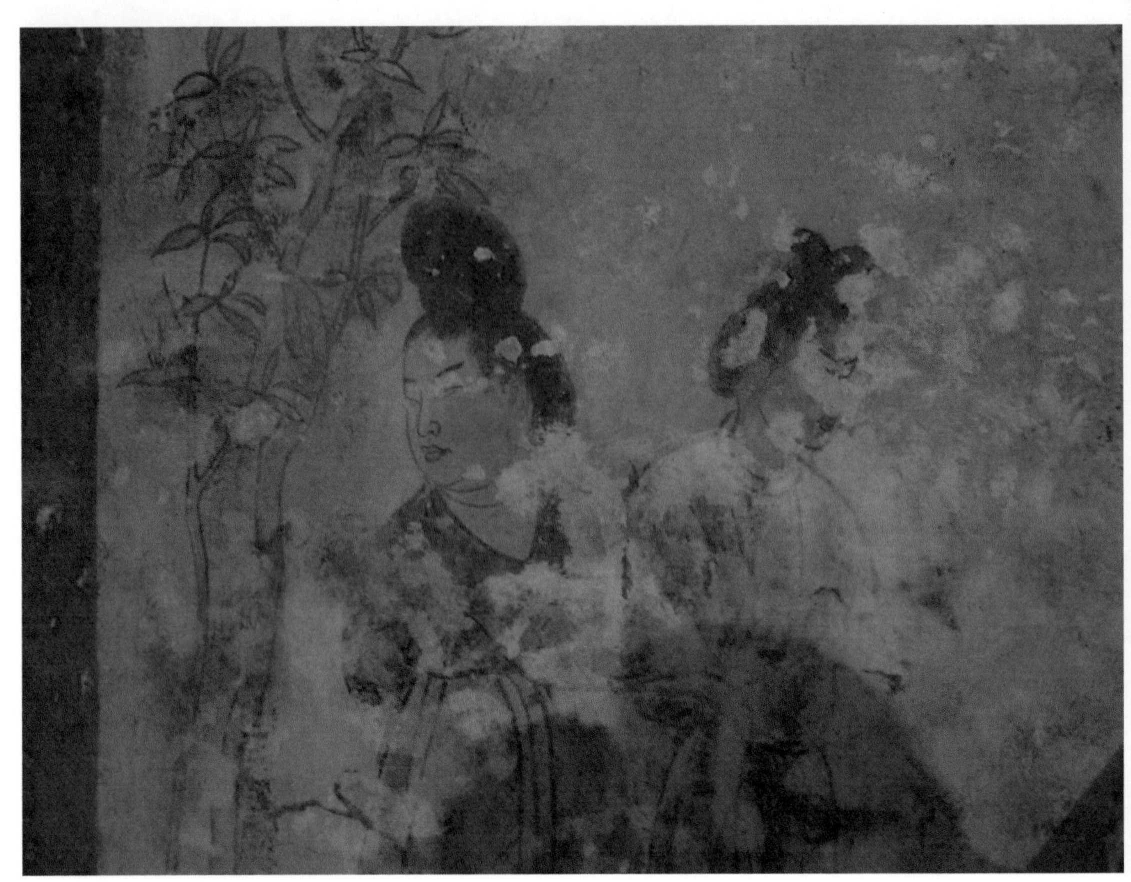

2010　陝西　乾縣　唐-章懷太子墓

章懷太子墓壁畫《觀鳥捕蟬圖》局部。這幅畫中的侍女頭梳高髻，體態豐盈，臉頰圓潤，這樣的人物造型經常出現在唐代的侍女或仕女圖畫中。即便是皇室的貴妃或夫人也大都有此造型，說明唐代經濟繁榮，物資充沛生活富足。

15 在太宗昭陵夢回大唐盛世

唐太宗昭陵位於陝西禮泉縣九嵕山。漢武帝生前曾看中九嵕山這塊風水寶地，但因東方朔說，山後有涇水割斷龍脈，漢武帝因而放棄。唐太宗時風水大師袁天罡，也替李世民探勘過這塊寶地，袁天罡認為東方朔看的是山下的風水，而他看的是山上的風水，只要因山為陵，風水絕佳。另取昭陵，昭有召集陽氣之意，可以彌補山後涇水割斷龍脈的缺點，因而唐太宗的昭陵，就此建在九嵕山的山陵上。

2010　陝西　禮泉　唐太宗昭陵

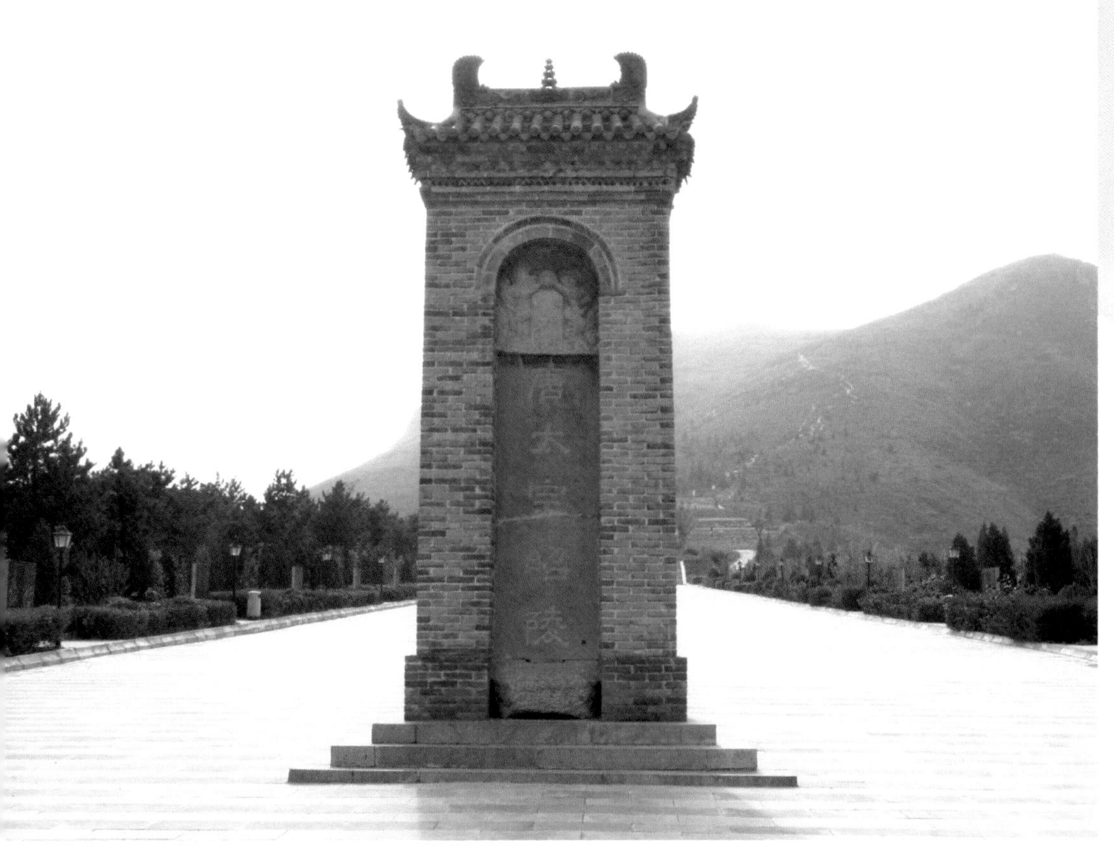

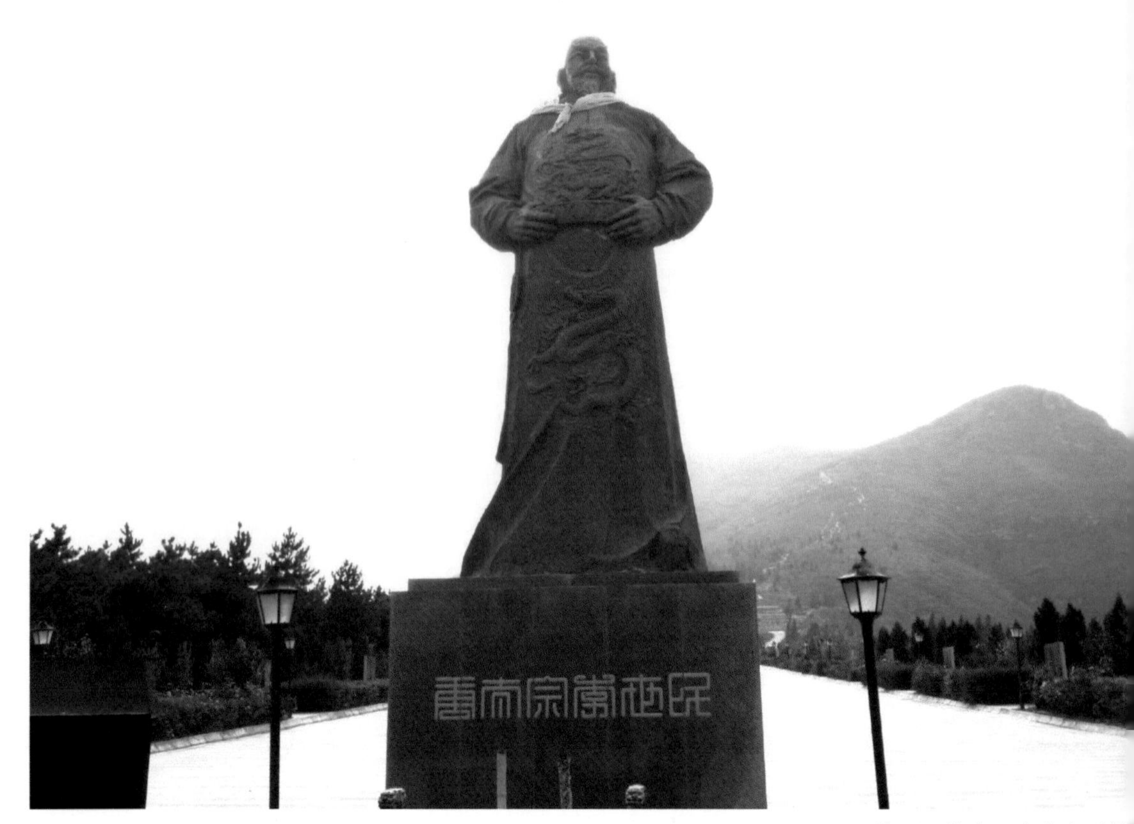

2010　陝西　禮泉　唐太宗昭陵

九嵕山上的唐太宗昭陵，是李世民和長孫皇后的合葬墓。長孫皇后臨終前囑咐李世民要崇儉薄葬，李世民因山為陵，在九嵕山頂穿鑿地宮建了昭陵，最後自己也長眠于此。

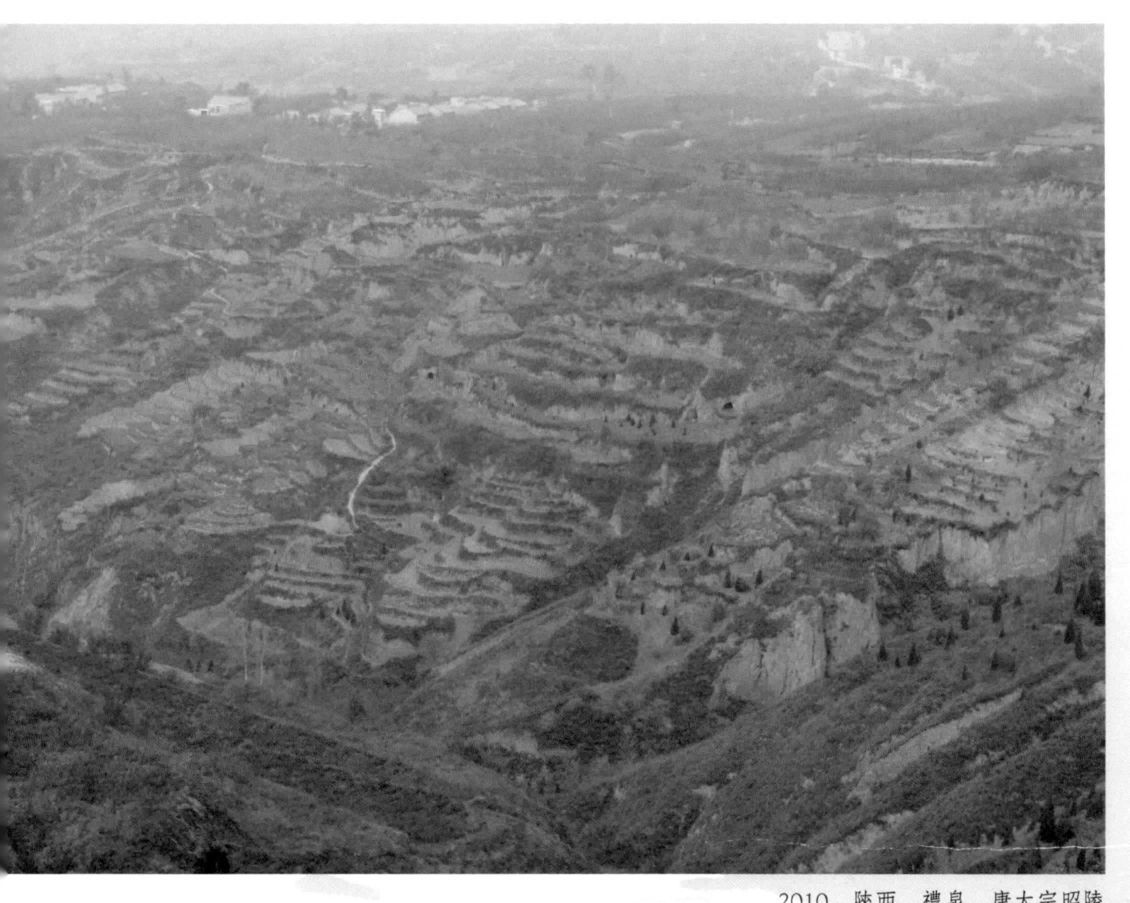

2010　陝西　禮泉　唐太宗昭陵

初冬來此，天空灰蒙，山路蜿蜒，九嵕山一片枯草漫漫。站在唐太宗昭陵山頂往下俯瞰，山下綠色的梯田，夾雜在一片乾旱的黃土高原上。

唐太宗李世民生前有六匹駿馬先後跟著他南征北討。建昭陵時他命畫家閻立本畫圖，再由工藝家閻立德把這六匹馬雕成石刻，放在九嵕山上通往陵墓的祭壇兩側，用以彰顯他一生戎馬的偉業，這就是歷史上赫赫有名的昭陵六駿石刻。昭陵六駿石刻，一直在九嵕山陪著牠們的英主超過1200年，直到20世紀初，中國內憂外患，社會動盪，昭陵六駿全部被盜。其中二駿被盜運到美國賓西法尼亞大學，另外四駿於盜運過程被截獲，現存於西安碑林博物館裡，現存於昭陵的六駿石刻是後來仿製的。

2010　陝西　禮泉　唐太宗昭陵

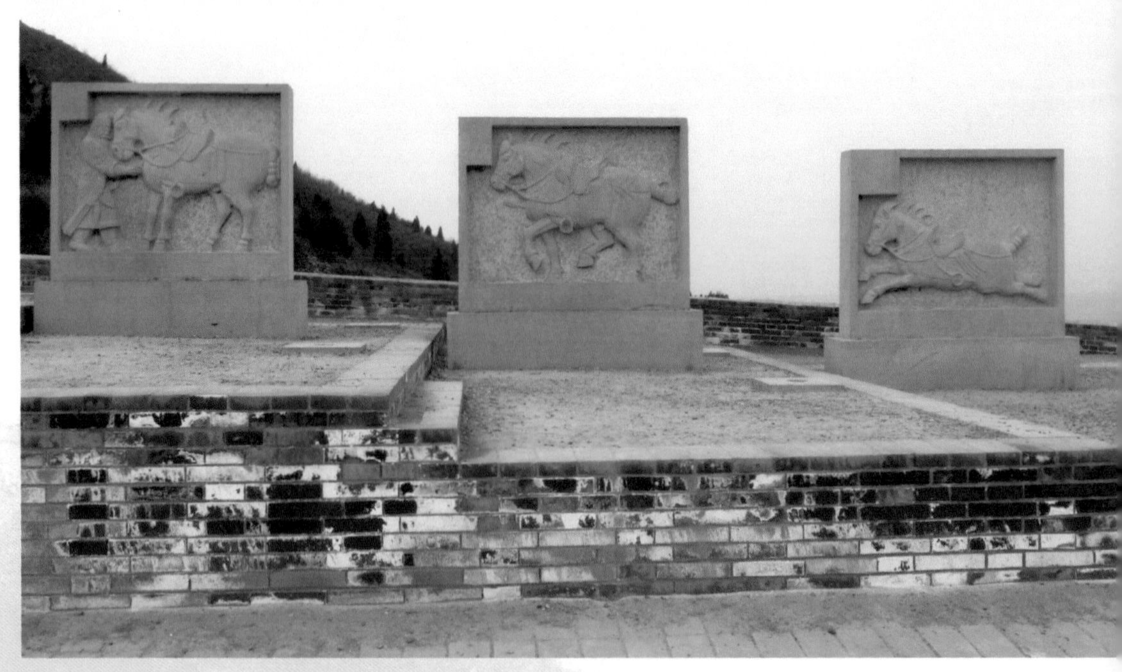

建於九嵕山的唐太宗昭陵，因山為陵。地面上除了祭壇和祭壇兩側的六駿石刻外，便是荒草漫漫的石頭山，從外觀上根本看不出來陵墓位於何處。歷史上曾記載，五代軍閥溫韜盜過昭陵，但也有很多人相信昭陵未被盜，因為歷史上也沒出現過昭陵的陪葬文物。尤其唐太宗最珍貴的陪葬物，舉世關注的王羲之《蘭亭集序》真跡，現在是否依然枕在李世民頭下，這個千年之謎，只能待日後重開昭陵才能解答了。

2010　陝西　禮泉　唐太宗昭陵

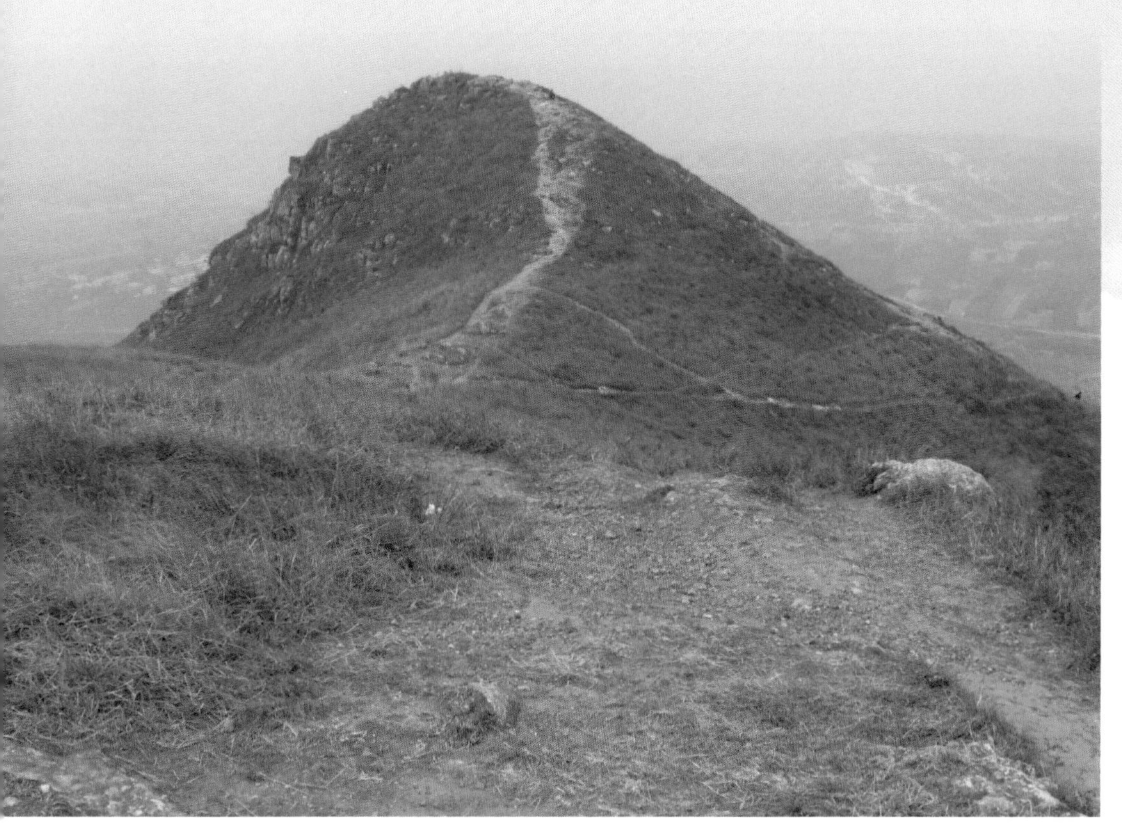

站在九嵕山頂，唐太宗昭陵就在腳下，遠處道路迤邐向前，猶如一條白蛇。昭陵陵園周長60公里，占地200平方公里，總共超過180個陪葬墓，是中國歷代帝王陵園規模最大，陪葬墓最多的一座，也是世界上最大的單一皇家陵園。唐代許多王公貴族和著名的文臣武將，死後都陪葬于此，像長孫無忌、魏征、房玄齡、李靖、秦瓊、程咬金、李勣、衛遲敬德、溫彥博等等，讓昭陵享有天下名陵的美譽。

2010　陝西　禮泉　唐太宗昭陵

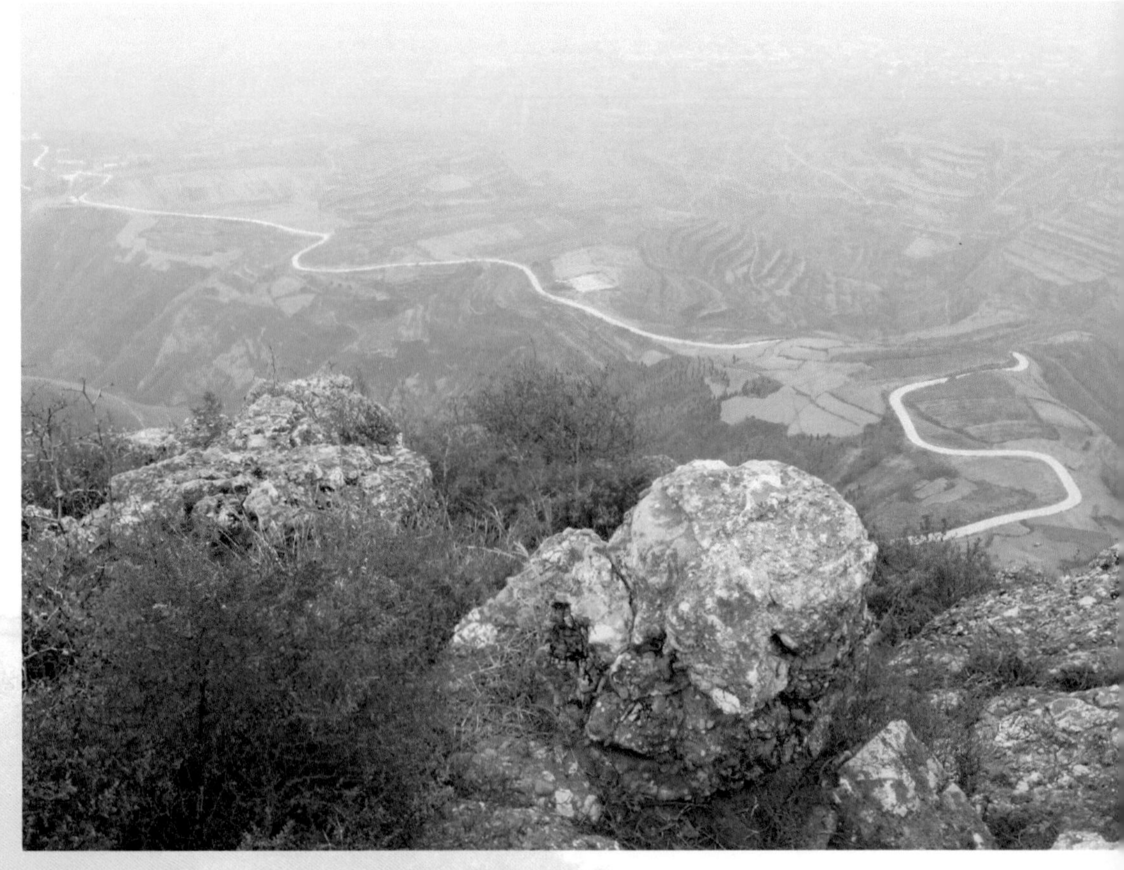

16 ▸遊小雁塔訪雁塔晨鐘

初秋，造訪西安市的小雁塔，梧桐落葉遍地，增添了濃濃的秋意。

2010　陝西　西安　小雁塔

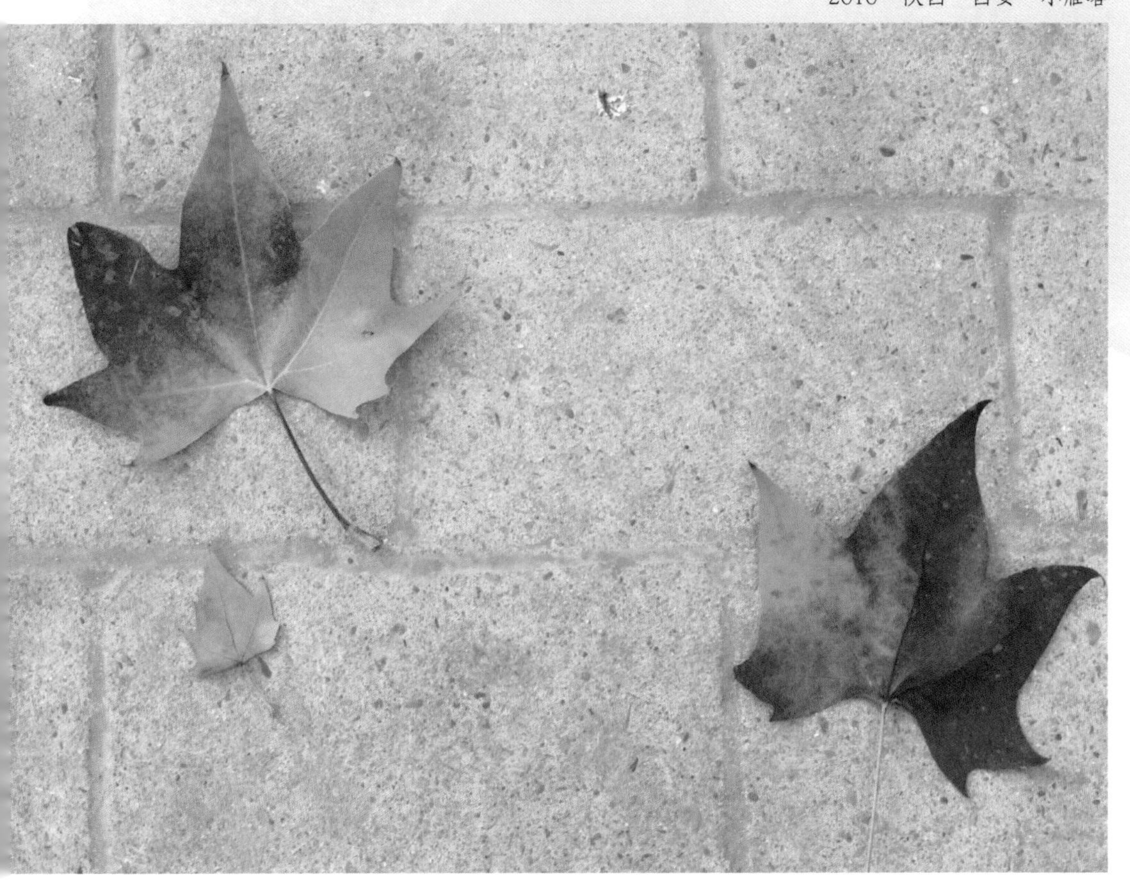

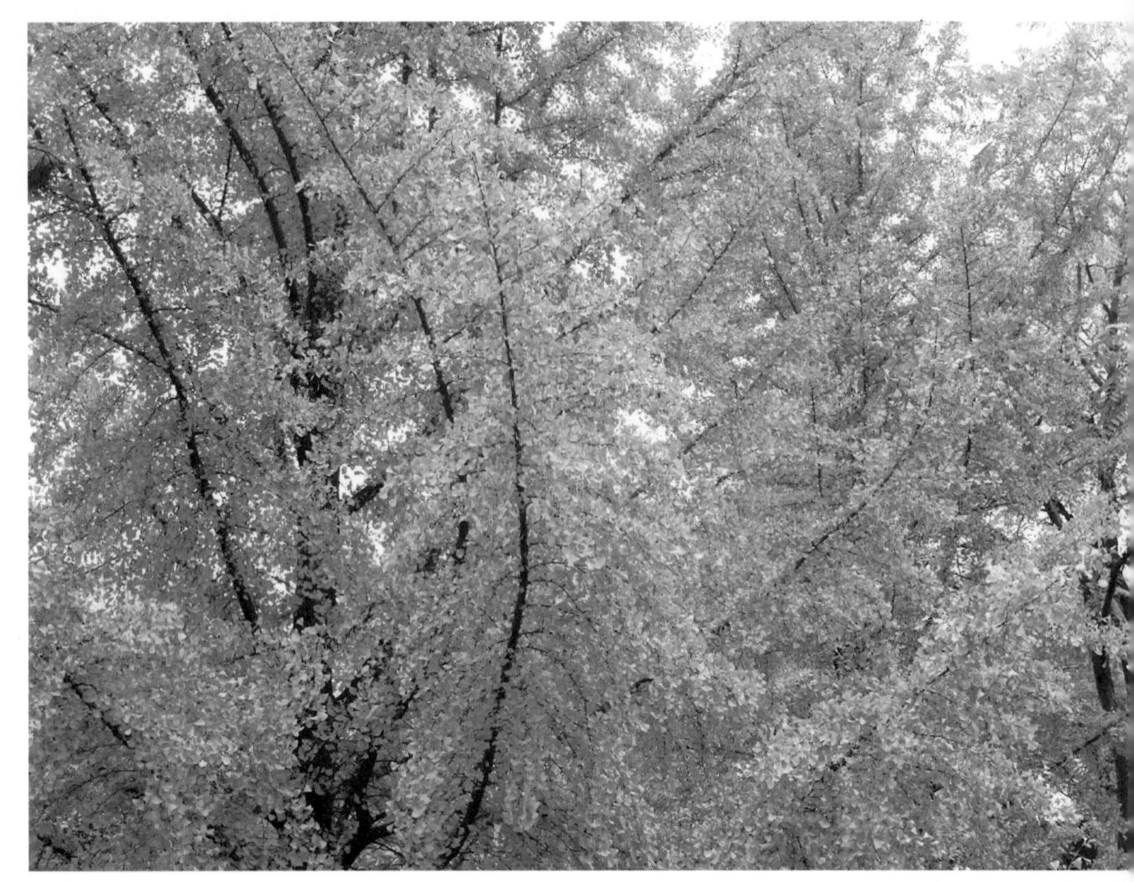

2010　陝西　西安　小雁塔

初秋，到西安市小雁塔，寺內高大的銀杏，燦黃如金。站在樹下仰望，古木參天，感覺季節的腳步如此接近，真想和大樹來個迎面擁抱。

西安市的小雁塔，建於唐中宗年間，是薦福寺內的一個雁塔。它是為了存放唐代高僧義淨從天竺帶回來的佛教經卷而建，又為了和慈恩寺的大雁塔區別，故名小雁塔。

2010　陝西　西安　小雁塔

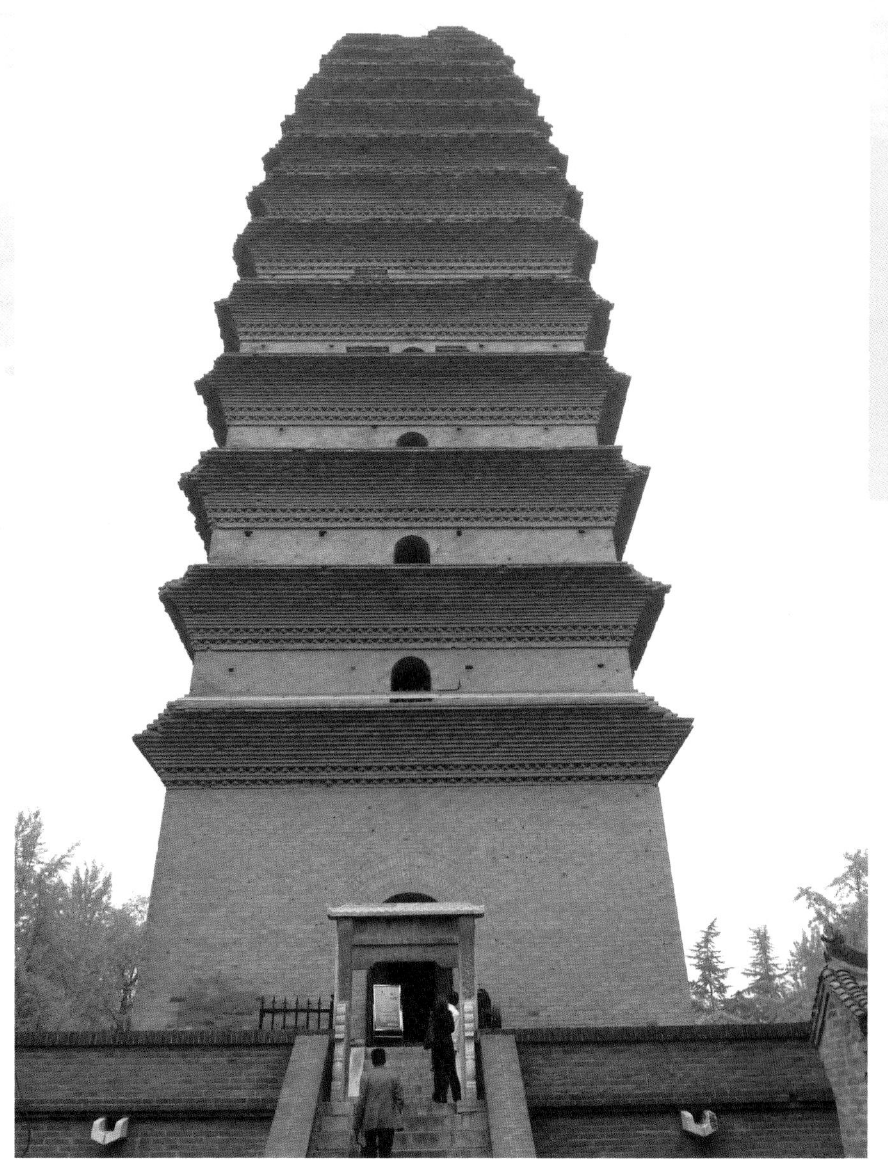

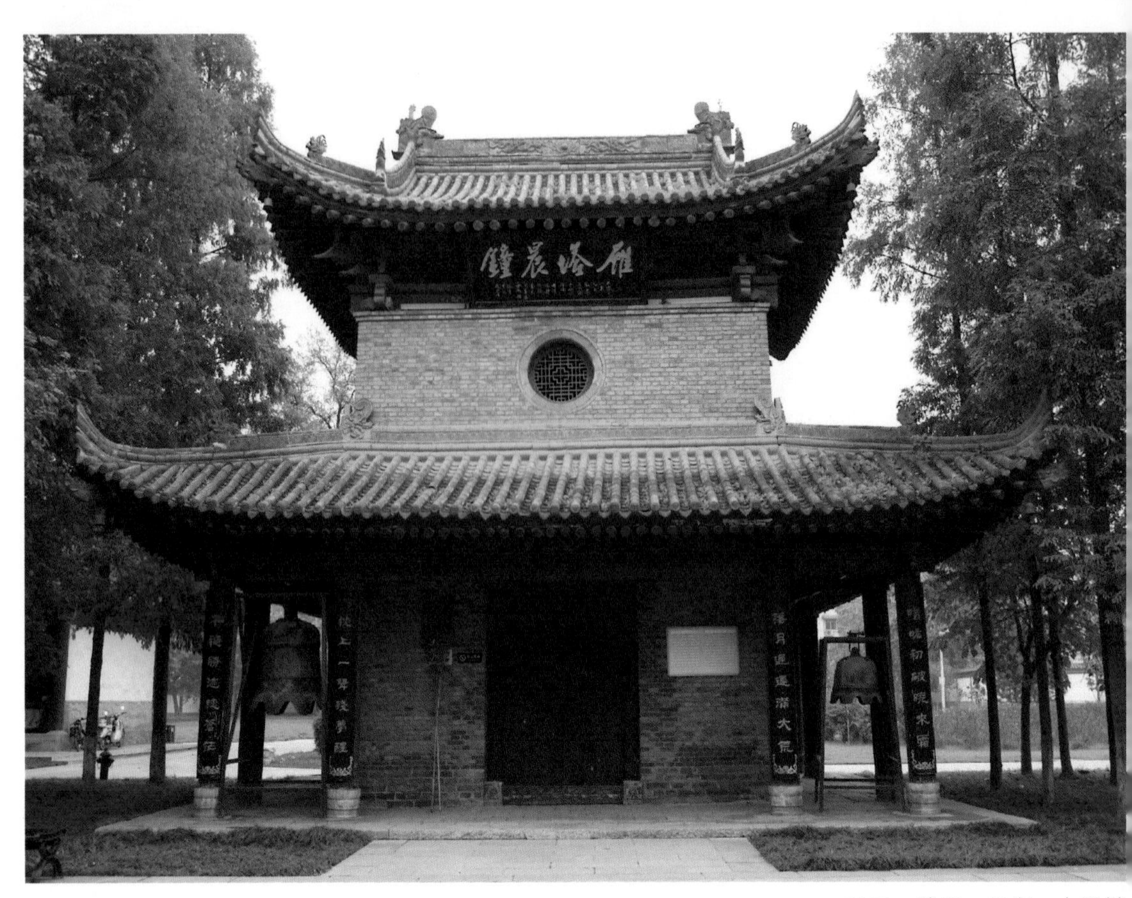

2010　陝西　西安　小雁塔

西安薦福寺小雁塔旁有一口金代鐵鐘。每天清晨寺內會定時敲鐘，數十里內都可聽到，鐘聲清脆，而旁邊的小雁塔塔影秀麗，故而「雁塔晨鐘」被譽為「關中八景」之一。

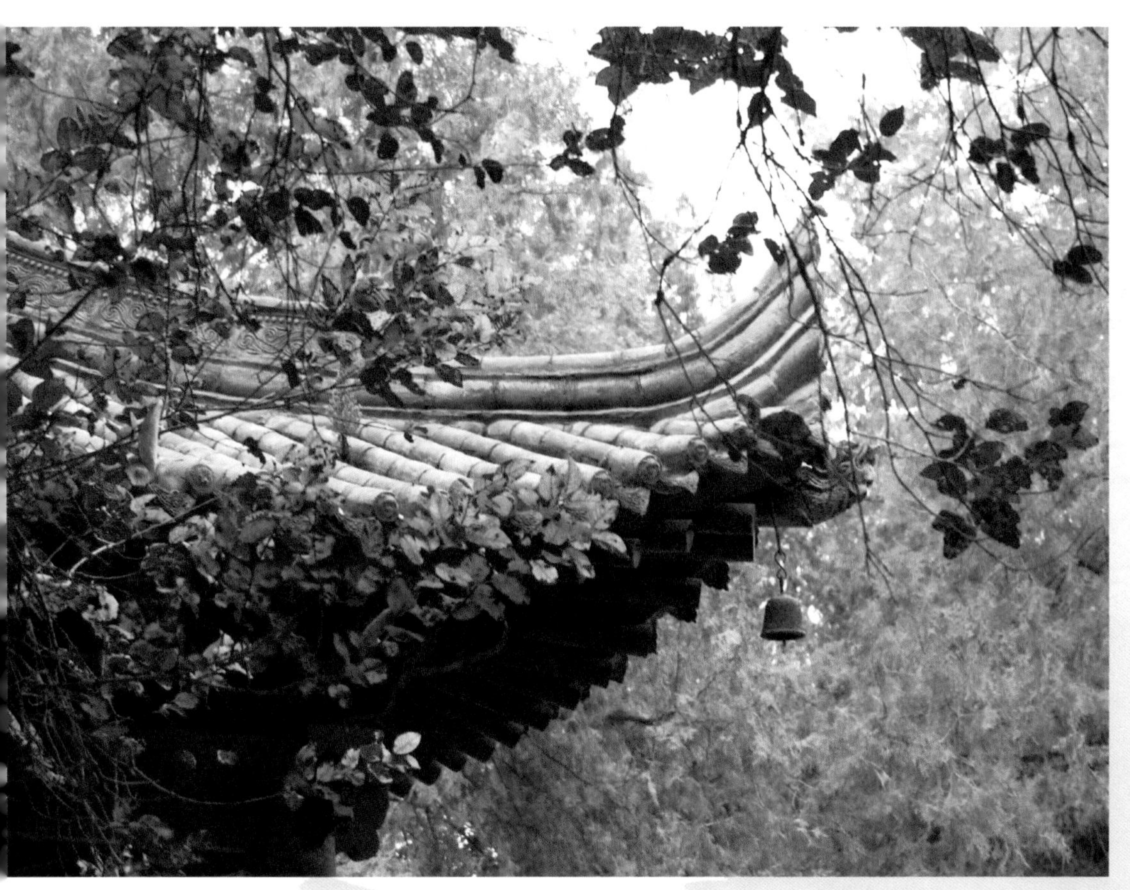

2010　陝西　西安　小雁塔

到訪西安市小雁塔，在雁塔旁的一座涼亭休息。亭角的紅葉散發著濃厚的秋意，讓小雁塔更加靜謐釋寂。

旅行世界各地，看過許多高山大海和風景名勝，但讓你留下深刻記憶，或者永生難忘的，有時卻只是一個小小的角落。這個坐落在小雁塔旁的，一個小小的涼亭，總是令人無法忘懷。紅色的涼亭樑柱，和深秋的紅葉，隱身於一片蒼松翠柏之中，坐在涼亭之中休息，我覺得整個人都醉了。

2010　陝西　西安　小雁塔

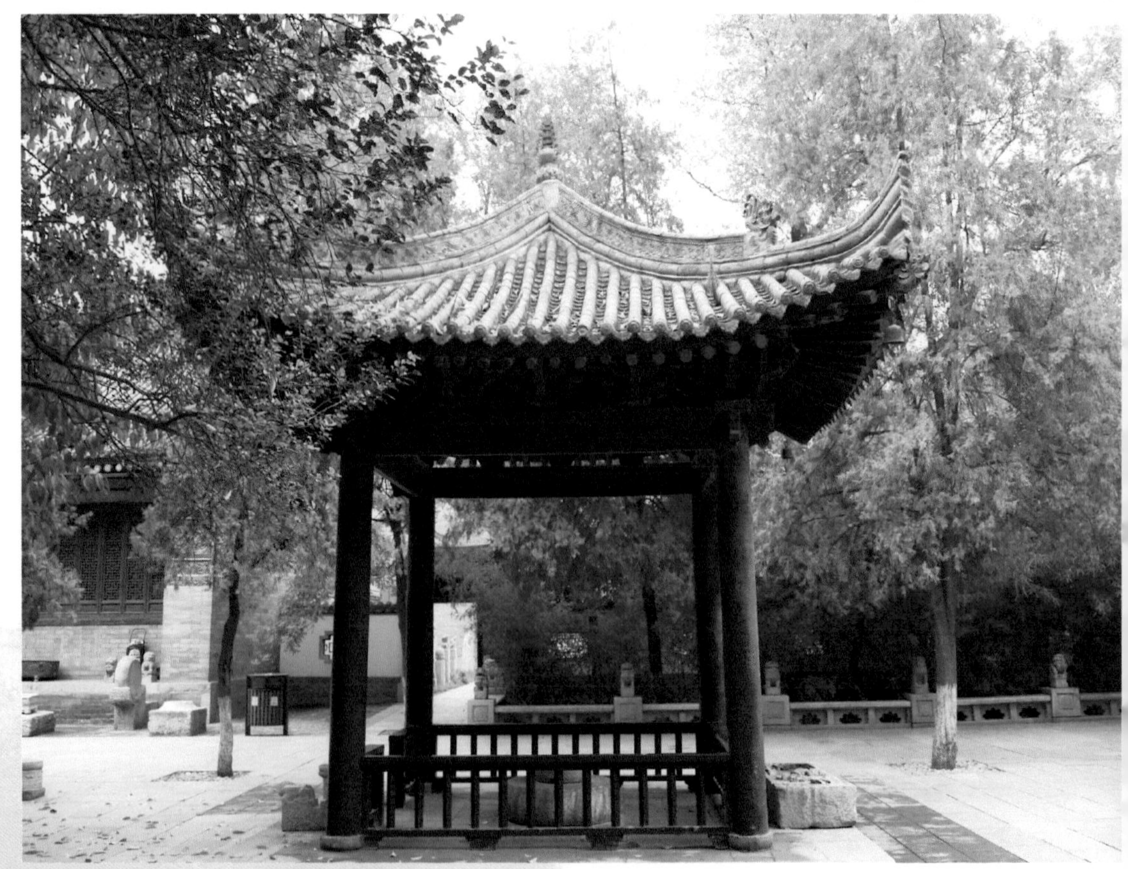

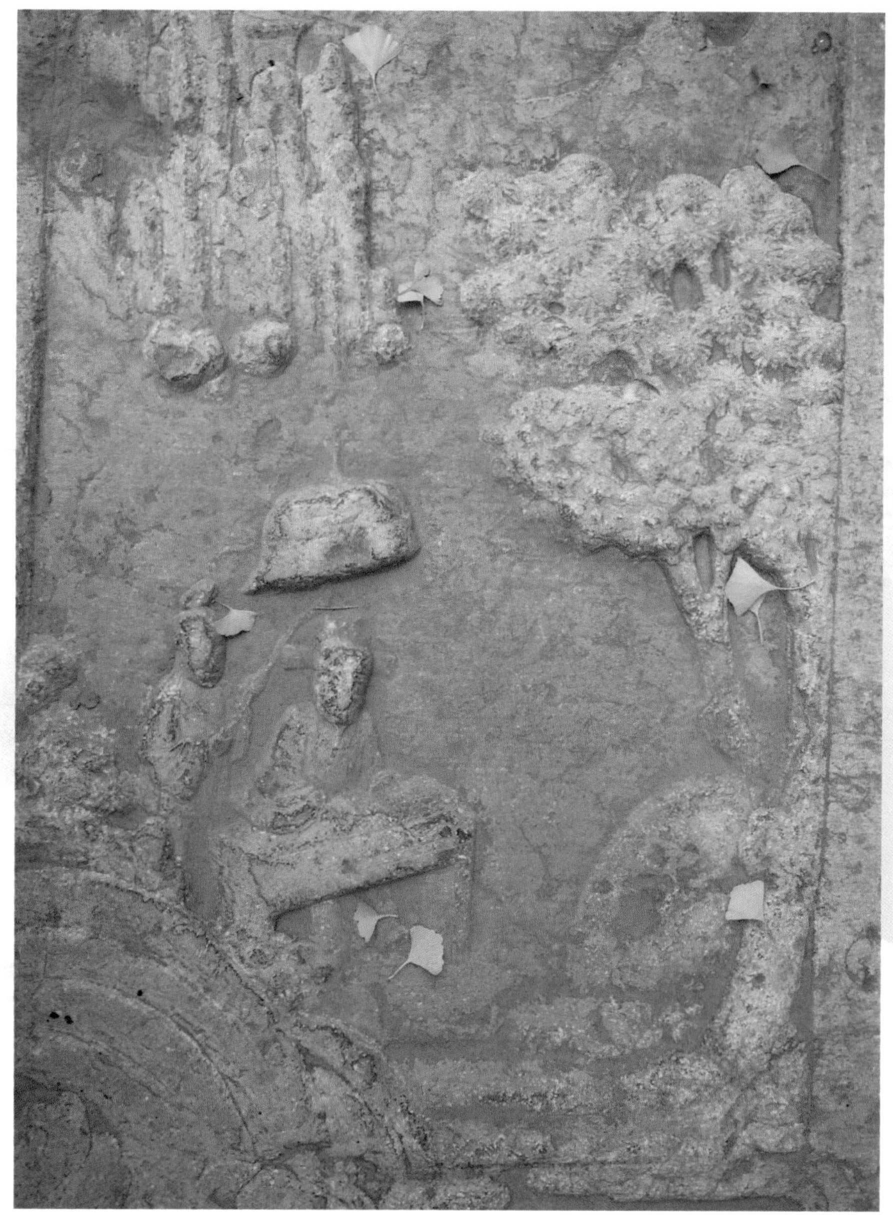

2010　陝西　西安　小雁塔

小雁塔旁的銀杏樹落葉一地，落在了地面的石雕上。石雕年代久遠，磨損嚴重，不過隱約可以看出，一位官人撫琴，而童子在一旁服侍，人物面容隨年老去，而落葉每年見證這一歲月的滄桑。

小雁塔寺內的草坪，在初秋時節灑滿了落葉。在草地上小坐片刻，陽光柔煦，安靜古樸的寺院，仍然透露著大唐的風韻。紅葉銀杏，雁塔晨鐘，經過歲月的洗禮，西安這座古城有一種風華內斂，隱約而不張揚的魅力。

2010　陝西　西安　小雁塔

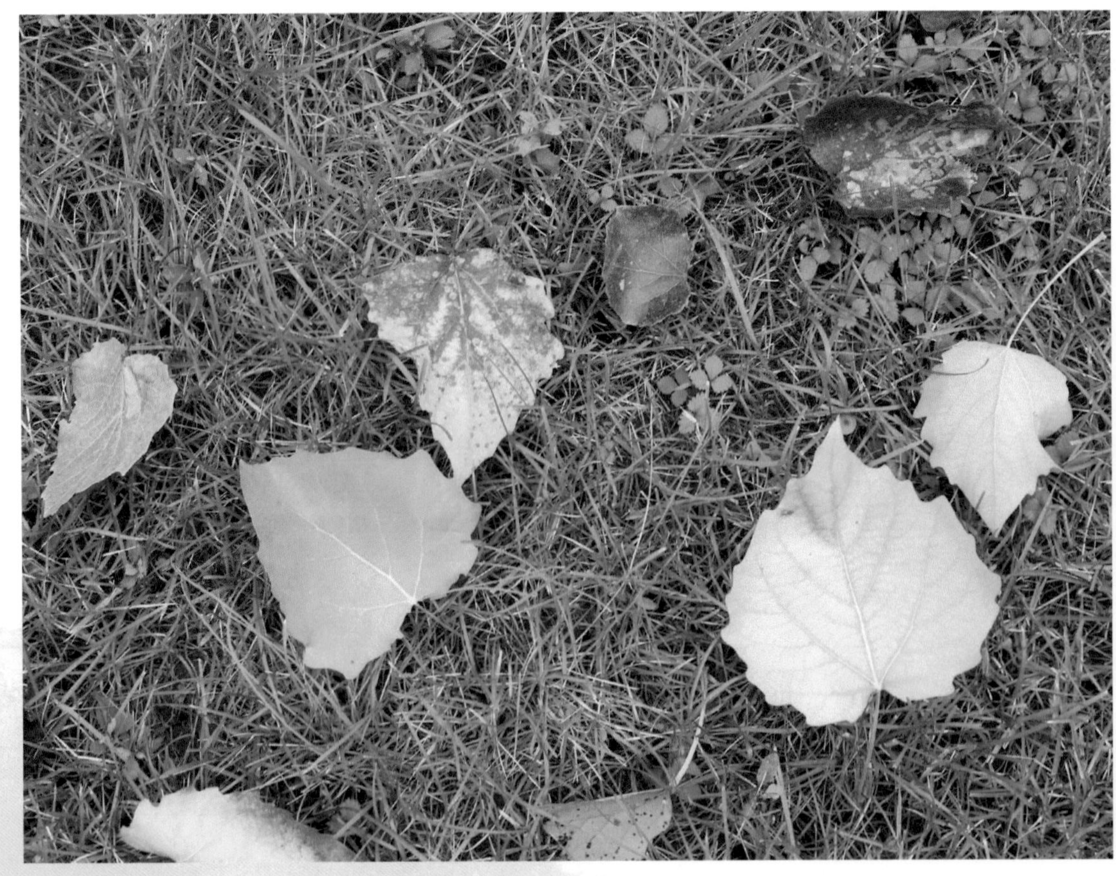

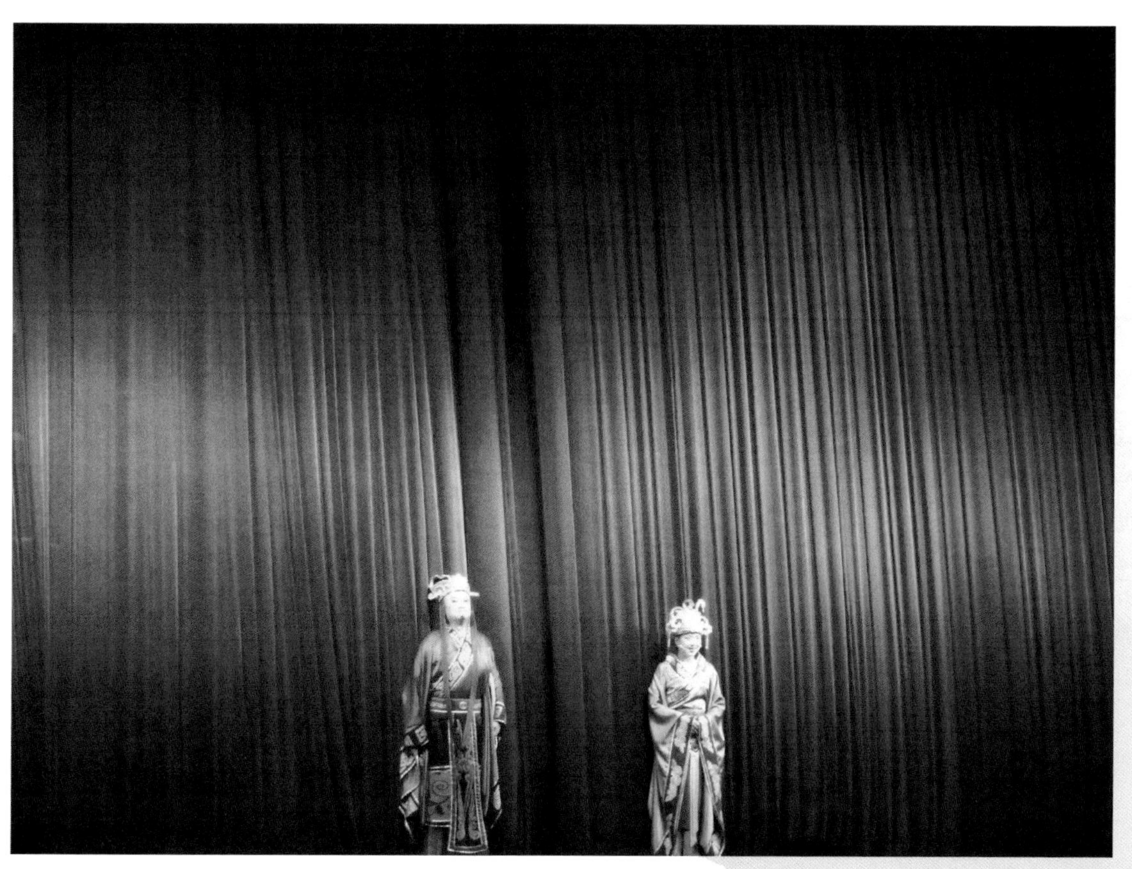

2010　陝西　西安

夢回大唐歌舞表演，人物服飾相當華麗。

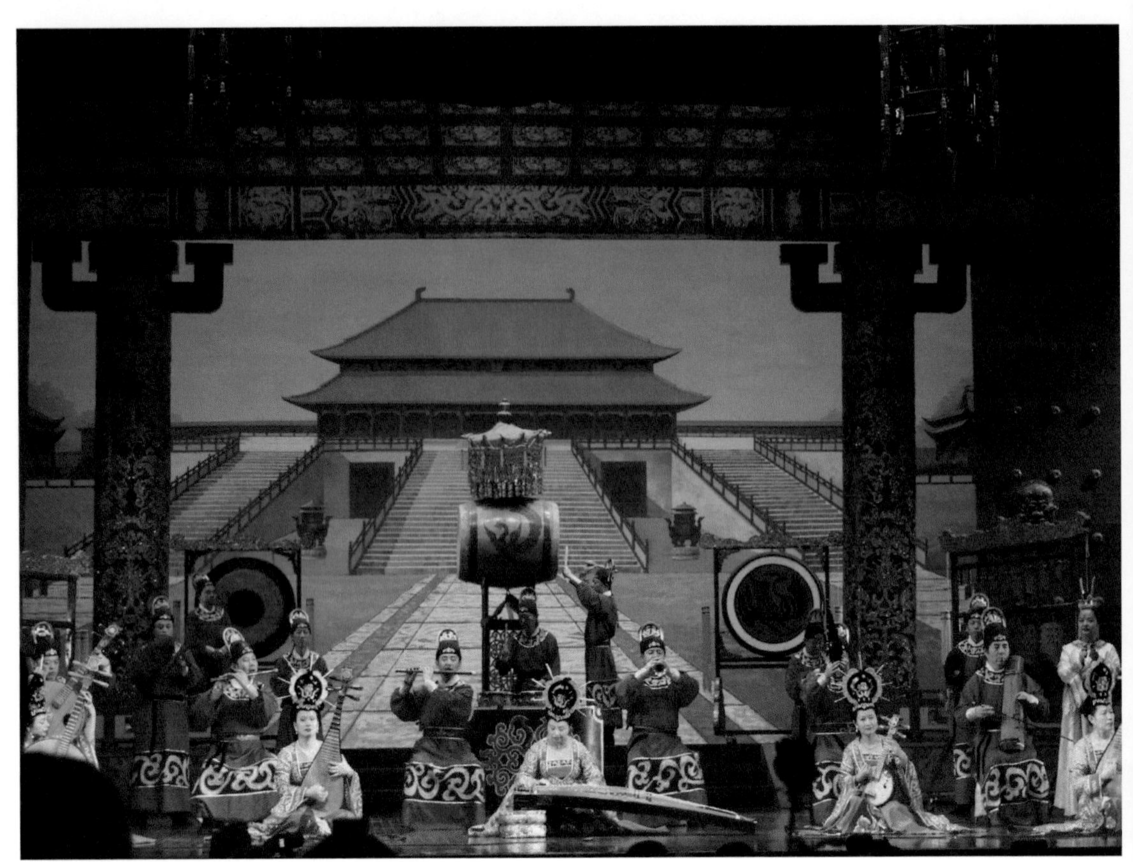

2010 陝西　西安

夢回大唐歌舞表演，展現大明宮梨園樂團的盛況。唐代歌舞和音樂相當盛行，尤以唐玄宗李隆基時到達巔峰，李隆基還在長安城梨園這個地方，創辦了一個歌舞音樂創作教學院，自己擔任院長，還親自指導教學，後世遂把戲曲藝人稱為「梨園弟子」。

到西安這座千年古都，有一些事是不能錯過的，其中之一便是吃餃子宴，然後欣賞夢回大唐歌舞。傳統的漢人儒家文化，歌舞以禮樂祭祀為主，比較保守而莊嚴。而西域諸國胡人歌舞，更多是日常聯誼活動，輕快而奔放。唐朝帝國不管在民族融合，或中西文化交流上相當廣泛而深入，因而大唐歌舞展現一種輕快明亮的節奏，相當嫵媚動人。

2010　陝西　西安

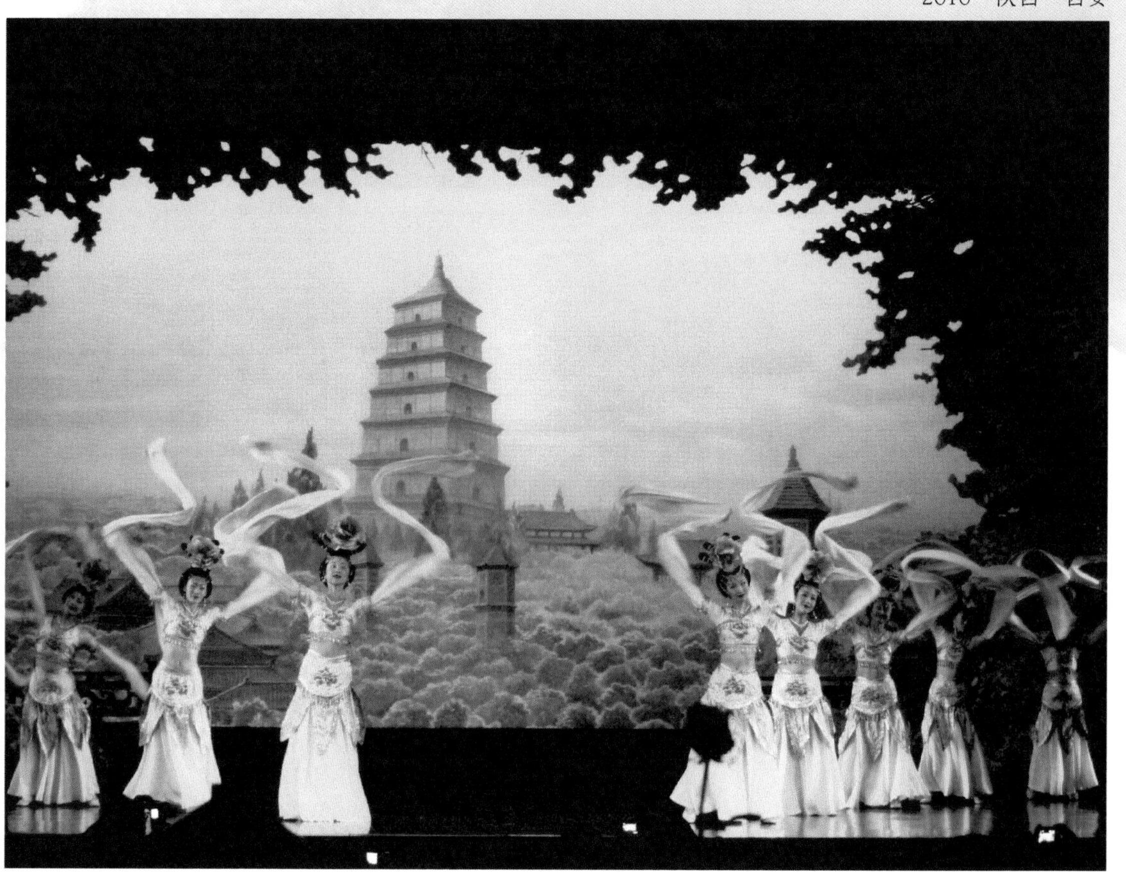

2010 陝西 西安

夢回大唐歌舞表演其中有一幕是真人版的《觀鳥捕蟬圖》。這個描述唐朝皇宮侍女們，在花園觀賞飛鳥捕蟬的情景，其實來自章懷太子墓地宮裡的壁畫，現代創作者把壁畫的內容搬上舞台，好像時光倒流千年，人物場景都一一復活了。

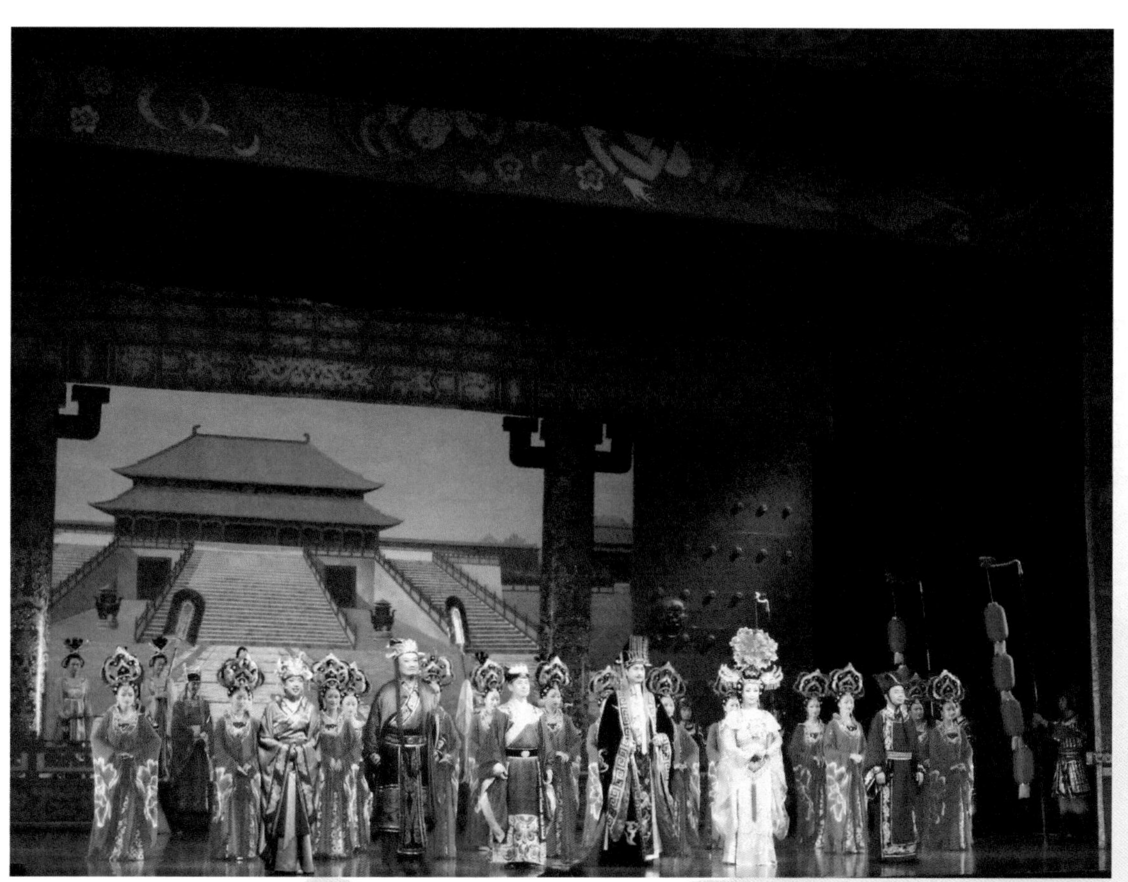

2010　陝西　西安

夢回大唐歌舞表演，服裝和飾物，華麗高貴，充分展現皇家的尊貴和威儀，也讓人回想起大唐繁盛的風華歲月，和那個時代，活躍於歷史舞台的風雲人物。

陝西名酒中，高度酒首推西鳳酒，低度酒就不得不提，黃桂稠酒。稠酒由糯米發酵釀造而成，狀如牛奶，色白似玉，汁稠味甜，酒精度只有0.5-1%，因加入中藥黃桂成分增香，故名「黃桂稠酒」。稠酒根據記載始於商周，距今已有三千年的歷史，古稱醪醴或玉漿。此酒因酒精度低又好喝，因此喝起來像酸奶一樣香甜可口，不過飲之過多，恐能醉人，相傳「貴妃醉酒」楊玉環就是喝多了這種稠酒。

2010　陝西　西安

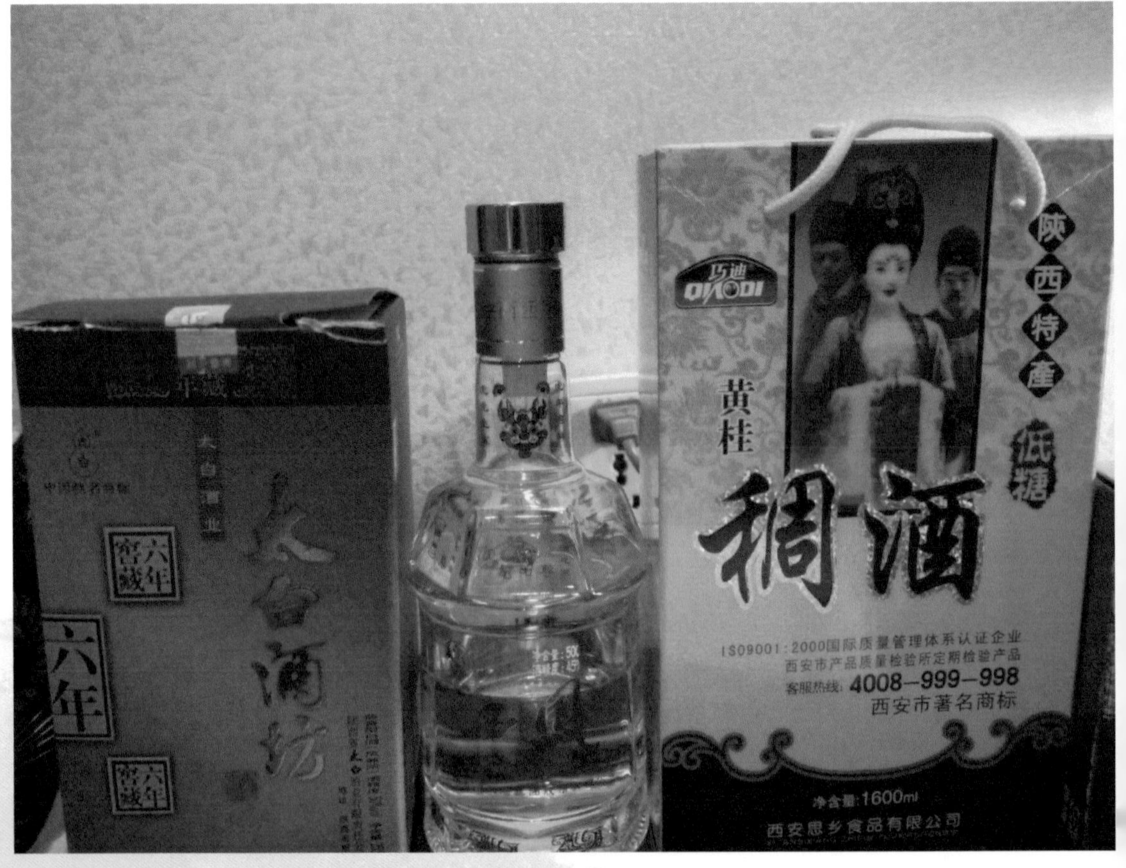

西安著名小吃很多，到西安一定不能錯過肉夾饃、米皮和酒釀，這三個小吃也可以當成一個早餐組合。肉夾膜是西安特產，那是一塊膜（類似烤餅或燒餅）從中間剖開，中間填入滷得酥爛的切碎豬肉，然後夾著吃，有點「東方漢堡」的感覺。吃的時候最好配碗羊肉湯或酒釀，西安米皮一般是涼拌吃，加點油潑辣子和醋，相當過癮，而以來自陝西秦鎮的米皮最為有名。

2010　陝西　西安

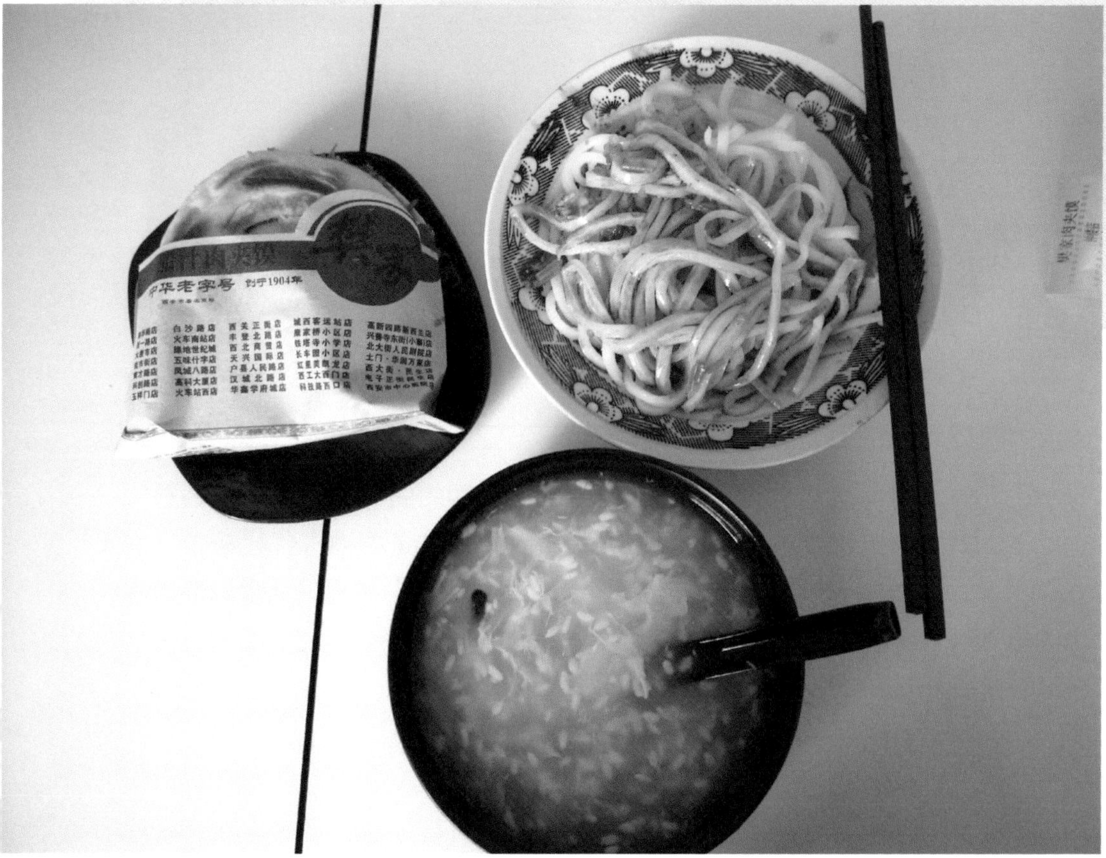

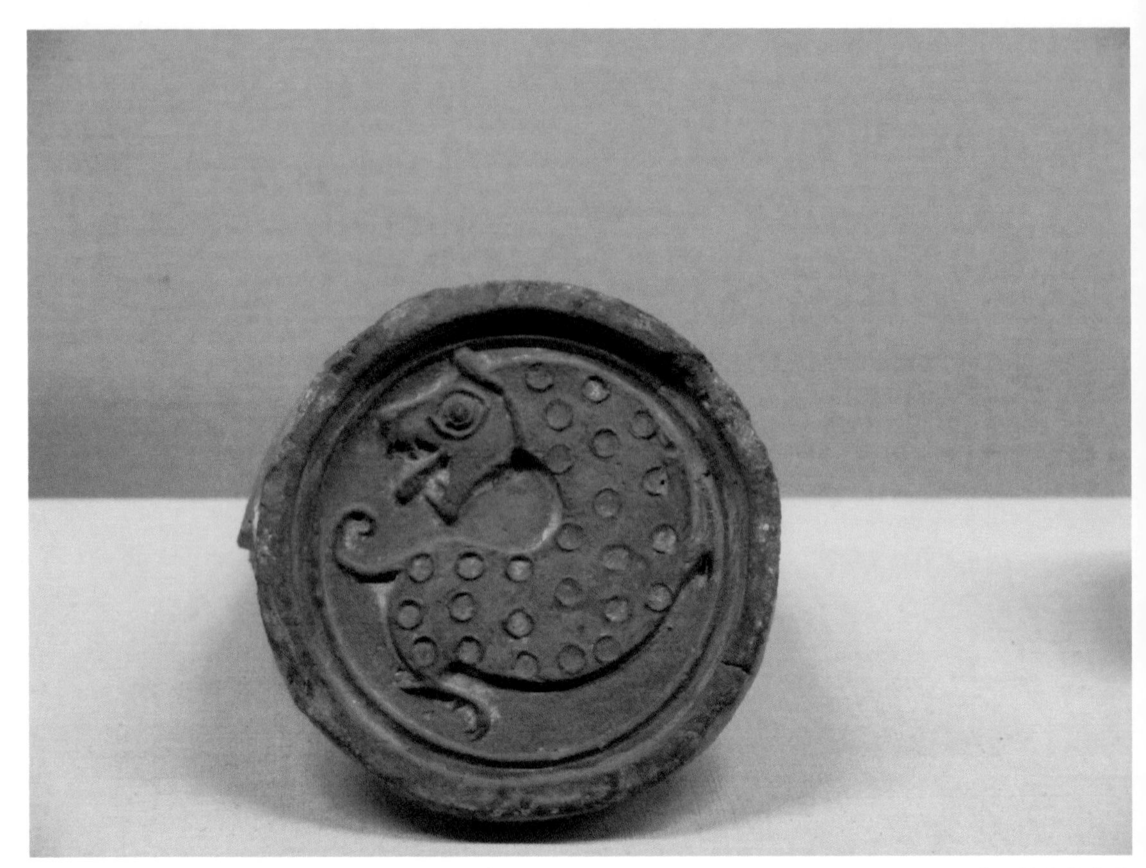

2010　陝西歷史博物館

17 ▸到陝西歷史博物館窺中華瑰寶

塑有獵豹圖案的漢代瓦當，把動物身體的曲線設計成一個圓形，頭尾相接，張牙舞爪，相當生動。瓦當是中國古代建築中，屋檐檐頭筒瓦前端的遮擋，也就是屋檐最前端的一片瓦，瓦當以秦漢時期最為有名。

以一隻跳躍的大角花鹿為圖案的鹿紋瓦當。秦漢瓦當以各種動物來當圖案，漢代長安城流行，以象徵東西南北四個方位的吉祥神獸圖案，來設計瓦當，分別是青龍，白虎，朱雀，玄武。

2010 陝西歷史博物館

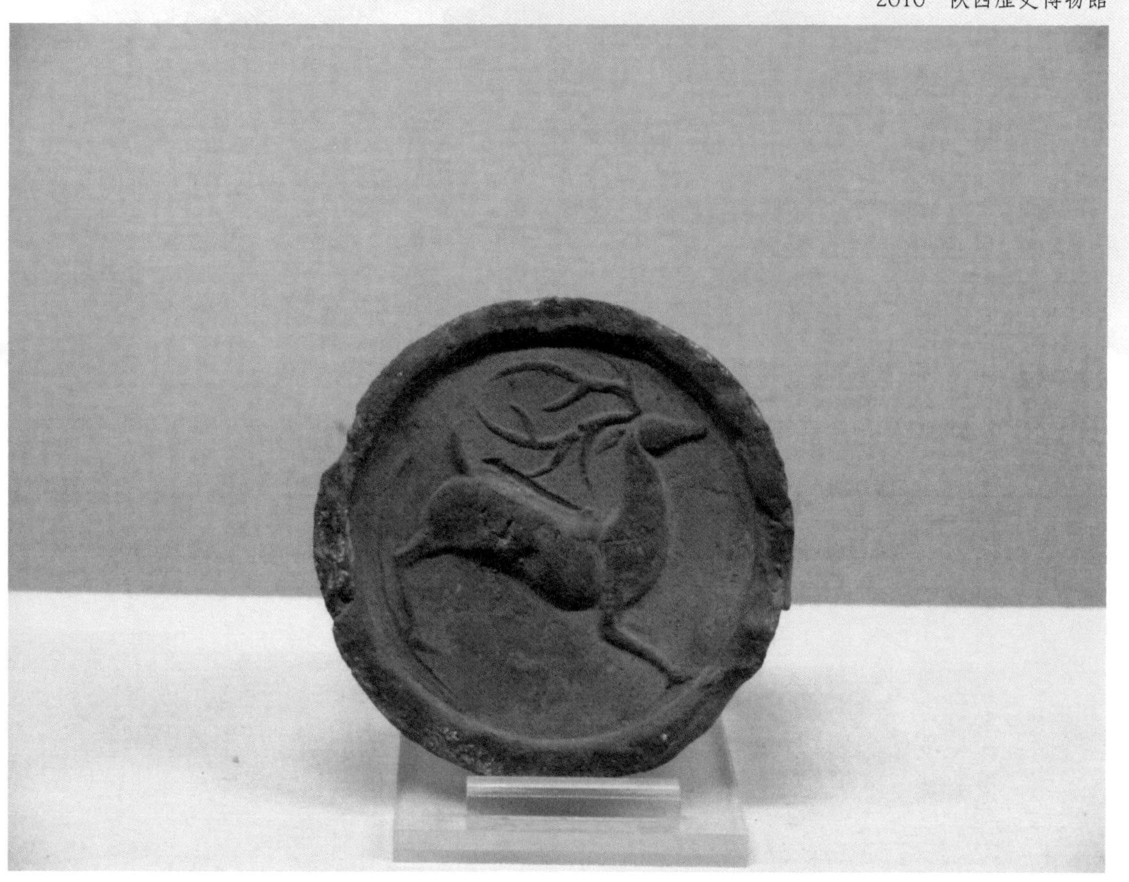

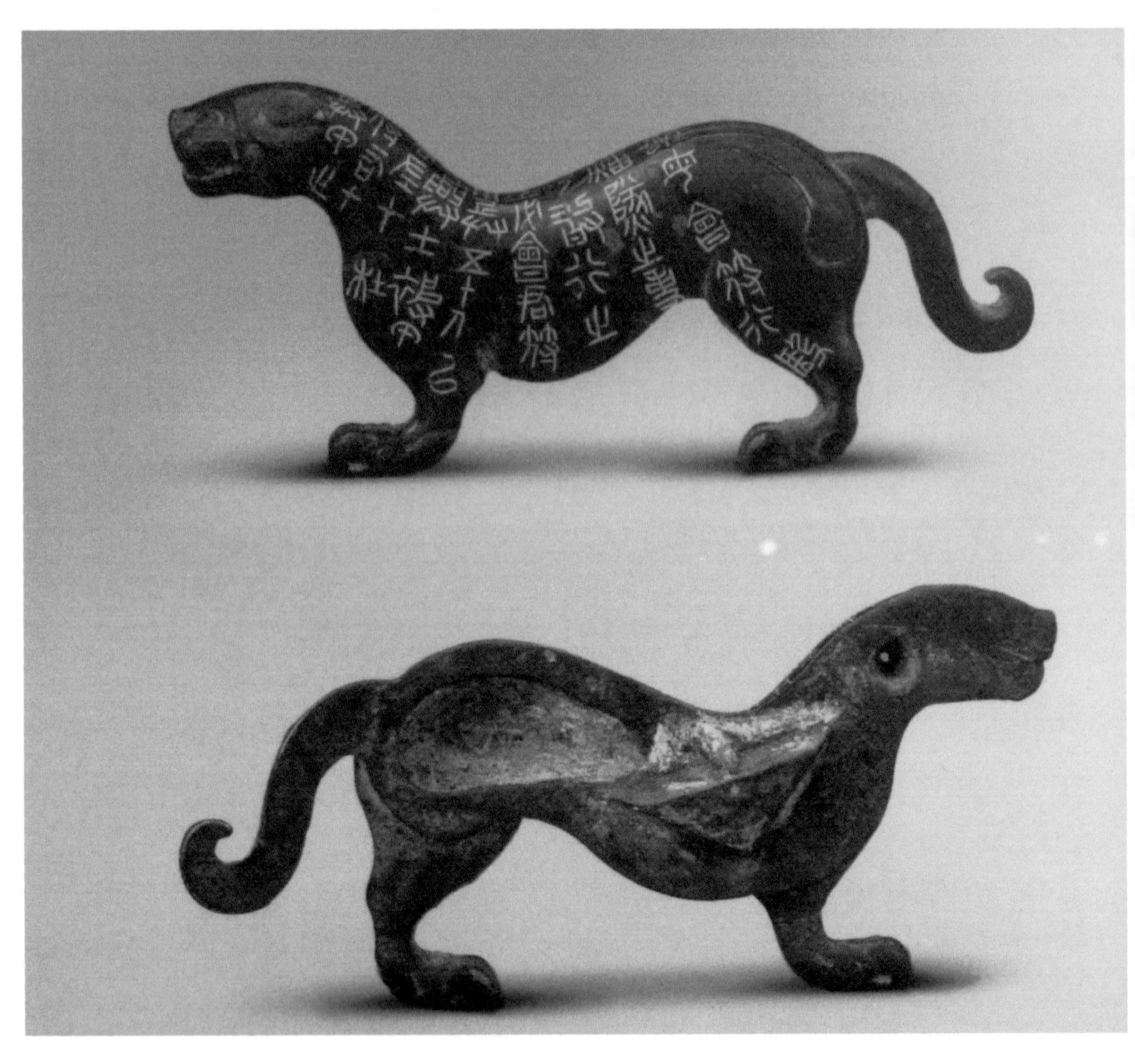

2010　陝西歷史博物館

秦朝虎符。虎符是古代皇帝用來遣將調兵的兵符。一般是用青銅或黃金來做成伏虎形狀的令牌，鑄成兩半，一半由皇帝保留，一半由將帥持有，只有兩半合而為一，持符者才能獲得調兵遣將權。虎符最早出現在春秋戰國時期，相傳是周朝的軍事家姜子牙發明的。虎為百獸之王，叢林爭鬥無敵，唐高祖李淵為避其祖父李虎名諱，把虎符改成魚符、兔符甚至龜符，完全違背發明者的用心良苦，所幸大唐猛將如雲，征戰還是非常出色，沒有太大妨礙。

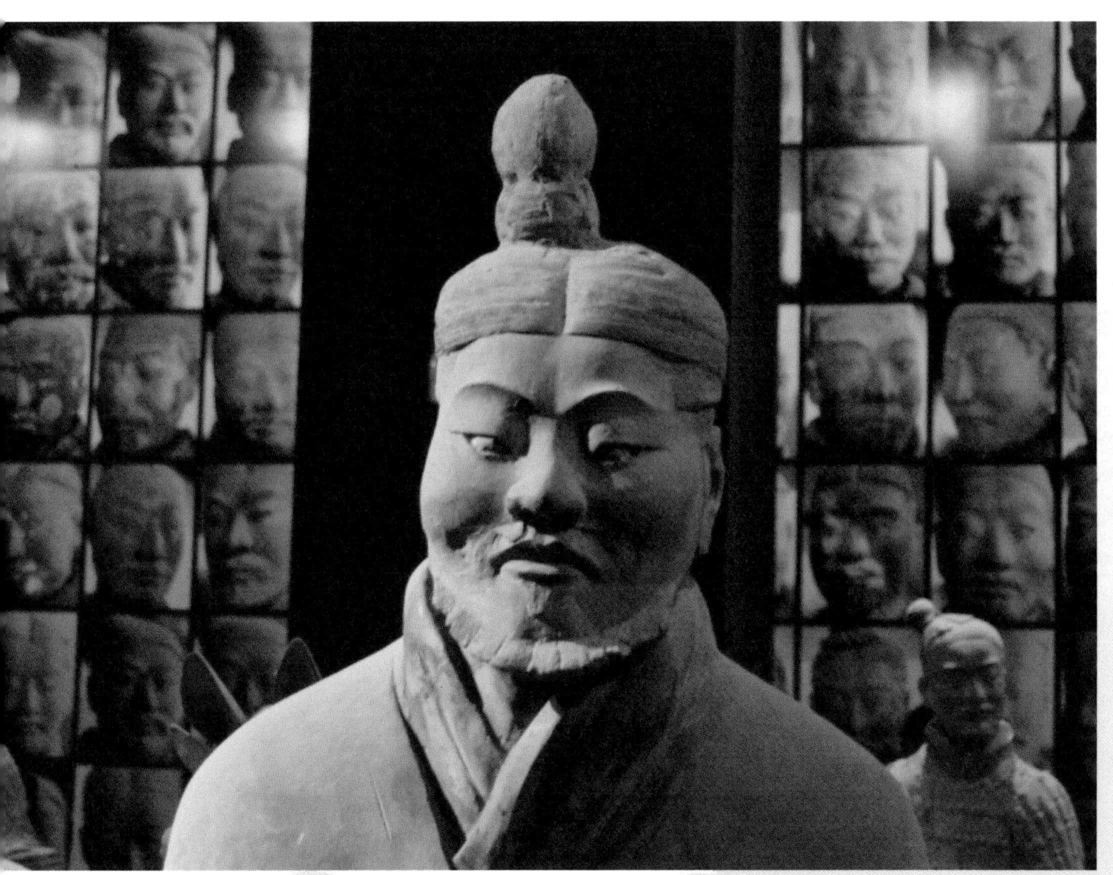

2010　陝西歷史博物館

秦始皇陵出土的兵馬俑，最令人驚訝的在於眾多的兵馬俑中，人物造型變化而且表情各異。這個大鬍子武士，看起來像胡人。秦國地處戰國七雄的西部邊陲，和義渠交界，多年的征戰融合，大秦帝國也收納了許多少數民族的戰士。

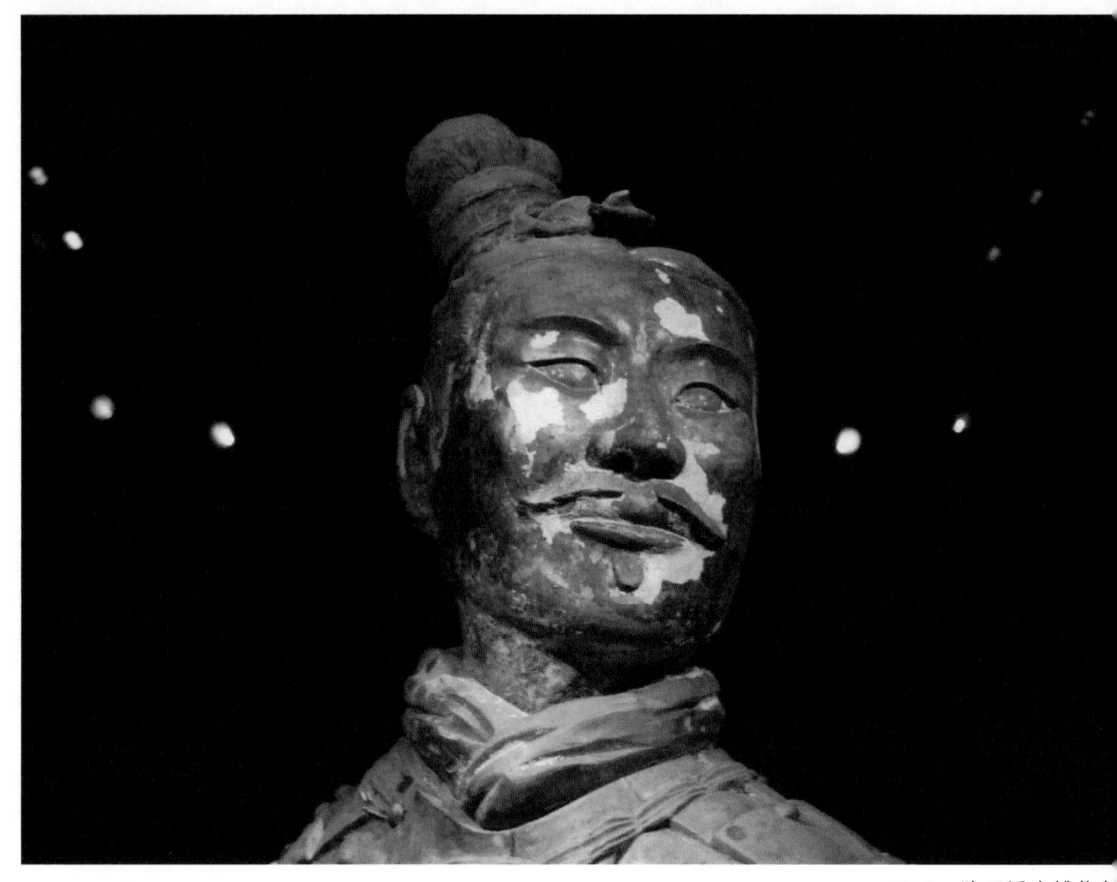

2010　陝西歷史博物館

在眾多兵馬俑中，造型最奇特的當屬這尊跪著射箭的，武士跪射俑。兵馬俑一般表情嚴肅威武，這個跪射俑的臉部表情輕鬆，含笑還微吐舌頭，此人應該是比較樂天幽默的戰士，此也間接證明，兵馬俑全部是以真人為模特來塑造的。

這個古代器皿上的宴客雜耍圖案相當精彩。宴客的表演中有吹奏樂器的，有跳舞的，有擊劍的，還有噴火的，人物生動，場面相當熱鬧。

2010　陝西歷史博物館

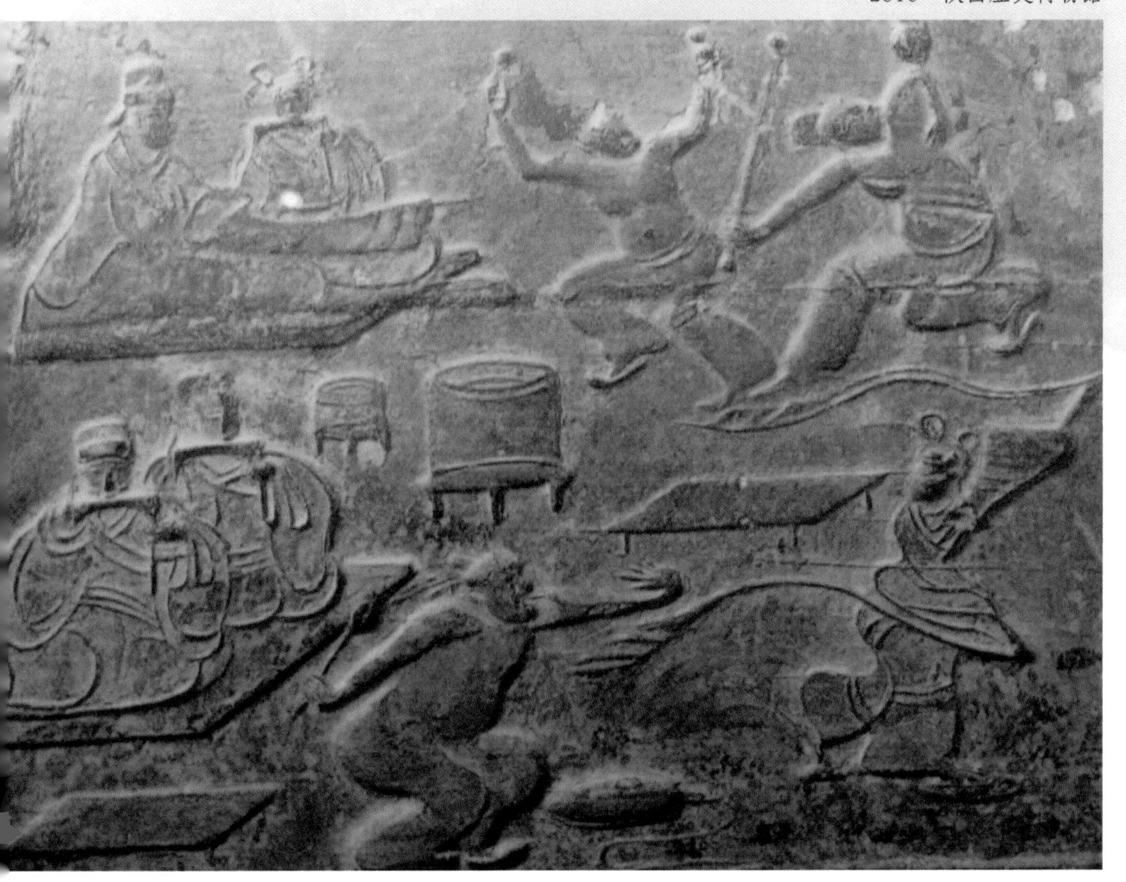

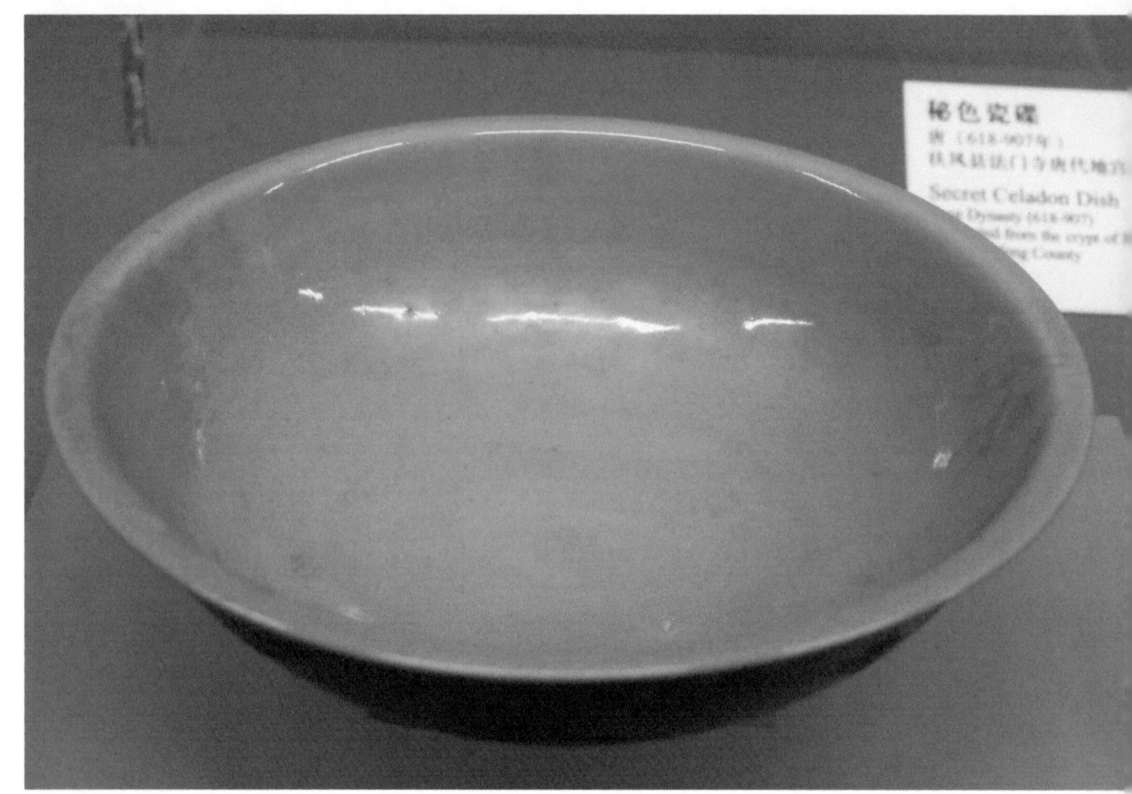

2010 陝西歷史博物館

唐代祕色瓷碟。陝西扶風縣法門寺地宮出土的唐朝文物，除了佛祖真身指骨舍利最為有名之外，再來就屬，唐代祕色瓷了。祕色瓷是我國古代越窯（越州官窯，在今浙江一帶）青瓷中的精品，「祕色」一詞，最早出自晚唐詩人陸龜蒙的詩《祕色越器》。初聞祕色瓷者，都期盼那是一種，擁有神祕色彩的瓷器，但其實祕色瓷的顏色和造型相當簡樸。而據宋人的研究，五代吳越國王錢鏐，規定越窯專燒進貢朝廷的一種瓷器，而此種瓷器的釉料配方嚴格保密，所以「祕色瓷」就是釉料配方加以保密的一種瓷器。

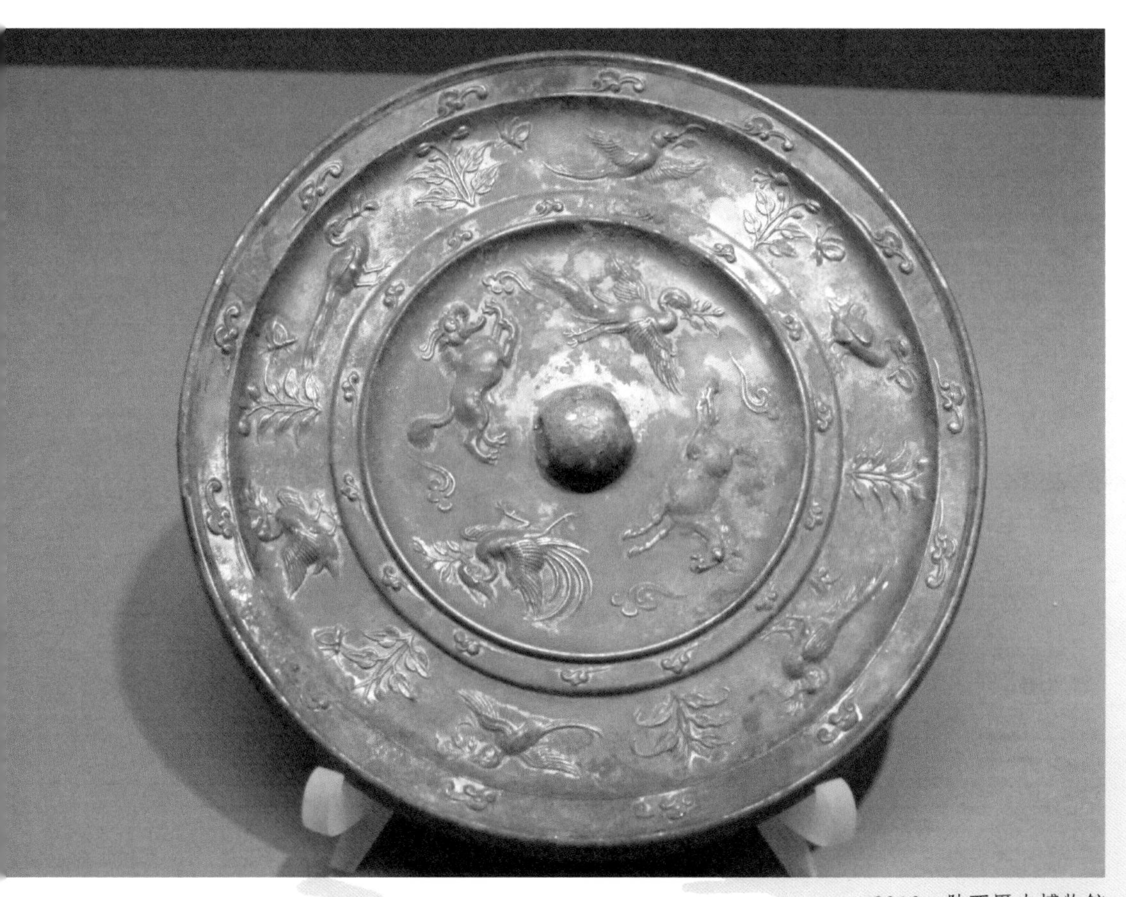

2010　陝西歷史博物館

古代銅鏡背面。古代銅鏡大都是青銅（銅、錫、鉛合金）鑄造，用來梳妝整容，通常鑄有動物、花草、吉祥神獸等圖案。銅鏡在春秋戰國以前，還只是供王公貴族使用的生活用品，普通百姓只能用容器盛水來察照自己。戰國以後銅鏡開始普及社會，銅鏡背面中間都有一圓鈕，用以穿繩繫帶，方便抓取。

古代銅鏡圖案。這是一幅從古代銅鏡上描繪的圖案，圖案上有各種飛鳥走獸以及吉祥神獸，充分展現出中國文化獨特的藝術美學。

2010　陝西歷史博物館

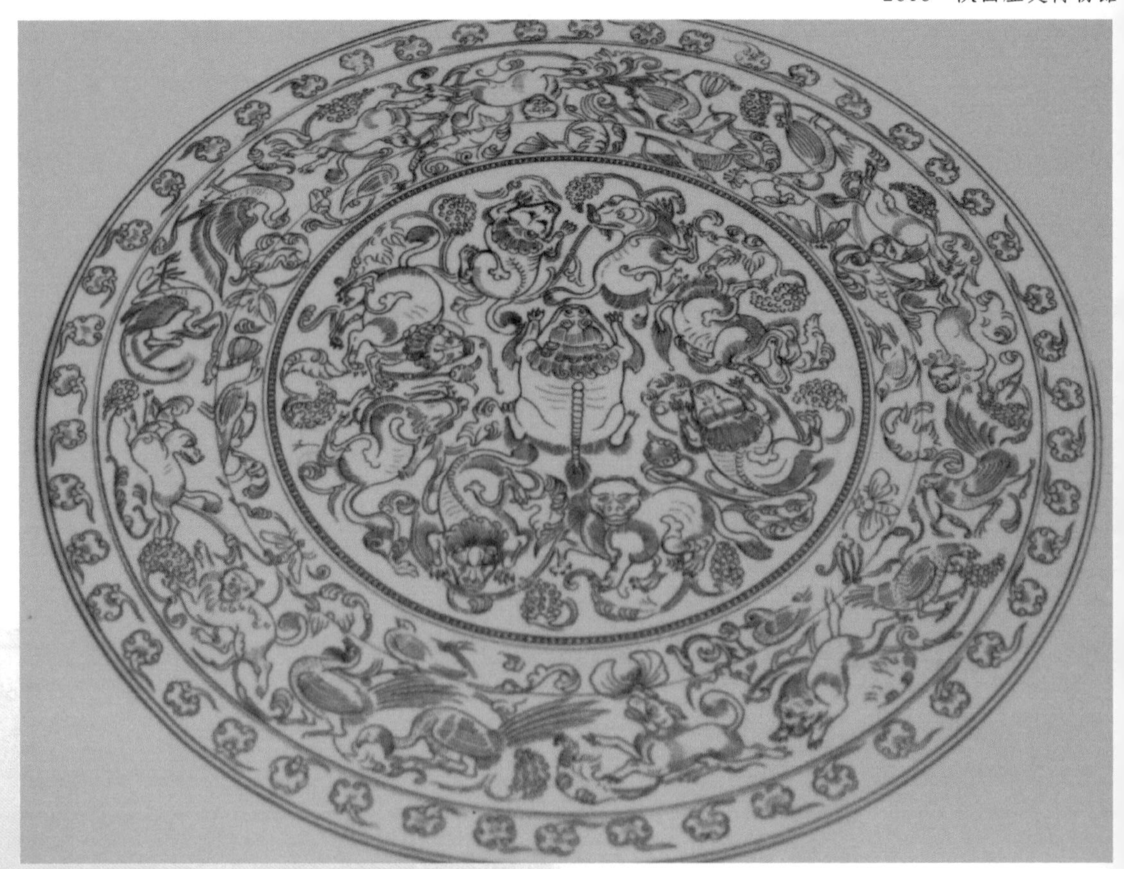

唐三彩之拿銅鏡的女人。古代女人梳妝整容用的是銅鏡，銅鏡一開始沒有柄，而是靠鏡背的圓鈕穿繩繫帶方便抓取，而從唐代開始出現帶柄手鏡，這個唐代出土的女性陶俑，手持的正是帶柄手鏡。

2010　陝西歷史博物館

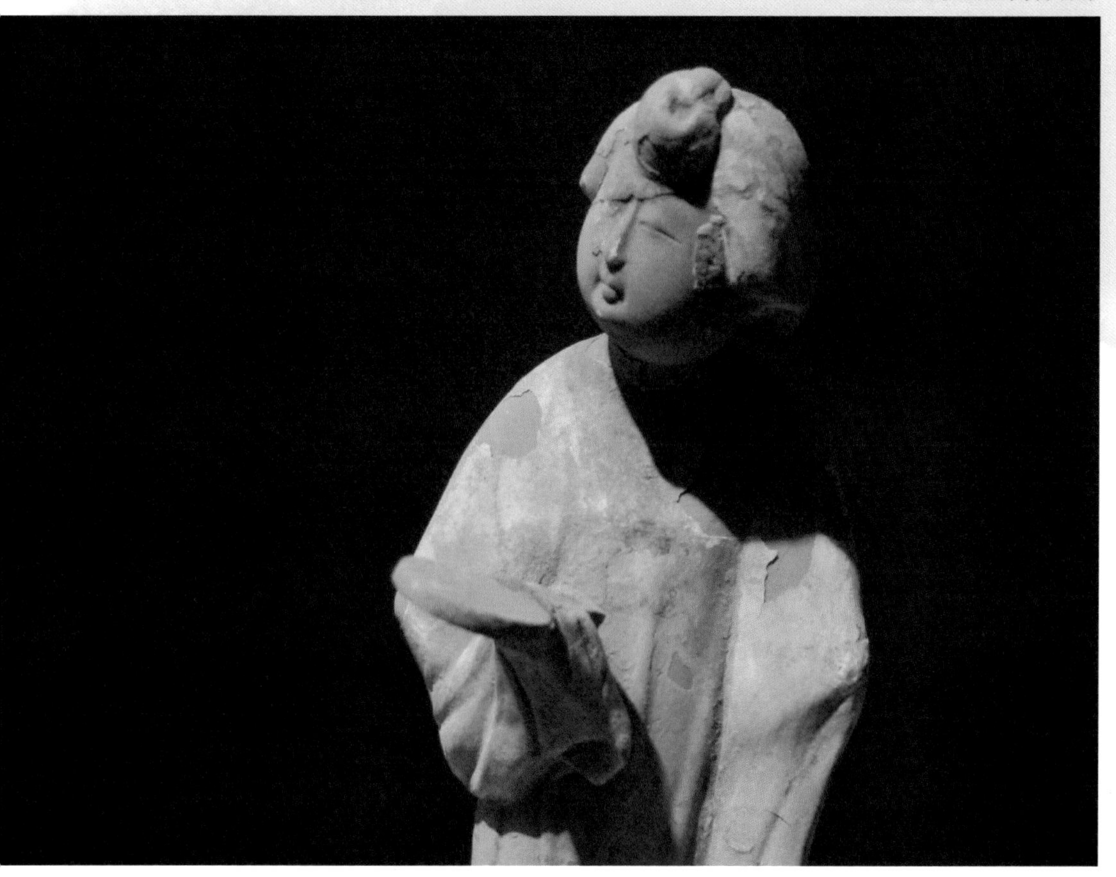

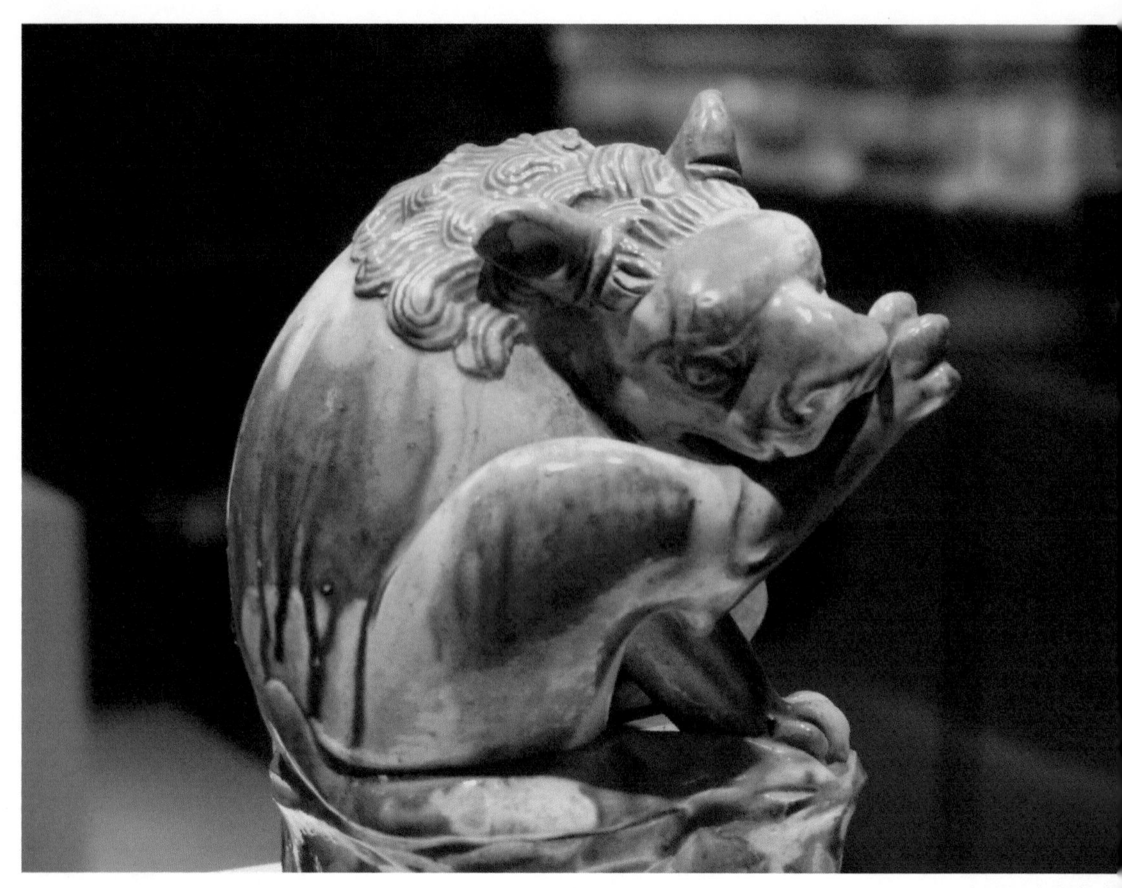

2010　陝西歷史博物館

唐三彩之獅子陶俑。唐三彩是唐代盛行的一種低溫彩釉陶器，釉彩顏色有黃、綠、白、褐、藍、黑等各種顏色，而以黃、綠、白三色為主要顏色，又有多彩之意，故稱唐三彩。唐三彩最早出土於洛陽，它並非是唐人的日常生活器物，而是一種陪葬物。唐代以前的彩陶多以單色為主，或者最多兩色，到了唐代，繪畫和雕塑水平提高，開始流行多彩陶器。加上經濟繁榮，社會風氣盛行厚葬，因而後來出土的唐墓中，便發現大量的唐三彩。

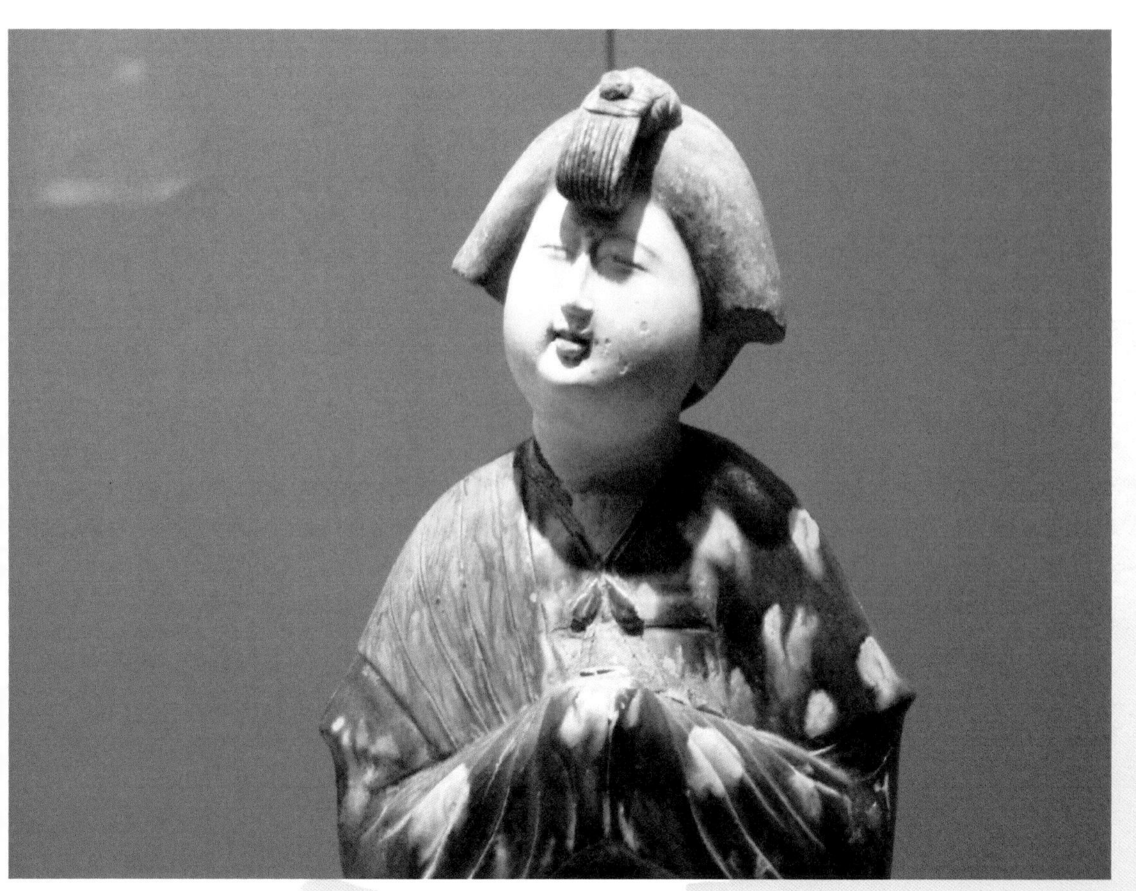

2010　陝西歷史博物館

唐三彩之仕女陶俑。唐代國力強大，社會風氣開放，中西經貿文化交流發達。盛唐之際，人們的心理比較從容而自信，女性的審美觀趨於體態豐盈，雍容華貴。這尊仕女陶俑，柳葉眉，櫻桃嘴，臉頰圓潤，頗有楊貴妃「回眸一笑百態生」的神態。

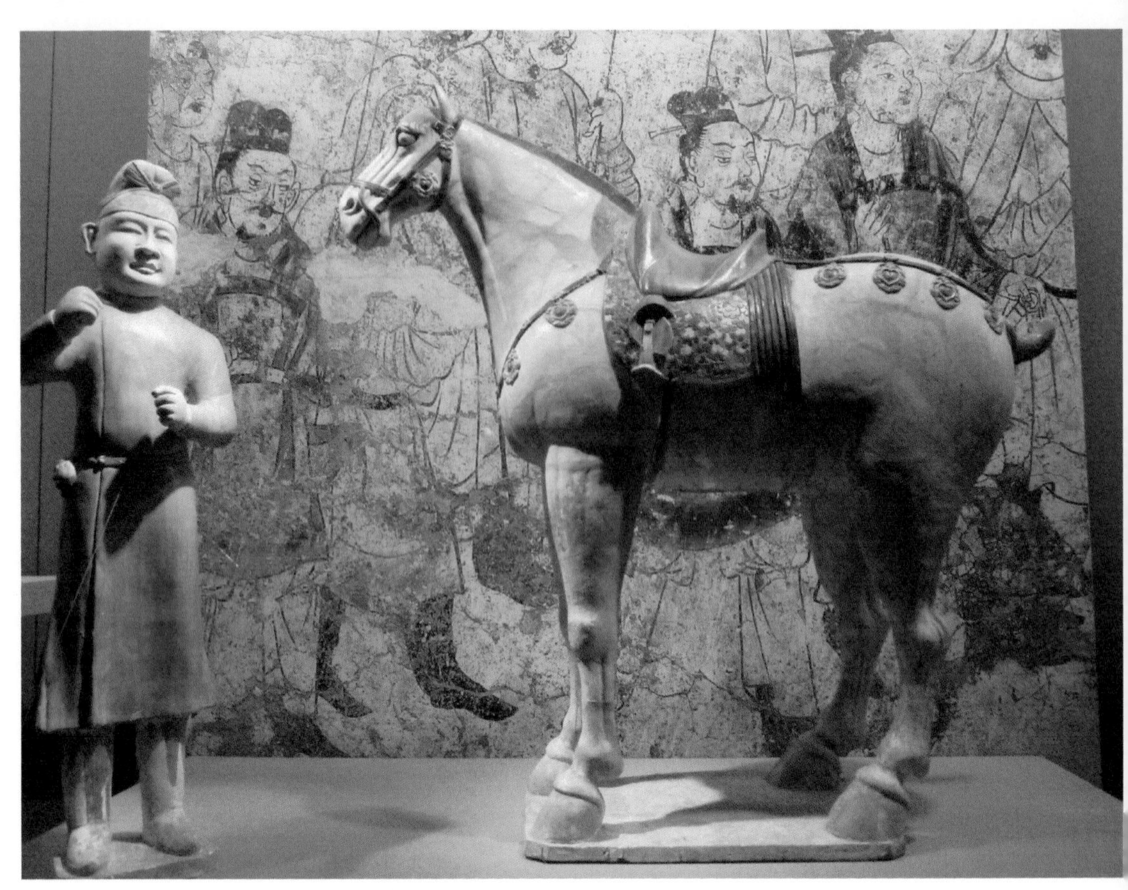

2010　陝西歷史博物館

唐三彩之牽馬男俑和駿馬陶俑。唐三彩馬多以戰馬的形態來雕塑，戰馬身形健壯，肌肉發達，扎著尾巴，身上帶著裝飾物。唐人愛馬，男女皆騎馬，擁有一匹駿馬難能可貴，唐太宗更是把騎馬狩獵視為，大丈夫三大樂事之一。

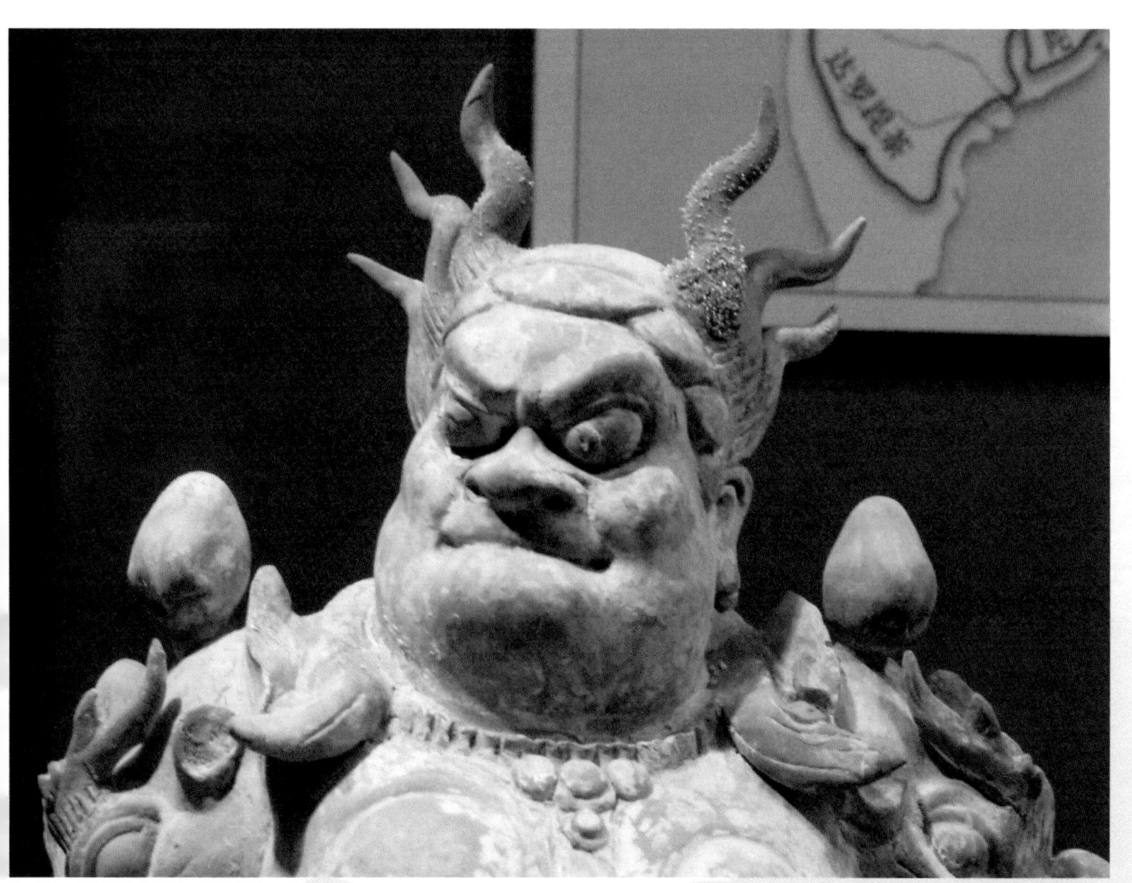

2010　陝西歷史博物館

唐三彩之天王力士陶俑。唐代的天王俑皆是以力士的形象來表現，雙眼圓瞪，身材魁梧，力大無窮。天王俑源於佛教的護法天王，佛教自漢朝傳入中國逐漸漢化，唐朝時大量翻譯佛經更是鼎盛異常。天王俑最早出現於武則天時代，原來天王的降魔伏妖護法功能被賦予驅鬼辟邪，保護墓室主人和財物的安全，天王俑一般成對和另一對鎮墓獸安置在墓室的門前。

唐三彩之騎馬俑。唐太宗李世民一生騎馬打仗，休閒時也喜歡騎馬狩獵，因而整個唐朝皇室跟著流行出行狩獵。狩獵時除了騎馬，也帶上馴養過的獵鷹、獵豹、獵犬。這個戴帽的狩獵騎士，肩膀停著一隻馴養的獵鷹，充分反應唐朝當時的流行活動。

2010　陝西歷史博物館

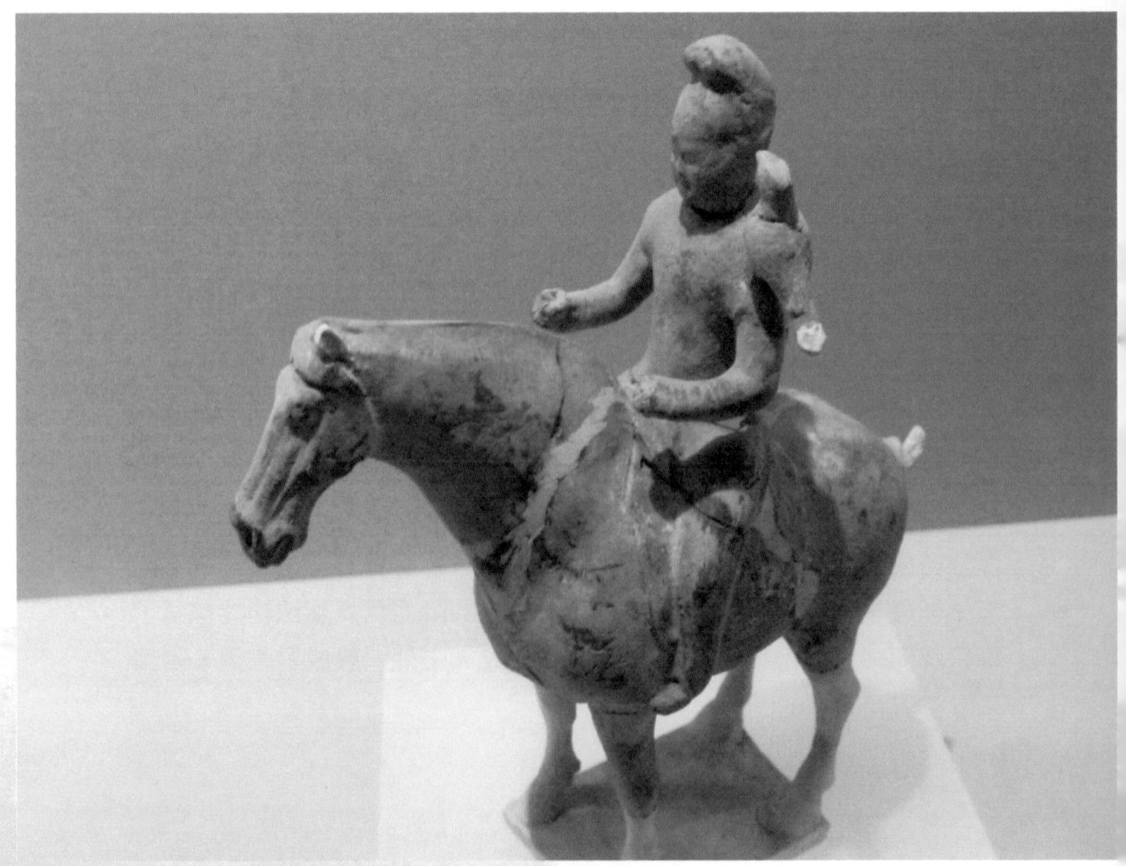

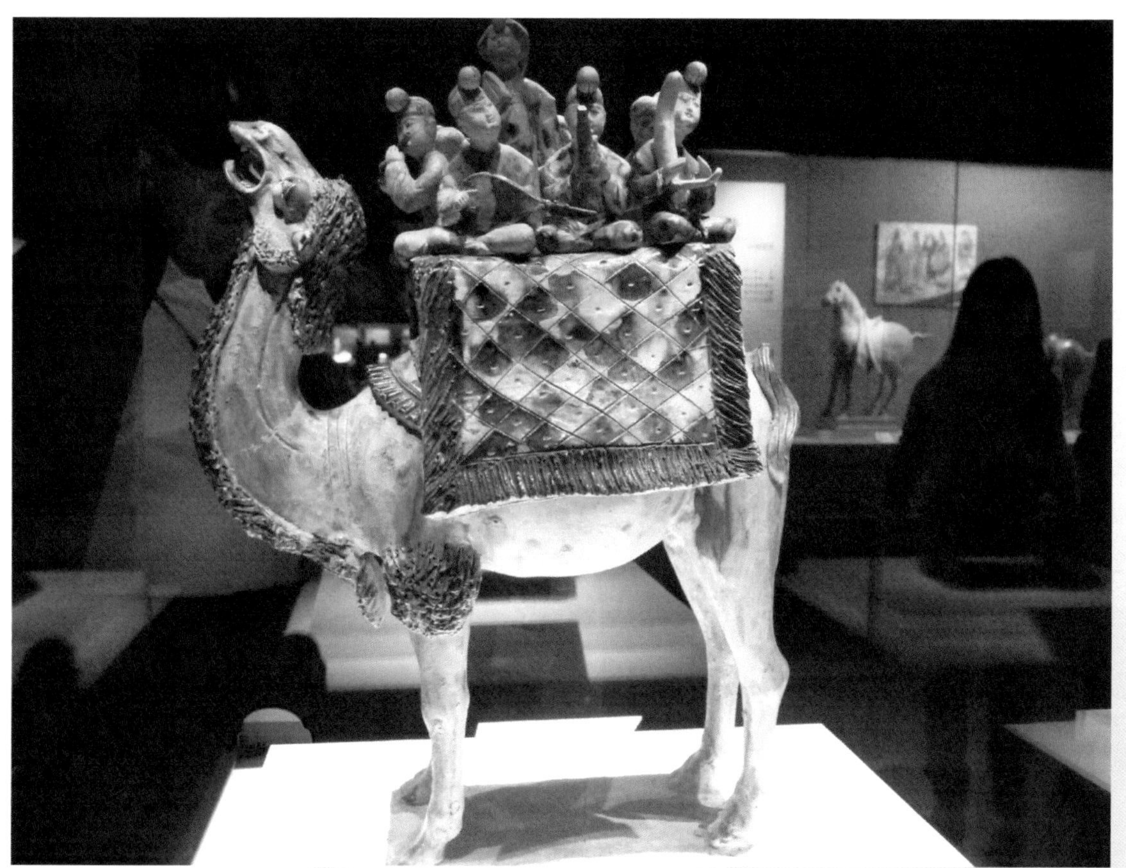

2010　陝西歷史博物館

唐三彩之駱駝載樂伎俑。這是一件盛唐時期的唐三彩極品，藝術家把一個八人的歌舞樂團舞台，搬上了駱駝的背上，八位團員皆著漢服，一位女歌手邊歌邊舞，另七位樂手拿著各種不同的胡人樂器吹奏。唐朝絲綢之路，靠駱駝往返東西文明之間，除了貨物買賣之外，西域諸國的音樂和舞蹈，迅速流行於長安城內，受皇室、王公貴族甚至市井小民的歡迎。大詩人李白更有「醉從胡女舞」的詩句，當時長安城內有許多胡人經營的酒肆，李白喝得興高采烈，趁著七分酒意，隨著輕快奔放的西域歌曲演奏，和波斯女郎跳起了迴旋舞。

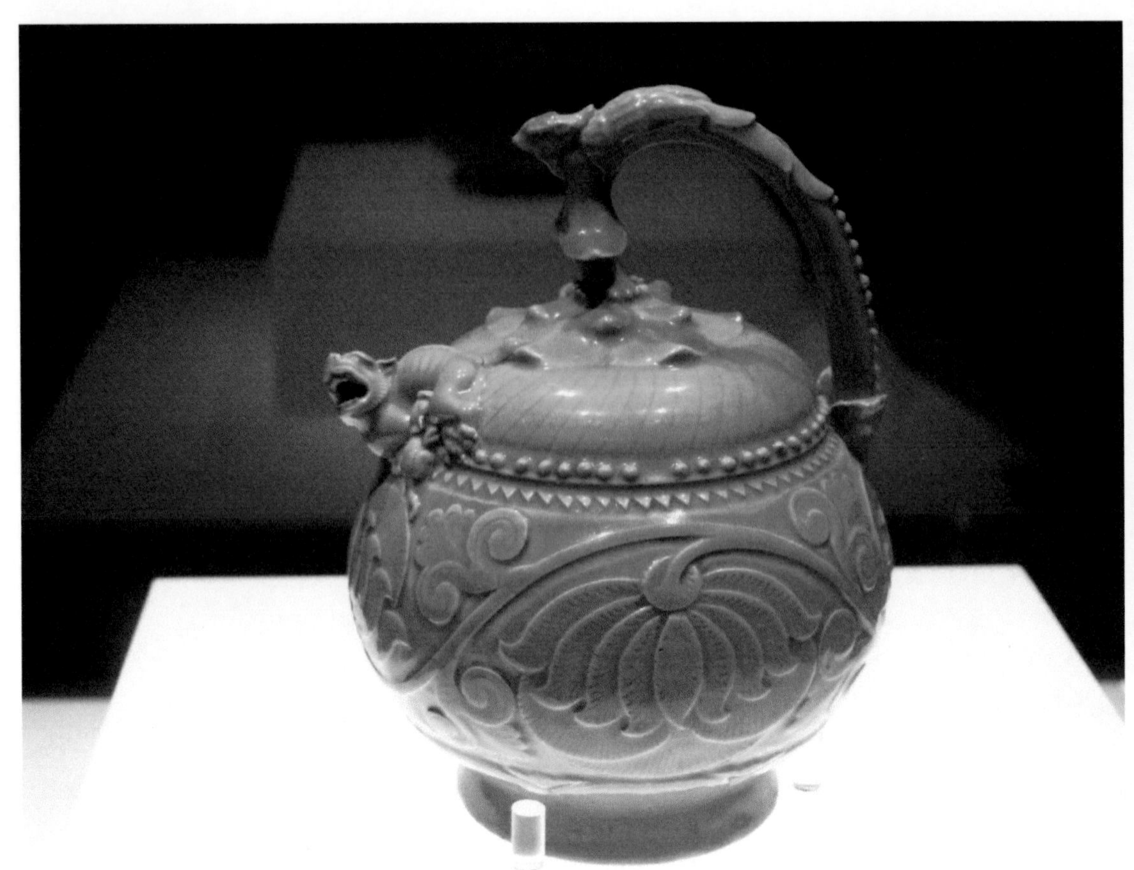

2010　陝西歷史博物館

五代耀州青瓷之倒流壺。此件五代燒製的倒流壺是陝西博物館的鎮館之寶。倒流壺是用來裝酒的酒壺，頂蓋沒有開口，壺裡有兩根中空的導管，一個連接底部的開口，一個連接壺嘴，裝酒時從壺底的梅花孔倒灌注入，放正後從壺嘴出酒，這個設計獨一無二，堪稱絕品。耀州（今　陝西銅川縣）位於西安北邊，耀州瓷開始燒製於唐代，成熟於五代，到宋代達到鼎盛。耀州瓷釉面潔亮淡雅，色澤青幽閃黃，花紋雕刻獨特，自古有「北耀州，南龍泉」的說法，意即北方瓷器代表是耀州窯，南方瓷器代表是龍泉窯（今　浙江龍泉縣）。

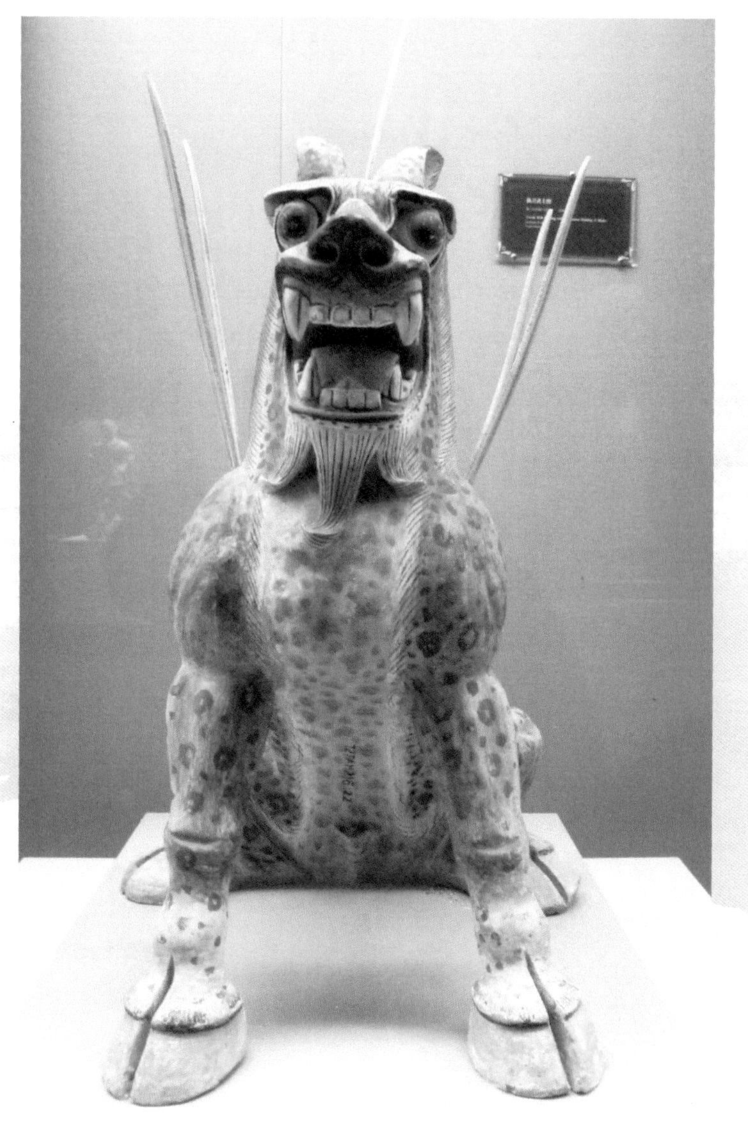

唐三彩之鎮墓獸陶俑。鎮墓獸是古代陪葬器物中用來放置墓前，用以守護亡靈，驅鬼辟邪的一種猛獸，它也有用來嚇唬盜墓者的功能。鎮墓獸一般面目猙獰，兇猛可怕，它的造型一般是馬蹄、豹身、獅頭、鷹翅的綜合體。這是一種由藝術工匠創造出來的猛獸，設計者期盼賦予牠神通廣大，達到鎮守墓室的效果。在中國文化裡，像鎮墓獸這樣創造出來的神獸或動物圖騰，還有龍、麒麟、鳳凰、朱雀等等，這都是古人一種對超自然能力，圖騰崇拜的心理。

唐代之皮囊扁壺陶器。皮囊造型的陶製彩釉扁壺，原是遼代契丹遊牧民族特有的陶器，它的造型源於遊牧民族隨身攜帶的皮囊。皮囊原本用於裝水、乳製飲料或酒，後來遊牧民族定居後，燒製的陶器扁壺保留了皮囊的造型。唐代胡風盛行，陶瓷製品也反映了異國的風情。

2010　陝西歷史博物館

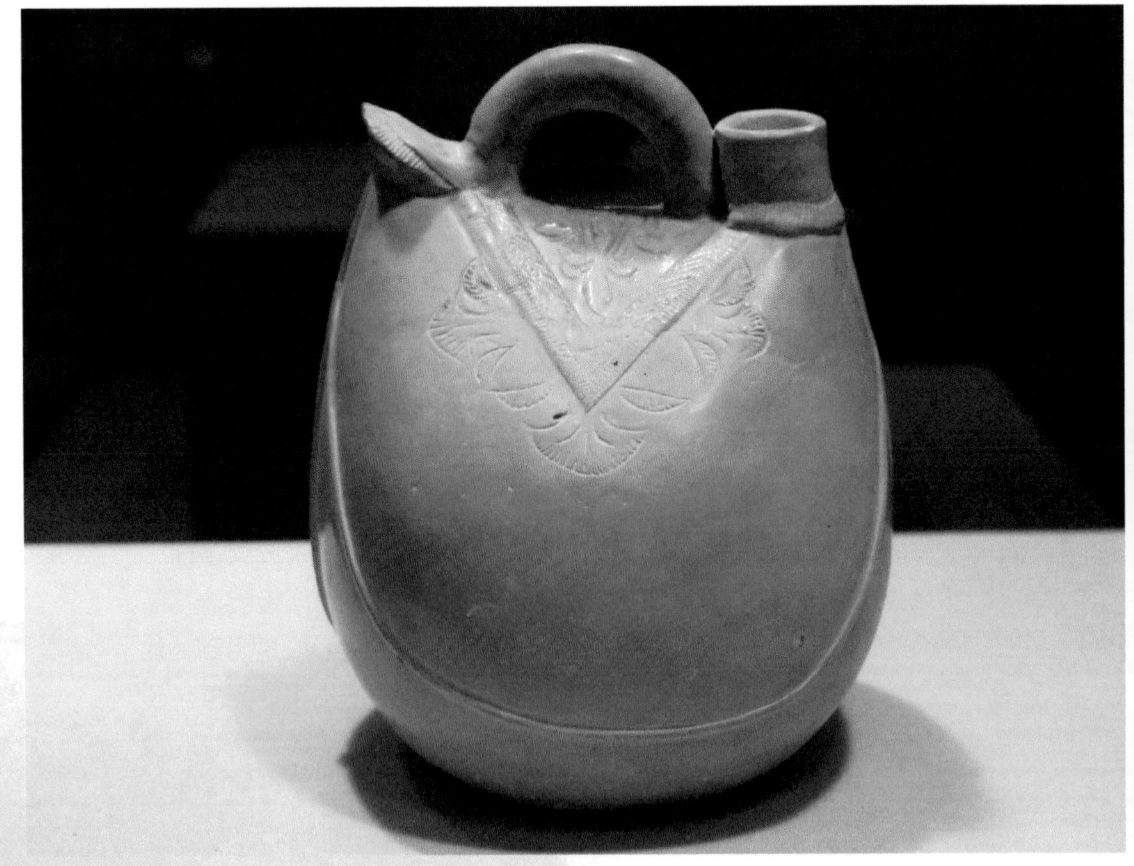

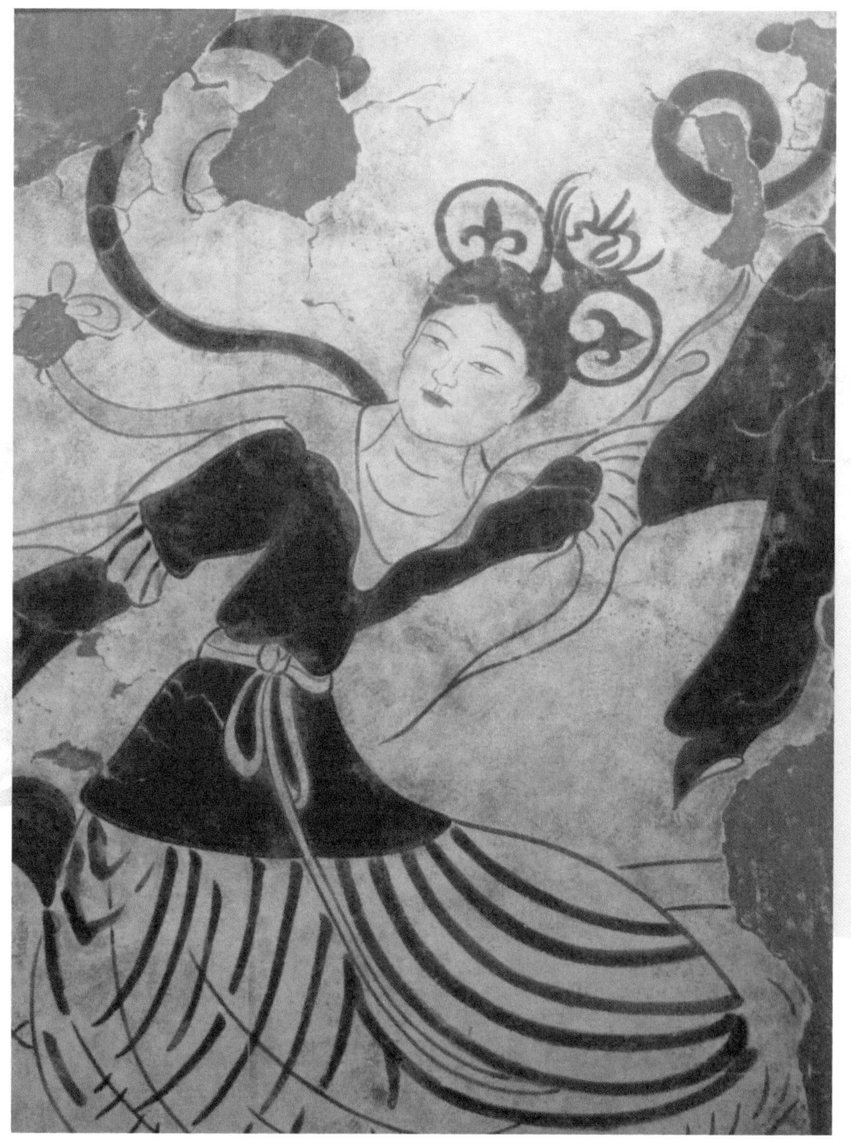

唐代在中西文明的激盪下，音樂和歌舞非常盛行，從唐代墓室壁畫中可以反映出來。圖中的舞者髮髻結環，曲腰舒臂，裙衣搖曳之中，舞袖飄飛。唐代流行一種由西域傳入的快速旋轉舞蹈，稱為胡旋舞或胡騰舞，楊貴妃即是此種舞蹈的個中高手。她跳胡旋舞時唐玄宗為他擊鼓，還忘情得把羯鼓都擊破了，在李隆基眼裡，除了貴妃天香國色，其他真是六宮粉黛無顏色啊！

18▸到驪山華清宮泡溫泉懷貴妃

唐代華清宮遺址，位於西安市東邊的臨潼區。距離西安約30公里，南依驪山，北瞰渭河，這裡自古即有溫泉湧出，唐初在此始建華清宮，是唐代帝王的遊幸別宮。唐玄宗時華清宮規模達到鼎盛，安史之亂後此地迅速衰落，唐朝之後歷代帝王已很少來此。現存遺址上，有一對情人樹做互擁狀，祈姻緣者在此繫紅繩，追憶唐玄宗和楊貴妃的千年愛情故事。

2010　陝西　西安　唐代華清宮遺址

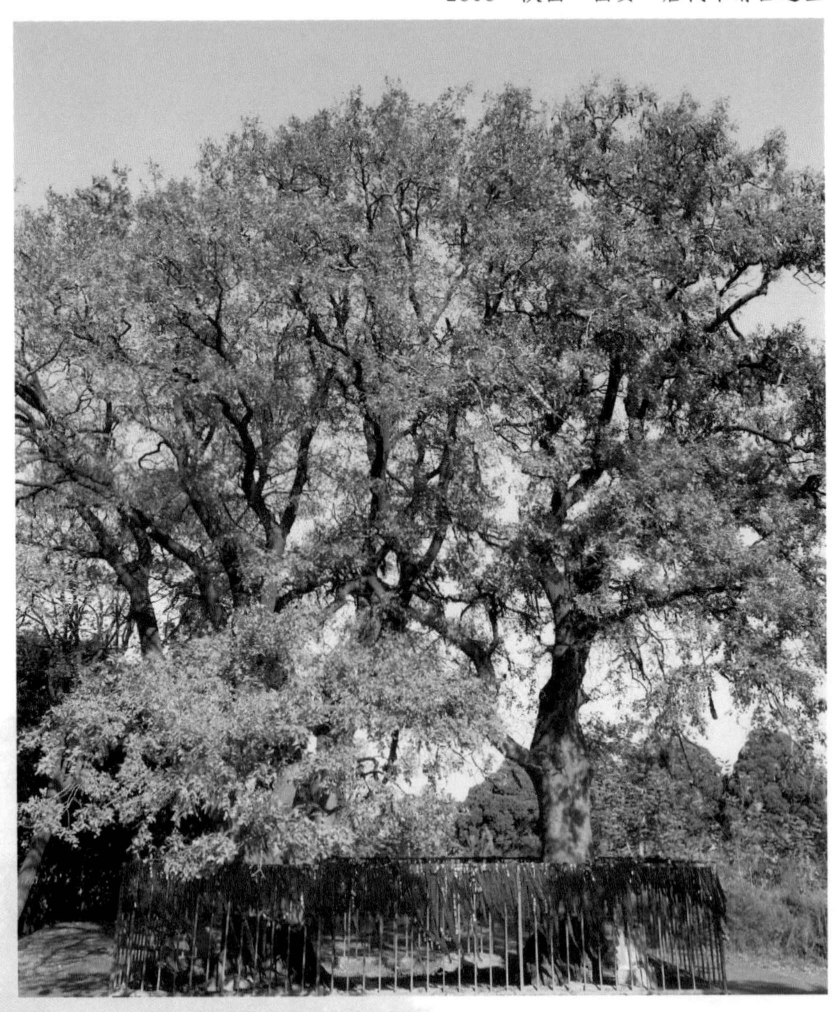

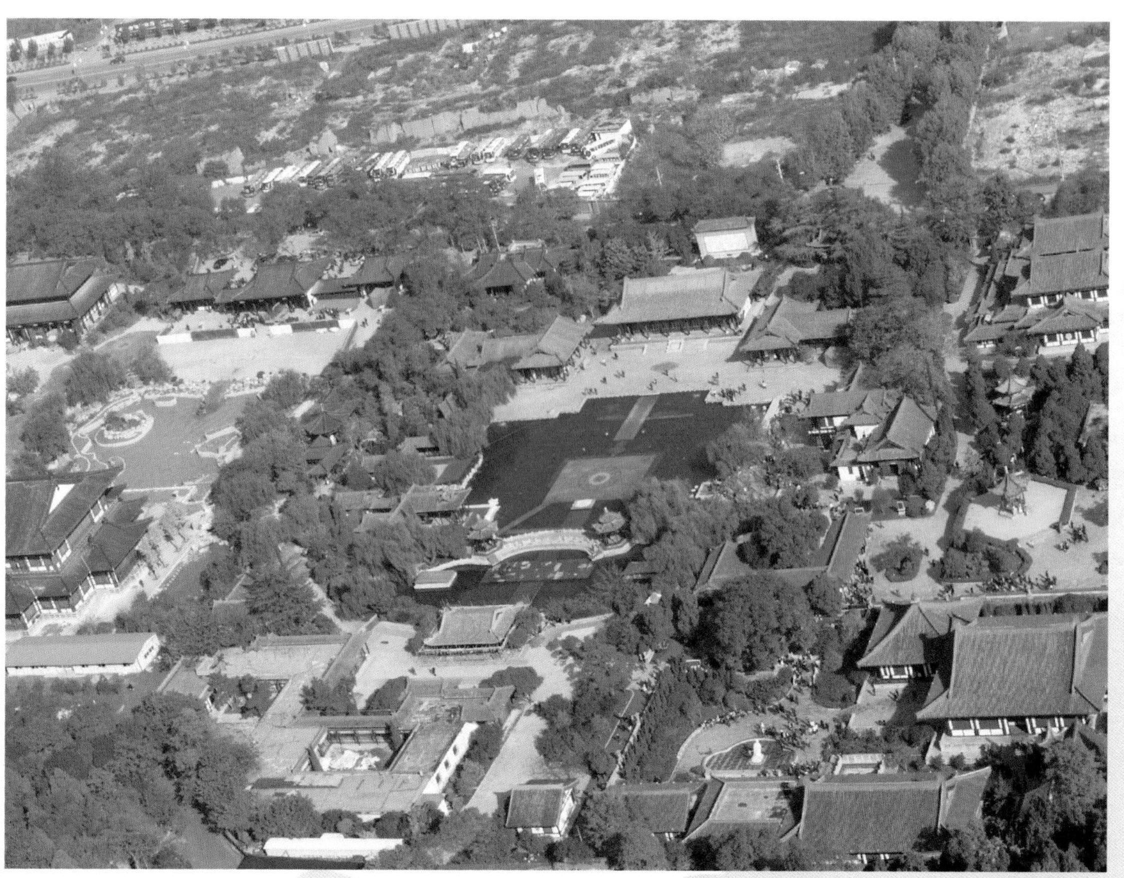

2010　陝西　西安　華清池景區

唐朝安史之亂後華清宮已是湯水寥落，宮殿蕭疏。現在從驪山俯瞰的華清宮景區，是現代重建的，睹物思情，遊客至此或許可以遙想一千三百年前，此地的風華盛況。

位於西安市東邊臨潼區的驪山，可說在歷史的舞台赫赫有名。周幽王在此上演了「烽火戲諸侯」的大戲；千古一帝秦始皇的陵墓和兵馬俑就在驪山近麓；唐明皇賜浴楊貴妃的華清池也在驪山腳下；民國時期張學良和楊虎城兵諫蔣介石的西安事變也發生在驪山山腰。可以說驪山演繹了許多風雲人物的精彩故事，來這裡走訪特別可以感受濃厚的歷史遺跡。

2010　陝西　西安　驪山

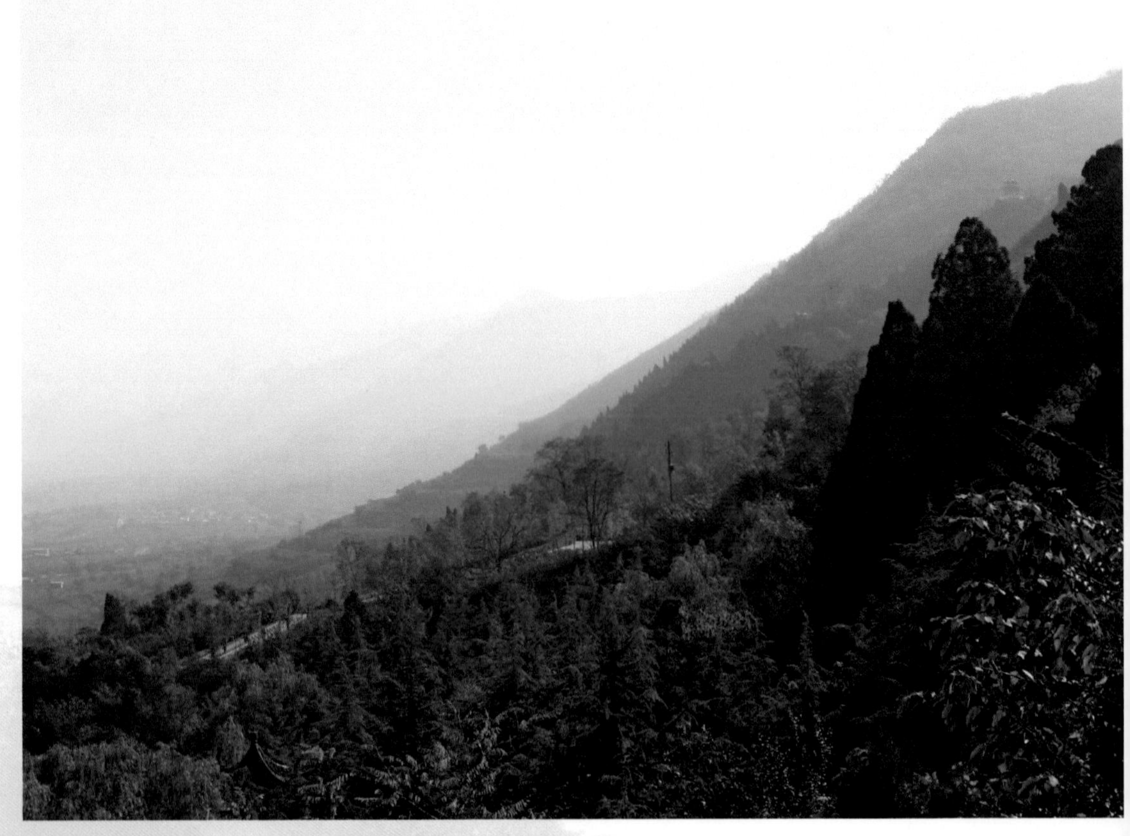

初秋來到驪山，氣候微寒但陽光明亮，在華清宮園區的涼亭小坐，園內遊人不多而四周楓紅似火。華清宮雖是現代重建，但睹物思人，想起白居易《長恨歌》裡的詩句「驪宮高處入青雲，仙樂風飄處處聞。」這個驪山腳下的華清宮，在唐玄宗寵楊貴妃時，這裡每天絲竹管弦，音樂歌舞不斷，歡樂聲傳遍了整個山谷，如今回首再望驪山，卻已是千年往事。

2010　陝西　西安　驪山

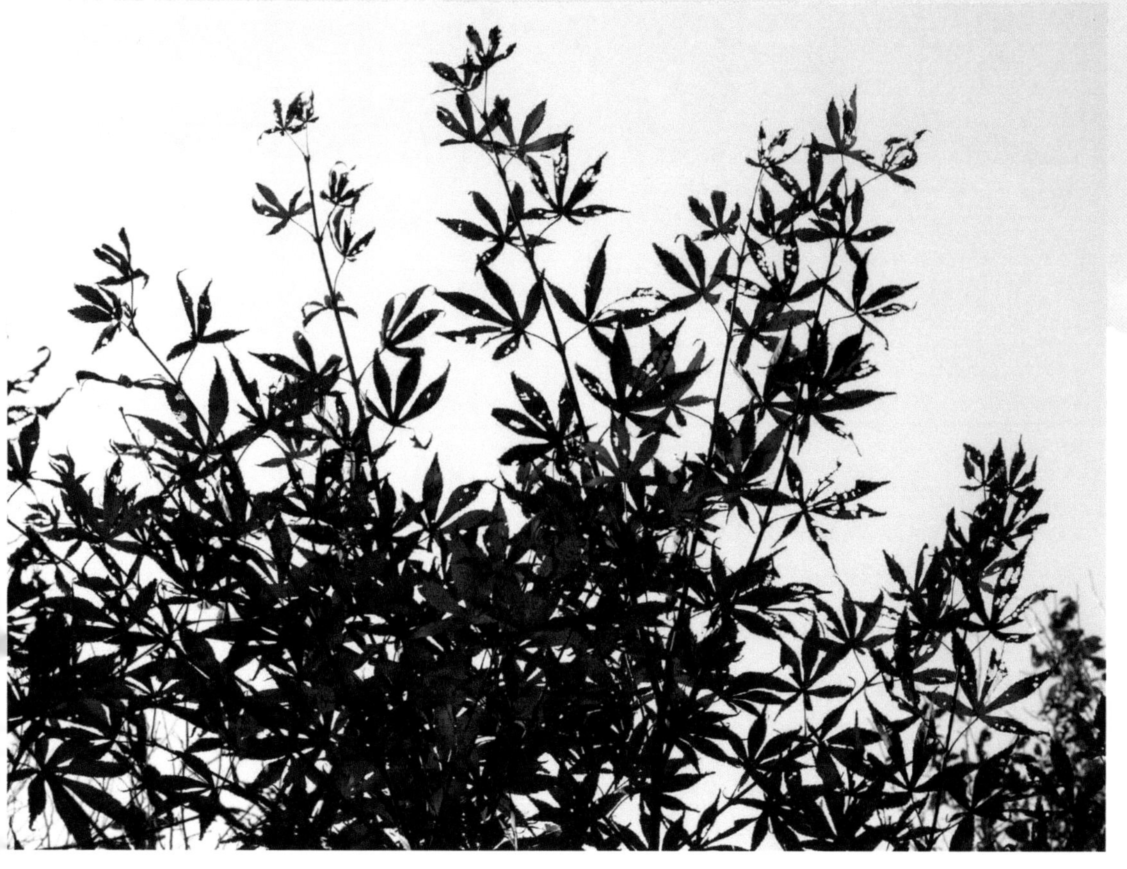

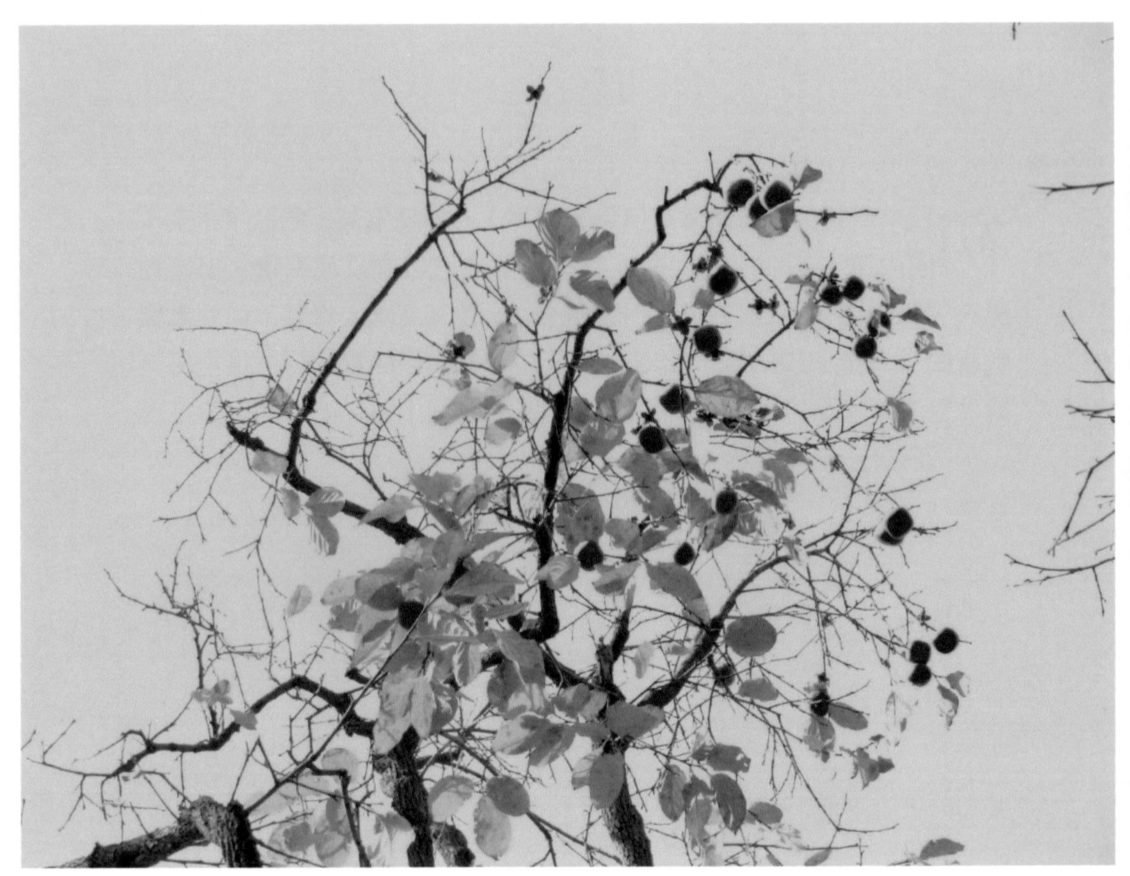

2010　陝西　西安　華清宮園區

秋天的華清宮園內，裡面的柿子熟了，樹葉如金果似火。一般的柿子大而扁，偏橙色，這裡的柿子小而圓，而且特別紅，很像孫悟空的火眼金睛。隨後我在附近的小販買來一試，果真非常甜美，小販說這是臨潼當地特產，就叫「火晶柿子」。

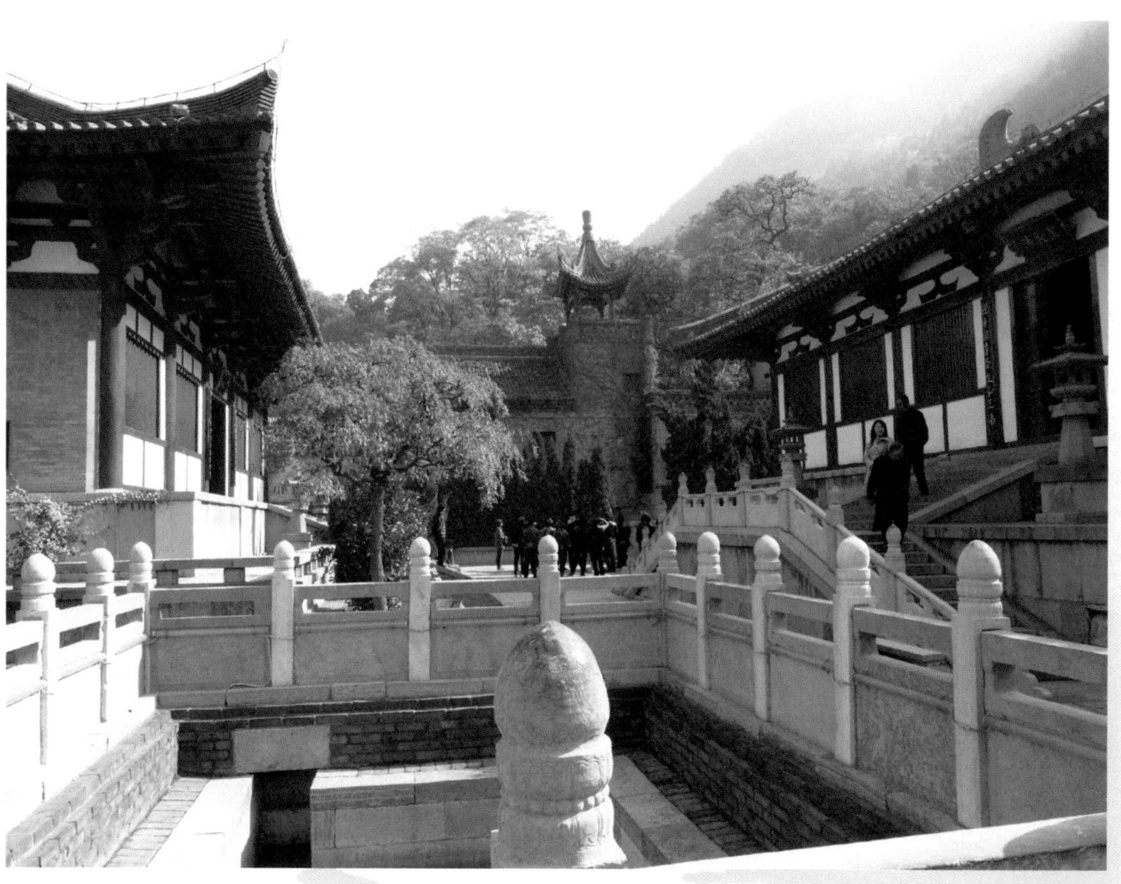

2010　陝西　西安　華清宮

驪山腳下的華清宮重建後依舊宮殿參差，雕欄環繞，玉砌起伏，樓閣林立。

白居易《長恨歌》詩句「春寒賜浴華清池，溫泉水滑洗凝脂」中描述的，這個當年楊貴妃泡溫泉的華清池，如今湯水已盡，人去樓空，只剩溫泉遺跡，但依舊可以看出造型古典的溫泉池風貌。

2010　陝西　西安　華清池溫泉遺跡

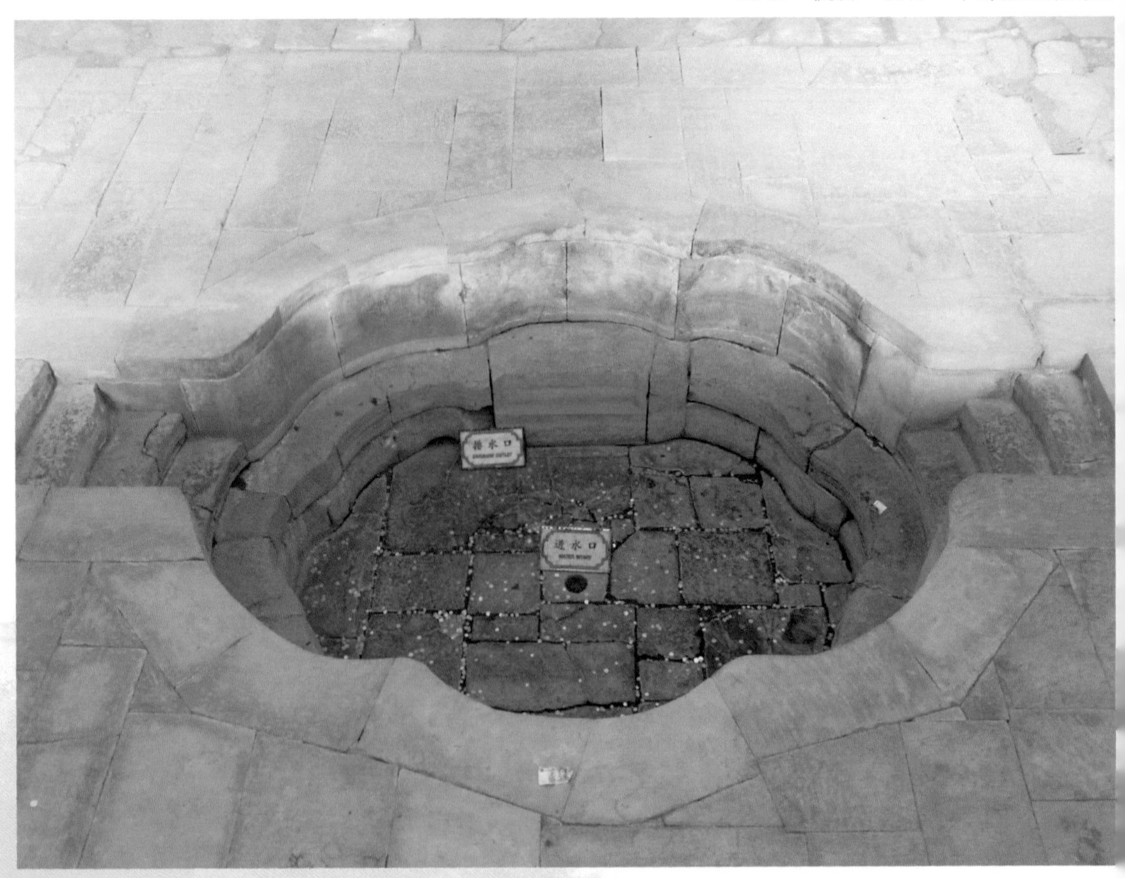

白居易的《長恨歌》敘述李隆基和楊玉環之間的淒美愛情故事，讓很多人讀後非常感動。姑且不論故事的纏綿悱惻和人物是非，從詩作的藝術水平來說，白居易對詩中人物和地點的敘述，相當細膩和精確。詩句中「侍兒扶起嬌無力，始是新承恩澤時」，把楊貴妃剛開始受唐玄宗恩寵時，帳暖春宵後，在華清池泡溫泉的身體狀態，描寫得入木三分。春寒料峭，溫泉熱氣蒸騰，泡久了使人乏力，還得由侍女扶起。白居易詩意精準，不愧為唐詩的經典之作。

2010　陝西　西安　華清池溫泉遺跡

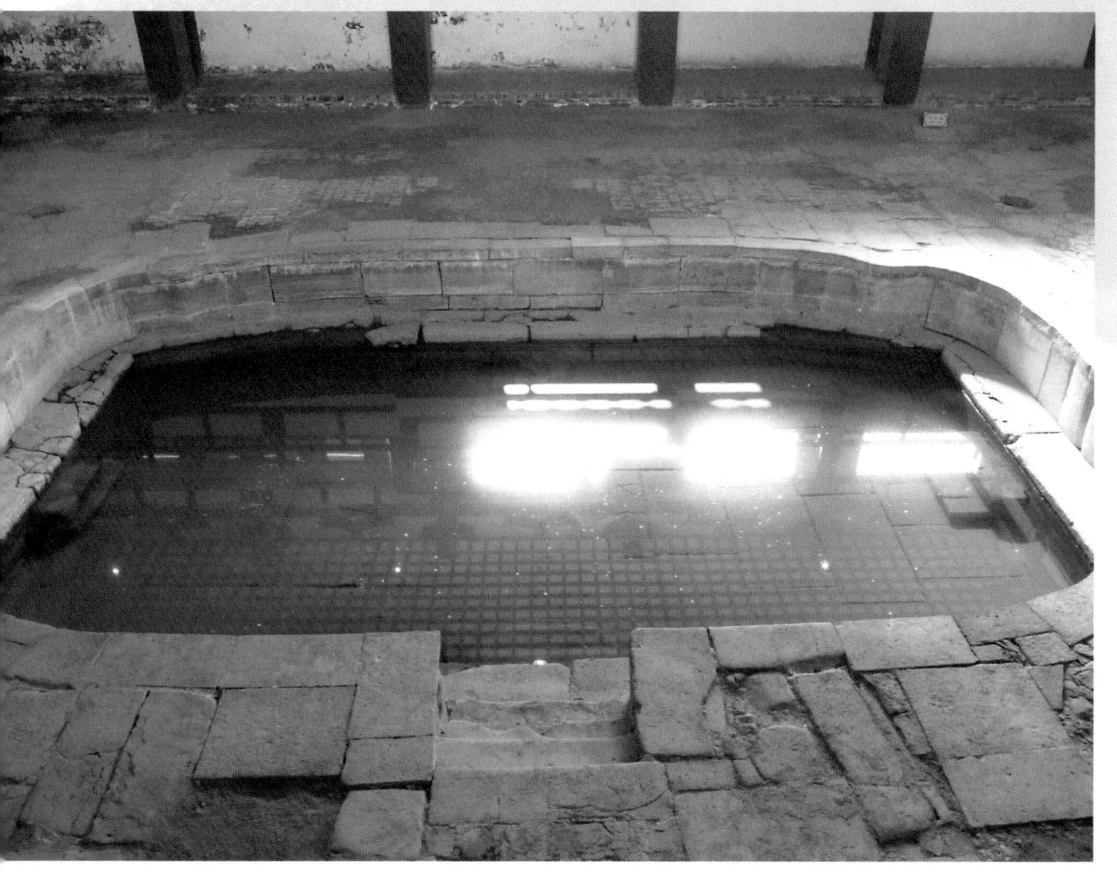

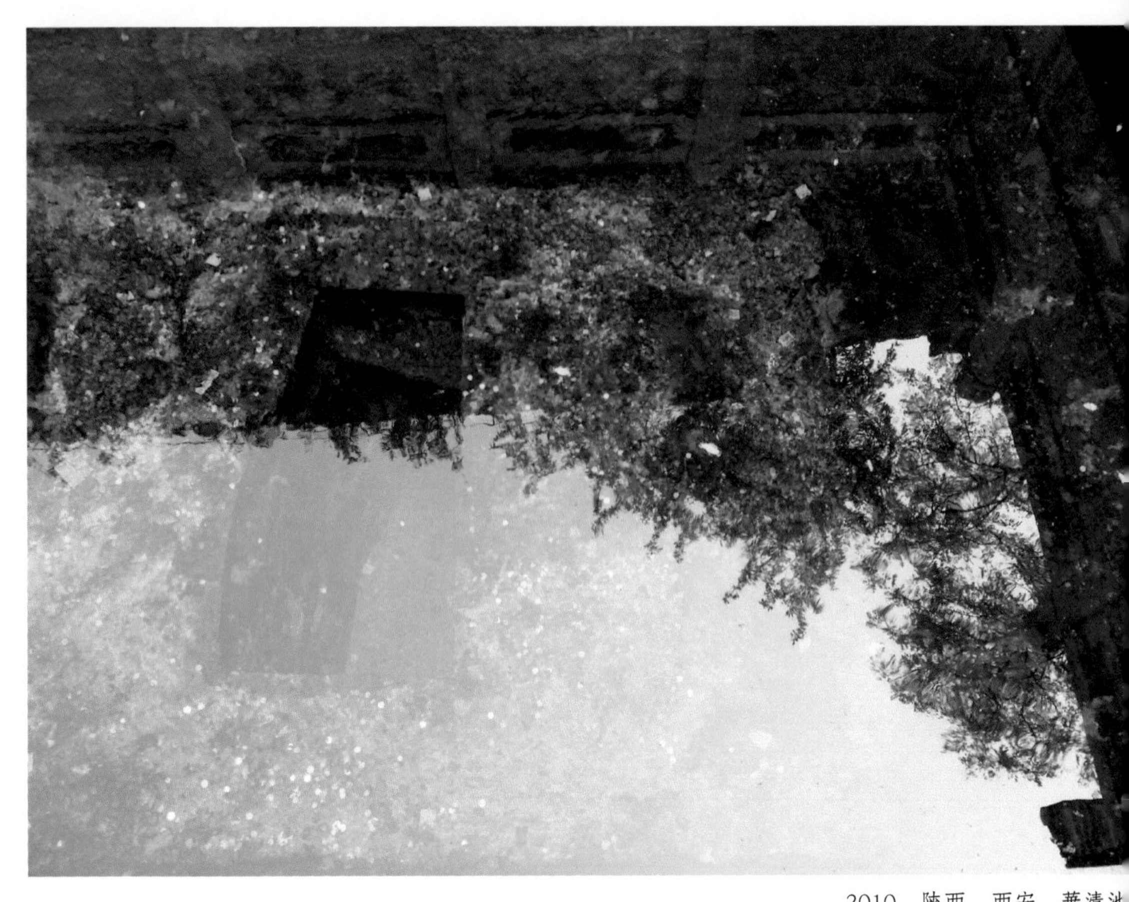

2010　陝西　西安　華清池

望著水底倒映的黃葉，千百年來，驪山腳下的往事塵煙，早已一一消散，而華清池泉水依舊清澈如昨。倒是多事者，丟在池中的錢幣多如星斗，銅錢污染了水源，破壞了歷史的回憶。

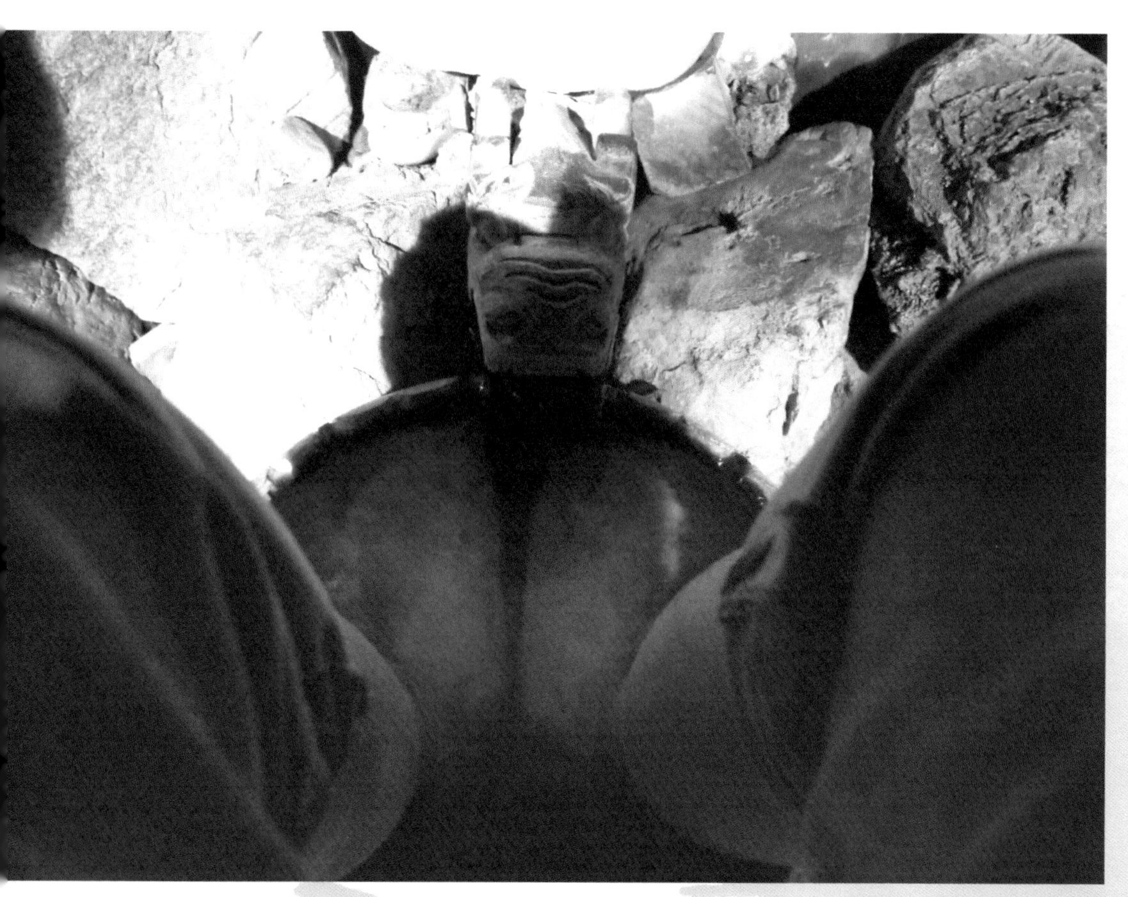

2010　陝西　西安　華清池溫泉

物換星移，唐朝的驪山別宮華清池，如今溫泉盛況不再，千年之後，這裡的溫泉水量變得很小，即便有皇帝的恩寵，也泡不了溫泉了。不過坐下來泡泡腳，倒也等同和皇帝貴妃同款了，這樣千里迢迢來到大唐古都西安，總算不虛此行了。

華清池溫泉由石雕的龍頭出水，蓮花（芙蓉）造型的石盆接水。這樣的設計還隱約流露出了，這裡曾是一千三百年前大唐皇家溫泉的味道。

2010　陝西　西安　華清池溫泉

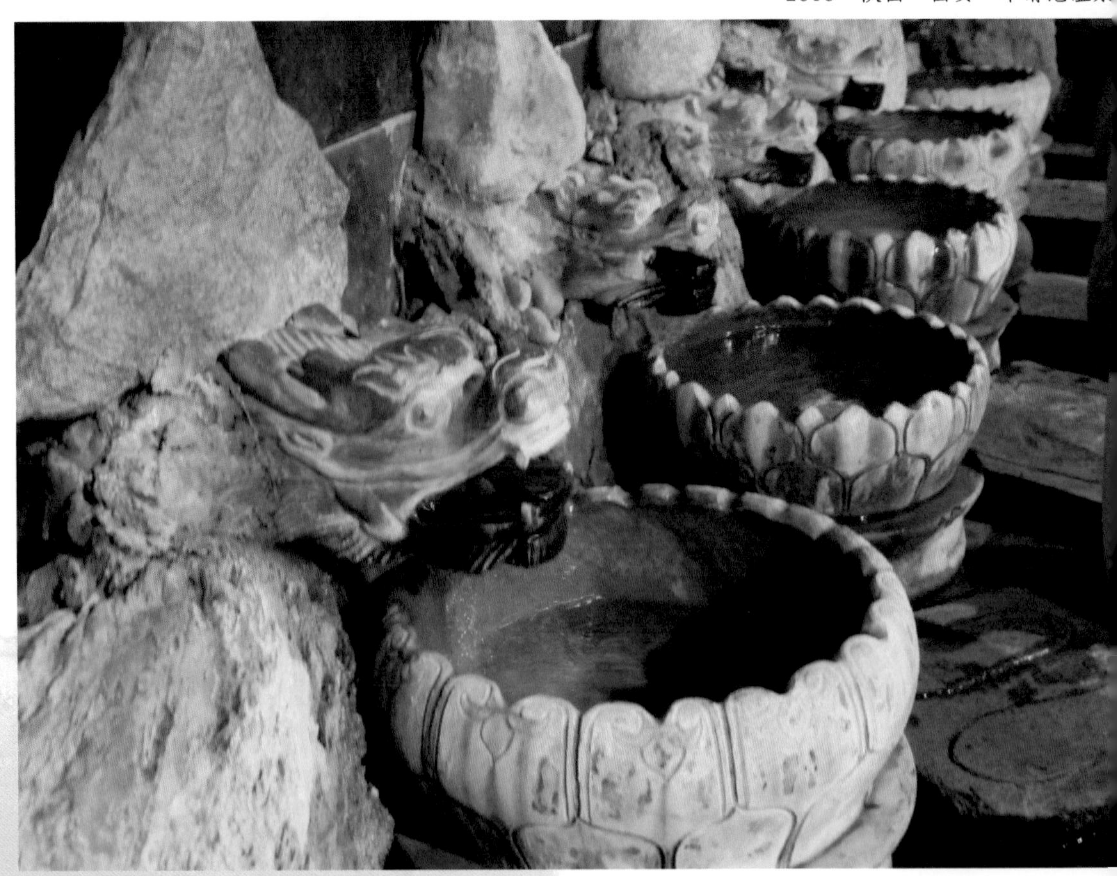

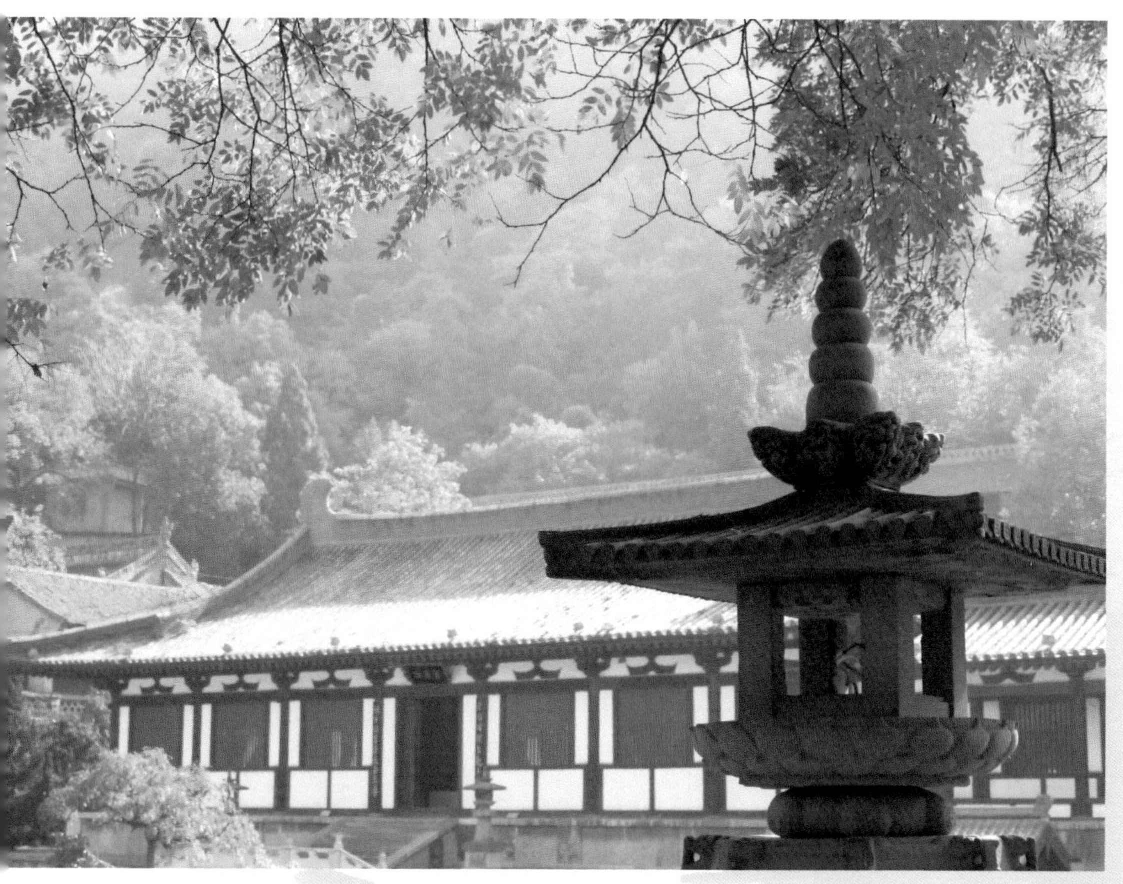

2010　陝西　西安　華清宮

入秋的華清宮，秋高氣爽，驪山山巒，黃葉錯落。到這裡不要來去匆匆，值得慢慢悠晃，細細品味，畢竟這裡，沉積了無數歷史人物的恩怨情仇，以及許多改朝換代的風雲咤變。

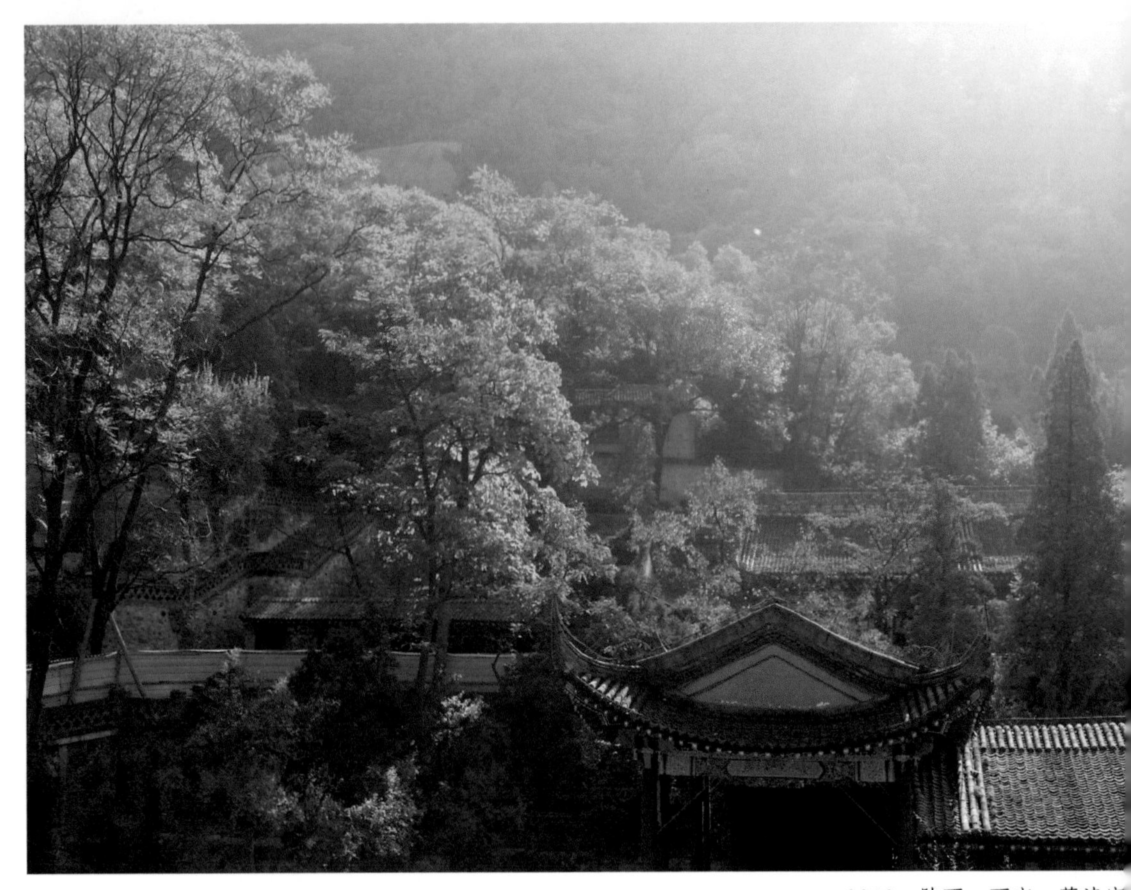

2010　陝西　西安　華清宮

喜歡歷史古蹟的人，以其說是去看景，倒不如說是去尋人。西安這個古城，歷經千年歲月，古蹟已經老舊模糊。但當你親臨這個歷史舞台，回憶起過往的那些英雄兒女，卻發現他們個個鮮明生動，彷彿剛剛和你擦身而過。

19 登西嶽華山長空棧道憶金庸

西嶽華山，位於陝西省渭南市，是中國五嶽之一。華山山勢陡峭，山陵如刃鋒插天，自古有「奇險天下第一山」之說。

2010　陝西　渭南　西嶽華山

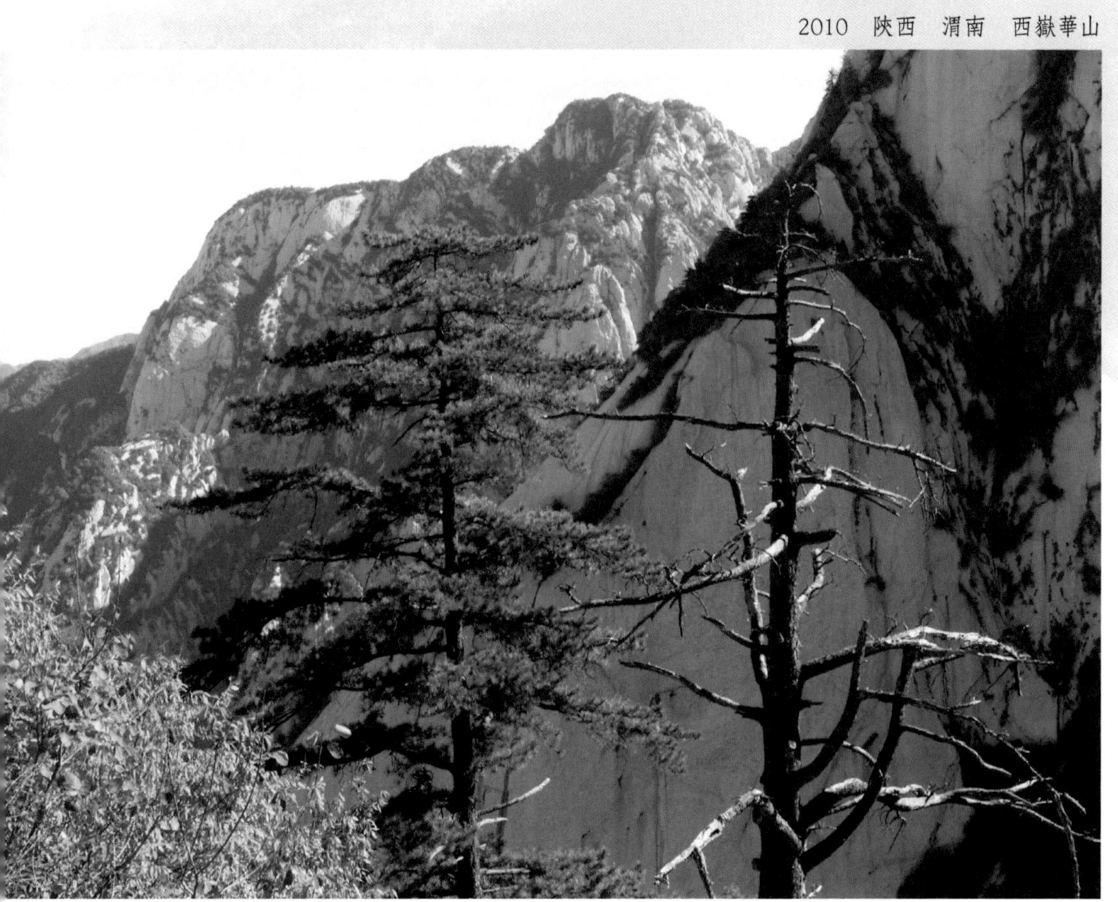

華山是中華文明的發祥地。據考證華夏民族最初形成並居住於華山之周，名其國土曰華，因此華夏之「華」，中華之「華」皆源於華山這座聖山。

2010　陝西　渭南　西嶽華山

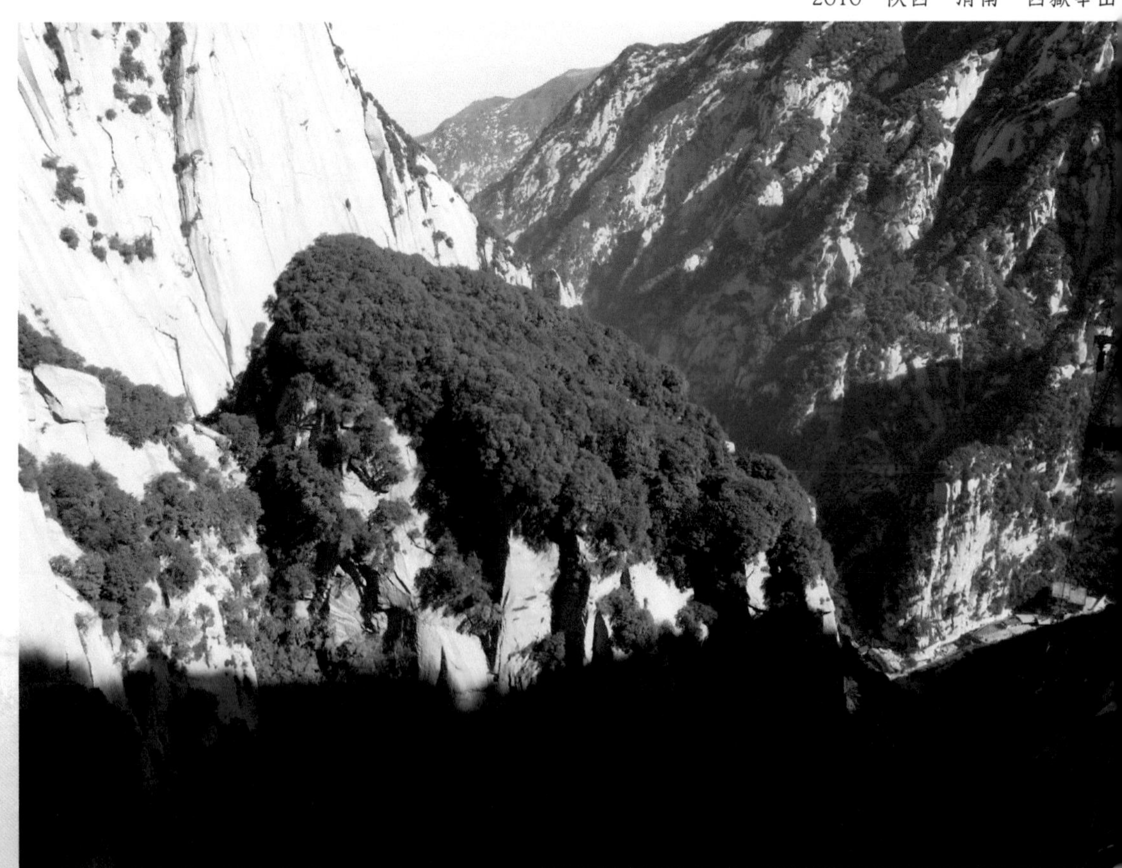

初秋入華山，秋高氣爽，紅葉綴滿整個山谷。一路空氣清新，陽光柔煦，感覺相當舒暢，彷彿有一股靈氣。

2010　陝西　渭南　西嶽華山

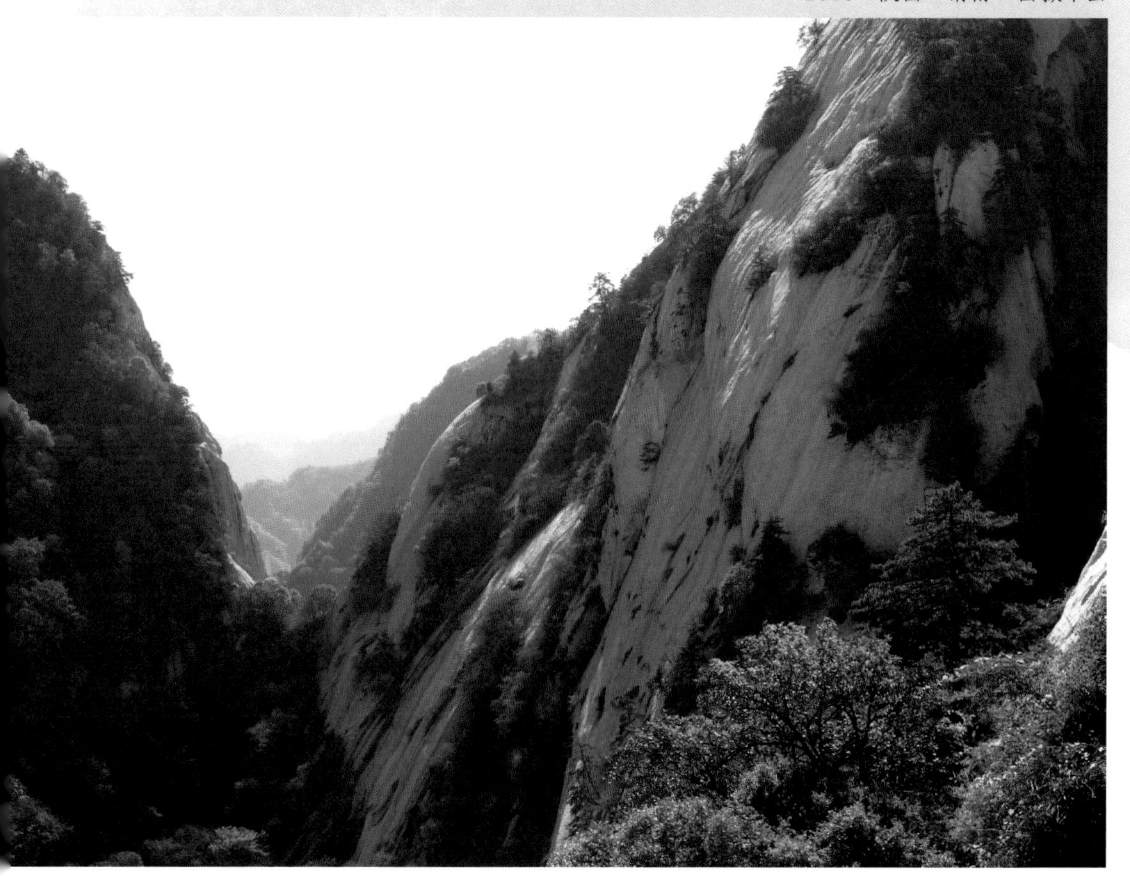

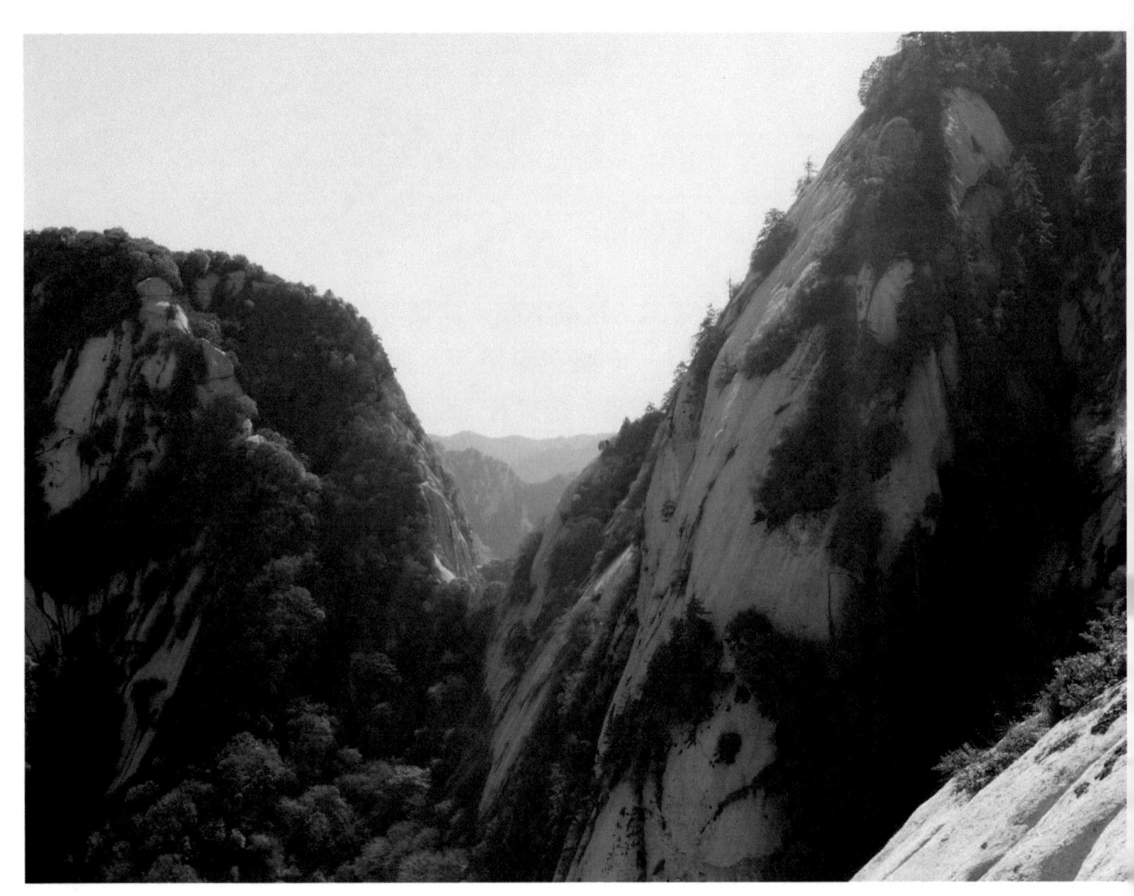

2010　陝西　渭南　西嶽華山

年少時，閱歷太少，看到國畫中的山水，總以為那是古人自己想像的一種畫法罷了。到華山才真正體會，國畫從古自今也是有所本，那是畫家實際觀照，大自然山川之美，然後再加以創作繪畫的。

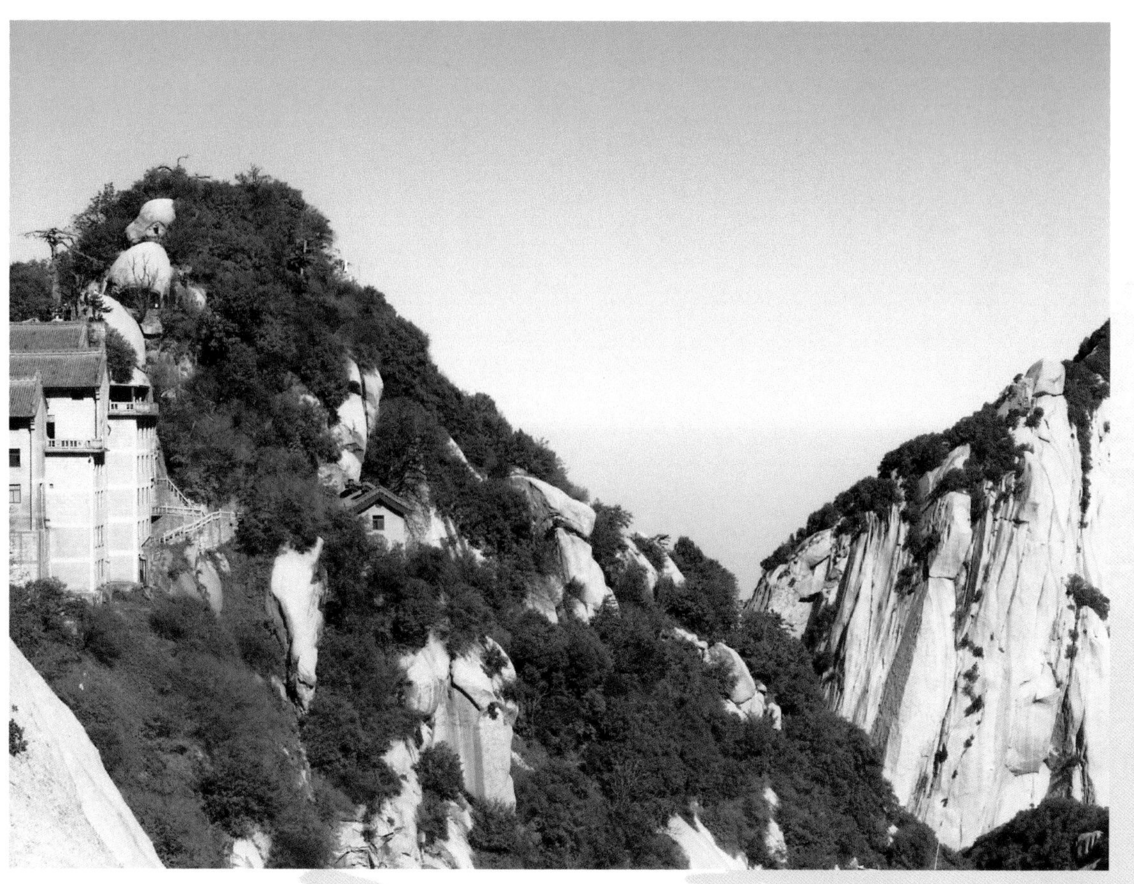

2010　陝西　渭南　西嶽華山

華山是道教主流全真派的第四洞天。雖然山勢險峻，山中共建有二十餘座道觀，有的立於峭壁邊緣，一般人望之生畏，但對道家而言卻是修行聖地。這不禁令人想起，唐代李白的詩《夜宿山寺》：「危樓高百尺，手可摘星辰。不敢高聲語，恐驚天上人。」

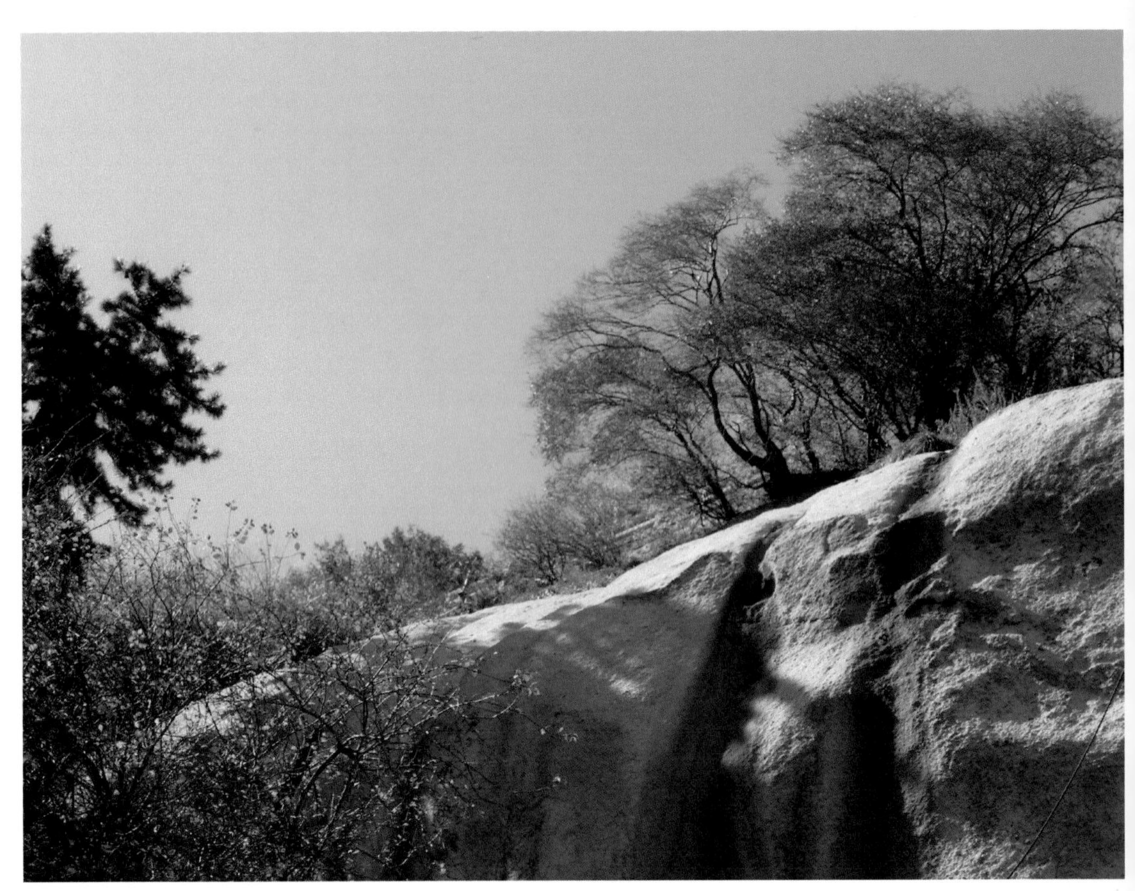

2010　陝西　渭南　西嶽華山

華山整座山都是花崗岩。針葉、落葉、闊葉林木交雜，藍天之下，形成一幅美麗的圖畫。

從華山陵線，向下俯瞰，黃葉、紅葉、綠葉，交織成一幅彩色的圖案。

2010　陝西　渭南　西嶽華山

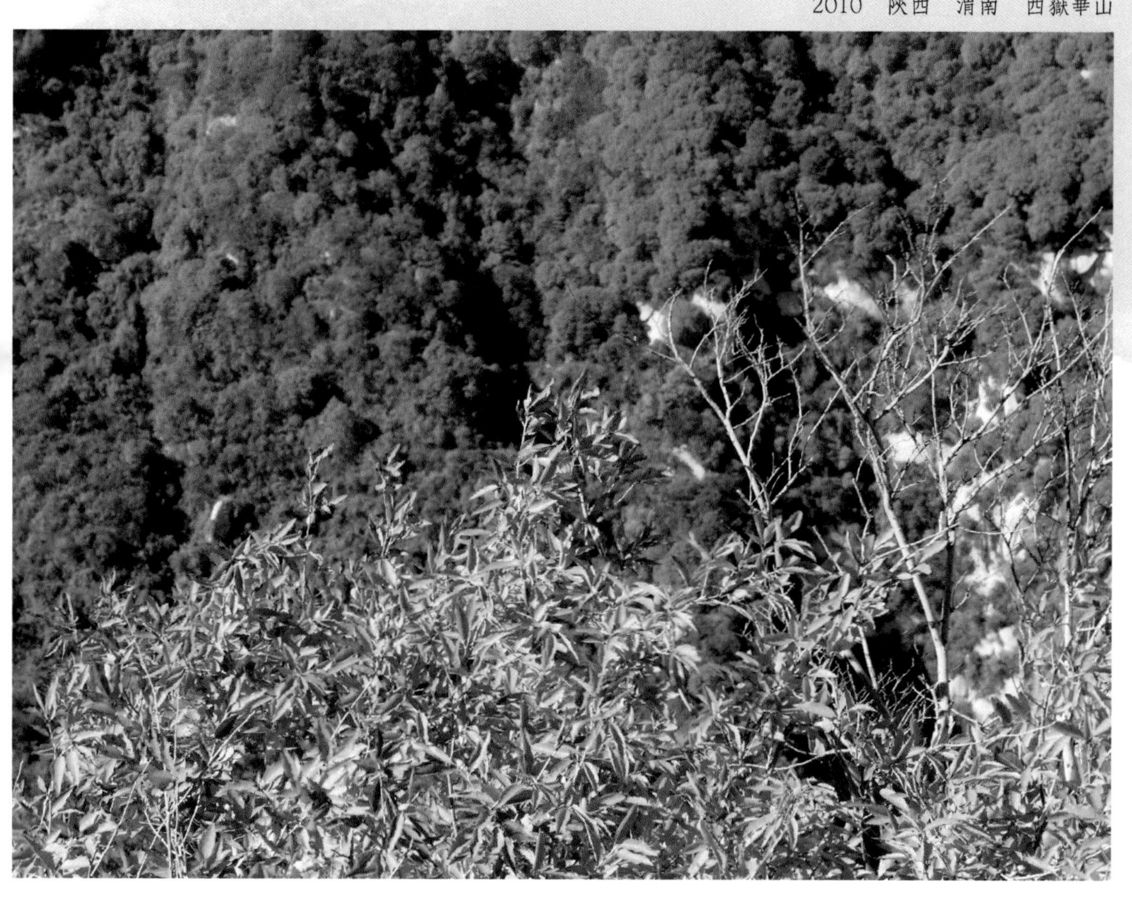

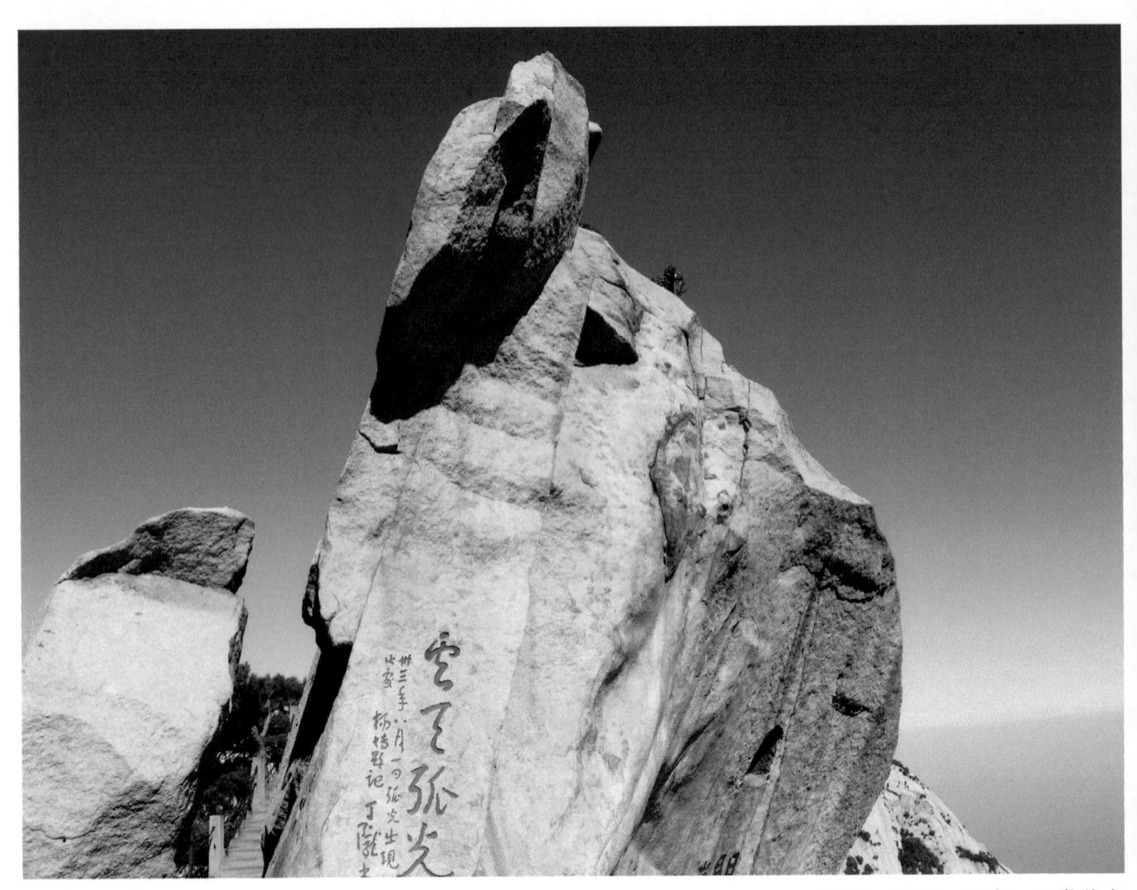

2010　陝西　渭南　西嶽華山

華山多奇石，有些如天外飛來，有些似被凌空劈開。山壁陡峭，直插青空，兩壁之間縫隙，僅容一人通過，讓人敬畏大自然的鬼斧神工。

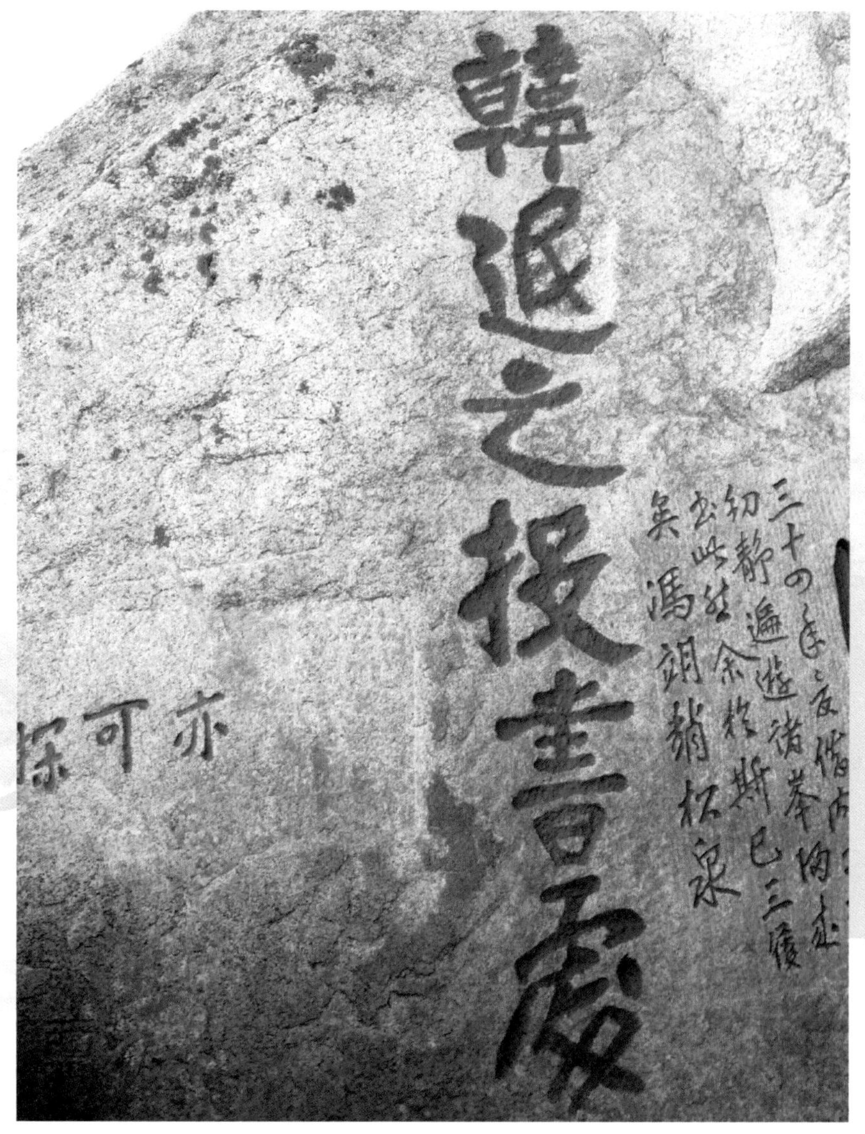

2010　陝西　渭南　西嶽華山

華山上，有一處蒼龍嶺，地勢險要，是一個大約九十度垂直的峭壁，上去容易下去難。唐代大文豪韓愈字退之，來此攬勝，遊罷三峰，要下蒼龍嶺時，見此地道路，如履薄刃，兩邊山崖，絕壑千尺，不由兩腿發軟，寸步難行。於是坐在嶺上嚎啕大哭，給家人寫信訣別，順便投書求救，華陰縣令聞訊派人上山把韓愈抬了下來，留下了一段趣聞。現在蒼龍嶺大石壁上，有一摩崖石刻，寫著「韓退之投書處」。

華山上，峭壁如刃，蒼松立於上，屹立不倒。入秋之後，紅葉浸染，美得像天然圖畫。

2010　陝西　渭南　西嶽華山

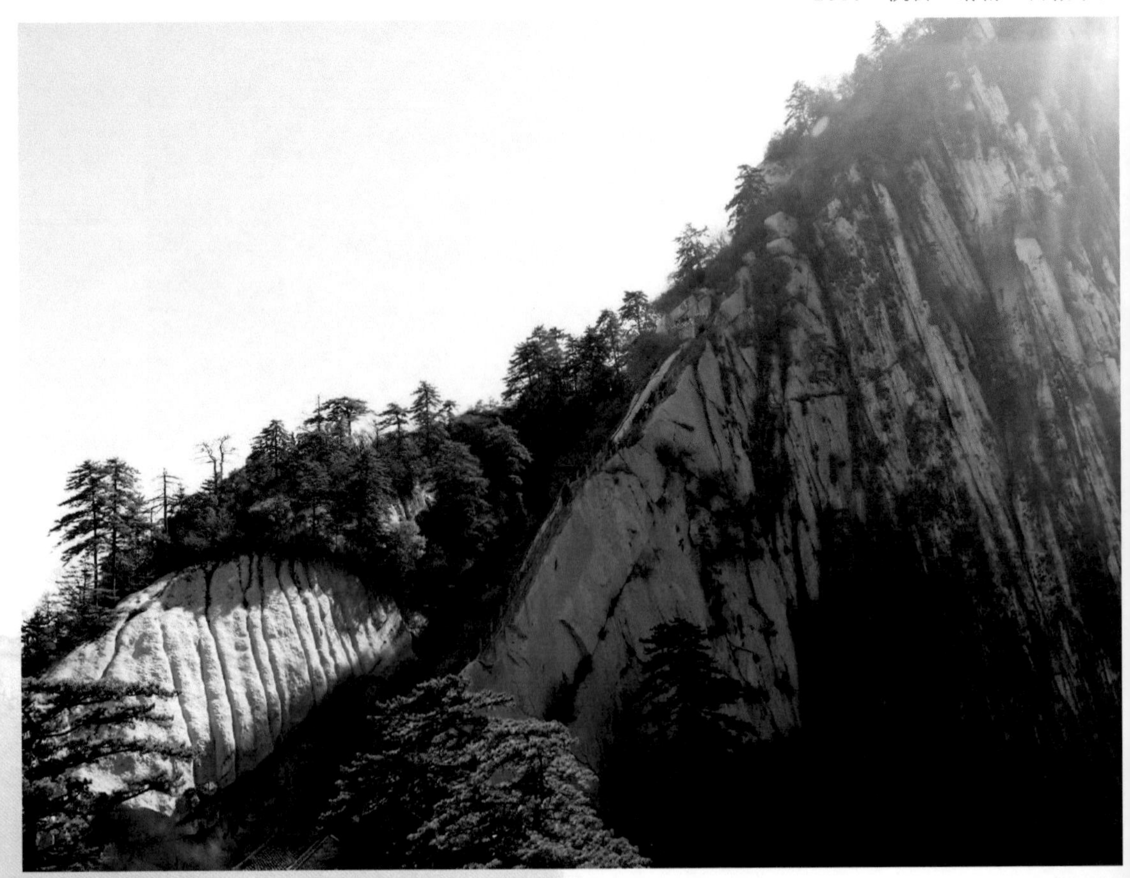

秋天的華山，有些巨大的山壁光禿禿的寸草不生，但卻長著稀疏的蒼松，臨風挺立。這讓我總想起，元代畫家黃公望的《富春山居圖》，黃公望畫的雖然是浙江富春江的秋天景色，但那種山丘溝壑的淡泊蕭散，很像眼前天然景緻的演化。

2010　陝西　渭南　西嶽華山

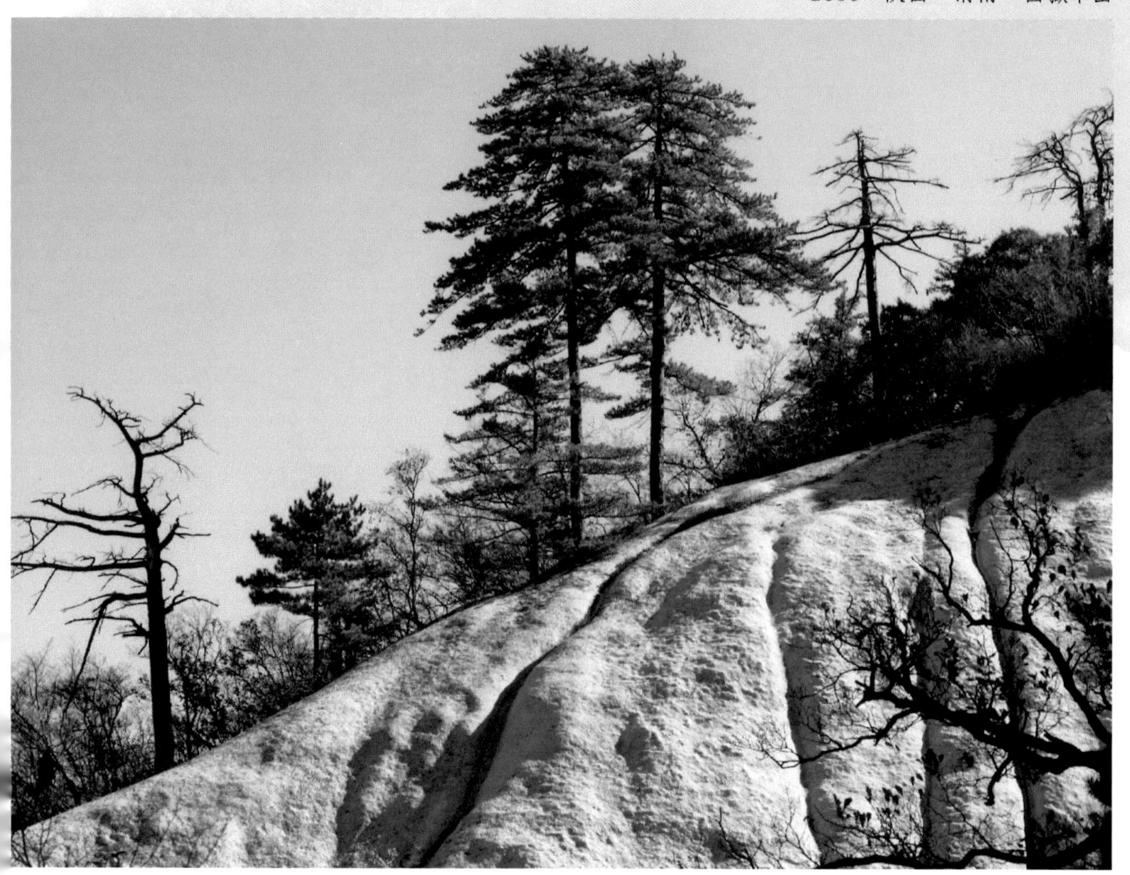

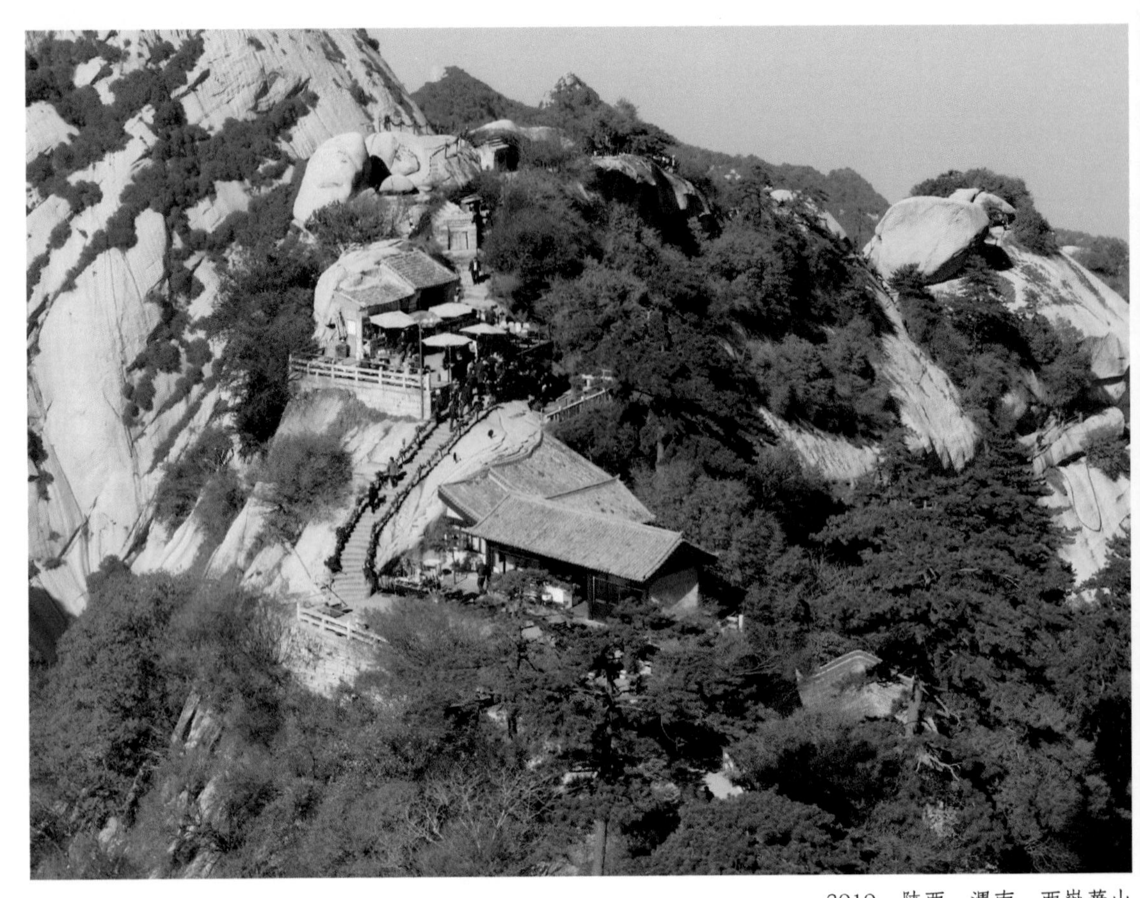

2010　陝西　渭南　西嶽華山

華山由於山勢過於險要，唐代以前，缺乏通往峰頂的山路，因而很少有人登臨。歷代帝王祭拜西嶽，都在山腳下西嶽廟舉行大典。直到唐朝，隨著道教興盛，信徒們開始在山上建道觀，便在北坡沿溪谷而上，開鑿一條險道，形成了「自古華山一條道」，現在訪客沿著這條道便可登頂，一覽華山奇景了。

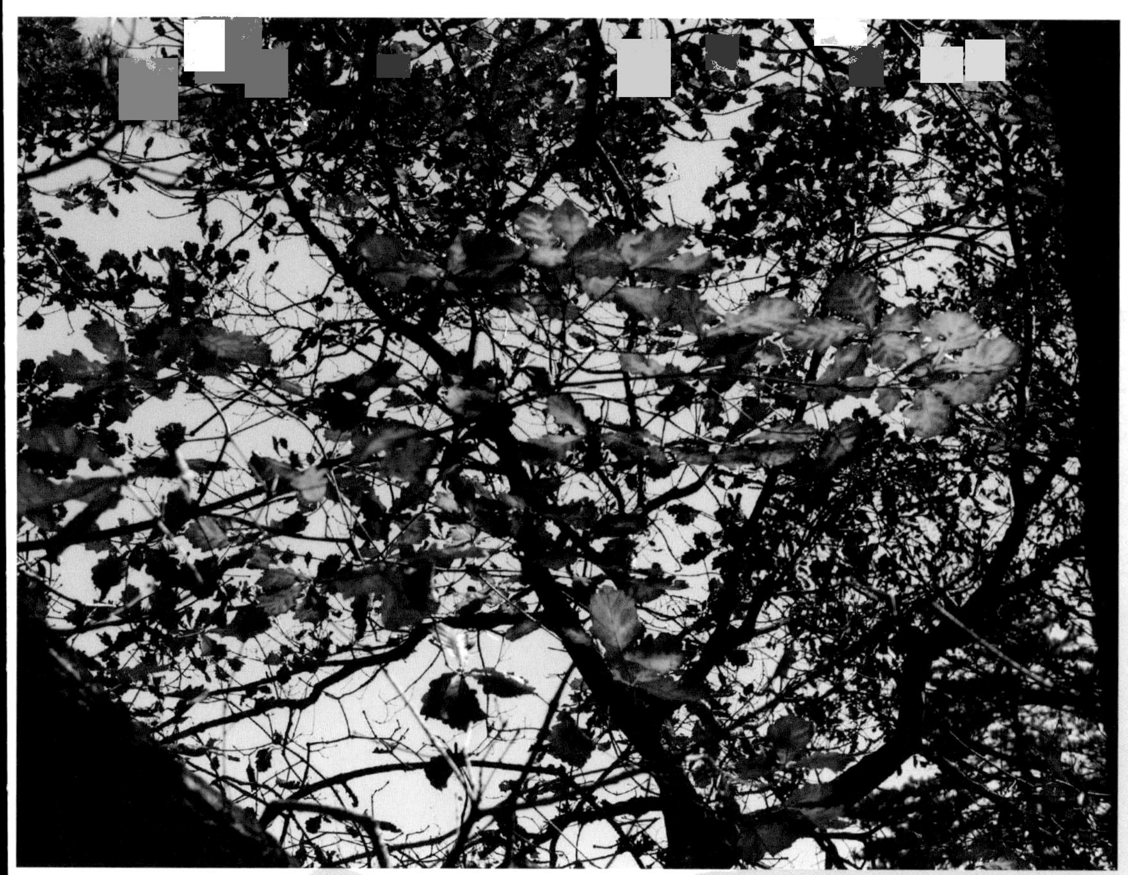

2010　陝西　渭南　西嶽華山

在華山道上，沿山路迤邐前行，午後的陽光把樹梢上的黃葉照得好似要燃燒了起來。

蒼松勁拔立於峭壁千仞之上。這樣簡單樸素的畫面，一種生命堅毅的藝術之美，總令我由衷感動。

2010　陝西　渭南　西嶽華山

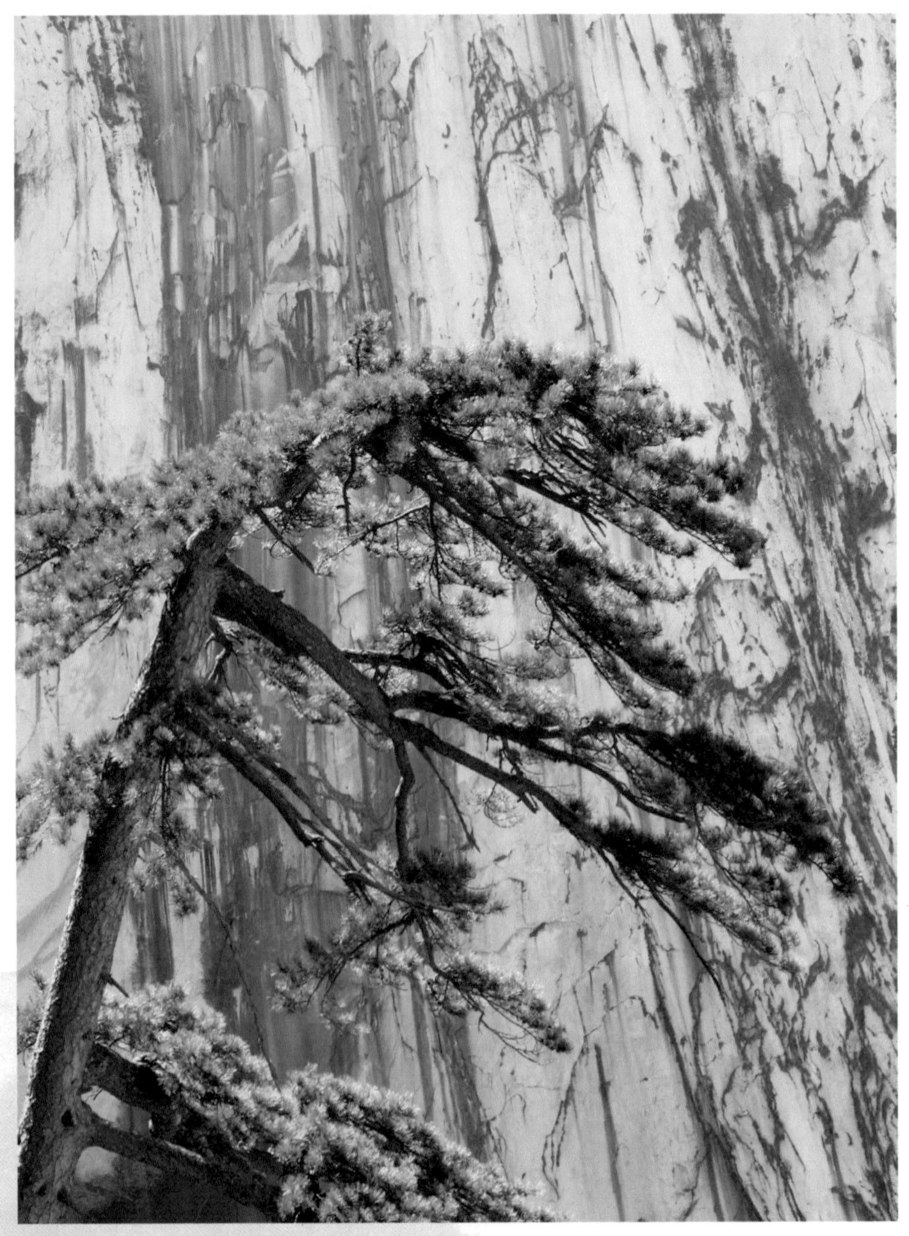

華山頂上的，天外飛來石，石上還長著幾棵松樹。用佛家的話來說，這是一種非常難得的因緣，這樹能長在這裡，必是因為有幾粒種子飛落，然後緣於此地的土壤、陽光和水分，才能屹立而生。

2010　陝西　渭南　西嶽華山

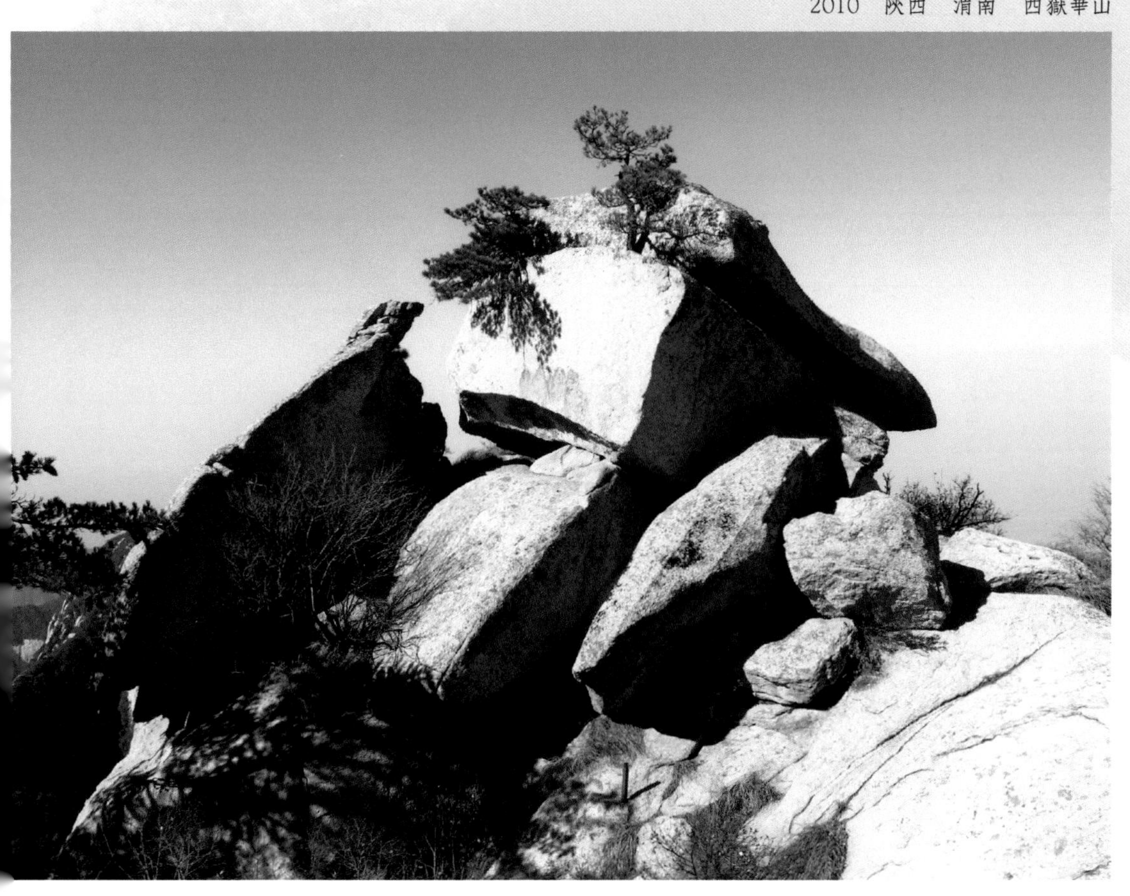

華山頂上的情侶鎖和平安鎖，繫得密密麻麻，重重疊疊。紅繩彩帶，迎風搖曳，這是路過的旅人，用來表達心中的祈願。

2010　陝西　渭南　西嶽華山

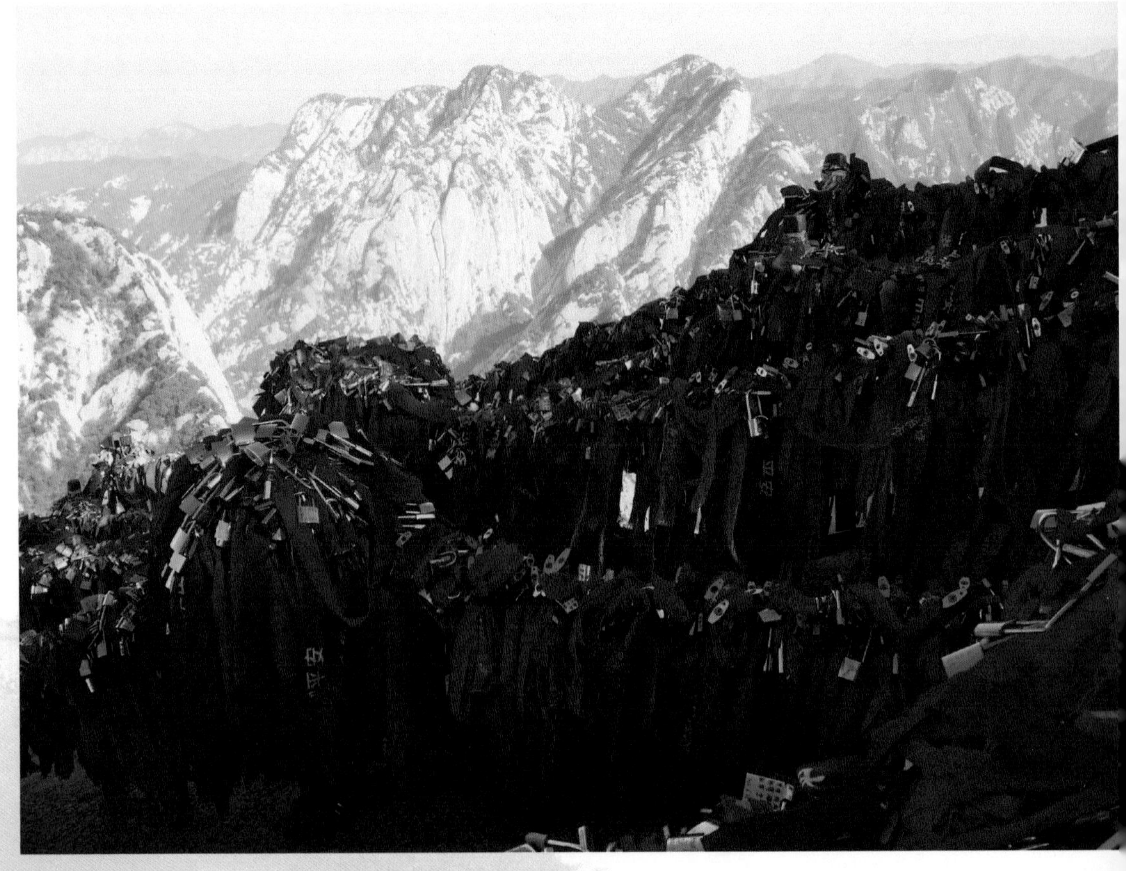

峭壁歷萬劫而不倒，蒼松堅百忍始屹立。這是華山蒼松的真實寫照，難怪這個景象會成為畫家的經典畫面，連我拍照時，心中都充滿敬佩和讚歎。

2010　陝西　渭南　西嶽華山

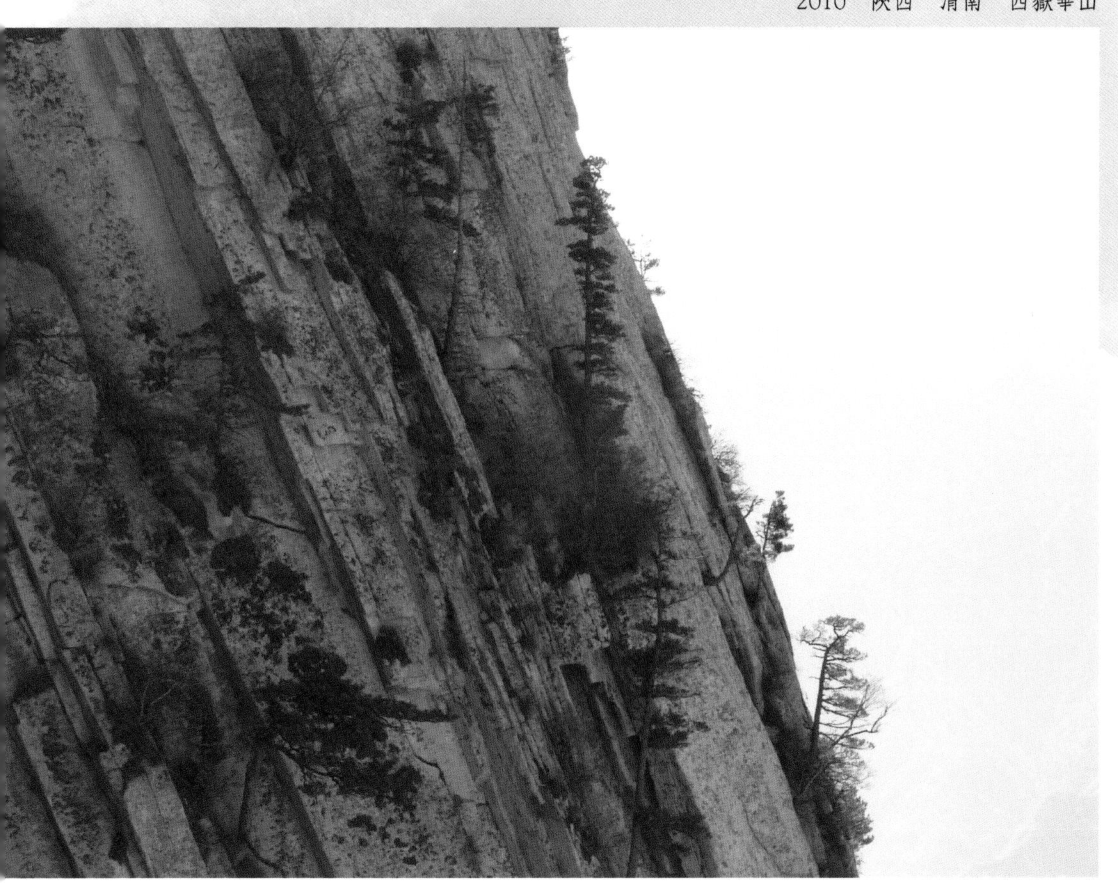

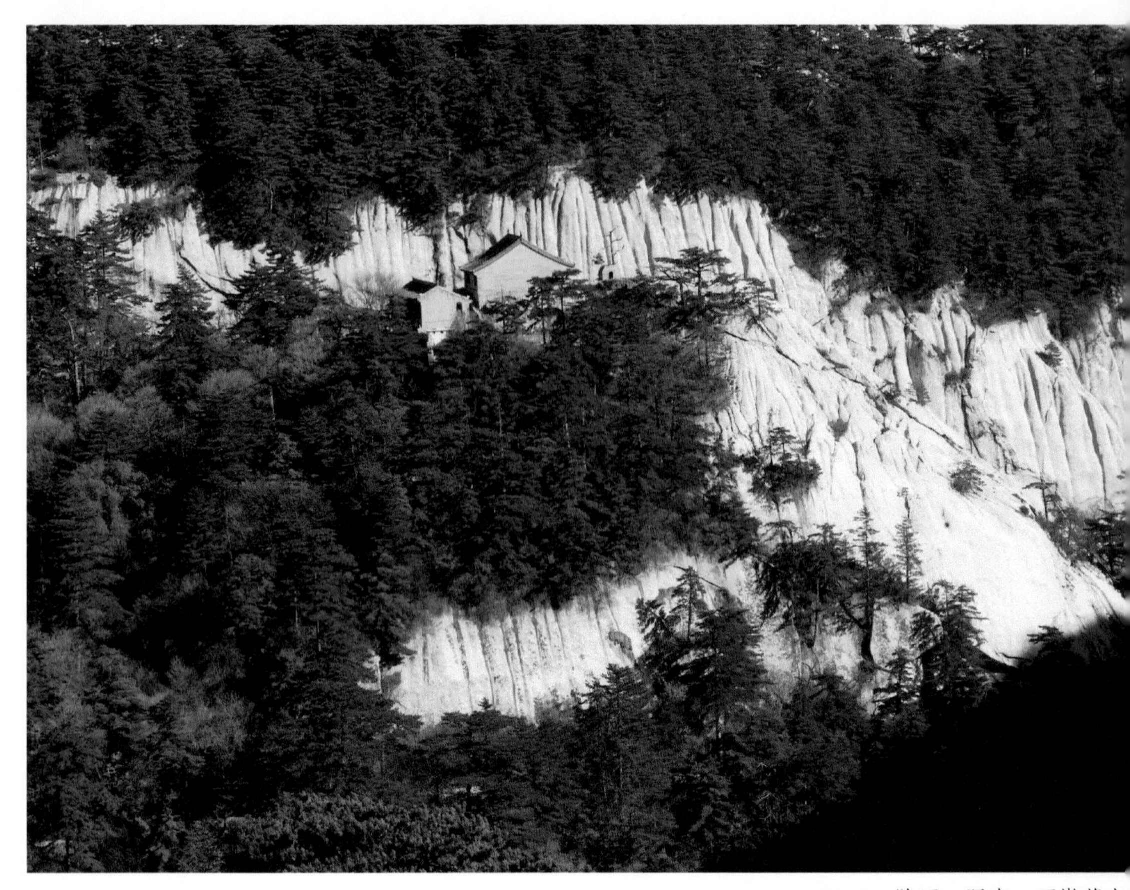

2010　陝西　渭南　西嶽華山

年輕時欣賞國畫，看到高山林野之中或峭壁山崖之上，怎麼那麼巧會有小屋獨立呢？常常懷疑那，只是作者無中生有的神來之筆，只是一種創作的寫意罷了！等跋山涉水，閱歷多了，才恍然原來中國人的山水意境，並不是憑空想像。在華山山上拍到的這幅照片，讓我胸中丘壑，豁然開朗。

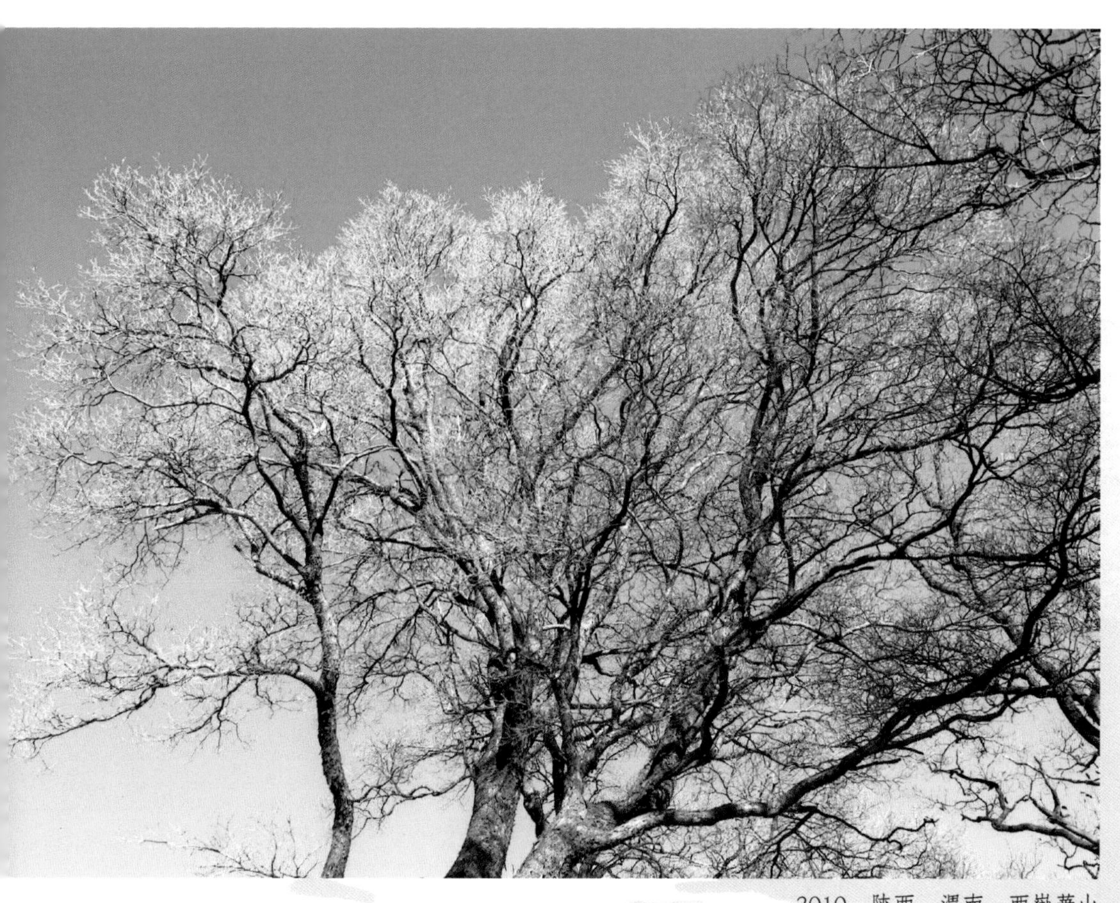

2010　陝西　渭南　西嶽華山

秋天時節，華山頂上，有些參天古木落葉已盡，這讓林野中的樹木形態更加蕭瑟寫意。

沒到過華山的人，也可能因為金庸的小說《射雕英雄傳》裡的「華山論劍」而耳熟能詳。小說「華山論劍」敘述的是東邪（黃藥師），西毒（歐陽鋒），南帝（段智興），北丐（洪七公），中神通（王重陽）五個人，在華山上比武爭奪《九陰真經》的故事。現在訪客登華山北峰，山頂邊上立有金庸題字的「華山論劍」鐵柱。

2010　陝西　渭南　西嶽華山

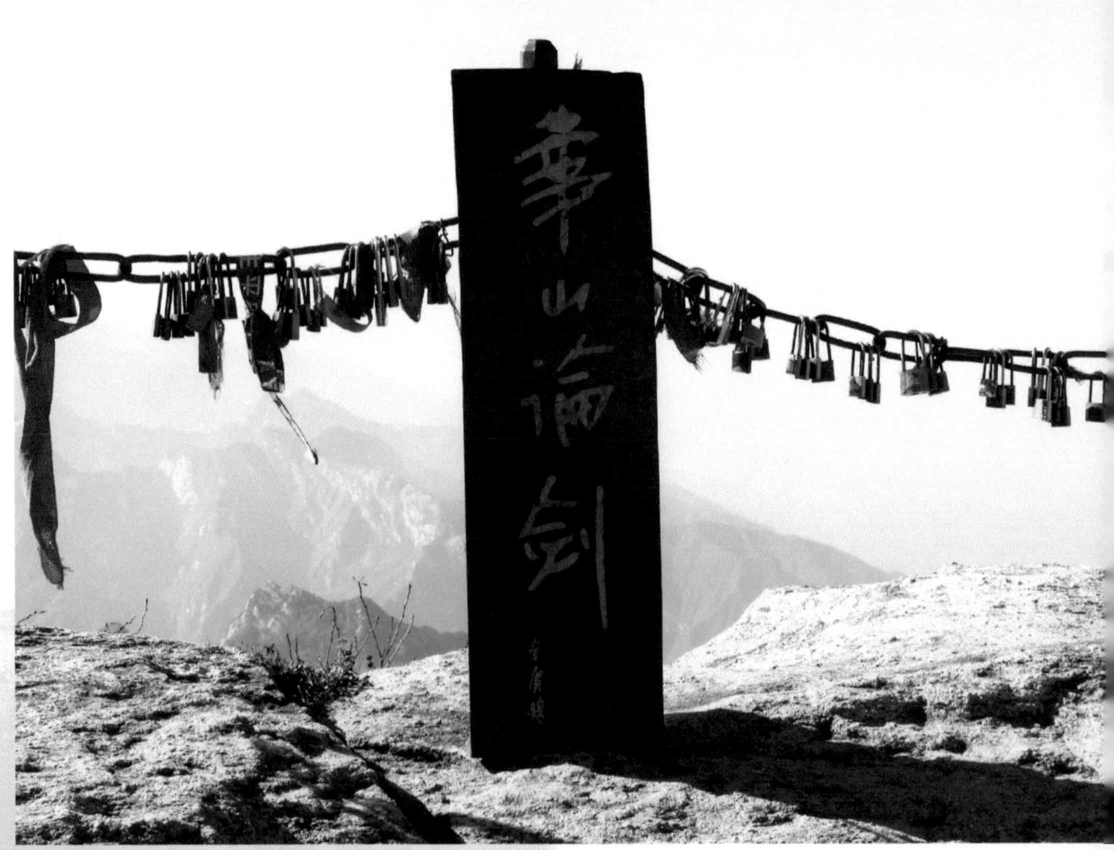

通往華山西峰途中，山壁突立，走在光禿禿的花崗岩陵線上，有如踏在一隻白色巨虎的脊梁上。從這裡眺望遠山，層巒疊嶂，視野遼闊。

2010　陝西　渭南　西嶽華山

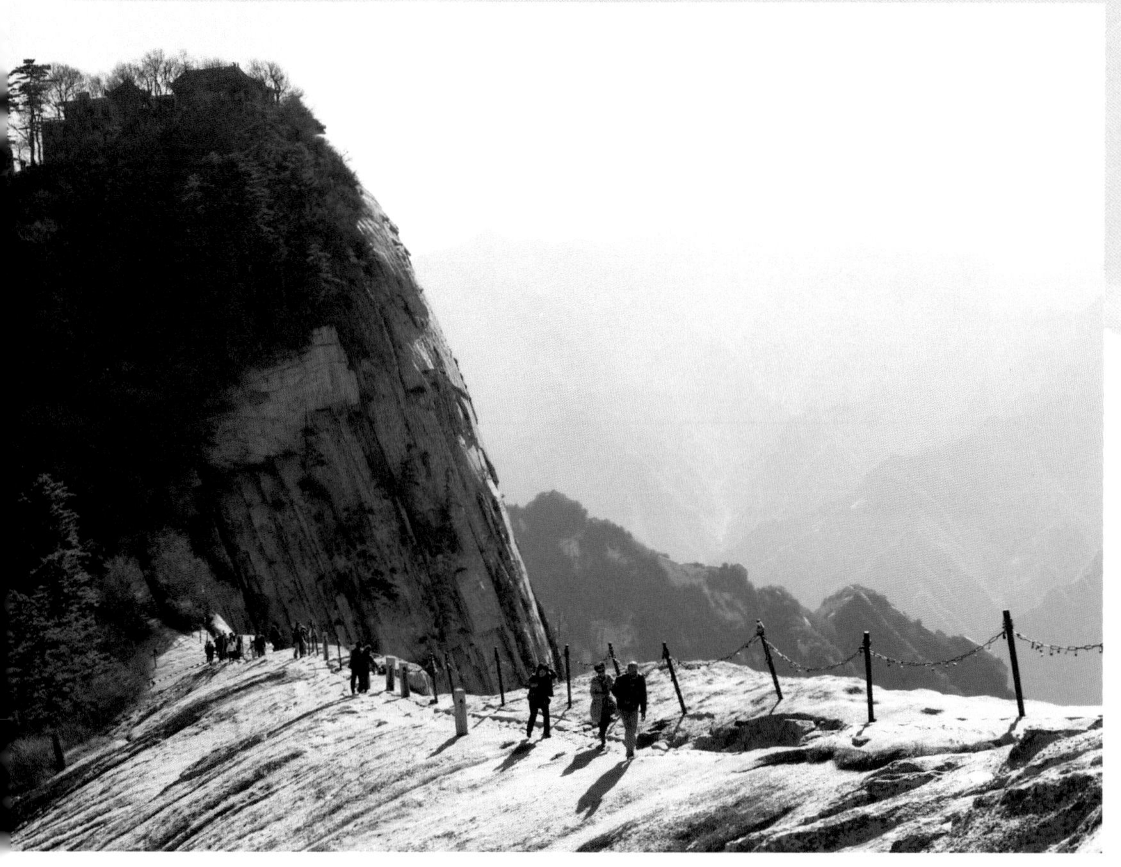

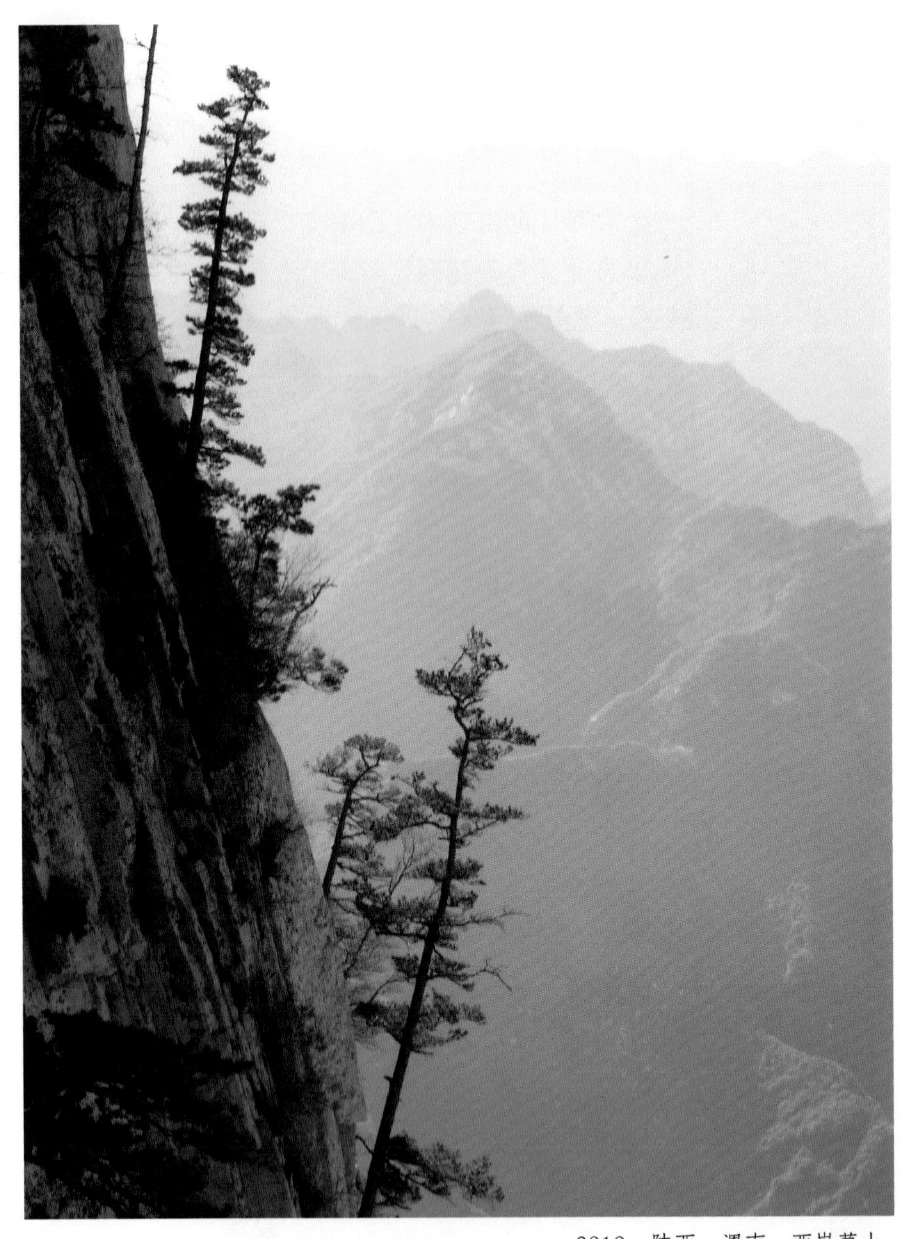

2010　陝西　渭南　西嶽華山

通往華山西峰的路上，峭壁有如刀削斧劈，蒼松聳立在危崖之上，俯瞰著群山連綿。

遠眺華山西峰，走在陵線上的人，有如走在一隻白色巨虎的脊梁上。唐朝歷代帝王相信，華山是王氣所聚，本命所在，歷代都有祭祀華山的活動。華山西峰不但狀如白虎嘯天，在中國五行風水中，華山是西嶽，西方的代表是白色，而代表動物是老虎，老虎是五行中的金，有肅殺之氣。

2010　陝西　渭南　西嶽華山

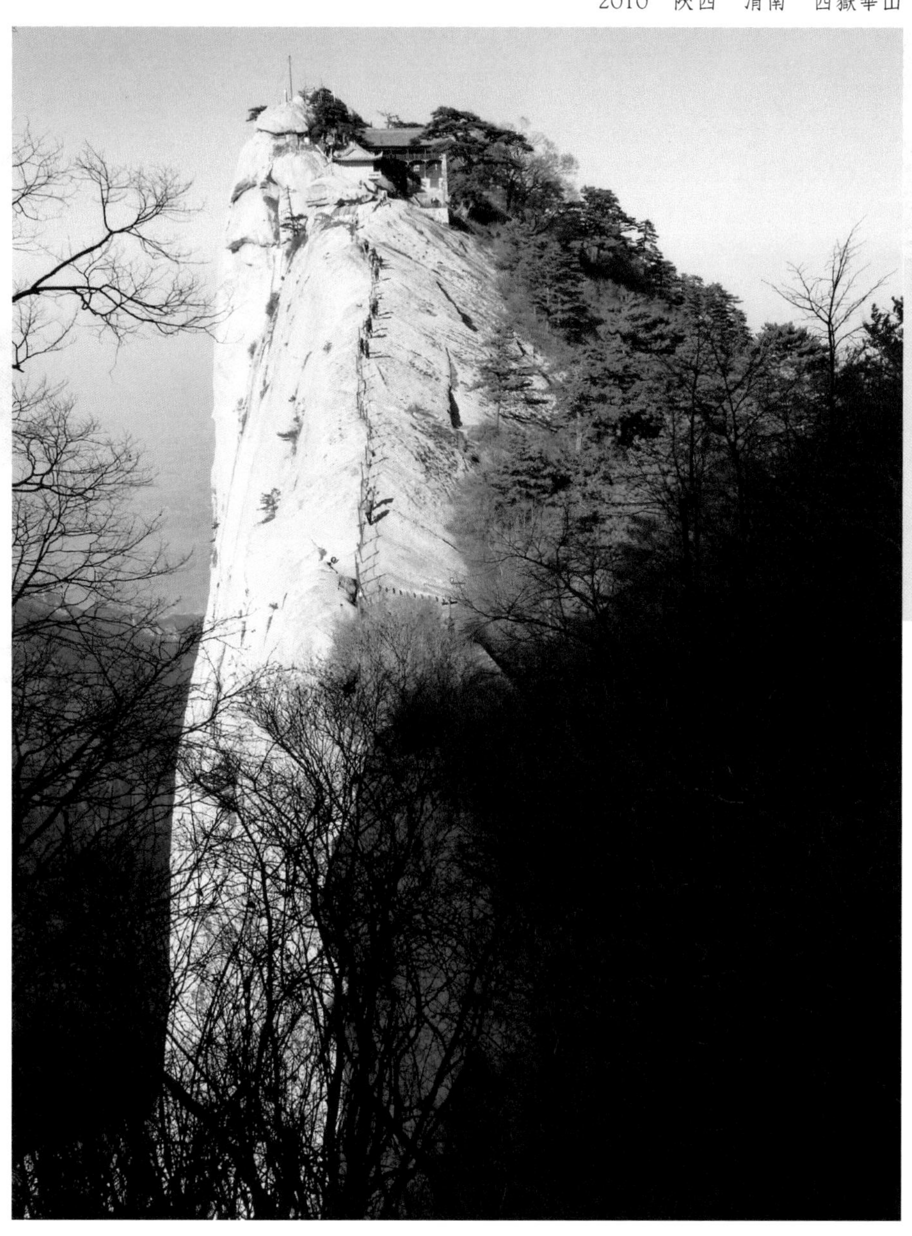

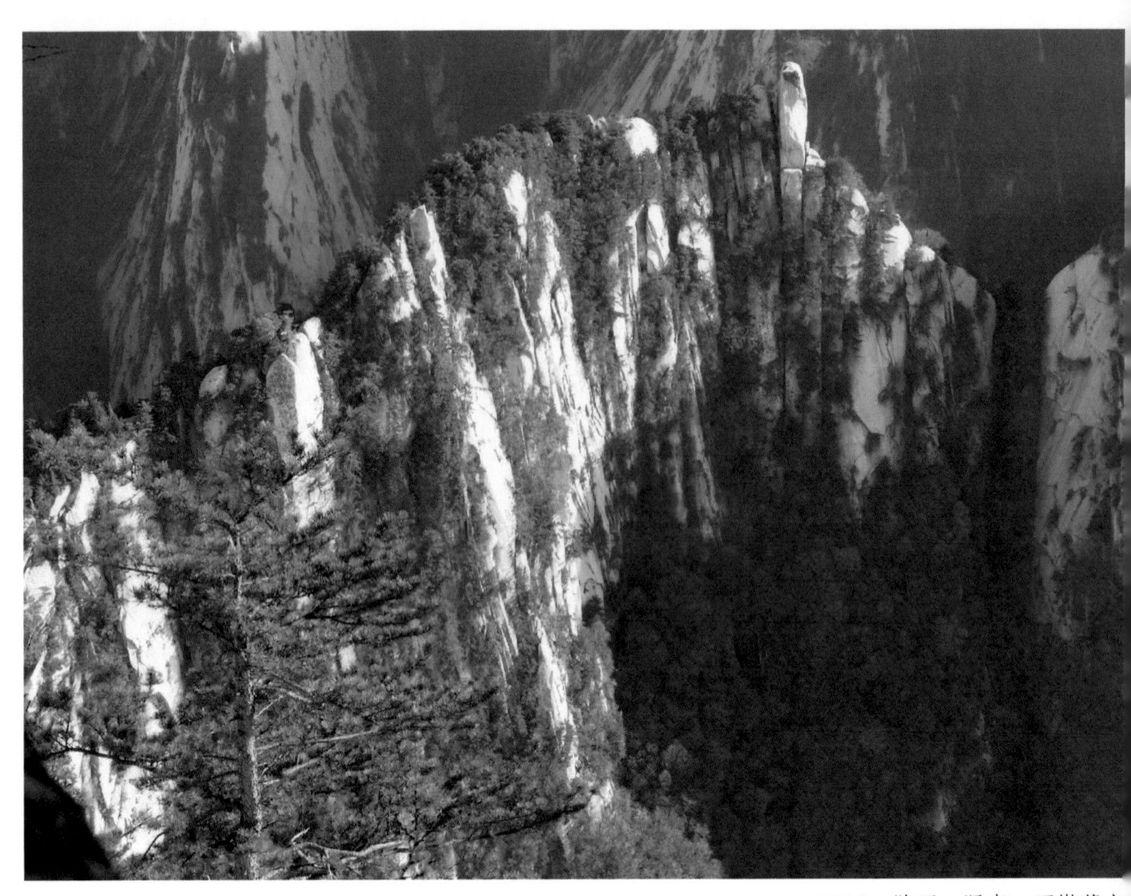

2010　陝西　渭南　西嶽華山

從華山南峰眺望附近山陵，山勢奇險有如刀刃聳立，絕壑千尺。

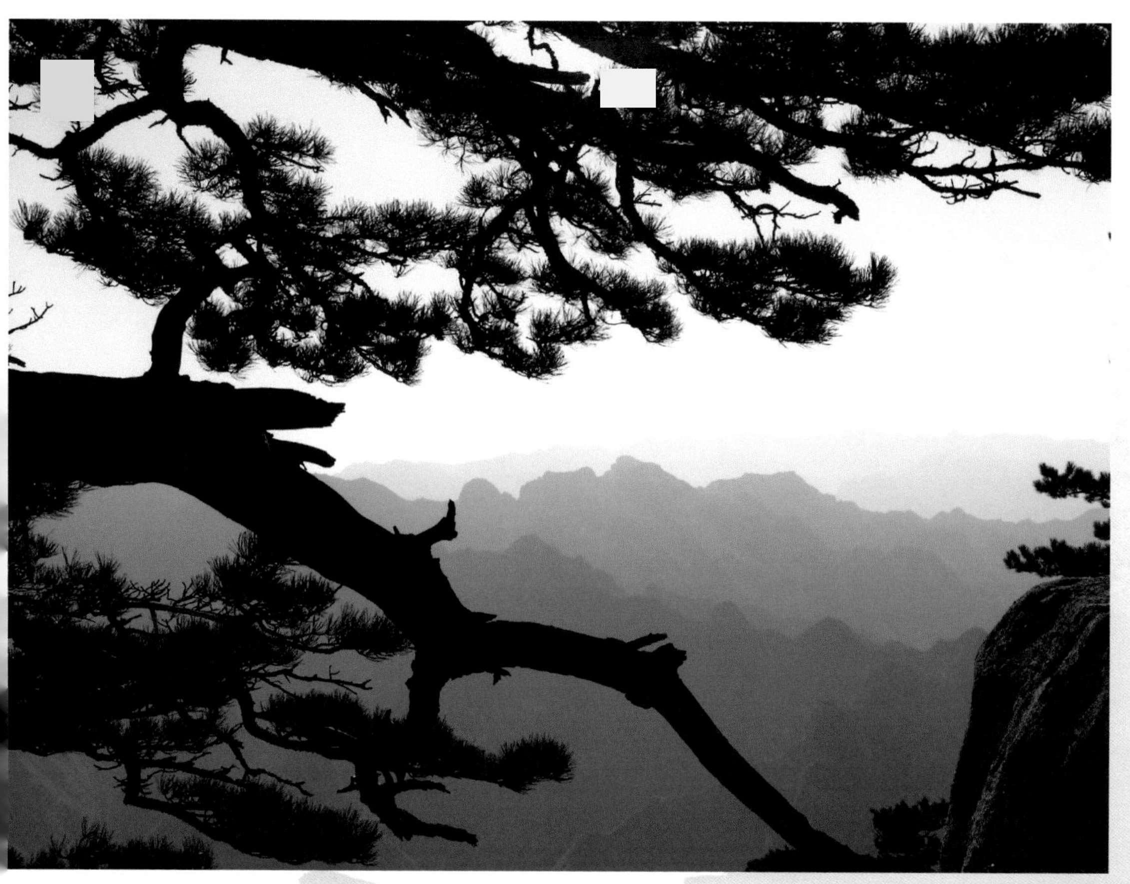

2010　陝西　渭南　西嶽華山

華山南峰的松樹，樹幹挺拔，枝條延展，針葉翠綠。屹立在懸崖峭壁之巔，形態優美，是天然的國畫山水標本。

華山西峰峰頂有一蓮花狀巨石，因而西峰又名蓮花峰，峰頂建有道觀樓房。站在這裡環顧四周，青山綿延，視野無限，而人何其渺小，有一種自由自在的感覺。唐代大詩人李白，曾經登頂至此留下著名詩句，他在《西嶽雲台歌送丹丘子》詩中寫道：「三峰却立如欲摧，翠崖丹谷高掌開。白帝金精運元氣，石作蓮花雲作台。」

2010　陝西　渭南　西嶽華山

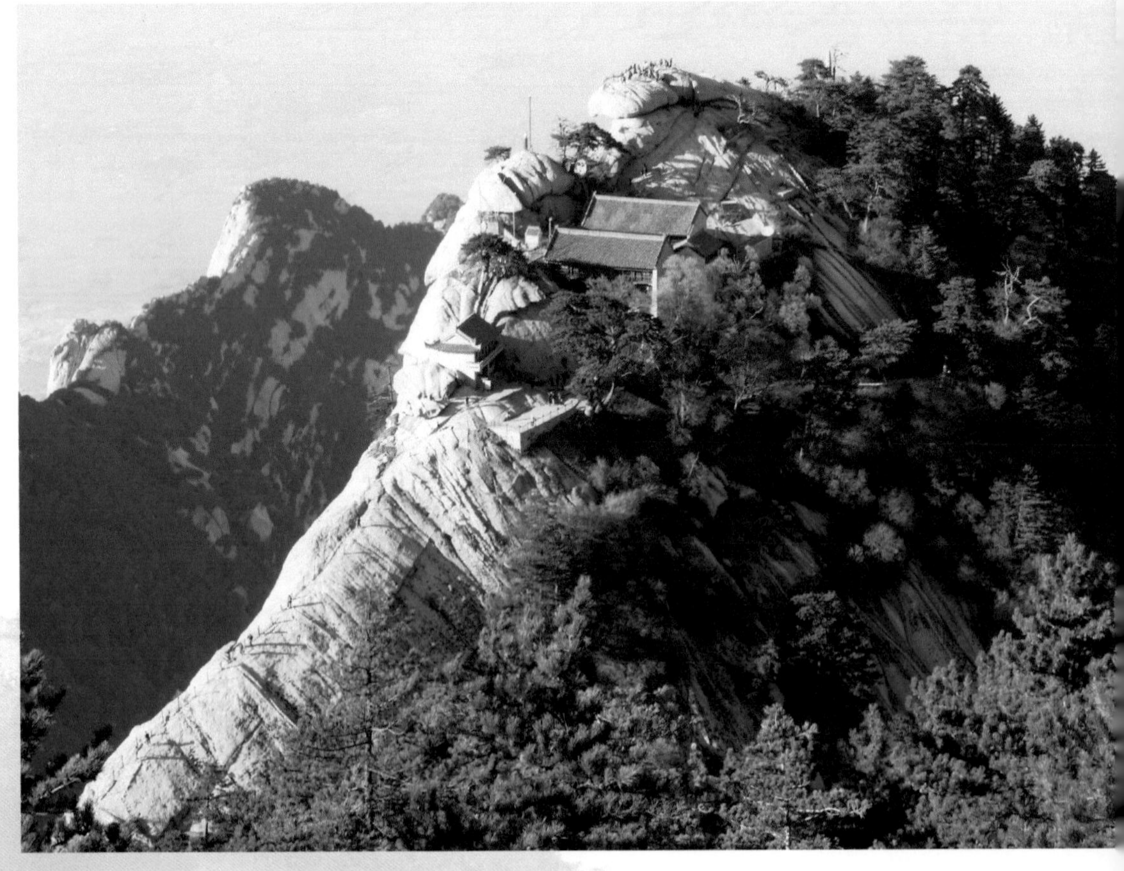

經過多年的跋山涉水，尋幽訪勝。我得到一個結論：中國所有最美的風景，都是在最奇險要的地方，而最奇險之處，都有儒釋道三教的足跡。這可能是一種自然的修行生活需求，風景優美，可以淨化心靈，路途險要，用以避開人群之喧囂。

2010　陝西　渭南　西嶽華山

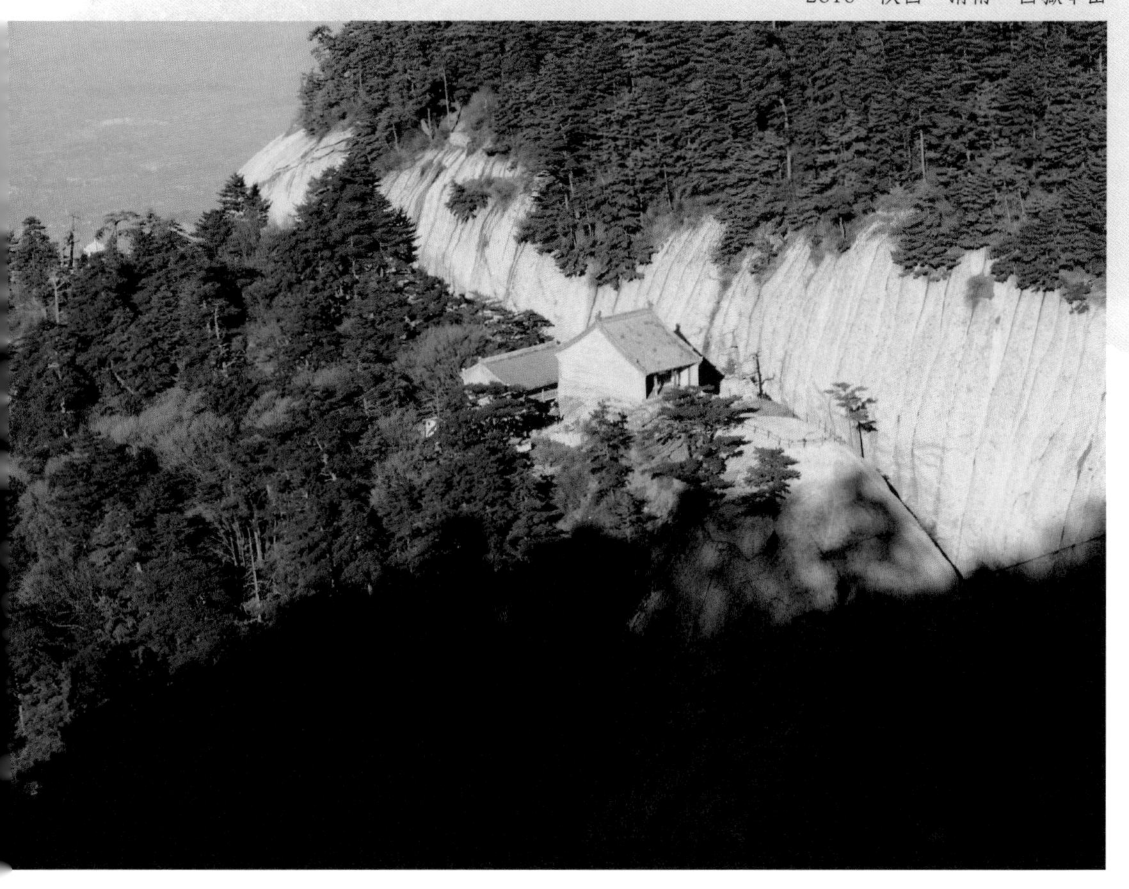

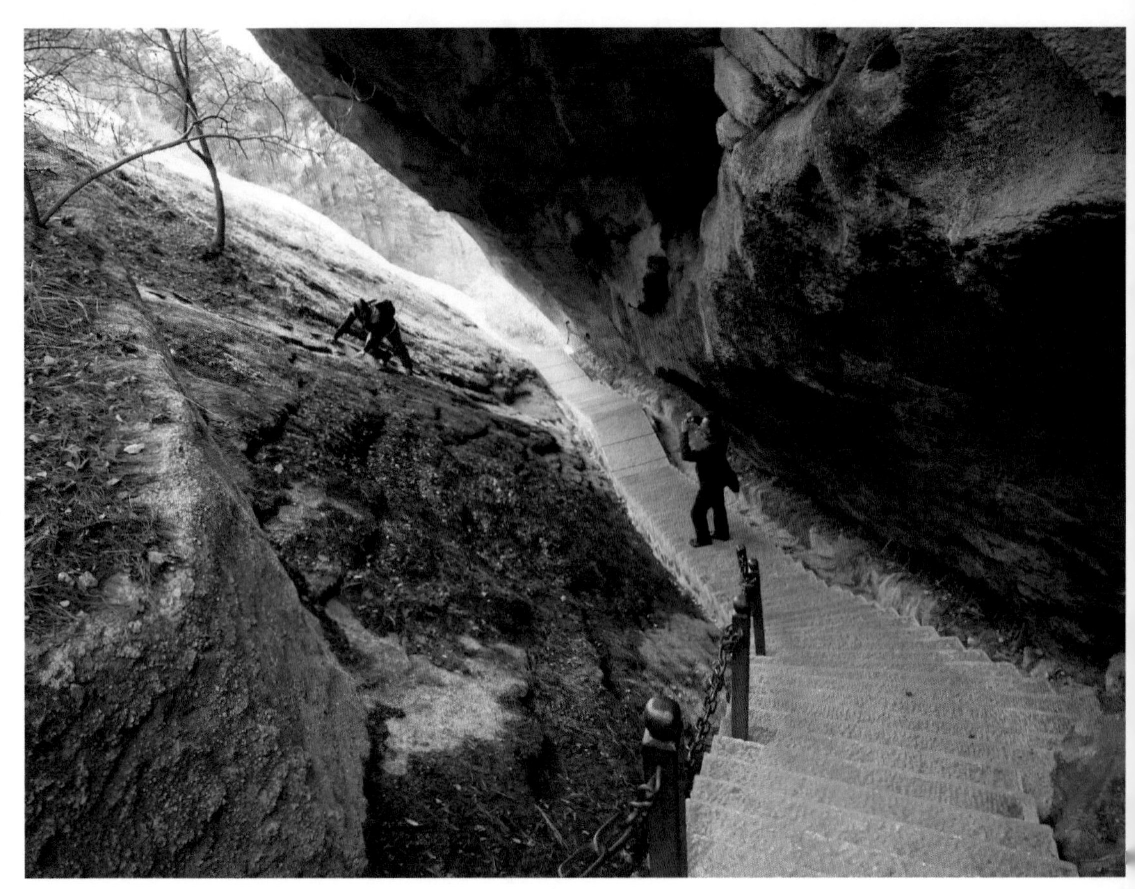
2010　陝西　渭南　西嶽華山

華山上，有些地方兩壁夾立，人行走其中，只能仰望天光一線。

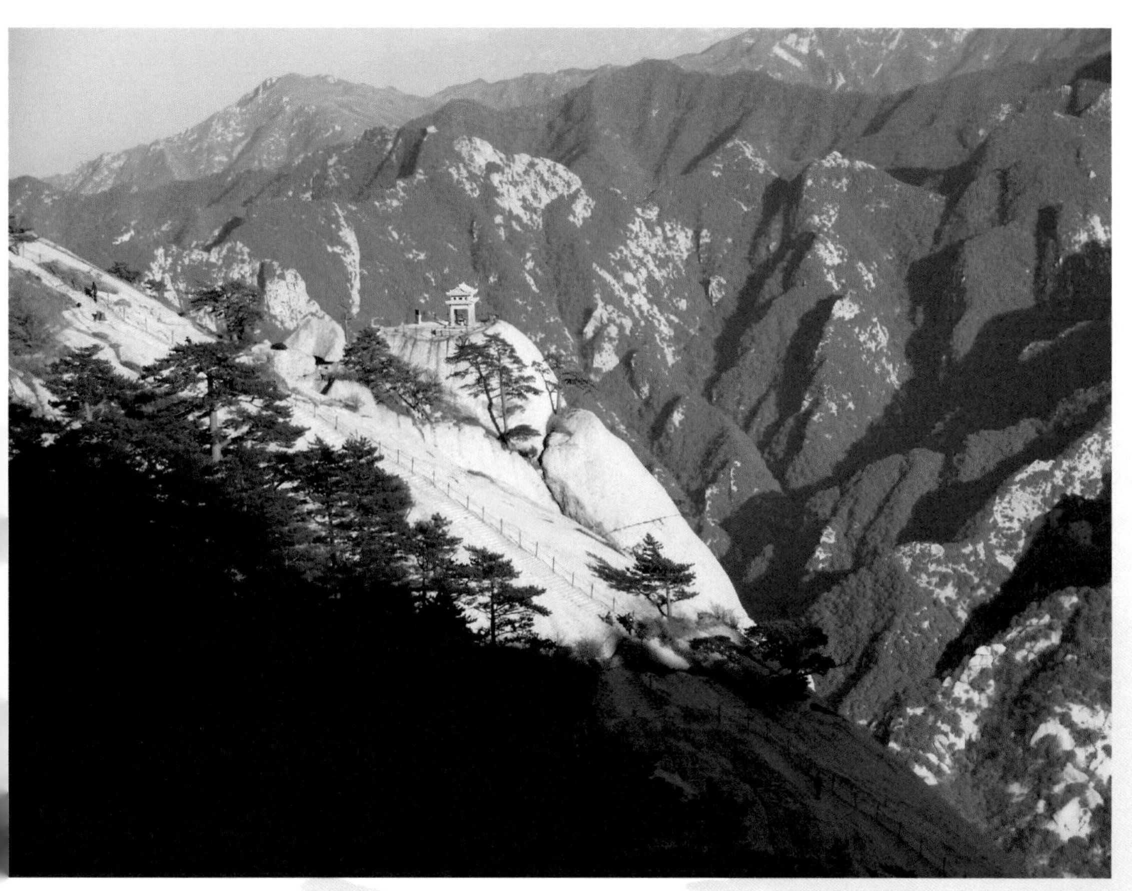

2010　陝西　渭南　西嶽華山

從華山南峰眺望東峰一側的下棋亭。下棋亭相傳是宋朝皇帝趙匡胤和華山道士下棋的地方，趙匡胤在此輸了三盤棋，把華山也賭輸了，因此後來有「華山自古不納糧，皇帝老子管不住」的說法。下棋亭原為鐵亭，文革期間被毀，後改建為現在看到的石亭。

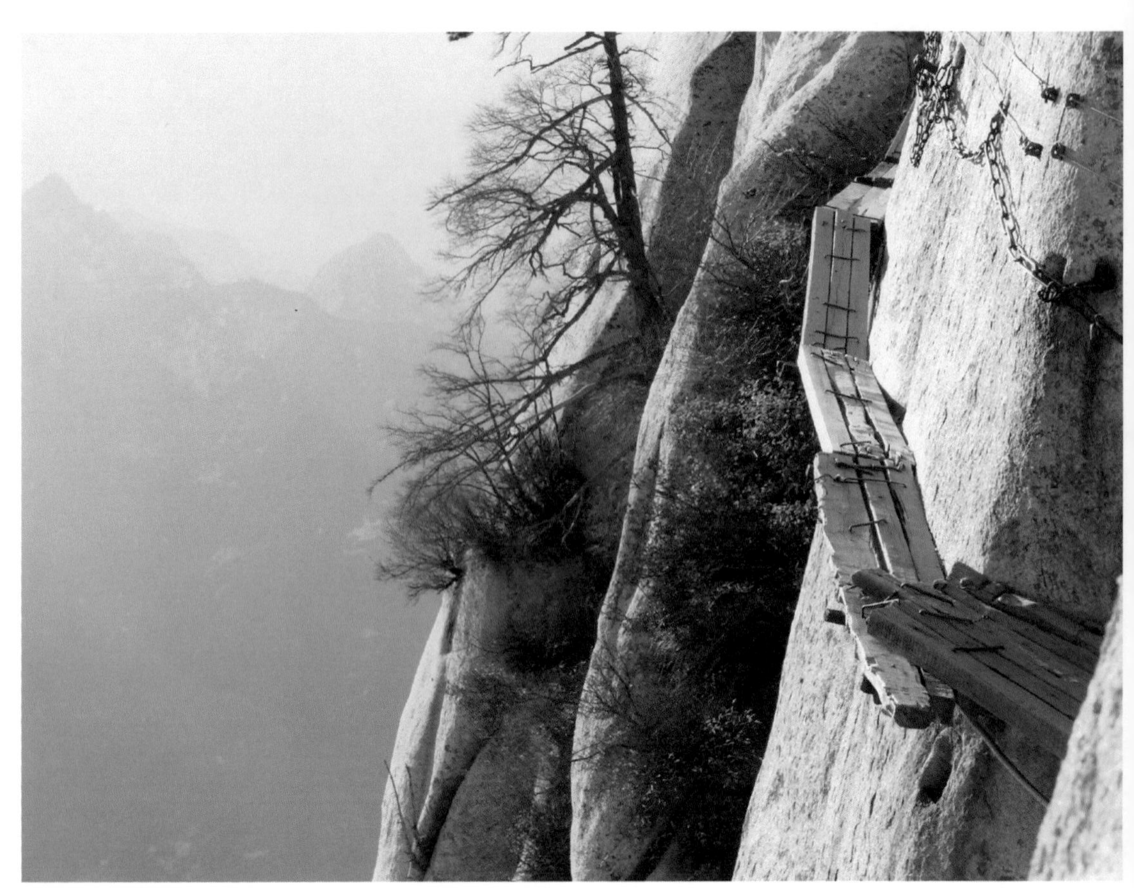

2010　陝西　渭南　西嶽華山

位於華山南峰東側山腰的，長空棧道，被譽為「華山第一天險」。萬仞絕壁之上打洞，崁入石柱，在石柱之間架上木椽三根，木椽之間用鐵釘併合，棧道之上沿線峭壁釘有鐵鏈，這是元代華山派道士，第一代宗師賀志真，為遠離塵世修道成仙所修建。走在長空棧道，面壁貼腹，屏氣凝神，每挪一步，令人心驚膽戰。往下環顧四周，感覺人像一隻鷹隼，俯瞰群峰，刺激驚險，卻又釋放無限，只有親臨其境才能體會，非筆墨可以形容。

華山峰迴路轉，天光陰陽交錯，到處奇峰巍峨，山巒起伏。行走長空棧道一回，有一種死而復生，返老還童的感覺。終於體會古人為何選在此處「遺世而獨立，羽化而登仙」。

2010　陝西　渭南　西嶽華山

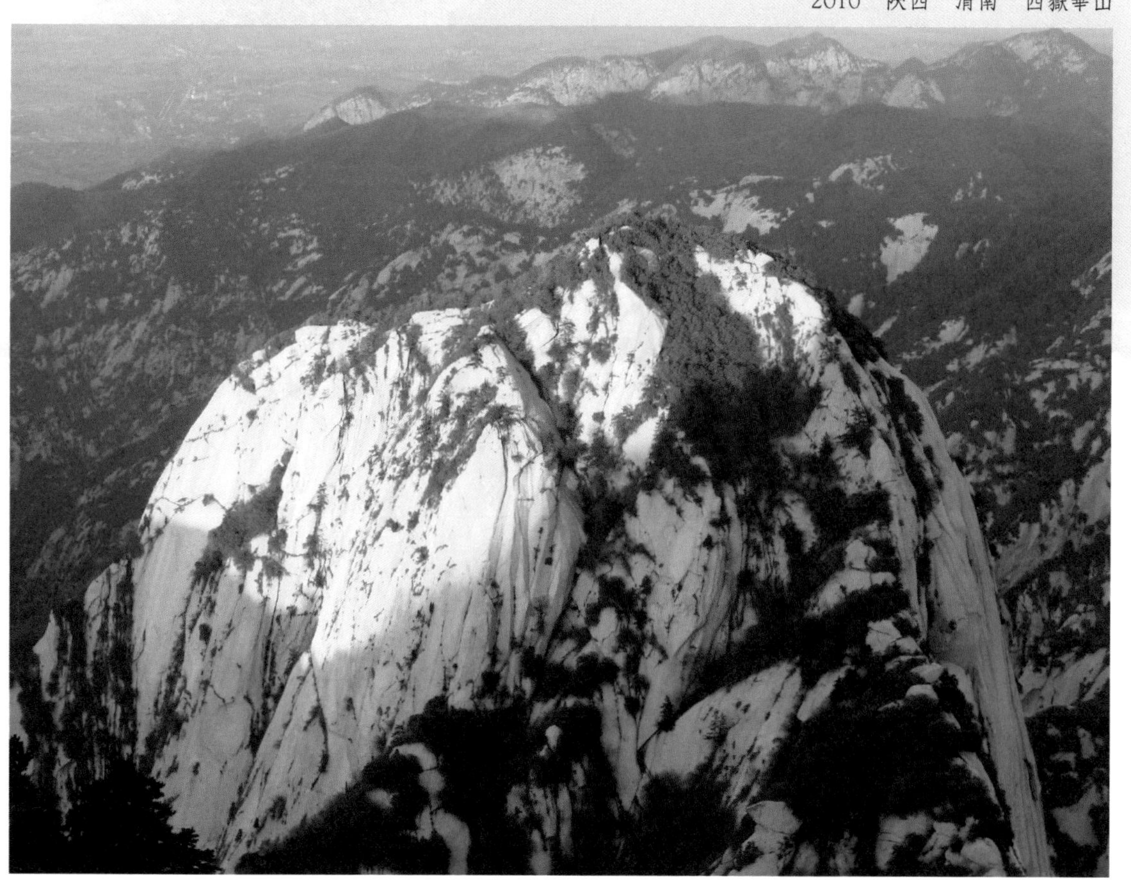

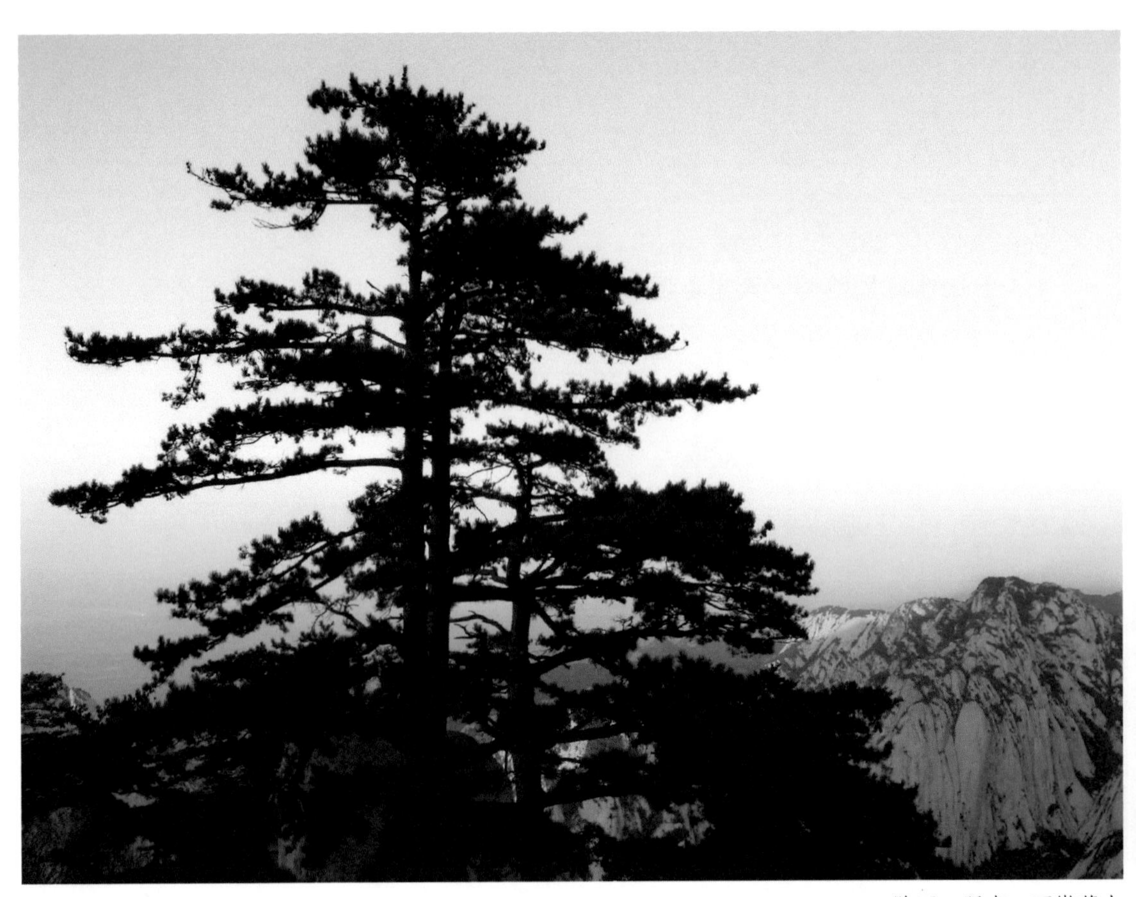

2010　陝西　渭南　西嶽華山

在華山上行走，除了山陵奇險，峻岫巍峨，最喜歡觀看那些蒼松挺立，奇岩錯落。站在高處慢慢欣賞，天光穿過林木和山脊，山和樹是靜止的，而光是移動的，這動靜之間，讓你感覺到時間的腳步和生命的節奏，無聲無息卻又如此鮮明。

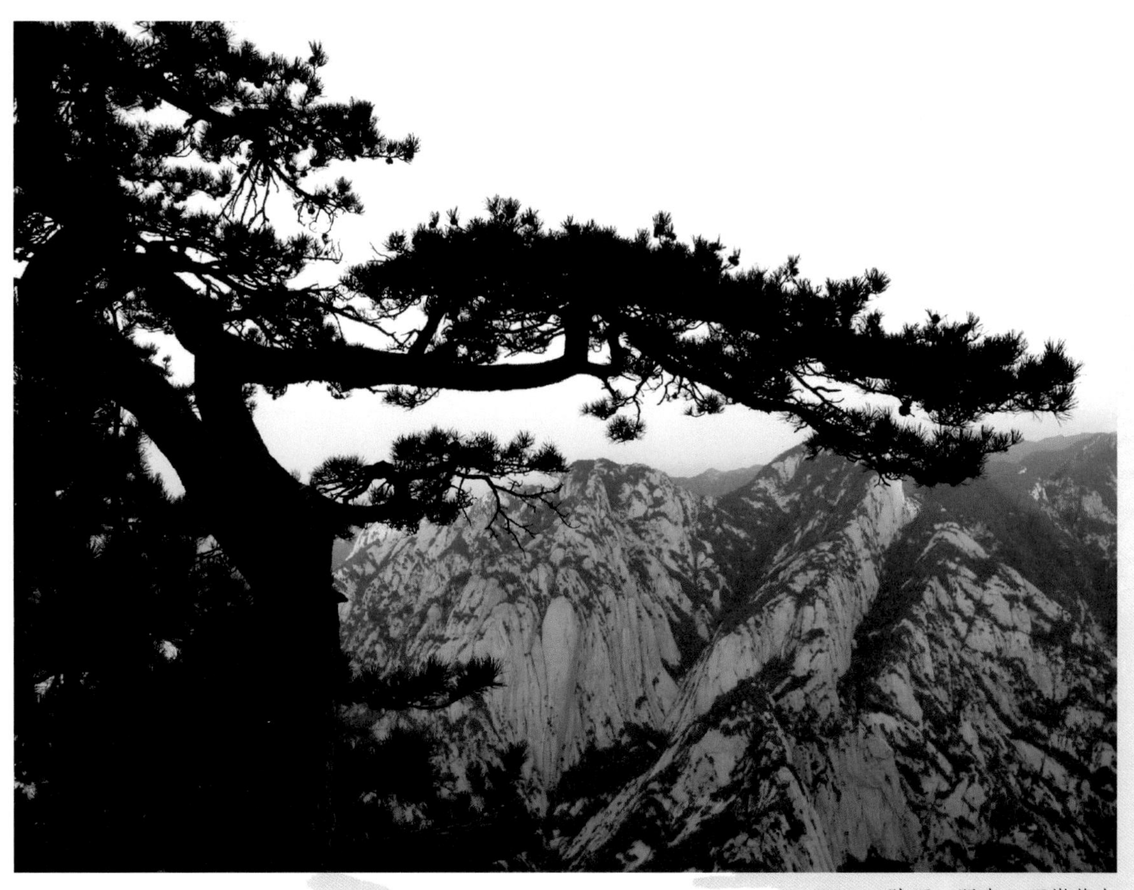

2010 陝西 渭南 西嶽華山

喜歡運動的人，來華山可以練體力。喜歡刺激的人，走長空棧道可以練膽量。喜歡攝影的人，登頂可以練視野。而喜歡繪畫的人，俯瞰群山可以練意境。至於修道者，只需樹下靜坐便可以，觀自在。

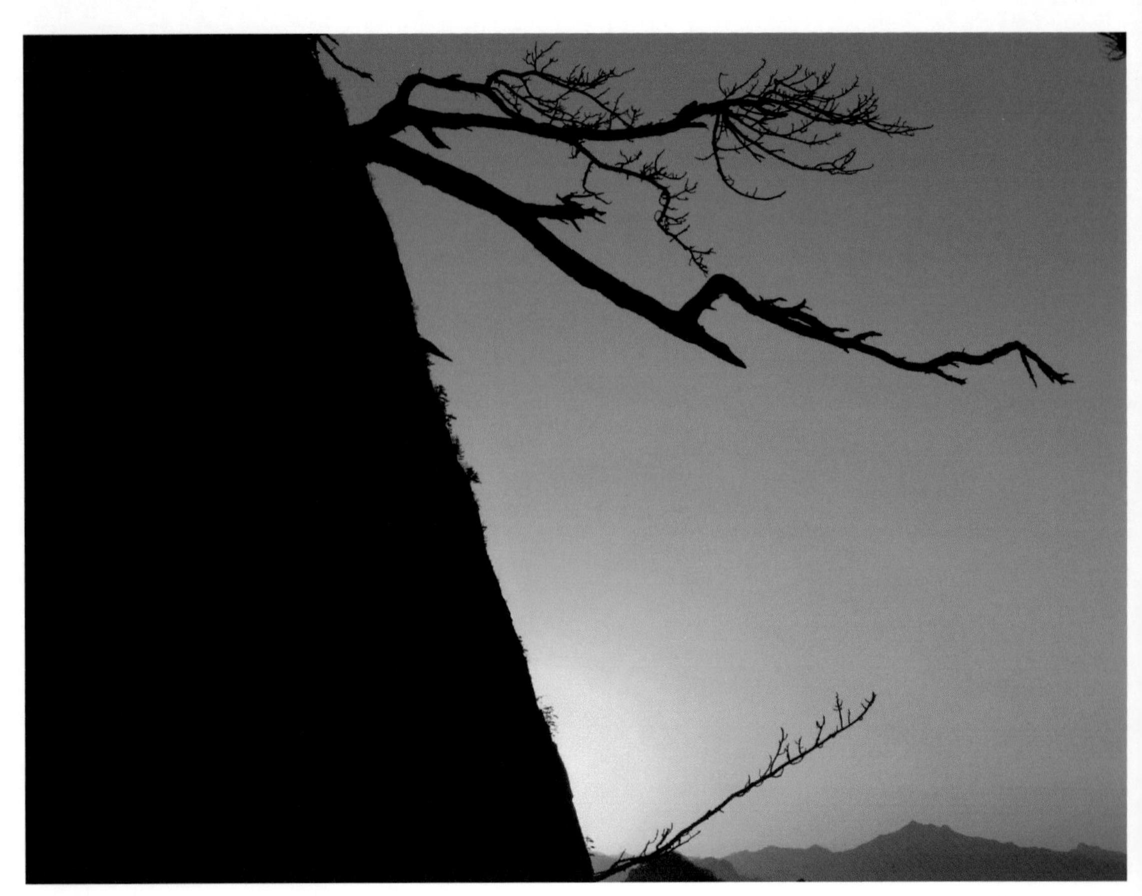

2010　陝西　渭南　西嶽華山

華山到處絕壁萬仞，有如刀削，夕陽西下，松影迤邐。

華山的初秋，暮色蕭瑟蒼茫，雖地處西北，眼前情景，依然讓我想起元朝著名戲劇家馬致遠的《天淨沙・秋思》：「枯藤老樹昏鴉，小橋流水人家，古道西風瘦馬。夕陽西下，斷腸人在天涯。」

2010　陝西　渭南　西嶽華山

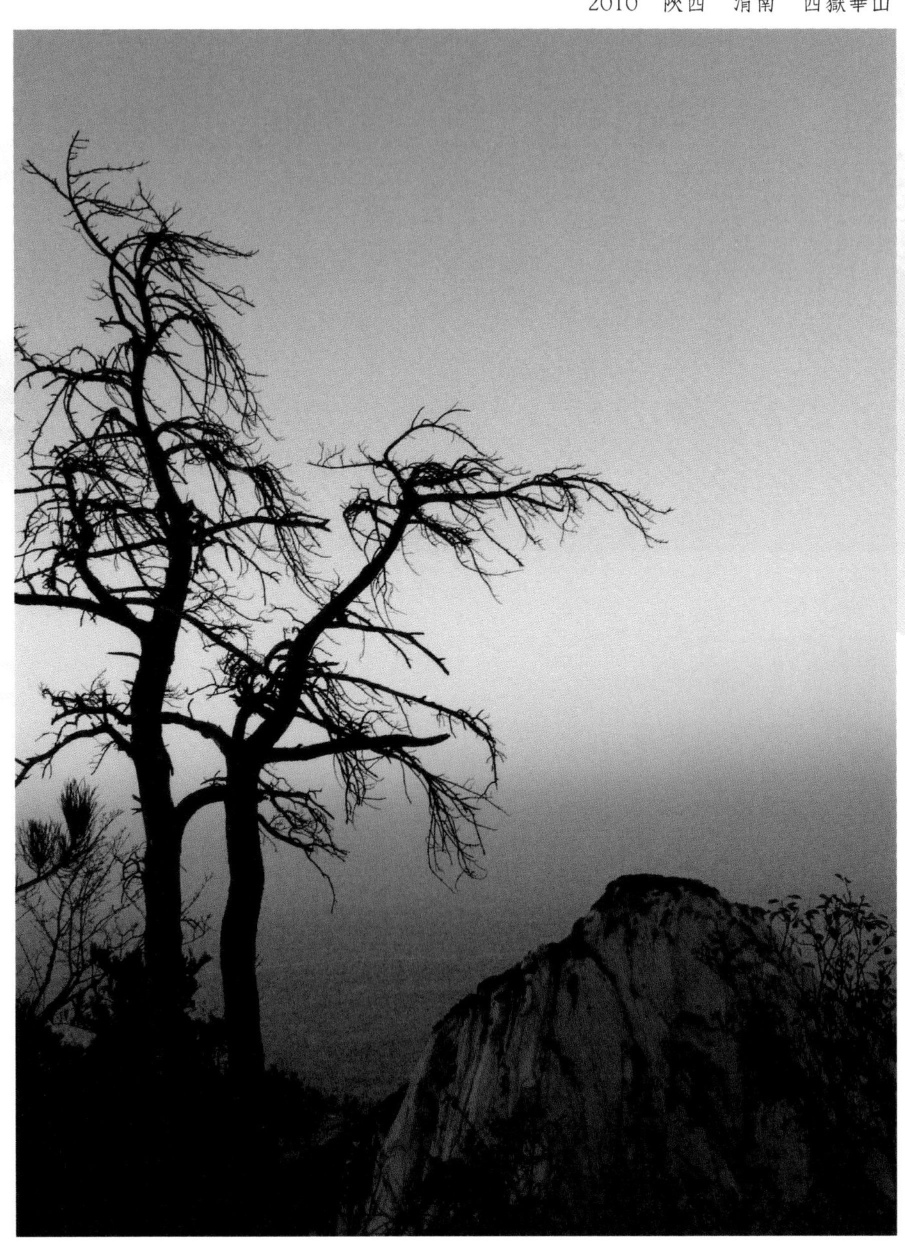

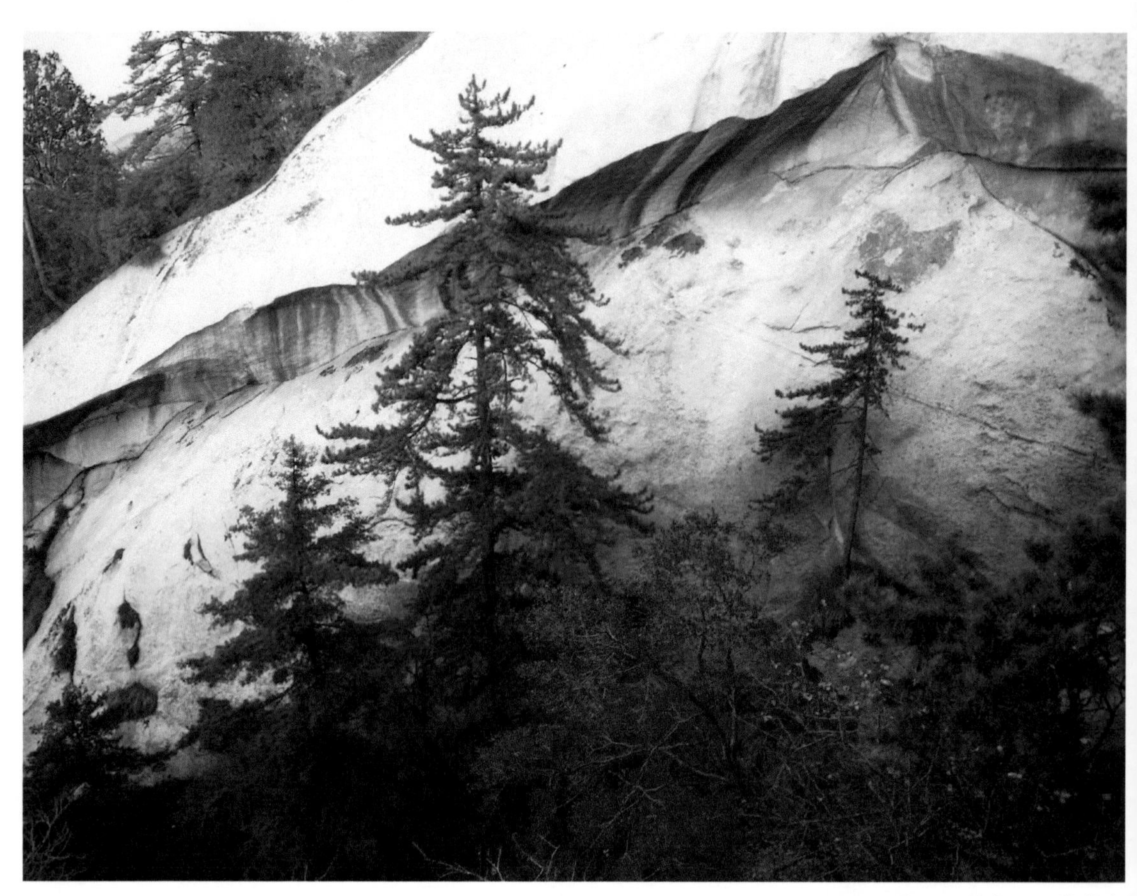

2010　陝西　渭南　西嶽華山

華山上巨岩斑駁，青松林立，秋天的紅葉點綴其中，顯得特別鮮明。

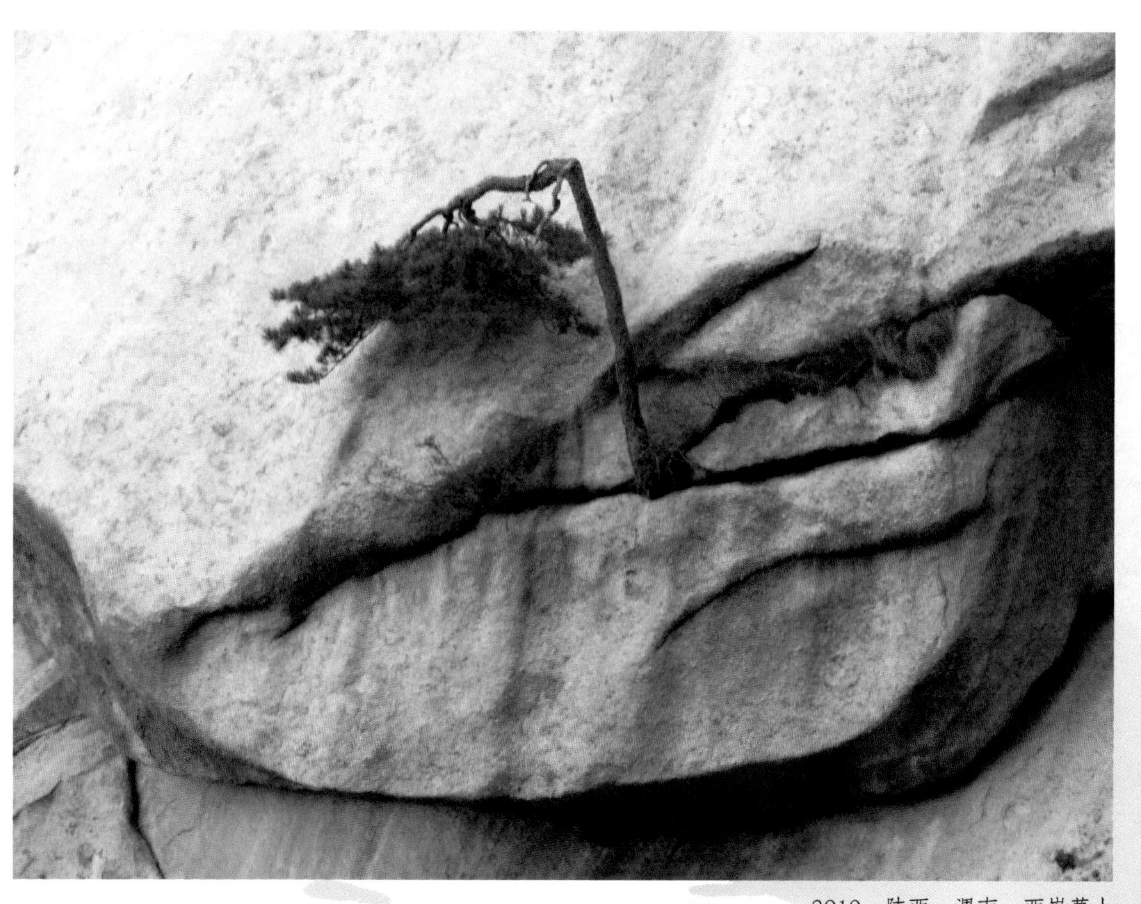

2010　陝西　渭南　西嶽華山

華山上，多奇松怪石，這個長在巨岩裂縫中的松樹，好像一根巨人嘴角上的牙籤。

華山上的峭壁，留下古老歲月的刻痕，這滄桑的面容，幸好有蒼松為伴，否則整座山就會老態龍鍾，缺乏生氣。

2010　陝西　渭南　西嶽華山

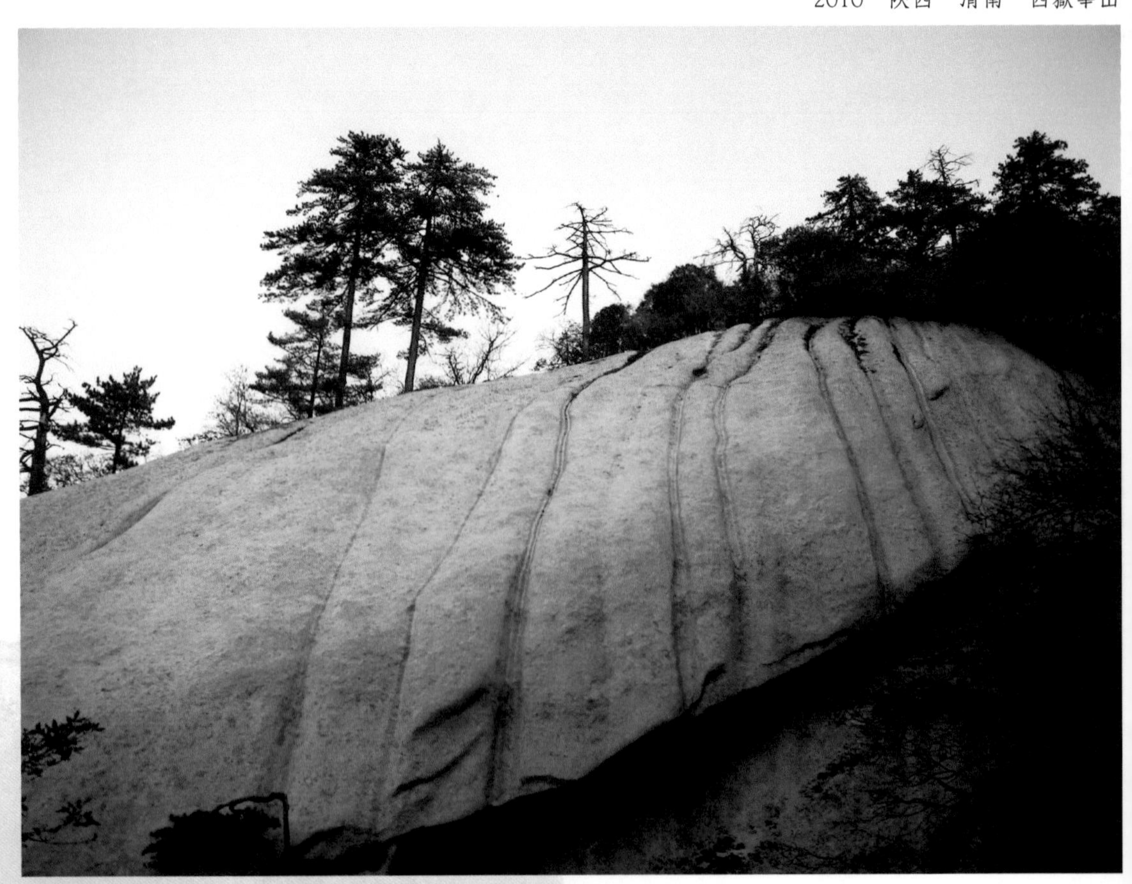

華山山體，肌理鮮明，山勢俊偉，有形的是美麗，無形的是氣勢，是中國山水寫意繪畫的雛形。中華文化的藝術表達最高境界，講究「虛實相生」，在繪畫、書法、詩歌、戲曲和文學之中，都有這樣的表現手法。作者根據現實的客觀主體，加入自己主觀的虛擬想法，創作出一個「虛實相生」的作品。這裡面虛中有實，實中有虛，虛實相互融合衍生出，一種作者想要表達的意境。上華山吧！如果你的創作靈感需要來一個峰迴路轉。

2010　陝西　渭南　西嶽華山

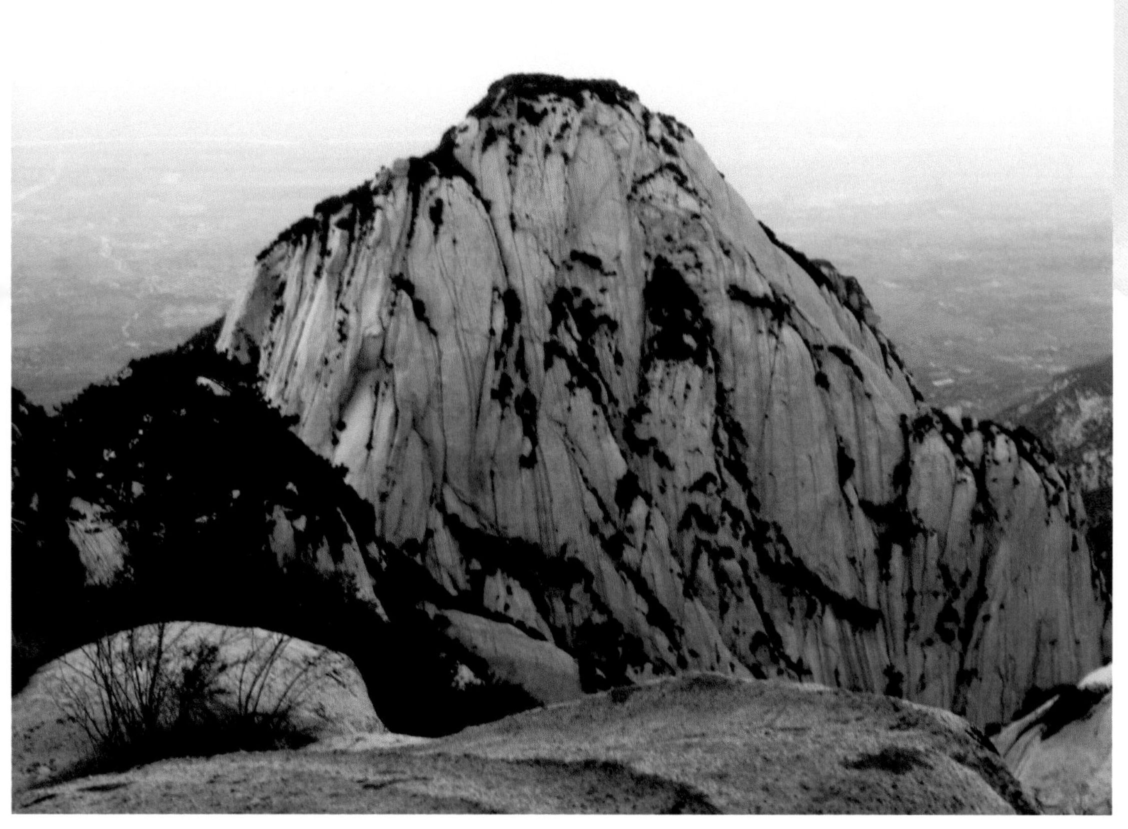

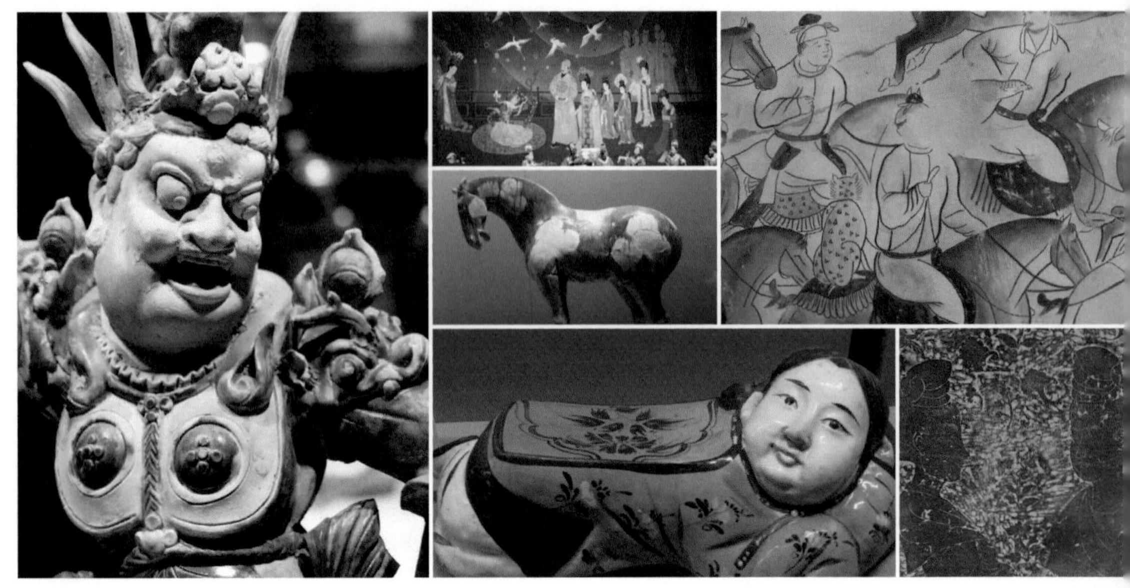

後記

一座城市之所以迷人，不僅在於美麗的風景、可口的美食和眾多名勝古蹟，更在於它厚重的文化底蘊和豐富的歷史人文。西安，這個古老的帝王之都，雖然現存古蹟有些已經斑駁模糊，一旦身臨其境仔細走訪，又彷彿可以穿越時空，夢迴唐宋，重返秦漢，直通戰國和上古。在文化的長河裡不停地遊走，憶起遙遠的舞台上，那些令人無法忘懷的人物和事件。如今你若有機會旅訪西安，假如不要走馬觀花，你可以細細展望它日新月異的現代化風貌，也可以深深感受它昔日歷史的凝視與回眸。

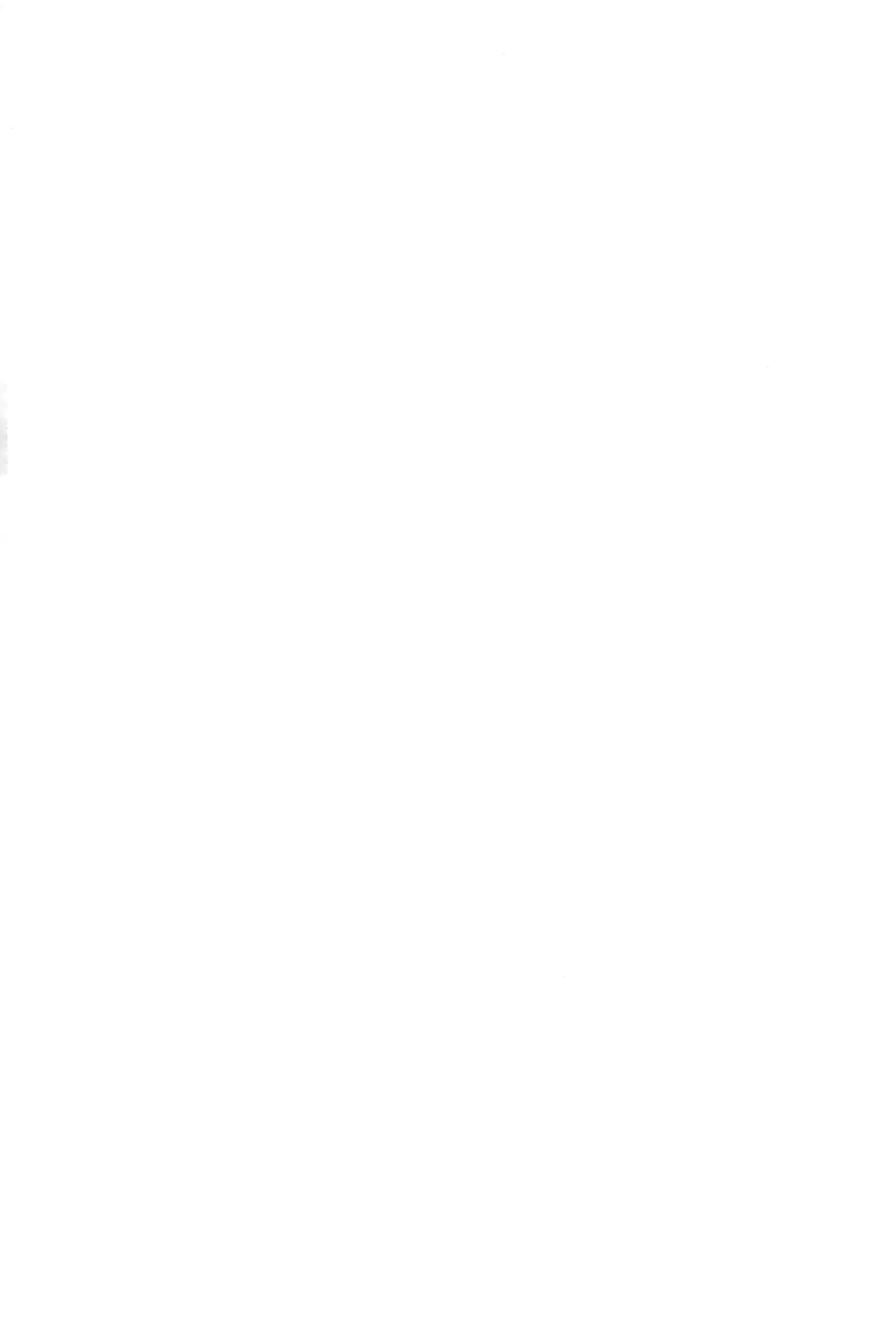

國家圖書館出版品預行編目資料

歷史的凝視與回眸：西安帝都攝影文集／楊塵著. --初版.--
新竹縣竹北市：楊塵文創工作室，2020.12
面； 公分.
ISBN 978-986-99273-0-7（精裝）
1.攝影集 2.散文集 3.歷史文學
958.33 109009160

楊塵攝影文集（03）

歷史的凝視與回眸：西安帝都攝影文集

作　　者　楊塵
攝　　影　楊塵
發 行 人　楊塵
出　　版　楊塵文創工作室
302-64新竹縣竹北市成功七街170號10樓
電話：（03）6673-477
傳真：（03）6673-477
設計編印　白象文化事業有限公司
專案主編：林孟侃　經紀人：吳適意
經銷代理　白象文化事業有限公司
412台中市大里區科技路1號8樓之2（台中軟體園區）
出版專線：（04）2496-5995　傳真：（04）2496-9901
401台中市東區和平街228巷44號（經銷部）
購書專線：（04）2220-8589　傳真：（04）2220-8505
印　　刷　基盛印刷工場
初版一刷　2020年12月
定　　價　400元